叶圣陶 吕叔湘 张志公

语文教育名篇精选

◎顾之川 编

海峡出版发行集团 | 福建教育出版社

图书在版编目（CIP）数据

叶圣陶吕叔湘张志公语文教育名篇精选/顾之川编
.—福州：福建教育出版社，2021.3（2022.6重印）
ISBN 978-7-5334-8913-7

Ⅰ.①叶… Ⅱ.①顾… Ⅲ.①语文教学—教学研究 Ⅳ.①H19

中国版本图书馆 CIP 数据核字（2020）第 238773 号

Ye Shengtao Lü Shuxiang Zhang Zhigong Yuwen Jiaoyu Mingpian Jingxuan

叶圣陶吕叔湘张志公语文教育名篇精选
顾之川 编

出版发行	福建教育出版社
	（福州市梦山路27号　邮编：350025　网址：www.fep.com.cn）
	编辑部电话：0591-83779615　83727542
	发行部电话：0591-83721876　87115073　010-62024258）
出 版 人	江金辉
印　　刷	福州万紫千红印刷有限公司
	（福州市闽侯县南屿镇高岐村安里6号　邮编：350109）
开　　本	710 毫米×1000 毫米　1/16
印　　张	25.75
字　　数	394 千字
插　　页	2
版　　次	2021 年 3 月第 1 版　2022 年 6 月第 2 次印刷
书　　号	ISBN 978-7-5334-8913-7
定　　价	59.00 元

如发现本书印装质量问题，请向本社出版科（电话：0591-83726019）调换。

目 录

前言 ·· 1
凡例 ·· 4

语文课程 ·· 1

3 | 对于国文教育的两个基本观念/叶圣陶
9 | 论中学国文课程的改订/叶圣陶
18 | 大力研究语文教学，尽快改进语文教学/叶圣陶
27 | 语文是一门怎样的功课
　　　——在全国小学语文教学研究会成立大会上的发言
　　　/叶圣陶
29 | 关于语文教学的两点基本认识/吕叔湘
39 | 当前语文教学中两个迫切问题/吕叔湘
41 | 中小学语文教学问题/吕叔湘
51 | 关于中学语文教学的种种问题/吕叔湘
63 | 漫谈语文教学
　　　——提高学生的语文程度/张志公
71 | 说工具/张志公
78 | 传统语文教学的得失/张志公
86 | 汉语文教学的过去、现在和未来/张志公

语文考试 303

- 305 | 专供应试用的书籍/叶圣陶
- 306 | "临时抱佛脚"/叶圣陶
- 308 | 读罗陈两位先生的文章/叶圣陶
- 317 | 去年高考的语文试题/叶圣陶
- 319 | 学习不光为了高考/叶圣陶
- 320 | 考试/叶圣陶
- 322 | 再谈考试/叶圣陶
- 324 | 不应单纯追求升学率/叶圣陶
- 326 | 语文教学要注重实际应用
  ——谈今年高考作文试题/张志公

语文教师 329

- 331 | 教师的修养/叶圣陶
- 335 | 如果我当教师/叶圣陶
- 342 | 中学国文教师/叶圣陶
- 348 | 教师必须以身作则/叶圣陶
- 351 | 先做学生/叶圣陶
- 352 | 提高中学语文教学的关键/吕叔湘
- 353 | 提高语文教学效率根本在语文师资/吕叔湘

语文研究 355

- 357 | 探讨中学语文教学研究问题要重视调查
  ——祝贺中学语文教学研究会成立/叶圣陶
- 360 | 对于中学语文教学研究的意见
  ——在中学语文教学研究会第三届年会开幕式上的讲话/叶圣陶

363 | 《叶圣陶语文教育论集》序/吕叔湘

367 | 扎扎实实搞好写作研究/吕叔湘

368 | 在张志公语言和语文教育思想研讨会上的发言/吕叔湘

370 | 科学态度和科学研究/张志公

376 | 有关语文教学研究的几个问题/张志公

386 | 我和传统语文教育研究/张志公

附录 ··· 396

他们有关语文教育的相关论述，无论是对语文教育理论研究还是对语文教学实践，至今仍有很强的现实意义。

三位先生的语文教育论著，已出版过多个不同的版本，其中既有他们的个人专集（包括全集、文集、自选集），也有以不同专题编选的论文汇编。个人专集以"大"著称，如《叶圣陶集》第二版共26卷，《吕叔湘全集》18卷，《张志公文集》5卷。这些著作也存在明显的缺陷：一是内容上试图收罗作者的所有论著，不只是语文教育方面的；二是不全，许多有关语文教育的重要论著仍没有收录进去。对语文教育工作者来说，使用起来颇有诸多不便。1994年9月22日至23日，中国教育学会中学语文教学专业委员会、人民教育出版社举行"庆祝吕叔湘先生九十华诞暨吕叔湘语文教育思想研讨会"。会议号召全国语文教育工作者学习"三老"的语文教育思想，并决定编辑《叶圣陶吕叔湘张志公语文教育论文选》。论文选以"全国中语会"的名义编辑，1995年由开明出版社出版，对语文教育界同仁学习"三老"的语文教育思想发挥了重要作用，有力地促进了我国语文教育教学研究。但是，这本小册子限于篇幅，只收录"三老"的16篇文章，还有许多语文教育名篇没有收录进去，未免失之于简，语文教育界同仁每每引以为憾。

新世纪启动课程改革以来，广大语文教育工作者认真学习语文新课标，积极践行语文教育新理念，特别是借鉴了国外的一些母语教学经验，使我国语文教育面貌焕然一新。这又大大调动了语文教育工作者的探索热情，语文教育研究空前活跃，取得了举世瞩目的成绩。当我们回过头来，重新审视我国语文教育改革的时候，我们就有了更深刻的认识。一方面，对外来的东西，我们要积极学习借鉴；另一方面，在学习借鉴国外教学经验的过程中，必须以我为主，采取鲁迅所说的，挑选，占有，采取"拿来主义"，而不能只点"洋蜡烛"，心中要有一盏中国的明灯，要立足中国大地教语文，神州大地是我们的立足点。既不能"乱花渐欲迷人眼"，更不能像寿陵余子学行于邯郸，"未得国能，又失其故行矣"。事实上，从孔夫子到叶圣陶，我们有丰富的语文教育理论，有"人民教育家"于漪为代表的语文名师创造的语文教学经验，值得进一步发扬光大。因此，我们自然对曾经创造过语文教育经典论著的语文教育前辈心生景仰，充满敬意。正是在这种背景下，福建教育出版社教育图书编辑室主任成知辛先生看到了这种社会需求，约我编辑这本《叶圣陶吕叔湘张志公语文教育名篇精选》。我不仅十分乐意，而且充满感激。乐意是因为能为语文教育界做点实实在在的事情，在我自然是求之不得的；感激是因为知辛先生给了我一次系统研读"三老"语文教育论著的机会，让我又一次领略三位语文教育大家的丰采神韵。

本书依据我对"三老"语文教育论著的理解和学习体会，从中精选出对我们今天仍有借鉴启示意义的相关论著，分为"语文课程""语文教材""语文教学""阅读教学""写作教学""语文考试""语文教师""语文研究"等专题，以类相从，把"三老"的相关论著汇编在一起。所收录的内容，理论与实践兼顾，既可以给语文教育理论研究者参考，也注重一线语文教师的需要，甚至还考虑到正在各级各类学校学习语文的学生。既有汪洋恣肆的长篇大论，也有吉光片羽的简什短章。我们相信，经典是会常读常新的，不会因时代发展、社会进步而失去光彩。当年西南联大中文系主任、国文系主任兼北大文科研究所所长罗常培先生说他编纂的《汉语音韵学导论》讲义，是"一得之愚，全在于取舍之间"。当然，本书取舍是否得当，编排是否合理，那就要恭请语文教育界朋友来评判了。

本文的选编得到我的同事顾振彪、胡晓、王晓艺等人的大力支持和帮助；责任编辑李惠芬、特约编辑林瑞云认真细致的编辑加工，使本书避免了不少错误。谨此一并致谢！

愿这本凝聚着"三老"语文教育智慧与心血的论著，能在语文教育界更加普及，为我国语文教育进一步深化改革指引方向，擂鼓助威，推动我国语文教育事业向前发展。

顾之川

2020 年元旦

于京东大运河畔之两不厌居

凡　例

一、本书大致按"语文课程""语文教材""语文教学""阅读教学""写作教学""语文考试""语文教师""语文研究"分类辑录，每个类别依叶圣陶、吕叔湘、张志公的顺序排列；同一类别同一位作者如有多篇文章收录，则按发表时间的先后排列。"附录"分别列出叶圣陶、吕叔湘、张志公主要语文论著目录索引，供读者进一步研究时参考。

二、本书所收录文章，在标题下注明出处，以方便读者查阅。有的还注明原刊情况。如通行选本与原文标题不一致的，用原标题，以存其旧。如用《对于国文教育的两个基本观念》，不用《国文教学的两个基本观念》；用《关于阅读教学和写作教学的几个问题》，不用《关于精读及其他》。

三、本书所收录文章，遵从作者当时的语言习惯，而不以现在的语言文字规范进行修改，以保持原汁原味。如"他""其它""发见""利害""烦琐"不改为"它""其他""发现""厉害""繁琐"，等等。"的""地""得"的用法与现在不同，也不加改动。如现在已有明确规定的通行写法，如"建国以来""解放后"，只在第一次出现时加注"现在通行写作'新中国成立以来''新中国成立后'"。

四、对原文的改动限于以下几种情况：一是异体字改为通行字体，如"惝悦"改作"惝恍"，"鹕其口于四方"改作"糊其口于四方"；二是表"模仿""比照"义的"象""好象"改为"像""好像"；三是标点符号进行统一的技术性处理；四是"哪""那"不分的，依据文意作相应处理；五是文中作为序号的数字格式。这些改动，均以不违背原文意思为前提。

五、如原文有表述不准确的或错误的，如第78页"不过八股文这种科举考试方法实行了几个世纪"，第142页"梅兰芳……从那么小被太后老佛爷看中了，就叫他进宫去唱戏"，则以注释的方式予以说明，以免对读者造成误导。

语文课程

如超过了相当的限度，以为国文教学的目标只在灌输固有道德，激发抗战意识，等等，而竟忘了国文教学特有的任务，那就很有可议之处了。

道德必须求其能够见诸践履，意识必须求其能够化为行动。要达到这样地步，仅仅读一些书籍与文篇是不够的。必须有关各种学科都注重这方面，学科以外的一切训练也注重这方面，然后有实效可言。国文诚然是这方面的有关学科，却不是独当其任的唯一学科。所以，国文教学，选材能够不忽略教育意义，也就足够了，把精神训练的一切责任都担在自己肩膀上，实在是不必的。

国文教学自有它独当其任的任，那就是阅读与写作的训练。学生眼前要阅读，要写作，至于将来，一辈子要阅读，要写作。这种技术的训练，他科教学是不负责任的，全在国文教学的肩膀上。所谓训练，当然不只是教学生拿起书来读，提起笔来写，就算了事。第一，必须讲求方法。怎样阅读才可以明白通晓，摄其精英，怎样写作才可以清楚畅达，表其情意，都得让学生们心知其故。第二，必须使种种方法成为学生终身以之的习惯。因为阅读与写作都是习惯方面的事情，仅仅心知其故，而习惯没有养成，还是不济事的。国文教学的成功与否，就看以上两点。所以我在前面说，方法方面尤其应当注重。

现在四五十岁的人大都知道从前书塾的情形。从前书塾里的先生很有些注重方法的。他们给学生讲书，用恰当的方言解释与辨别那些难以弄明白的虚字。他们教学生阅读，让学生点读那些没有句读的书籍与报纸论文。他们为学生改文，单就原意增删，并且反复详尽地讲明为什么增删。遇到这样的先生，学生是有福的，修一年学，就得到一年应得的成绩。然而大多数书塾的先生却是不注重方法的，他们只教学生读，读，读，作，作，作，讲解仅及字面，改笔无异自作，他们等待着一个奇迹的出现——学生自己一旦豁然贯通。奇迹自然是难得出现的。所以，在书塾里坐了多年，走出来还是一窍不通，这样的人着实不少。假如先生都能够注重方法，请想一想，从前书塾不像如今学校有许多学科，教学的只是一科国文，学生花了多年的时间专习一种学科，何至于一窍不通呢？再说如今学校，学科不止一种了，学生学习国文的时间约占从前的十分之二三，如果仍旧想等待奇迹，其绝无希望是当然的。换过来说，如今学习时间既已减少，而应得的成绩又非得到不可，惟有特别注重方法，才会收到事半功倍的效果。多读多作固属重要，但是尤其重要的是怎样读，怎样写。对于这个"怎样"，如果不能切实解答，就算不得注重了方法。

现在一说到学生国文程度，其意等于说学生写作程度。至于与写作程度同等重要的阅读程度往往是忽视了的。因此，学生阅读程度提高了或是降低了的话也就没听人提起过。这不是没有理由的，写作程度有迹象可寻，而阅读程度比较难捉摸，有迹象可寻的被注意了，比较难捉摸的被忽视了，原是很自然的事情。然而阅读是吸收，写作是倾吐，倾吐能否合于法度，显然与吸收有密切的关系。单说写作程度如何如何是没有根的，要有根，就得追问那比较难捉摸的阅读程度。最近朱自清先生在《国文月刊》创刊号发表一篇《中学生的国文程度》，他说中学生写不通应用的文言，大概有四种情形。第一是字义不明，因此用字不确切，或犯重复的毛病。第二是成语错误。第三是句式不熟，虚字不通也算在这类里。第四是体例不当，也就是不合口气。他又说一般中学生白话的写作，比起他们的文言来，确是好得多。可是就白话论白话，他们也还脱不掉技术拙劣，思路不清的考语。朱先生这番话明明说的写作程度不够，但是也正说明了所以会有这些情形，都由于阅读程度不够。阅读程度不够的原因，阅读太少是一个，阅读不得其法尤其是重要的一个。对于"体会""体察""体谅""体贴""体验"似的一组意义相近的词，字典翻过了，讲解听过了，若不能辨别每一个的确切意义并且熟悉它的用法，还算不得阅读得其法。"汗牛充栋"为什么不可以说成"汗马充屋"？"举一反三"为什么不可以说成"举二反二"？仅仅了解他们的意义而不能说明为什么不可以改换，阅读方法也还没有到家。"与其"之后该来一个"宁"，"犹"或"尚"之后该接上一个"况"，仅仅记住这些，而不辨"与其"的半句是所舍义，"宁"的半句才是所取义，"犹"或"尚"的半句是旁敲侧击，"况"的半句才是正面文章，那也是阅读方法的疏漏。"良深哀痛"是致悼语，"殊堪嘉尚"是奖勉语，但是，以人子的身份，当父母之丧而说"良深哀痛"，以学生的身份，对抗战取胜的将领而说"殊堪嘉尚"，那一定是阅读时候欠缺了揣摩体会的工夫。以上只就朱先生所举四种情形，举例来说。依这些例子看，已经可以知道阅读方法不仅是机械地解释字义，记诵文句，研究文法修辞的法则，最紧要的还在多比较，多归纳，多揣摩，多体会，一字一语都不轻轻放过，务必发现他的特性。惟有这样阅读，才能够发掘文章的蕴蓄，没有一点含胡。也惟有这样阅读，才能够养成用字造语的好习惯，下笔不至有误失。

阅读方法又因阅读材料而不同。就分量说，单篇与整部的书应当有异，单篇宜作精细的剖析，整部的书却在得其大概。就文体说，记叙文与论说文也不一样，记叙文在看作者支配描绘的手段，论说文却在阐明作者推论的途径。同是记叙文，一篇属于文艺的小说与一篇普通的记叙文又该用不同的眼光，小说是常常需要辨认那文字以外的意味的。就文章种类说，文言与白话也不宜用同一态度对付，文言——尤其是秦汉以前的——最先应注意那些虚字，必需体会它们所表的关系与所传的神情，用今语来比较与印证，才会透彻地了解。多方面地讲求阅读方法也就是多方面地养成写作习惯。习惯渐渐养成，技术拙劣与思路不清的毛病自然渐渐减少，一直减到没有。所以说阅读与写作是一贯的，阅读得其法，阅读程度提高了，写作程度没有不提高的。所谓得其法，并不在规律地作训诂学，文法学，修辞学与文章学的研究，那是专门之业，不是中学生所该担负的。可是，那些学问的大意不可不明晓，那些学问的治学态度不可不抱持，明晓与抱持又必须使他成为终身以之的习惯才行。

以下说关于第二个基本观念的话。五四运动以前，国文教材是经史古文，显然因为经史古文是文学。在一些学校里，这种情形延续到如今，专读《古文辞类纂》或者《经史百家杂抄》便是证据。"五四"以后，通行读白话了，教材是当时产生的一些白话的小说、戏剧、小品、诗歌之类，也就是所谓文学。除了这些，还有什么可以阅读的呢？这样想的人仿佛不少。就偏重文学这一点说，以上两派是一路的，都以为国文教学是文学教学。其实国文所包的范围很宽广，文学只是其中一个较小的范围，文学之外，同样包在国文的大范围里头的还有非文学的文章，就是普通文。这包括书信、宣言、报告书、说明书等等应用文，以及平正地写状一件东西载录一件事情的记叙文，条畅地阐明一个原理发挥一个意见的论说文。中学生要应付生活，阅读与写作的训练就不能不在文学之外，同时以这种普通文为对象。若偏重了文学，他们

叶圣陶吕叔湘张志公语文教育名篇精选

看报纸、杂志与各科课本、参考书，就觉得是另外一回事，要好的只得自辟途径，去发现那阅读的方法，不要好的就不免马虎过去，因而减少了吸收的分量。再就写作方面说，流弊更显而易见。主张教学生专读经史古文的，原不望学生写什么文学，他们只望学生写通普通的文言，这是事实。但是正因所读的纯是文学，质料不容易消化，技术不容易仿效，所以学生很难写通普通的文言。如今中学生文言的写作程度低落，我以为也可以从这一点来解释。如果让他们多读一些非文学的普通文言，我想文言的写作或许会好些。很有些人，在书塾里熟读了《四书》《五经》，笔下还是不通，偷空看了《三国演义》或者《饮冰室文集》，却居然通了，这可以作为左证。至于白话的写作，国文教师大概有这样的经验，只要教学生自由写作，他们交来的往往是一篇类似小说的东西或是一首新体诗。我曾经接到过几个学生的白话信，景物的描绘与心情的抒写全像小说，却与写信的目的全不相干。还有，现在爱写白话的学生多数喜欢高谈文学，他们不管文章的体裁与理法，他们不知道日常应用的不是文学而是普通文。认识尤其错误的，竟以为只要写下白话就是写了文学。以上种种流弊，显然从专读白话文学而忽略了白话的普通文生出来的，如果让他们多读一些非文学的普通白话，我想用白话来状物，记事，表情，达意，该会各如其分，不至于一味不相称地袭用白话文学的格调吧。

学习图画，先要描写耳目手足的石膏像，叫做基本练习。学习阅读与写作，从普通文入手，意思正相同。普通文易于剖析、理解，也易于仿效，从此立定基本，才可以进一步弄文学。文学当然不是在普通文以外别有什么方法，但是方法的应用繁复得多，变化得多。不先作基本练习而径与接触，就不免迷离惝恍。我也知道有所谓"取法乎上，仅得其中"的说法，而且知道古今专习文学而有很深的造诣的不乏其人。可是我料想古今专习文学而碰壁的，就是说一辈子读不通写不好的，一定更多。少数人有了很深的造诣，多数人只落得一辈子读不通写不好，这不是现代教育所许可的。从现代教育的观点说，人人要作基本练习，而且必须练习得到家。说明白点，就是对于普通文字的阅读与写作，人人要得到应得的成绩，绝不容有一个人读不通写不好。这个目标应该在中学阶段达到，到了大学阶段，学生不必再在普通文的阅读与写作上费工夫了——现在大学里有一年级国文，只是一时补救的办法，

语文课程

不是不可变更的原则。

至于经史古文与现代文学的专习，那是大学本国文学系的事情，旁的系就没有必要，中学当然更没有必要。我不是说中学生不必读经史古文与现代文学，我只是说中学生不该专习那些。从教育意义说，要使中学生了解固有文化，就得教他们读经史古文。现代人生与固有文化同样重要，要使中学生了解现代人生，就得教他们读现代文学。但是应该选取那些切要的，浅易的，易于消化的，不宜兼收并包，泛滥无归。譬如，老子的思想在我国很重要，可是，《老子》的文章至今还有人作训释考证的工夫而没有定论，若读《老子》原文，势必先听取那些训释家考证家的意见，这不是中学生所能担负的。如果有这么一篇普通文字，正确扼要地说明老子的思想，中学生读了也就可以了解老子了，正不必读《老子》原文。又如，历来文家论文之作里头，往往提到神理、气味、格律、声色的话，这些是研究我国文学批评的重要材料，但是放在中学生面前就不免徒乱人意。如果放弃这些，另外找一些明白具体的关于文章理法的普通文字给他们读，他们的解悟该会切实得多。又如，茅盾的长篇小说《子夜》，一般都认为精密地解剖经济社会的佳作，但是它的组织繁复，范围宽广，中学生读起来，往往不如读组织较简范围较小的易于透彻领会。依以上所说，可以知道无论古文学现代文学，有许多是中学生所不必读的。不读那些不必读的，其意义并不等于忽视固有文化与现代人生，也很显然。再说文学的写作，少数中学生或许能够写来很像个样子，但是决不该期望于每一个中学生。这就是说，中学生不必写文学是原则，能够写文学却是例外。据我所知的实际情形，现在教学生专读经史古文的，并不期望学生写来也像经史古文，他们只望学生能写普通的文言，而一般以为现代文学之外别无教材的，却往往存一种奢望，最好学生落笔就是文学的创作。后者的意见，我想是应当修正的。

在初中阶段，虽然也读文学，但是阅读与写作的训练应该偏重在基本方面，以普通文为对象。到了高中阶段，选取教材以文章体制，文学源流，学术思想为纲，对于白话，又规定"应侧重纯文艺作品"，好像是专向文学了，但是基本训练仍旧不可忽略。理由很简单，高中学生与初中学生一样，他们所要阅读的不纯是文学，他们所要写作的并非文学，并且，惟有对于基本训练锲而不舍，熟而成习，接触文学才会左右逢源，头头是道。

我的话到此为止。自觉说得还不够透彻，很感惭愧。

1940年8月18日作

论中学国文课程的改订[①]

叶圣陶

我国有课程标准，从民国十一年颁布《新学制课程标准》开始。以后历次修订，内容和间架都和第一次颁布的相差不远，没有全新的改造。普通人的习性原来如此：地面本没有路，有些人走过了就成了路，随后大家就依着那条路走了。

关于国文教学，我曾经发表了一些意见。那些意见大致都依据国文课程标准出发；就是说，在国文课程标准的范围之内，我以为国文该怎么教学。其实也不妨超出这个范围来想一想，超出这个范围，才可以发见某些部分还得修订，甚而至于整个须得改造。现在依据平时和朋友们商讨的，以及近来各杂志上关于这方面的文章所提出的，用我的意见来判断，从中提出值得斟酌的几点来，写成这篇文章，供参加中等教育会议的诸君作参考。这几点，对于国文课程标准，还是修订而并非改造。至于写这篇文章的期望，那是很明显的，无非要国文教学收到实效，中等学生得到实益。

第一点，是"了解固有文化"的问题。一个受教育的人，依理说，必须了解固有文化，才可以"继往开来"。否则像无根之草，长发不起来，也就说

[①] 选自《叶圣陶语文教育论集》，教育科学出版社1980年版。原载《国文月刊》第1卷第15期（1942年）。

不上受教育。而且，这里的了解不只是通常所说的"知道"，它比"知道"深广得多，包含着"领会""体验""有在自己身上"等等意思。要使学生有这样深广的了解，不是国文一科单独办得了的，其他学科也得负责，如历史和地理。国文一科所担负的大概是这样：在固有文化的记录之中（文字的记录并不就等于固有文化），有一部分运用文学形式的，须由国文一科训练学生和它们接触，得到了解它们的能力。因为文学和其他艺术制作一样，内容和形式分不开来，要了解它就得面对它本身，涵泳得深，体味得切，才会有所得；如果不面对它本身，而只凭"提要""释义"的方法来了解它，那就无论如何隔膜一层，得不到真正的了解。此外并不运用文学形式的固有文化的记录，只是一堆材料，一些实质，尽不妨摘取它的要旨，编进其他学科的课程里去；换一句说，它的内容和形式是分得开的，所以无须乎面对它本身，国文一科也就可以不管。

这样说来，《修正高级中学国文课程标准》"目标"项第二目"培养学生读解古书，欣赏中国文学名著之能力"中"古书"两字似乎应当去掉。广义的"古书"，国文科不必管；"古书"而是"文学名著"，是内容和形式分不开来的东西，国文科才管。如果去掉了"古书"两字，这一目就成"培养学生读解并欣赏中国文学名著之能力"；"中国文学名著"把"文学的""古书"包括在内了。读解和欣赏是达到真正了解的途径，有了读解和欣赏的能力，才可以了解中国文学名著，也就是了解一部分固有文化。这种能力的培养，第一要有具体的凭借，就是必须面对某种文学名著。第二要讲求方法，就是怎样去读解它欣赏它；这种方法仅成为一种知识还不够，更须能自由运用，成为习惯才行。

《修正初级中学国文课程标准》"目标"第四项说"使学生从本国语言文字上，了解固有文化"。这并不是国文一科独有的任务；如讨论史地方面的问题，阅读史地方面的书籍，也是"从本国语言文字上，了解固有文化"。国文科对于初中学生，要在"了解固有文化"方面尽它的专责，似乎也得特别提出"文学名著"来才对。查"目标"第三目有"养成欣赏文艺之兴趣"的话；"文艺"和"文学名著"，含义固然差不多，可是含混一些，不如像高中一样，特别提出"文学名著"来得显明。特别提出了，就表示"文学名著"是固有文化的一部分，为要"了解固有文化"，所以要使学生读解它，欣赏它。

"文学名著"很多，虽是博学的人，花了终身的功力，也未必能全读；何况中学生？中学生当然只能选读，依学生的程度选，依"文学名著"对于学生的"了解固有文化"切要与否选。选读的分量虽然少，只要真个能读解，能欣赏，成为习惯，就可以随时随地用这种能力和习惯阅读没有选读的其他的"文学名著"，也就是终身在"了解固有文化"的进程之中。教育的本旨原来如此，养成能力，养成习惯，使学生终身以之。以为教育可以把学生所需要的一切全部给他们，学生出了学校再不用自己去研讨追求了，这种认识是根本不对的。因此，就国文教学说，对于选读的"文学名著"，必须使学生真个能读解它，能欣赏它；必须借此养成学生阅读其他"文学名著"的能力和习惯。这涉及教学方法方面，在以后说。

第二点，是"语体"的问题。语体成为国文的教材和习作的文体，是《新学制课程标准》开始规定的，到现在二十年间，一直承袭着。可是就实施情形看，语体始终没有好好教学过。喜新的教师专教一些"新文艺"和论制度论思想的语体，结果是谈论了"新文艺"的故事和制度思想的本身，而忽略了他们所担任的是属于语文教育的国文科。不喜新的教师就只阳奉阴违，对于教本中编列的语体，一一翻过不教，如果自选教材，就专选文言，不选语体；他们以为文言才有可教，值得教。两派教师的做法绝不相同；但是有共通之点，都没有好好地教学语体。就学生的写作成绩看，虽是高中毕业生，写语体还有很多毛病。也有少数学生能写像样的语体，不但没有毛病，而且有些文学的意趣；可是他们的成就大都从课外阅读和课外习作得来，并非国文科语体教学的效果。《修正国文课标准》在初中的"目标"项说"养成用语体文及语言叙事说理表情达意之技能"，在高中的"目标"项说"除继续使学生自由运用语体文外，并……"，话都不错，问题就在以往的实施情形并没有养成这种技能，以后怎样切实教学才可以养成这种技能。

有一派心理学者说，思想是不出声的语言。我们运用内省的方法，可以证明这个话近于实际；一个思想在我们脑里通过，先想到某一层，次想到某一层，最后终结在某一层，这一层层如果用口说出来，就是一串的语言。有些时候，脑中只有朦胧一团的知觉，不成为思想，那就用口也说不出来，用

语文课程

笔也写不出来（往往有人说，我有一些思想，可是说不出来，写不出来；其实这所谓思想还只是没有化为"不出声的语言"的朦胧一团的知觉而已）。人不能虚空无凭地想，必须凭着语言来想。语体的依据既是语言，语言和思想又是二而一的东西，所以语体该和语言思想一贯训练；怎样想，怎样说，怎样写，是分不开的。不经训练的人也能思想，但是不免粗疏或错误。不经训练的人也能说话，但良好的语言习惯没有养成，说话如果欠精密，欠正确，就会影响到思想，使思想也不精密，不正确。不经训练的人也能写语体（只要他能识字能写字），但是语言习惯如果不良，写来就有很多毛病，够不上说已能叙事说理表情达意。训练思想，就学校课程方面说，是各科共同的任务；可是把思想语言文字三项一贯训练，却是国文的专责。

　　为申说前面一节话，请举一个例子（是王了一先生检出来的）。某报上说："马相伯先生百龄高寿，不但为国之大老，且在我国近代学术史上占重要地位。"这句话有一个小毛病，一个大毛病。小毛病是"国之大老"和"在我国近代学术史上占重要地位"并不对等，不对等就不宜并列，作者却拿来并列了。大毛病是"百龄高寿"下面接着就说"不但为……重要地位"，一口气念下去，竟像马老先生因为"百龄高寿"才"在我国近代学术史上占重要地位"似的。像这样的话，该说它文字不顺呢，语言不明呢还是思想不清？就印在纸面的说，当然是文字不顺；但文字不顺的缘故，还在语言不明，思想不清；语言和思想又互为因果，也可以说因为思想不清，才使语言不明，也可以说因为语言不明，才使思想不清。所以单独训练语体是没有意义的，也是不可能的；要训练语体，就得和语言思想一贯训练。

　　训练文言文或外国文，情形也一样，不能和语言思想脱离关系。要能写文言，必须能说文言的语言，凭着文言的语言来思想；要能写外国文，必须能说外国的语言，凭着外国的语言来思想。文言或外国文并不是依据口头的语言，以及凭着口头语言来想的思想，经过一道翻译的工夫，才写成的。

　　我们平日都用现代语言说话，都凭现代语言思想；因此，依据现代语言的语体，无论在写作的人方面，在阅读的人方面，最具有亲切之感。这是普通教育必须教学语体的根本理由。教学语体的时候，语言思想的训练就有了具体的凭借；学习语体达到相当程度的时候，语言思想至少不至有粗疏或错误的毛病，同时就得到了人己交通（吸收和发表）的一种切要技能。语体必须切实教学，就是为此。

前面说过，现在虽是高中毕业生，写语体也还有很多毛病。其实岂但高中毕业生？就是评论家和文艺家，常常在报纸杂志上发表文章的，他们的文章也往往有或大或小的毛病。这种现象不仅表示大家的语体写作技能没有到家，同时也表示大家的语言和思想的训练还有问题。站在国文教学的立场上，对于这种现象不能不注意。要训练学生的语言和思想，使他们写出语体来不再有毛病，待到五年十年之后，报纸杂志上不再出现有毛病的语体，才算国文教学有了成效。就这点说，国文教学该把推进语体，使它达到完美的境界，作为"目标"项的一目。现在《课程标准》中并没有特别提出这一目，似乎应当补充进去。

第三点，是"文言写作"的问题。依理说假如真能运用语体"叙事说理表情达意"，已经足够了，不必再写文言。现在《高中国文课程标准》"目标"下有"除继续使学生能自由运用语体文外，并养成其用文言文叙事说理表情达意之技能"一目，要高中学生写文言，这是迁就现状的办法；办法的订定又从一个假定出发，那假定就是初中毕业生已经有了相当的运用语体的技能。

所谓现状，指现在还有一些文章，如报纸公文和书信，用文言写作而言。那些文章原没有不能用语体写作的道理，但是其中一部分现在还用文言写作，却是事实。既然有这事实，为中学生将来出而应世起见，就教他们学写文言。这该是主张教学文言写作的最正当的理由。若说要学生写各体的古文，期望他们成为古文家，那是大学国文系都没有提出的目标，对于高中的文言写作显然不适合。至于莫名其妙的主张教学文言写作，说不出学生学写了文言为什么的，这里可以不谈。

如果承认前面所说，学生要学写的是报纸公文和书信的那种文言，那么，作为范本的不该是唐宋的文学，六朝的文学，汉魏的文学，甚至先秦的文学，而该是应用文言字汇，文言调子，条理上情趣上和语体相差不远的近代文言，如梁启超先生蔡元培先生写的那些。现在学生学写文言，成绩比语体更差，我想，就坏在把唐宋以上的文学作为范本。他们读那些文学，没有受到好好的指导，没有经过好好的训练，只是生吞活剥，食而不化；他们不能说那种文言的语言，他们不能凭着那种文言的语言来思想，怎么能写成那种文言？我们翻开学生的作业本，看他们的文言写作，总觉得毛病百出，几乎无一是处；若问所以然，全可以用这个理由来解释。进一步说，即使受到好好的指导，经过好好的训练，但是因为那些范本是文学，也只能达到了解和欣赏的地步，而不能就写得和范本相类。凡是涉猎过艺术部门的人都知道，了解、欣赏和创作不是一回事，能了解、欣赏而不能创作的，世间尽多；文学也属于艺术部门，当然不是例外。再进一步说，即使能写得和范本相类，但是学生将来出而应世，需用的并不是那种文言。现在报纸的记载不需要《左传》和《史记》的笔法，公文不需要《谕巴蜀檄》或《陈政事疏》的派头，书信不需要韩愈或柳宗元的格调；因此，虽能写得和范本相类，还是没有达到国文科教学文言写作的目标。知道学生要学写的是近代文言（也可以叫做普通文言或应用文言），不是古文言，尤其不是古文学；自会知道把古文学作为范本决不是办法。这是不能用"取法乎上，仅得其中"的说法来辩解的；古文学和近代文言是两回事，无所谓"上""中"；古文学和古文学之间，古代文言和近代文言之间，才可以判别"上""中"的等第。唯有选择上品的近代文言作为范本，使学生精读熟习，他们才能够写近代文言。这一点，向来不大注意，今后应当特别注意。为了教学文言写作，专选一些教材，分量要多，研读要勤。到学生能够说这种文言的语言，能够凭着这种文言的语言来思想的时候，他们也就能够写作这种文言了。

第四点，是"教材支配"的问题。按照前面所说，国文教材似乎应当这么支配：初中阶段，一部分是"文学名著"，着重在"了解固有文化"（"增强民族意识"和"发扬民族精神"也就包括在内）；一部分是"语体"，着重在文字语言思想三者一贯的训练。高中阶段，除以上两部分外，又加上一部分"近代文言"，着重在文言写作的训练。这三部分教材中的每一部分，并不是在本身的目标之外，和其他目标全无关系。说明白些，从"语体"和"近代文言"之中，未尝不可以"了解固有文化"；从"文学名著"和"近代文言"之中，未尝不可以训练思想；从"文学名著"之中，未尝不可以得到些文言写作的训练，虽说要写得和"文学名著"相类，事实上很难办到。这里分开来支配，说"着重在"什么，只是表示某一部分教材该把某项目标作为主要目标的意思。这样点明之后，教材的选择才有明确的依据；当实际教学的时候，才有努力的明确趋向。

现在的精读教材全是单篇短章，各体各派，应有尽有。从好的方面说，可以使学生对于各种文体都窥见一斑，都尝到一点味道。但是从坏的方面说，将会使学生眼花缭乱，心志不专，仿佛走进热闹的都市，看见许多东西，可是一样也没有看清楚。现在的国文教学，成绩不能算好，一部分的原因，大概就在选读单篇短章，没有收到好的方面的效果，却受到了坏的方面的影响。再说国文教学的目标之中，大家都知道应有"养成读书习惯"一目，而且是极重要的一目。但是就实际情形看，学生并不读整本的书，除了作为国文教材的一些单篇短章，以及各科的教本以外，很少和书本接触。《课程标准》的"实施方法概要"项下虽然列着"略读书籍"的门类，高中部分并且特别提出"专书精读"，和"选文精读"并列；可是真个如此"实施"的，据我所知，绝无仅有。少数学生能和书本接触，那是为了自己的嗜好，或者遇到了偶然的机缘，并不是国文科训练出来的。试问，要养成读书习惯而不教他们读整本的书，那习惯怎么养得成？我们固然可以说，单篇短章和整本的书原不是性质各异的两种东西；单篇短章分量少，便于精密的剖析，能够了解单篇短章，也就能够了解整本的书，但是，平时教学单篇短章，每周至多两篇，以字数计，至多不过四五千字；像这样迟缓的进度，哪里是读书习惯所许可的？并且，读惯了单篇短章，老是局促在小规模的范围之中，魄力就不大了；等遇到规模较大的东西，就说是两百页的一本小书吧，将会感到不容易对付。这又哪里说得上养成读书习惯？

以上的话如果不错，那么，国文教材似乎该用整本的书，而不该用单篇短章，像以往和现在的办法。退一步说，也该把整本的书作主体，把单篇短章作辅佐。单篇短章的选择，分记叙说明抒情议论几种文体；这几种文体在一些整本的书中一样的具备，而且往往就具备在一本之中；所以要讨究各体的理法，整本的书完全适用。就学生方面说，在某一时期专读某一本书，心志可以专一，讨究可以彻底。在中学阶段内虽然只能读有限的几本书，但是那几本书是真正专心去读的，这就养成了读书的能力；凭这能力，就可以随时随地读其他的书以及单篇短章。并且，经常拿在手里的是整本的书，不是几百言几千言的单篇短章,这么习惯了,遇见其他的书也就不至于望而却步。还有,读整部的书,不但可以练习精读,同时又可以练习速读。如此说来,改用整本的书作为教材,对于"养成读书习惯",似乎切实有效得多。

把前面两层意思配合起来,就是初中的教材该分两部分,高中的教材该分三部分;那些教材该是整本的书,或者把整本的书作主体。

那些教材,我以为该召集一个专家会议,经过郑重精细的讨论之后,开出书目来(仅仅规定几项原则,说"合于什么者""含有什么者"可以充教材,或"不合什么者""不含什么者"不能充教材,那是不济事的)。参与这个会议的专家,不一定要是文学家或国故家,但必须是教育家兼语文学家。

第五点,是教学方法问题。我以为要改进教学方法,必须废除现在通行的逐句讲解的办法。这是私塾时代的遗传;大家以为现在教国文和从前私塾里教书是一回事,就承袭了成规。这办法的最大毛病在乎学生太少运用心力的机会。一篇文章,一本书,学生本身不甚了解的,坐在教室里听教师逐句讲解之后,就大概了解了(听了一回二回讲解,实际上绝不会彻底了解,只能说"大概"),这其间需要运用心力的,只有跟着教师的语言来记忆,来理会,此外没有别的。天天如此,年年如此,很够养成习惯了;可惜那习惯是要不得的。凡是文章书本,必须待教师讲解之后才大概了解,即使一辈子跟着教师过活,也还有脱不了依傍的弊病;何况学生绝不能够一辈子跟着教师过活?国文教学明明悬着"养成读书习惯"的目标,这所谓"读书习惯"指自己能够读,自己欢喜读而言;但是逐句讲解的办法却不要学生自己能够读;既然自己不能读,又怎么会欢喜读?再就教师方面说,因为把上课时间花在逐句讲解上,其他应该指导的事情就少有工夫做了;应该做的不做,对不起学生,也对不起自己。所以,"不用逐句讲解的办法"一条是应该在《课程标准》的"实施方法概要"项下大书特书的。

学生不甚了解的文章书本,要使他们运用自己的心力,尝试去了解。这才和"养成读书习惯"的目标相应合;因为我们遇到一篇文章或一本书,都不能预言必然能了解,总是准备着一副心力,尝试去了解。尝试的结果,假如果真了解了,这了解是自己的收获,印入必然较深,自己对于它的情感必然较浓。假如不能了解,也就发见了困惑所在,然后受教师的指导,就困惑所在加以解答，其时在内容的领悟上和方法的运用上，都将感到恍然有得的快感。对于以后的尝试，这是有力的帮助和鼓励。无论成功与否，尝试都比不尝试有益得多；其故就在运用了一番心力，那一番心力是一辈子要运用的，除非不要读书。为督促学生尝试起见，似乎该特别提示"预习"一项，规定为必须使学生实做的工作。指导"预习"不仅如《初中课程标准》"实施方法概要"项的"教法要点"目下所说，"令学生运用工具书籍，查考生字难句及关于人地时种种问题"；同时也应使学生"领悟文章之内容体裁作法及其背景"，"指导学生作分析综合比较之研究"。对于上面两层的前一层，《课程标准》定作教师讲述的时候应该注意之点；对于后一层，《课程标准》定作教师讲述后应该做的事：这还是把教师的"讲述"看作主体，还是贯彻不了督促尝试的宗旨。现在都移在指导"预习"的阶段中，假如学生能够"领悟"了，能够"研究"出来了，就无须乎教师的"讲述"；教师所"讲述"的，只是学生想要"领悟"而"领悟"不到，曾经"研究"而"研究"不出的部分：这才显出"讲述"的真作用，才真个贯彻了尝试的宗旨。

逐句讲解的办法废除了，指导预习的办法实施了，上课的情形就将和现在完全两样。上课做什么呢？在学生是报告讨论，不再是一味听讲，在教师是指导和订正，不再是一味讲解。报告是各自报告预习的成绩，讨论是彼此讨论预习的成绩，指导是指导预习的方法，提示预习的项目，订正是订正或补充预习的成绩。在这样的场合里，教师犹如一个讨论会的主席，提出问题由他，订补意见由他，结束讨论由他。当这样的教师当然比较麻烦些，"讨论要点"或"讨论大纲"都得在事前有充分的准备；学生在这样的教师的面前，却真个能够渐渐地"养成读书习惯"，为了学生，似乎不应该避免麻烦。

就前面举出的三部分教材说，指导该各有偏重之点。对于"文学名著"，似乎该偏重在涵泳和体味方面（通解文意当然是先决条件）。对于"语体"，似乎该偏重在语法和论理的训练方面（这并非说使学生作语法和论理学的专科修习，不过说使他们的思想语言和文字必须合着这两科的纲要而已）。对于"近代文言"，似乎该偏重在基本训练方面（一个"也"字，一个"者"字，一个"夫"字，一个"盖"字，诸如此类，必须从范文中提出"用例"，归纳它的意义，熟习它的语气）。这里说"偏重"，当然也只是在某方面多注意些

语文课程

的意思，并不是说读"语体"和"近代文言"就不必涵泳和体味，读"文学名著"和"近代文言"就不必管语法和论理，读"文学名著"和"语体"就可以对词义和语气含糊过去。至于怎样的"偏重"，说来话长，只得在另外的文篇里再谈。

这里还有附带要说的。上课以前，学生要切实预习，讨论过后，又要切实复习：他们要多读书，在多读之中，不但练习精读，同时练习速读，这必须有充裕的时间才办得到。像现在的实际情形，学科这么多，各科都有课外作业，一个学生如果认真用功的话，非把每天休息睡眠的时间减少到不足以维持健康的程度不可（尤其是高中学生）；纵使这么拼命硬干，分配到学习国文方面的时间也不过半小时一小时，还是说不上充裕。时间不充裕，该做的作业没有工夫去做，那就一切全是白说，国文教学还是收不到实效，学生还是得不到实益。减少些学科，多分配些时间给国文学习方面，我以为可能的，而且是应该的，必要的。这轶出了讨论国文课程的范围，也不想多说；这里只表示我的希望，希望大家就教育的观点，对这问题作一番通盘筹算。

大力研究语文教学，尽快改进语文教学[①]

叶圣陶

讨论语言学科的研究规划，我想规划里总得有一项，研究中小学的语文教学，给语文教学提供切实有效的帮助。

我跟中小学语文教师有所接触。他们在砸碎了"四人帮""两个估计"的

---

① 选自《叶圣陶教育文集》第3卷，人民教育出版社1994年版。这是作者1978年3月在中国社会科学院语言研究所召开的"北京地区语言学科规划座谈会"上的发言，原刊于《中国语文》1978年第2期。

精神枷锁之后，思想得到解放，急切盼望投入教育革命的行列，把自己担任的语文教学工作搞好。但是，对于怎样提高语文教学的效率，他们感到缺少办法。问我有什么办法，我很惭愧，我没有。

近来几个月里，各地方出版了一些有关语文教学的刊物，多是师范院校办的。刊物的编辑同志给我来信，问我做好语文教学工作有什么窍门，我很惭愧，我答不出。

我为什么不能满足语文教师和编辑同志的期望，就得说到我当教师的经历和感想。

我开始当教师在民国元年（一九一二年），担任的是初等小学二年级的级任教员，教国文和算术。当时的小学国文课本是文言，教国文，就是教认字，用本地方言讲课本上的文言。这个办法跟私塾一个样。

我小时候读私塾，先读《三字经》《千字文》，然后是《四书》《诗经》《易经》。都要读熟，都要在老师跟前背诵，背得出了，老师才教下去。每天还要理书，就是把先前背熟了的书轮替温理一部分，背给老师听。这样读书是怎么一回事呢？一是广泛地认字，二是学说古代的书面语言，那是跟任何地方的方言都不相同的一种语言。然后读《左传》，这才开始听老师讲。《左传》开头是"郑伯克段于鄢"，什么叫"克"，什么叫"于"，老师给讲成苏州方言，我明白了。

我开始当教师，干的就是跟私塾老师同样的事。不过也有所不同，一是并不先教学生广泛地认字，二是一开头就讲，就用本地方言讲课本上的文言。

我想，这样教法大概很古了吧。汉朝的大师传经授书，讲究声音训诂，后代人看来似乎很了不起，可是按实际一想，跟私塾老师教我，我教小学生相差并不多，无非是讲书。

从清朝末年废止科举，开办新式学校，直到民国初年我当小学教员的时候，小学中学教国文跟古代一脉相承，还是讲书。因为小学国文课本是文言（前面已经说过），也选些短篇古文，中学国文教材几乎全是名家古文。其他各科的课本也用文言编写。是文言，就得讲。因而各科教员都讲书，数学教师讲数学书，理化教师讲理化书，史地教师讲史地书。因而各种功课几乎都是国文课。

语文课程

白话文（又叫语体文，就是用现代语写录的书面语言）从什么时候起用作小学教材，我记不确切了，大概在五四运动前后。白话文开始在中学课本里占地位，我记得是一九二三年的事，那一年公布新学制中小学各科的课程标准（相当于现在的教学大纲）。当时小学的"国语"、中学的"国文"相当于现在的语文课。中学国文课程标准是这样规定的：初中阶段，白话文和文言文掺合着教，各年级比率不同，低年级白多文少，高年级文多白少；高中阶段完全教文言。三个年级选教材的方法不同，一年级按记叙文、说明文等文体来选，二年级按《诗经》《楚辞》等文学史的顺序来选，三年级按《老子》《荀子》等思想史上的流派来选。这可见那时候的教些白话文只是顺应潮流，主要目的是归结到古文，而且诗词歌赋、诸子百家都要叫中学生尝一尝，大大超过科举时代的童生的阅读范围。

那时候我主要做编辑工作了，先后兼教几所中学的高年级，教材是文言文，当然照老办法讲。白话文没教过，可是我想，如果教，大概还是照老办法讲。白话文里很有些文言成分，可以讲。白话文大体是现在所谓普通话，普通话跟本地方言不同的部分也可以讲。但是可讲之处总不及文言文那么多。因此有些教师常常说，文言文"有讲头"，白话文"没讲头"。

从一九二三年到如今，五十五年了，编选教材的办法屡次变更，可是有一点没有变，就是中学里白话文和文言文掺合着教。教法也有所变更，从逐句讲解发展到讲主题思想，讲时代背景，讲段落大意，讲词法句法篇法，等等，大概有三十来年了。可是也可以说有一点没有变，就是离不了教师的"讲"，而且要求讲"深"，讲"透"，那才好。教师果真是只管"讲"的吗？学生果真是只管"听"的吗？一"讲"一"听"之间，语文教学就能收到效果吗？我怀疑好久了，得不到明确的答案。还有，对于白话文和文言文掺合着教，我也怀疑已久。学文言文究竟是什么目的？掺合着学会不会彼此相妨而不是彼此相成？问题还有好些，我当然也得不到答案。我说到这里，同志们就可以知道我开头说的不能满足语文教师和编辑同志的期望的所以然了。我的经历只是讲书，有什么可以贡献的呢？

前些日子《人民日报》登载吕叔湘同志的《当前语文教学中两个迫切问题》，引起广大读者的注意，尤其是教育工作者和担任语文课的教师。文章里说:"十年的时间,二千七百多课时,用来学本国语文,却是大多数不过关,岂非咄咄怪事!"文章里说:"少数语文水平较好的学生,你要问他的经验,异口同声说是得益于课外看书。"文章里问"是不是应该研究研究如何提高语文教学的效率,用较少的时间取得较好的成绩?"就这几句话,尽够发人深省的了。

我想,从前读书人十年窗下,从师读书,不管他们后来入不入仕途,单说从老师那里真得到益处,在读书作文方面真打下基础,不至于成为似通非通的孔乙己的,不知道占多少比率。向来没有作过统计,当然没法知道占多少比率。但是我武断地想,恐怕不会很多吧。从前那些读书读通了的人,那些成为学问家著作家的人,可能是像叔湘同志所说的"得益于课外看书"(就是说,脱出塾师教读的范围),或者是碰巧遇到个高明的塾师,受到他高明的引导,因而打下了坚实的基础的吧。

假如我的猜想有点儿对头,那么咱们如今的语文教学再不能继承或者变相继承从前塾师教读的老传统了。从前读书人读不通,塾师可以不负责任,如今普通教育阶段的语文教学却非收到应有的成绩不可,语文是工具,自然科学方面的天文、地理、生物、数、理、化,社会科学方面的文、史、哲、经,学习、表达和交流都要使用这个工具。要做到个个学生善于使用这个工具(说多数学生善于使用这个工具还不够),语文教学才算对极大地提高整个中华民族的科学文化水平尽了分内的责任,才算对实现四个现代化尽了分内的责任。以往少慢差费的办法不能不放弃,怎么样转变到多快好省必须赶紧研究,总要在不太长的时期内得到切实有效的改进。

实践出真知,语文教学的实践者是教师,因此研究语文教学如何改进,语文教师责无旁贷。个人研究总不及集体研究,学校里已经恢复了教研组,集体研究就很方便。几个学校的教研组互相联系,交流研究和实践的结果,那是集思广益的好途径。

语言学科的工作者有的兼任语文教师,就是不任教师的,研究的东西往往跟语文教学有关联。因此,语言学科的工作者是语文教师最亲密的伙伴,义不容辞,要为改进语文教学尽力,提供切实有效的帮助。

我在这里恳切地呼吁,愿语文教师和语言学科的工作者通力协作研究语

语文课程

文教学，做到尽快地改进语文教学！

至于我，以往的经历只是讲书，跟从前的塾师一个样，够可笑的。后来不当教师了，讲主题思想讲时代背景之类我都没干过，只在不多几所中学小学里参观过语文的课堂教学，只看过些中学生小学生的作文本子。参观了，看了不免有些感想。是感想，不能不主观，又难免片面，但是也不妨说出来请同志们指教。

我还要说教师只管"讲"这回事。我想，这里头或许有个前提在，就是认为一讲一听之间事情就完成了，像交付一件东西那么便当，我交给你了，你收到了，东西就在你手里了。语文教学乃至其他功课的教学，果真是这么一回事吗？

我想，课堂教学既然是一讲一听的关系，教师当然是主角了，学生只处在观众的地位，即使偶尔举举手答个问题，也不过是配角罢了。这在学生很轻松，听不听可以随便。但是，想到那后果，可能是很不好的。学生会不会习惯了教师都给讲，变得永远离不开教师了呢？永远不离开教师是办不到的，毕业了，干什么工作去了，决不能带一位教师在身边，看书看报的时候请教师给讲讲，动笔写什么的时候请教师给改改。那时候感到不能独自满足当前的实际需要，岂不是极大的苦恼？

我又想，口耳授受本来是人与人交际的通常渠道之一，教师教学生也是人与人交际，"讲"当然是必要的。问题可能在如何看待"讲"和怎么"讲"。说到如何看待"讲"，我有个朦胧的想头。教师教任何功课（不限于语文），"讲"都是为了达到用不着"讲"，换个说法，"教"都是为了达到用不着"教"。怎么叫用不着"讲"用不着"教"？学生入了门了，上了路了，他们能在繁复的事事物物之间自己探索，独立实践，解决问题了，岂不是就用不着给"讲"给"教"了？这是多么好的境界啊！教师不该朝这样的好境界努力吗？

再说怎么"讲"。我也曾经朦胧地想过，知识是教不尽的，工具拿在手里，必须不断地用心地使用才能练成熟练技能的，语文教材无非是例子，凭这个例子要使学生能够举一而反三，练成阅读和作文的熟练技能；因此，教师就要朝着促使学生"反三"这个标的精要地"讲"，务必启发学生的能动性，引导他们尽可能自己去探索。倾筐倒箧容易，画龙点睛艰难，确是事实，可是为了学生的长远利益，似乎不应该怕难而去走容易的途径。这就需要研究。此外如布置作业，出些练习题，指定些课外阅读书，着眼在巩固学生的记忆固然有其必要，可是尤其重要的，是要考虑到如何启发学生，把所学的应用到实际生活的各方面去。这就需要研究。说也说不尽，总而言之，我以为学生既然要一辈子独自看书作文，语文教学就得着眼在这一点上，为他们打下坚实的基础。如何打下这样的基础是研究的总题目。

关于中学里教不教文言文，我们少数几个朋友曾经商谈过，得到几个想法，现在简单说说。

一个想法是中学里不教文言文。什么理由呢？回答是：绝大多数中学毕业生只要把现代语文学通学好就可以了，往后他们在工作中在进修中都用不着文言文。至于少数进大学学古代史、古典文学之类的，当然要跟古代语文打交道，只要他们真的把现代语文学通学好了，只要他们有足够的常识，进了大学花一年的时间集中学习古代语文，应该就能管用。如果问：现代语文里有一些古代语文的成分，怎么办？回答是：这就在学习现代语文的时候学，不必为了那么点东西花费许多功夫去学古代语文。凡是古代书籍对现代人普遍有用应当组织力量把它正确地改写成现代语文，让读者直捷爽快地接触它的实质，而不是凭不容易认清楚的古代语文的外貌而去揣摩它的实质。西方有中等文化程度的人都多少知道些古典的东西，荷马的神话故事，亚里士多德的哲学，莎士比亚的《哈姆莱特》，等等，他们都不是读这些作者的原著才知道的，他们是从改写成现代语文的书本里知道的。而咱们要学生都来学古代语文，这里头仿佛含有这么个意思：你们要接受古来的遗产吗？好，你们学习古代语文吧，学通了古代语文，然后自己想办法去了解那些古东西吧。假如果真是这么个用意，距离"现代化"岂止十万八千里？

我们几个朋友再一个想法是中学的语文课本全是现代文，另外编一种文言读本，供一部分学生选修。假如学制变更，文理分科，那么这个文言读本在文科是必修。

再一个想法，是语文课本里还是编入一部分文言文，但是不像现在"雨夹雪"似的，要相对地集中（这又可以有几种集中的办法）。至于教文言文，我们几个朋友都相信，像我曾经干过的那样逐句逐句翻成现代语或当地方言就算了事的办法必须坚决放弃。教文言文和教现代文当然有共通之点，也必然有教文言文的特殊之点，我想，什么是特殊之点？又是需要研究的一个题目。

关于作文教学，我想，大概先得想想学生为什么要学作文。要回答似乎并不难，当然是：人在生活中在工作中随时需要作文，所以要学作文，在从前并不是人人需要，在今天却人人需要。写封信，打个报告，写个总结，起个发言稿，写一份说明书，写一篇研究论文，诸如此类，不是各行各业的人经常要做的事吗？因此要求学生要学好作文，在中学阶段打下坚实的基础。至于作诗作小说，并不是人人所需要，学生有兴致去试作，当然绝对不宜禁止，但是这并非作文教学的目标。

从前读书人学作文，最主要的目标在考试，总要作得能使考官中意，从而取得功名。现在也有考试，期中考试，期末考试，还有升学考试。但是，我以为现在学生不宜存有为考试而学作文的想头。只要平时学得扎实，作得认真，临到考试总不会差到哪里。推广开来说，人生一辈子总在面临考试，单就作文而言，刚才说的写封信打个报告之类其实也是考试，不过通常叫作"考验"不叫作"考试"罢了。学生学作文就是要练成一种熟练技能，一辈子能禁得起这种最广泛的意义的"考试"即"考验"，而不是为了一时的学期考试和升学考试。假如我的想头有点儿对头，那么该如何给学生做思想工作，使他们有个正确的认识，也是需要研究的。

说到做思想工作，还得加说一段。粉碎"四人帮"以前的几年里，中小学也是重灾区，若干学校的课堂秩序乱了，课都上不成了，哪还顾得上什么作文？即使是勉强还能上课、还能叫学生作文的学校，有一种现象并不是个别的，就是学生作文尽找当时受"四人帮"控制的《人民日报》来乱抄，不仅中学生，小学的高年生就如此。这个极端恶劣的影响决不可忽视，不要以为"四人帮"被粉碎了，影响就消失了。在作文教学中，首先要要求学生说老实话，绝不容许口是心非，弄虚作假。譬如学生作文说他自己学雷锋，曾经搀扶一位老太太过马路，就首先要问有没有这回事，其次才看写得好不好。要是根本没有这回事，那就可见这个学生所受"四人帮"的影响还在他身上作怪，那就必须恳切地严肃地对他做思想工作，直到彻底消毒才罢休。"教学工作"也就是"教育工作"，认真负责的教师不该如此吗？说假话之外，还有说套话，说废话，说自己也莫名其妙的话，等等，都是"四人帮"的歪文风，谁沾上了，谁就不能作成适用的文，在生活中在工作中禁得起随时遇到的考验。因此，当前作文教学有一项迫切的任务，就是杜绝"四人帮"的歪文风的一切影响。请教同志们，我这么说对不对？

现在说一说命题作文。咱们平时作文，总是为了实际需要，刚才已经说过。而教师出个题目让学生作文的时候，学生并没有作文的实际需要，只因为要他们练习作文，才出个题目让他们作。就实际说，这有点儿本末倒置，可是练习又确乎必不可少。因此，命题作文只是个不得已的办法，不是合乎理想的办法。

我曾经想，我当教师的时候师生只在课堂里见面，出了课堂就难得碰头了；现在可不然，在课外师生也常在一块儿，因此，学生平时干些什么，玩些什么，想些什么，教师都多少有个数。有个数，出题目就有了考虑的范围；就叫学生把干的、玩的、想的写出来，他们决不会感到没有什么可写。再加上恰当的鼓动，引起他们非写出来不可的强烈欲望，那么，他们虽然按教师的题目作文，同时也是为了实际需要而作文了。命题作文既然是不得已的办法，总要经常顾到学生有什么可写，总要想方设法鼓动他们的积极性，使他们觉得非写出来不可。我料想，必然有好些教师已经这么做，而且有了具体而有效的方法了；那是很值得提供给大家研究观摩的。

我又曾经想，能不能从小学高年级起，就使学生养成写日记的习惯呢？或者不写日记，能不能养成写笔记的习惯呢？凡是干的、玩的、想的，觉得有意思就记。一句两句也可以，几百个字也可以，不勉强拉长，也不硬要缩短。总之实事求是，说老实话，对自己负责。这样的习惯如何养成，我说不出方法和程序来。我只觉得这样的习惯假如能够养成，命题作文的办法似乎就可以废止，教师只要随时抽看学生的日记本或笔记本，给他们一些必要的指点就可以了。不知道我这样想是不是太偏了。

最后说一说改作文。我当过教师，改过学生的作文本不计其数，得到个深切的体会：徒劳无功。我先后结识的国文教师语文教师不在少数，这些教师都改过不计其数的作文本，他们得到的体会跟我相同，都认为改作文是一种徒劳无功的工作；有的坦率地说，有的隐约地说，直到最近，还听见十几位教师对我坦率地说。徒劳无功，但是大家还在干，还要继续干下去，不是很值得想一想吗？

改作文不知道始于何朝何代，想来很古了吧。从来读书人笔下有通有不通，因教师给改而通了的究竟占百分之几，当然没有统计过。我想，自古以来肯定作文必得由教师改，大概有个作为前提的设想在，那就是教师费心费力地改，学生必然能完全理解，而且全部能转化为作文的实际能力。这样的设想如今在四五十人的班级里实在是难以实现的。首先得算算，四五十本作文本全都给"精批细改"要花多少时间和精力，教师办得到吗？即使办得到，把作文本发还学生就完事了吗？假如学生不完全理解你的用意，岂不就是白费？那就还得给四五十个学生说明为什么这么改，这又要花多少时间和精力？教师办得到吗？即使办得到，可是学生听了教师这一回的说明，知道了该这样写不该那样写，未必就能转化为作文的实践能力，因而下一回作文又那样写了；那岂不是照旧要给他"精批细改"，再来个循环？再说，任何能力的锻炼总是越频繁越好，而教师的时间和精力有限；因而中小学的作文每学期不过五六次，有些学校有大作文和小作文，加起来也不过十次光景。就学生作文能力的锻炼说，实在太少了；就教师改作文的辛劳说，实在太重了。尽管费心费力，总收不到实效，于是来了"徒劳无功"的共同感慨。

我想，学生作文教师改，跟教师命题学生作一样，学生都处于被动地位。能不能把古来的传统变一变，让学生处于主动地位呢？假如着重在培养学生自己改的能力，教师只给些引导和指点，该怎么改让学生自己去考虑去决定，学生不就处于主动地位了吗？养成了自己改的能力，这是终身受用的。在生活和工作中，谁都经常有作文的需要。作文难得"一次成功"，往往要改几次才算数。作了文又能自己改，不用请别人改，这就经常处于主动地位，岂不是好？

"改"，究竟是怎么一回事呢？改的是写在纸上的稿子，实际上是审核并修订所想的东西，使它尽可能切合当前的需要。正确不正确当然是首先要审核的。此外如有什么不必说的，有什么没有说明白的，有没有换个说法更恰当的，有没有叫人家看了会发生误会的，等等，也是需要审核之点。审核过后在需要修订的处所作修订，通常的说法就叫"改"。"改"与"作"关系密切，"改"的优先权应该属于作文的本人，所以我想，作文教学要着重在培养学生自己改的能力。教师该如何引导和指点学生，使他们养成这种能力，是很值得共同研究的项目。

  动笔之前想定个简要的提纲，写在纸上也好，记在头脑里也好，这是一种好习惯。写完了，从头至尾看一遍，马上自己审核，自己修订，这也是一种好习惯。写完了，站在读者的地位把自己的文念一遍，看它是不是念起来上口，听起来顺耳，这样做是从群众观点审核自己的文，也是一种好习惯。这些好习惯养成了，一辈子受用不尽。要不要让学生养成这些好习惯？我看要。那么，如何养成这些好习惯，似乎也是个研究的项目。凡属于养成习惯的事项，光反复讲未必管用。一句老话，要能游泳必须下水。因此，教师的任务就是用切实有效的方法引导学生下水，练成游泳的本领。

  我说我的感想到此为止。感谢同志们听我的发言。

语文是一门怎样的功课[①]

——在全国小学语文教学研究会成立大会上的发言

叶圣陶

  "语文"作为学校功课的名称，是一九四九年开始的。解放前，这门功课在小学叫"国语"，在中学叫"国文"。为什么有这个区别？因为小学的课文

[①] 选自《叶圣陶教育文集》第3卷，人民教育出版社1994年版。本文是作者1980年7月14日在全国小学语文教学研究会成立大会上的书面发言。

全都是语体文，到了中学，语体文逐步减少，文言文逐步加多，直到把语体文彻底挤掉。可见小学"国语"的"语"是从"语体文"取来的，中学"国文"的"文"是从"文言文"取来的。

一九四九年改用"语文"这个名称，因为这门功课是学习运用语言的本领的。既然是运用语言的本领的，为什么不叫"语言"呢？口头说的是"语"，笔下写的是"文"，二者手段不同，其实是一回事。功课不叫"语言"而叫"语文"，表明口头语言和书面语言都要在这门功课里学习的意思。"语文"这个名称并不是把过去的"国语"和"国文"合并起来，也不是"语"指语言，"文"指文学（虽然教材里有不少文学作品）。

口头语言和书面语言都有两方面的本领要学习：一方面是接受的本领，听别人说的话，读别人写的东西；另一方面是表达本领，说给别人听，写给别人看。口头语言的说和听，书面语言的读和写，四种本领都要学好。有人看语文课的成绩光看作文，这不免有点儿片面性；听、说、读、写四种本领同样重要，应该作全面的考查。有人把阅读看作练习作文的手段，这也不很妥当；阅读固然有助于作文，但是练习阅读还有它本身的目的和要求。忽视口头语言，忽视听和说的训练，似乎是比较普遍的情况。希望大家重视起来，在小学尤其应该重视。

现在大家都说学生的语文程度不够，推究起来，原因是多方面的。而语文教学还没有形成一个周密的体系，恐怕是多种原因之中相当重要的一个。不知道我说得对不对。语文课到底包含哪些具体的内容；要训练学生的到底有哪些项目，这些项目的先后次序该怎么样，反复和交叉又该怎么样；学生每个学期必须达到什么程度，毕业的时候必须掌握什么样的本领；诸如此类，现在都还不明确，因而对教学的要求也不明确，任教的老师只能各自以意为之。

如果大家认为我的看法大致不错，现在小学语文教学研究会成立了，是否可以把我所说的作为研究的课题，在调查、研究、设计、试验各方面花他两三年的工夫，给小学语文教学初步建立一个较为周密的体系来。

关于语文教学的两点基本认识[1]

吕叔湘

想谈谈中小学语文教学问题。中小学语文教学中的具体问题很多。比如怎样讲课文，怎样批改作文，怎样消灭错别字，怎样教文言文等等，都是教师们最关心的问题。我不打算在这里针对教师的具体工作谈这些问题。首先，我在这方面没有直接经验，从侧面了解到一些情况也不一定靠得住，因此说话就难望中肯。其次，我觉得每逢在种种具体问题上遇到困难，长期不得解决的时候，如果能够退一步在根本问题上重新思索一番，往往会使头脑更加清醒，更容易找到解决问题的途径。因此，尽管我下面要讲的话多少有点近于老生常谈，我还是打算搬出来谈谈。

我要谈的有两点。第一，我认为每一个做教学工作的人必须首先认清他教的是什么。从事语文教学就必须认清语言和文字的性质；从事汉语文教学就必须认清汉语各种形式——普通话和方言、现代汉语和古代汉语——的分别和它们的相互关系。其次，我认为从事语文教学必须认清人们学会一种语文的过程。

语言和文字不是一回事，可又不是两回事。"语言"和"文字"这两个名词都不止一种意义，这里所说的"语言"是"口语"的意思，这里所说的"文字"是"书面语"的意思。口语和书面语，一个用嘴说，用耳朵听，一个用手写，用眼睛看，当然不是一回事。可是用嘴说的也可以记下来，用手写

---

[1] 选自《吕叔湘论语文教育》，河南教育出版社1995年版，有删节。原载《文字改革》1963年第4期。

的也可念出来，用的这字眼基本上相同，词句的组织更没有多大差别，自然也不能说完全是两回事。然而不完全是两回事不等于完全是一回事。说话的时候有种种语调、种种表情，写文章的时候语调和表情是写不进去的（标点符号所能替代的极其有限），得在词句的安排上多用些工夫来弥补。说话是现想现说，来不及仔细推敲，但是可以因为听者发问，或者不等听者发问，而重说一遍，补充几句，或者改正一些说法。如果写文章也是这个样子，就变成啰嗦和杂乱。写文章有更多的时间来考虑，可以放下笔来想想，可以抹掉几句，甚至抹掉整段、整篇，重新写过。这样，写文章就应该比说话更加有条理，更加连贯，更加细致而又更加简洁。所以语言和文字必然是既一致而又有一定的差别。我们提倡"写话"是主张写文章要跟说话基本上一致，不要装模作样，不要耍花招。如果机械地理解"写话"，把现想现说的话一个一个字记下来，那是决不会成为一篇好文章的。

　　语言和文字哪个更重要呢？很难说。因为"重要"这个字眼可以有种种意思。语言是文字的根本。人类先有语言，后有文字；世界上多的是没有文字的语言，可找不着没有语言的文字。人们总是在幼儿时期就学会说话，然后在这个基础上学习使用文字。在实际生活中，用语言的时间也比用文字的时间多得多。职业上或者职务上经常要跟文字打交道的人不算，一般人一年里边除了写上几封信，开上几张便条，有时候记个笔记，拿笔的时候就不多了，可是三百六十五天没一天能不说话，有时候还要说很多的话。另一方面，文字有它的特殊用途，往往不是语言所能替代。同时，文字对于语言也有一定的影响。很多字眼，很多句法，是在书面上先出现然后进入口语的。一个人受过文字训练，说起话来能够更准确更细密，如果有需要的话。鲜明和生动是语言固有的特色，文字在这方面可以也应该尽量发挥语言的潜力，但是准确和细密却是文字的优点，是写文章的条件不同于说话的条件的结果。

　　学校里的语文教学应该以语言为主呢，还是以文字为主？应该语言和文字并举，以语言为门径，以文字为重点，达到语言和文字都提高的目的。

　　有人这样想：儿童7岁入学，口语早已学会了，不用老师操心，只要教他识字、读书、作文就是了。这种想法是只知其一，不知其二。学校里的教学应该以文字为重点是对的，尤其是因为汉语还在用汉字书写，而汉字有它的特殊性。汉字不是拼音字，不是教会二三十个字母和一套拼写规则就能了事的。汉字得一个个的学，一个字有一个字的形体，字形和字音有时候全没关系，有时候有关系而又不一定可靠，而一字常常多义，许多字常常同音，还有多音多义字、多音一义字、同音同义异形字，光是识字就要费很大的功夫。而识字这一关如果过得不好，读书、作文都有问题。所以说，语文教学应该以文字为重点。

可是如果把以文字为重点理解为只要有文字的教学，不必有语言的教学，那就又大错而特错了。语言在实际生活中的重要性刚才已经说过。儿童早在入学之前已经学会说话，这是不错的。可是他说的话是幼稚的，而且以全国范围而论，绝大多数儿童只会说方言，不会说普通话。这些缺点可以通过文字的教学给以一定程度的补救，但是如果只依靠"读书"而不直接给以口头训练，要认真提高儿童的语言水平是做不到的。退一步，不谈语言本身的训练，就拿文字的教学来说，撇开语言教文字，教学的效率也一定很低。以作文教学为例，多做口头作文的练习就很有好处。口头作文，口头评改，费时间少而收效广，不光是本人得益，全班都得益。能够把一件事情说得有头有尾，次序分明，写下来就可能是一篇很好的记叙文；能够把一个道理说得有条不紊，透彻有力，写下来就可能是一篇很好的论说文；所差的只是有些字该怎么写也许不知道，这是可以在书面作业里练习的，反过来，如果作文限于书面，评改也限于书面，且不说教师的时间有限，不可能篇篇"精批细改"，而评改一篇只有一个学生看见，甚至连这个学生是否用心看都成问题。更严重的是这种教学有可能在某些学生的脑子里造成一种错误观念：写文章和说话是互不干涉的两码事。说话可以随便，作文么，就得好好地"做"他一番。拿起笔杆来就要摆架势，必得用些"高深"的字眼，造些"复杂"的句子，甚至说些云里来雾里去连自己都莫名其妙的话。这种毛病，小学生不会犯，初中学生就难免要尝试尝试，高中学生就常常会来这一手。当然不是人人如此，也有老老实实基本上是写话的，可是因为说话从来没有得到老师的教导，习惯于支离破碎，乱七八糟，写下来也就不可能很好了。

撇开语言教文字，这是一种半身不遂的语文教学。这种错误的做法是有它的历史根源的。直到六七十年以前，我国社会上通用的书面语是文言，书字义去理解时代在前的文字。特别要留意的是与习见的意义相近而又不同的意义。比如读到一句"敭历三朝","敭"字是个难字，会去查字典①，倒是那个"朝"字很容易滑过，以为是汉朝、唐朝的"朝"，然而这里的"朝"指一个皇帝在位的时期②。又如文言里说某人"有经济才"，就不仅仅指他善于理财③。虚字，唐宋以后的文章里用法比较固定，先秦的书里就有很多变化。句法则不仅先秦，只要是文言，就有使现代读者困惑的地方。读木版书，断句就是个不简单的问题。近来翻阅些重印的古书，新加标点，给读者很大便利，可是也常常有断句上的错误，例子是很多的。整理古书的学者尚且如此，刚学习读古书的青年，他们的困难更可想而知。更麻烦的是一接触古书就不得不涉及古代的风俗习惯、典章制度，常常会因为遇到这种疙瘩而看不懂或产生误解，熟读《古文观止》并不能解决这一类问题。纯文学作品里这一类问题少些，可是有另一类麻烦：典故，尤其是那些藏头露尾、哑谜似的典故。

要进行这种基本训练，就需要有：一、合适的课本和工具书；二、合适的教师；三、足够的教学时间。在目前，这三个条件似乎都有些问题。当然，不能要求中学阶段完成这种可以说是相当艰巨的任务，因此才有"培养学生阅读浅近文言的能力"的提法。可是什么是"浅近文言"也还大可研究。生字少不一定就是浅近，熟字也可能有生义；句法跟现代差不多，也可能所差的那一点出入很大。而况选文章还得受内容的限制，文字浅近不一定内容可取。即令找到一些合适的篇章，也不等于可以放松基本训练。相反，正是这种地方需要警惕，怕的是教者学者都为这种貌似浅近所误，掉以轻心，一滑而过。这样就会为进一步的学习制造困难。学唱戏最怕起头就唱成油腔滑调。学外国语最怕一起头就把它跟汉语等同起来。学文言也不是没有可能养成一种"自以为懂"的习惯，以至一辈子改不了。总之，我认为文言的教学，如果要达到培养学生阅读文言书籍的能力这个目的，绝对不能光依靠串讲，要

---

① 敭（音扬）历，经历，专指做官的经历。
② 此义《辞海》失收。《辞源》说是"一纪元年之称，如康熙朝、乾隆朝之类"，似是而非。一个皇帝在位，不管换了几次年号，只是一朝，如朱熹集的《五朝名臣言行录》，指宋太祖、太宗、真宗、仁宗、英宗五朝，其间一共有23个年号。
③ "经济"是经世济民、经时济世的意思。

严肃对待，要从根本处做起。如有必要，还得在课程的安排上采取一些措施。例如文言和白话不一定要求同一个教师教，甚至可以分作两门，各编课本。时间也是一个重要问题。现行教学计划中能派给文言教学的时间是远远不够的。过去若干年里，中学语文课和外语课都抓得不紧，学生在数、理、化方面用的时间较多。现在如果提高语文和外语方面的要求而又要不影响其他课程，恐怕有相当大一部分学生会感觉负担过重。我觉得这种情况下是可以考虑高级中学文理分科的。（事实上，高等院校入学考试的科目早已经分为三类了。）总之，中学里的文言教学不是个很简单的问题。要实事求是地考虑实际需要，制定适宜的目的和要求，针对这样的目的和要求采取切实有效的措施，才能求得问题的合理解决。要是以为不必改变现有的教学条件，就能达到预期的目的，恐怕不免要徒劳无功的。

现在来谈谈学习语文的过程。使用语文是一种技能，跟游泳、打乒乓球等等技能没有什么不同的性质，不过语文活动的生理机制比游泳、打乒乓球等活动更加复杂罢了。任何技能都必须具备两个特点，一是正确，二是熟练。不正确就不能获得所要求的效果，不成其为技能。不熟练，也就是说，有时候正确，有时候不正确，或者虽然正确，可是反应太慢，落后于时机，那也不成其为技能。从某种意义上说，语言以及一切技能都是一种习惯。凡是习惯都是通过多次反复的实践养成的。观察儿童学说话的过程，完全能够证明这个论断。儿童学说话从模仿开始，先是模仿得不很好——语音不很准，用字眼、造句子，有时候对，有时候不对，然后经过多次实践，语音越来越准，用字、造句越来越有把握，最后达到"习惯成自然"的地步。习惯的特点就是不自觉。学龄前儿童的学习语言是不自觉的。进了学校，学认字，学写字，学新词新语，起头是自觉的，但是最后仍然得由自觉变成不自觉，让这些东西成为自己的语文习惯的一部分，才能有实用价值。打乒乓球的时候不可能每一举手都测定一下角度的大小，腕力的强弱。同样，说话的时候也不可能每用一个字都想一下它的定义，每说一句话都想一下它的组成。有人问：写文章不是有"字斟句酌"之说吗？对，有这回事。可是仔细省察一下就会发现：一、不是每字必"斟"，每句必"酌"；二、所谓"斟酌"也很少是有意识地进行字义、句法的分析，多半是直觉地感觉这个字不合适，换那个字才消极方面,给学生树立好榜样。如果语文老师说某一个字不能这样写,学生说数学老师就是这样写,语文老师怎么办?积极方面,各科教师都应该要求学生在回答提问和书面作业的时候正确地使用语文。不能因为不是语文课就可以在语文上马马虎虎,正如语文课虽然不讲各科知识,可是不能让学生在作文里任意颠倒史、地、理、化方面的事实。分科教学是为了工作的便利,学生所受的教育是整个的,是不能割裂的。不但各科教师,学校行政也应该关心学生的语文,对学生的语文负责,每出一个布告,每发一个通知,每作一个报告,都应该检查一下语文质量,包括错别字在内。总之,要在整个学校里树立起正确使用祖国语文的风气,学生生活在这样的环境里,正如蓬生麻中,不扶自直。否则学生就认为语文也只是一门功课而已,只要作文本上不出问题,别的地方都是可以随随便便的。

　　学生不仅生活在学校里,也生活在社会里,整个社会对于语文的使用是否严肃认真,对学生也有极大的影响。有些教师感慨系之地说:课堂里讲的是如此,耳濡目染的是如彼,还不是抵消拉倒!平心而论,近年来出版物的语文质量是大有提高的。但是出版物如此之多,光是大大小小的报纸,一天就得印出几百万字,哪能尽如人意。可是如果每一位写文章的人想到我也是家长,我也有孩子学习语文,我的文章可能只影响别人的孩子,可是别人的文章会影响我的孩子,大家写文章(包括翻译)的时候多操一分心,也就是为大家的孩子多造一分福,不也就可以提高一步吗?

当前语文教学中两个迫切问题[①]

吕叔湘

"四人帮"炮制的反动的"两个估计"的实质是反对文化，反对知识，提倡愚昧无知，利于他们篡党夺权。影响遍及文化、教育、科学各个方面，语文工作当然也不能幸免。

"四人帮"破坏中小学语文教学，影响也很严重。中小学语文教学问题是个老问题，也是当前不容忽视的一个严重问题。中小学语文教学效果很差，中学毕业生语文水平低，大家都知道，但是对于少、慢、差、费的严重程度，恐怕还认识不足。中小学语文课所用教学时间在各门课程中历来居首位。新近公布的《全日制十年制中小学教学计划试行草案》规定，十年上课总时数是9160课时，语文是2749课时，恰好是30%。十年的时间，2700多课时，用来学本国语文，却是大多数不过关，岂非咄咄怪事！语文是工具，语文水平低，影响别的学科的学习，有的数学老师、物理老师诉苦，说是得兼做语文老师。少数语文水平较好的学生，你要问他的经验，异口同声说是得益于课外看书。语文课占用这么多时间，必然挤别门功课的时间。按"试行草案"规定，小学的自然常识，中学的物理、化学、生物、生理卫生，五门合计是1076课时。我们要搞四个现代化，可是让孩子们只用稍多于十分之一的时间学科学，而有几乎三分之一的时间用在收效不大的语文课上。这个问题是不是应该引起大家的重视？是不是应该研究研究如何提高语文教学的效率，用

[①] 选自《吕叔湘全集》第11卷，辽宁教育出版社2002年版。原载1978年3月16日《人民日报》。

较少的时间取得较好的成绩？

我还想谈谈高等院校里的公共外语的问题。我们要搞四个现代化，首先是科学技术现代化，科技工作者的外语是个举足轻重的因素。以我国的情况而论，中文的科技资料很不够，一个科技工作者如果不能利用外文的资料，他就只能做第三流的工作。依靠翻译吗？现在的科学文献一天就是一大堆，一天就是一大堆，胜任翻译而又有时间翻译的人有限，只能翻译其中很小很小一部分。科学先进国家的科学家，尽管本国文的科学文献已经很丰富，还是一般都会两三种外语，有的懂五六种，至不济也有一种能用。我们科学落后的原因很多，大多数科技工作者外语不过关是原因之一。外语不过关是因为大学里没有把公共外语教好，大学公共外语没教好，跟中学外语课有关系。由于师资的限制，我们一直没能在中学里普及外语，于是大学入学不考外语，于是大学公共外语从 a，b，c，d 教起。每周四节课，二年时间（理工科），即使认真教认真学，也难达到自由阅读外语资料的程度，何况多数公共外语课又都是虚应故事。我以为今后必须狠抓高等院校里的公共外语的教学，达到大学三、四年级学生能阅读本学科的一般文献，研究生都学好第二外国语。同时，高等院校招生一定要考外语，否则中学生不肯认真学习。

这两个问题，虽然都是由来已久，但是由于"四人帮"捣乱，变得加倍严重。"四人帮"不要青少年学好语文，提倡抄书抄报，说空话，说假话，便于他们利用。有不少地方的学校干脆取消语文课，并入政治课，这政治当然是他们的"帮政治"。外国语的学习也受到迫害。钻研业务是走"白专"道路，钻研外国科技文献，"白专"之外又加上"洋奴哲学"，两顶帽子压得你抬不起头。现在"四人帮"已经打倒，但是，他们的恶劣影响还没有彻底肃清，原来存在的问题更没有解决。要解决这些问题，我以为要成立一个研究机构进行研究，最好建立一个教育科学院，至少建立一个教育研究所。不光是语文教学问题需要研究，教育方面需要研究的问题很多很多。现在各个产业部门，生产物资的单位，都有研究机构，研究如何生产更多更好的物资。教育部门，培养人才的单位，更应该有研究机构，研究如何培养更多更好的人才。我们有一亿几千万学生上学，从小学到大学学习十四年，研究生再加三年，说这里边没有需要研究的问题，谁能相信！

中小学语文教学问题①

吕叔湘

今天讲的题目是中小学语文教学问题。原来不打算讲这个。在和我联系的时候,是希望我讲这个的。我当时开会很忙,没时间准备,就想讲一篇现成稿子。后来在会议中间,有一天,我参加一个小组的讨论,南京师院的叶祥苓同志在发言中谈这个语文教学问题,他谈得很好,受他的启发,我觉得确实现在应该谈谈这个问题,我自己没有在中学、小学里教语文的经验,因此,谈的不一定中肯。我要讲错了,同志们狠狠地批,就说你讲错了,不对。我一定虚心接受。

讲到中小学语文教学问题,首先我们肯定它有问题。就像我在中国社会科学院的一个座谈会上讲的那样,现在中小学语文教学时间很多,效果并不很理想。这个当中是存在着问题的。究竟是什么问题?这个问题又包括一些什么样的问题?肯定不止一个问题。要我说,我不能说得很清楚,因为没有调查研究。所以我说要研究这个问题,头一件事情要作调查研究。这是毛主席提倡的。什么事情,你要调查研究,那才有发言权。我主张我们大兴调查研究之风,尤其像师范学院里面的中文系,培养中学语文教师的,那么就要尽可能地作一些调查研究,在调查研究的基础上,分析一些问题,提出一些办法,就比较可行。这是我讲的第一点。

第二点,就是我觉得应当允许教师做些试验。譬如说,有某一个问题,

---

① 选自《吕叔湘全集》第 11 卷,辽宁教育出版社 2002 年版。本文是根据作者 1978 年 4 月 22 日在江苏师范学院的讲话整理而成的。

你要解决那个问题，应该想出些办法，可是未必一想就想准了，想对了，很可能是想得不准。到底行不行？需要做些试验。现在做老师的不大敢做试验，好像教学已有一定的规矩了，你就按这个规矩办事。你不按这个规矩办事啊，假如试验成功，便罢；试验不成功，人家就要指责了。所以老师们是胆子很小，不敢试验。这个就要教育方面的领导能够表示态度，就是希望老师们能够做些试验，摸索一下。在试验当中，可能这种办法试验不成功，那种办法试验成功了。这样工作就能够得到改进了。总的说来，我是提出这么两句话，一是大兴调查研究之风，一是要允许教师做试验。

下面我要讲的就是些感想，一些表面的观察、认识。我没有大量的调查研究，所以有许多话有可能和实际不完全符合，不一定准，提出来供同志们参考。

分几点来谈。

先说语文水平。我们现在说中小学语文水平不高，到底怎么样的不高？刚才说的南京师院的叶祥苓同志，他那天讲，问题在中学不在小学。他为什么这样说呢？他说，我有一个女儿去年小学毕业，还有一个外甥去年高中毕业，我外甥在高考复习时，读错了字，我女儿能够纠正他。这就是说，高中毕业生的水平，还赶不上小学毕业生。所以说问题在中学，不在小学。从上面这个例子来看，这中学等于没念，毕业的水平同小学差不多。我听到以后，脑筋里一琢磨，觉得他的话不完全对。为什么呢？小学也有教得好的，教得差的，中学也有教得好的，教得差的，用小学教得好的和中学教得差的来比，这是不公平的。应该好的跟好的比，差的跟差的比。那样比，恐怕还是中学比小学高些。但是他的话是有些道理的。我们讲的语文教学，小学教的没有达到小学应该达到的水平，中学教的也没有达到中学应该达到的水平，这是不错。但是小学实际水平离开预定水平的距离可能比较小，而中学离开预定的水平可能比较大点，就是中学教学效率比小学的可能还要差点。这是个人看法，不一定对。为什么中小学都没有达到应该达到的水平呢？原因很多，教学的方法不对，是其中的一个原因。还有，譬如师资问题。现在教师的队伍很庞杂，特别是语文教师的队伍很庞杂。里面有很好的，有大致不错的，有比较差的，有很差的。这个大家都知道。这里也有客观原因，是学校发展得很快，教师培养赶不上。因此，有很多不适宜做语文教师的勉强在那里教了。虽然是有这客观原因，但事实是不那么好，让一些不适合教语文的在那里教语文，这个总不是一件好事情吧？这是师资问题。师资问题确是一个很严重的问题。我在北京的时候，北京师院有一位老教授，跟我随便谈谈。他经常出去视察，跑了许多区县农村的学校，也包括城里面的一些学校。他总的印象是三分之一是称职的，教得好的；有三分之一很勉强，还需要补课；还有三分之一，他认为补课也没有多大的用处，基础太差了。关于教师闹的笑话嘛，我听到了很多很多，今天不是到这里来讲笑话，所以我一个例子也不举。而且我知道，例如我举个例子，同志们可以举十个例子，我要能讲十个例子，同志们能讲一百个例子。因此，今天这些不谈，今天谈教学方法问题。

　　第二点，我就谈谈语文两个字我们怎么理解。语文作为一门功课的名称，是解放后①才有的。同志们觉得很奇怪，解放前不讲语文？解放前有的，它不叫语文课，小学里叫国语，中学里叫国文，两个名字实际上是一样东西。那么，怎么有语文这个名称呢？解放初期有一个出版总署，底下有一个编审局，就是现在人民教育出版社的前身，主要任务是编教科书。这就碰到了一个问题，就是语文这门课，是老办法小学叫国语、中学叫国文好呢，还是想法统一起来？当时有一位在里头工作的同志提议说，我们就叫它语文行不行？语也在里头，文也在里头。后来就决定用语文这个名称了。但是，语文这两个字连在一起来讲，可以有两个讲法：一种可理解为语言和文字，也就是说口头的语言和书面的语言；另一种也可理解为语言和文学，那就不一样了。中小学这个课程的名字叫语文，原来的意思可能是语言文字，但是很多人把它理解为语言文学，因此，在小学里且不说，中学里头就有很多老师把这门课当作文学来教了。拿什么证明？中学课本里头的课文，老师常常就把它当作文学作品来分析，时代背景，作者生平，然后中心思想，然后段落大意，写作特点，层层分析，这是分析文学作品呀，作为一种语言文字的东西来讲，是不要这样分析的。作为语言文字，哪些字、词不好理解，老师应该解释，

---

① 现在通行的规范说法是"新中国成立后"或"1949年后"，下同。

哪些句子结构比较特别，老师也解释一下，这是作为语言文字来教。从语言课来说，原则上应该是同学不懂的老师讲一讲，同学懂的老师不必讲，用不到这样一层层的分析，当作文学作品才这样分析。所以说，对于语文课的理解有分歧。

为什么中学老师要对作品搞这样的分析？是不是他特别喜欢这样做？这问题值得研究。叶圣陶叶老曾经说过：语文怎样教？我看现在这种教法是很古老的，从古以来就是这么讲的。怎么讲呢？以前念的是古文，这古文同现在的说话不一样，学生拿到这古文是看不懂的，要老师给他讲。老师怎么讲呢？就是念一句，翻译一句。一句古文，在苏州学校里头，老师就把它翻译成苏州话，在南京，那老师就把它翻译成南京话，那同学就懂了。老师的任务就是做一个翻译员，就是尽翻译的责任。那后来呢？不念古文了，念白话文，就是现在的文章，这种文章学生看得懂，不需要老师翻译，老师就失业了。没事做了嘛。失业以后就要改行了，他就不当翻译员，当分析员了。我想叶老这话是有点道理的。老师不是特别喜欢分析，他有点不得已，因为不要他当翻译嘛。这就是俗话讲的，猢狲丢了棒，没得玩儿了。

大概说起来，讲语文课不能当翻译，就有两条出路，一条出路是把语文课当作政治课，一条出路是把语文课当作文学课。讲成政治课，就是大讲微言大义，这一条有多少马列主义，有多少辩证法，有多少社会发展史，这么去讲去。另外一种讲法就是去分析时代背景啊，中心思想啊，文学手法啊，等等。叶老在二十年前，在一个地方讲过这个问题。叶祥苓同志那时他还年轻，他听叶老讲，叶老讲了一个故事，到现在叶祥苓同志脑子里记得很清楚。这是怎么一个故事？就是那时课本里有一课叫《粮食》，讲在朝鲜前线作战的志愿军为了抢救一批粮食，牺牲了（我的记忆靠不住，情节可能有出入）。这故事写得很生动，当时有一个学生，他新课本一拿到就翻着看了，看到这个故事的时候很感动，掉下了眼泪。后来上课以后，老师讲到那一课，老师就分析了，这一课时代背景怎么样，是抗美援朝的时候，国际形势怎么样，美帝怎样侵略，朝鲜人怎么抵抗，志愿军怎样过江，讲这时代背景。然后作者生平，可能这个作者就是现在的人，他的生平人家不知道。那底下就讲中心思想，段落大意，就分析来，分析去，左分析，右分析，没完没了。那个学生说，老师分析完了，我漠然无动于衷，我的眼泪不出来。

我举这个故事用来说明，有些作品不分析还能感动人，一分析倒不行了。这叫七宝楼台，拆下来不成片段。一个雕刻或什么别的美术品，很美，很感动人，你把它拆散以后，就不美了，就不感动人了。但是不是说这个分析的方法完全没有用处呢？也不是。学生对于某些好的地方不一定能领会，那就稍为说说，点一下，噢，学生懂了，懂了就好了！有些人不管三七二十一，从头到尾非要按分析的公式一条一条都做到不可。其实并不需要这样做。这种分析方法严格地说，也不是念文学的一个很好的方法。文学的作用主要是感染，是作者的思想感情能够进入读者的脑子，使读者能像作者一样想，有同样的感情，这样就算达到目的了。学习文学作品主要是读，听人读，自己读，那么文学作品的作用就更容易发挥。讲到读书，中国的传统是讲读的，特别是古文有一定的念法，一定的腔调，现在的青年同志和少年儿童要是听到一个老先生在念古文，摇头摆尾，嗯嗯啊啊，哼哼唧唧，就觉得很可笑，酸溜溜的，好像迂夫子才这么念，却不知道这里头有道理，那念的人一面念的时候，一面他的思想感情就在活动了，他就把作品里的妙处一面哼出来，一面哼进去，不懂的人觉得可笑，事实上读是很有滋味的。我举一个例子：以前的老北大，20年代有个美国女教师，好像叫做克拉克夫人，她教莎士比亚戏剧课，我去听过一次，她这个教法现在看起来很特别。上课，她和学生一起念，她念一段，同学们也念一段，念完了，她就问："有什么不懂吗？"一个同学说："这几个字我不懂。"她就解释。所有需要解释的地方解释完了以后，她就问："你们觉得这一段写得好不好？"有同学说："看不出。"她就说："再念一遍，再念一遍。"她又和大家一块念，然后她又问："全懂了吗？"可同学们的反应还不那么活跃。她又说："你们再念，再念一遍。"于是又念了。就这么念来念去，大家就觉得这戏是不错，是写得很好啊！好了，就下课了。是不是所有课文都可以这样教呢？有待于试验，看行不行。

至于作品分析，恐怕是培养作家的。你要写文学作品吗？这当中有些窍门，我给你分析，就是把这些窍门讲出来，那你就会写了。无非是这个意思吧。但就是这个也不可靠，你不信，找十个八个作家来问问，你当初是不是学了作品分析以后，才会写小说、剧本的啊？恐怕不是。他也是念了别人的

语文课程

小说、剧本，不知不觉地模仿，一步一步学着写的。起初写得不好，慢慢就精了。当然这其中也可能请人讲一讲，这个小说怎么怎么写才能写好。光是靠作品分析就能培养作家，未必尽然。文学创作不是个填公式的问题，不像数学里面有一个公式掌握了，这一类的题目就都能做，不是如此。所以总的说来，语文课现在没有把它当作语文课来教。问题就出在这个地方。那么有人要问："语文课当作语文课来教，又怎么个教法呢？"我想这也很简单，三个字：少而精。少讲，精讲，讲的要击中要害，学生哪个地方不懂，不太理解，就给他讲一下，点一下。学生懂的呢？就不讲。要是学生懂了，你还老在那儿讲，学生就不爱听，就厌烦了，他肚子里就在说："废话，你又在那里说废话了。"

但这样就产生一个问题，我们现在课本里课文数量不够，照这样讲，学生懂的就不讲，只是在要紧的地方点一点，那么一课书，短的一课时就完了，长的两节课也完了。一本书预备用一学期的，可能一个月就讲完了。由于这样，就只能放胖了。一个人太胖就容易出毛病，讲书也是这样，老放胖不行。我们的课本不但小学，就是中学都是薄薄的一本，恐怕世界各国的语文课本论份量，厚薄，没有比我们份量再少，本子更薄的了。我看见过好几种外国课本，起码一厘米那么厚，有的是两厘米厚。而我们呢，几个毫米，不够讲，老师很苦啊！我们能不能把它充实一点呢？完全有材料可收。可又有实际问题，用的纸张就得比现在增加两倍，现在的纸张非常紧张，这是个实际问题。但是我们还是应该按原则办事，实际问题想法解决，决不能因纸张问题来限制好的教学方法的实行。关于放胖的问题，中学比较明显，小学也不是没有。叶祥苓同志举了一个例子，他说他听过一个老师讲毛主席的诗词《为女民兵题照》："飒爽英姿五尺枪，曙光初照演兵场。中华儿女多奇志，不爱红装爱武装。"共二十八个字，他讲了两节课，叶祥苓同志说，这就是放胖，二十八个字能讲两小时。我后来跟他讲，这个不稀奇，我听说有所小学一年级语文课本的第一课，只有三个字，"天安门"，安排教学时间几节课呢？四节课。三个字，平均每字讲一节课有余，一又三分之一，我不知道这个老师怎么讲。后来有人告诉我说，还真可以讲，他从1840年鸦片战争讲起，外国人欺负中国人，一直讲到1949年推倒三座大山，宣布中华人民共和国成立，那个地方是天安门。这就讲了四节课。这个老师有放胖的天才。也有老师不会放，但有教学参考书，都给他预备好了，老师只要拿到参考书就很有办法了，上课就照本宣读，一句一句讲下去，所以教学参考书如编得不好的话，害死人。我所谓的"不好"，可能正是那个编写参考书的人觉得编得最最好的地方；而他最得意的地方，也正是我要批评的。他就着"天安门"这三个字提供了很多材料，够教师讲四节课。在他觉得这是我有本事，然而我却说这是你的罪过。因为在我看来，它对于教学不是起积极作用，而是起消极作用，教师上课老在外面转，转了半天没有击中要害。英语里头有个成语，叫做 beat about the bush，意思是猎人打猎的时候，兔子躲在灌木丛里不出来，于是四面就大叫大喊，为的是要把兔子吓唬出来，就可以一枪把它打死。这就等于中国说的"一语破的"，一句话就击中要害。要是你尽管大叫大喊，兔子就是不出来，你又不进去，能有什么结果呢？就像人谈话，老是绕来绕去，别人就会说，你干嘛呢？老在那儿绕，有什么话一下子说出来不就完啦？喜欢绕的教师，绕了半天，都绕不出这一课的重点在哪里，那么也同样达不到目的。关于语文课的课堂教学就讲到这里，这里引用了两位姓叶的同志（叶圣陶、叶祥苓）的话，好在他们都没声明版权所有不准翻印，那么我今天翻印了。

下面想谈谈作文问题。作文，一般是命题作文，出个题目让学生做。这是一种很重要的方法。当然除此之外，还有别的方法。命题作文应该注意什么呢？题目要出得好，题目出得不好，学生就只好抄书抄报。所谓题目出得不好，就是学生生活里头没有，他无话可说，写不出来。题目要出得学生生活里头有。对于这个，我们小时候苦头吃得很大，吃够了。我到现在还记得，我在中学时，老师出了一个题目《导淮议》，那时淮河不像现在，没治理好，泛滥成灾，所以要导淮入海。为了这个江苏省还办了所河海工程学校，专门培养导淮人才。在那个军阀时代，尽管有这个学校，培养了一些人，但没有能把淮河治理好，这主要是当时政治上的极端腐败，这个事情中学生哪里知道呢？尤其是江南的学生，他的脚没有迈过长江一步，苏北的情况毫不了解，出来个《导淮议》，我们就束手无策。怎么导呢？不知道怎么导啊！这作文怎么写得出来呢？而抄书抄报也没有地方抄，真是苦极了。可现在好啦，现在我们出个题目，那学生就有办法了，就把《人民日报》《新华日报》都找来，然后去抄。中学生，小学生，一个少年，或者一个儿童，对题目脑子里朦朦胧胧懂得点，但是叫他说，却说不清楚，他就只好抄书抄报了。题目要出得合适，要就他具备的条件来出。他在家庭里头，有家庭生活，有家里的人，父母兄弟姐妹，亲戚朋友，在学校里有同学、老师。社会上又有他容易看得懂的东西，容易理解的事情，在那个范围里给他出题目，他有话可说。我们叫他做作文，无非是看看他会不会把脑子里有的东西很好地组织起来，很清楚地表达出来，让他练习做一点，不是让他变戏法，不是在帽子底下，one，two，three，啾，一只鸽子飞出来了，学生他没有这个本事啊，不能勉强他。还有一个办法呢，就是给他创造条件，带他到一个地方参观，譬如说带他上动物园，或者上火车站，或者去看一场表演。事先就告诉他，这是要做作文的，要上作文本的。有些事情他平常不注意，比如说，可能好几次乘火车都经过火车站，平常他不注意，这次为了做作文，预先告诉他，那他到火车站就注意了。那火车站的建筑是怎么一个情况，有天桥，有地道，有人在买票，在什么地方买票，怎么买票，怎么检票，怎么入站，火车到了以后怎么样，火车开怎么样，火车要开之前放汽笛，叫几声，还有人挥旗。这一类事情他平常看到不注意，因为作文的关系他就注意了，注意了回来他就能写出来。

命题作文之外，有没有别的练习呢？那是很多的。我们作文不一定限于命题作文。命题作文是比较高级的，是比较需要多动脑筋的。但是，另外也可以布置一些不需要这样做的练习，如改写。假如念故事，短篇小说也可以，让学生把它改编成一个短的剧本，或者念了个剧本，让学生改编成小说，改写成故事。还有缩写，这一段比较长，有一千两千字，让他压缩成五百字或者三百字，把里头主要内容用自己的话说一遍，也是一个办法。也可以用听写，这种听写可不像外语课的 dictation 一样，听一个字写一个字，听两个字写两个字。老师讲一件事或者一个故事，讲一样东西，老师讲的时候不许他写，让他脑子里记住，讲完以后把它有条有理的写出来，也是一种练习。或者给他一些材料，这材料是乱的，譬如若干句话不按逻辑的顺序，词句也不一定都很通顺，就把东西交给他，让他整理出来，把句子弄通顺，前后次序安排得合理，这也是一种练习。只要老师动动脑筋，就可以想出很多练习来。这种练习，好处是同学有现成的材料，无需由自己去找内容，内容摆在这里了，让你找一个最好的方式把它表达出来。

　　作文的评改，这是个大问题。现在的办法大概跟我小时上学的办法一样，一个老师教一班，有50个同学，那么作文一次50篇，都交到老师那里，老师每篇都要改，改完以后发给学生自己去看。现在还是提倡精批细改，家长也要求老师精批细改。也不算算老师一天有多少小时。老师一天24个小时，和别人一样，当中要有睡觉的时间，吃饭的时间，休息的时间，还有做点家务的时间，譬如洗衣服，做饭等等，剩下来还有多少时间？却要求他每星期作文50本都要精批细改，那老师到哪里去找这些时间呢？而且这样精批细改，同学拿到了是不是认真地看，从头一句看到末了一句，说我这地方老师给我改了两个字，让我琢磨琢磨他所以要改的原因，噢，我懂了——就这样一句一句仔仔细细看下去，是不是如此呢？我看10个学生里头顶多有一个才这样用心看。据我猜想，大部分学生拿到作文后，先看给我评了几分，然后看后头批语，四个字还是八个字，怎么批，完了，抽屉里一放，算了。老师的精批细改完全埋没了，叫做徒劳无功。家长提要求，他的心情，用一句常用的话，叫做他的心情我们是很能理解的，但他对于实际问题是不了解的。他那么要求，他的儿子不那么要求，他的儿子拿到以后，看个分数就放开了，放到一边了。这个办法，因为是无效劳动，所以要改。我们要现实主义。这件事情发挥作用，当然应该花力气去做。如果不发挥作用，做了就等于没有做。我和有些老师交换过意见，我主张挑那么几篇，有写得好的，有中等的，有写得差的，有代表性的作文，挑几篇精批细改，其余的大致看一看，把主要的问题给他写那么两三句在那里就算了。然后这个作文不是发完就算了，要专用一节两节课，把精批细改的文章在课堂里讲评。先念一段，然后说我是怎么改的。如有条件，把原来的作文油印出来，每个学生拿一份，听老师讲，他的毛病在什么地方。从整个讲，毛病在什么地方，这一段问题在哪里，这一句有什么不好，这个字为什么是用错了，细细评讲。这篇文章的作者当然得益，其他同学也同样得益，因为大致毛病差不多。讲的时候不一定改的都讲，讲两篇三篇，时间够就几篇都讲一下。这就有一个问题，说老师老是改他的文章，为什么不改我的呢？当然，老师应该出以公心。假如每个学期做作文10次，每次改5本，那么，正好轮着每个人改一次，大家没有话说。

语文课程

49

我说这样试验试验看，可能效果会好一些。此外还有许多问题，因为时间的限制，我就三言两语提一提，不仔细谈了。

一个是教文言文的问题，现在这样教文言文，每一本里有三课四课，而且里头有很多是诗词，教学大纲说要培养学生达到能阅读一般的浅显的文言文的那样的水平，我看做不到。要是教文言文达到能够自己阅读浅显文言文的水平，要改一个教法。要认真的教，主要辨别古和今的不同，不要随便的讲过去。这是文言文问题。

还有一个问题是普通话。最好结合语文教学，锻炼同学讲普通话。有些同学不肯讲，害臊，不愿意讲，要鼓励他，让他肯讲。他的发音方面、用字方面不妥当的地方，给他纠正。因为语文教学应该语跟文都要教，文是书面语言，是重点，要多花一点力气，但是说话也得让学生学习，因为用口语来交际在我们生活中还是主要的。我们设想一下，除了从事文字工作的人，作家、记者、教师以外，一般的譬如说售货员、服务员、工人、农民，他们一年里用到书面表达的时候，比较起来还是少的。但说话呢？天天要说。说话要有训练，说得清楚，说得有条理，不啰唆，这是说话必须学会的一种本事。我是深有所感的，因为我家里有两个小孩，上小学，他们上学回来的时候学校里有什么事情，急于告诉家里人，怎么怎么的，说的话常常没头没脑的："李平怎么怎么……"，听不懂，真是半腰里杀出个程咬金来了。常言说说话要有头有脑，你把这个事情说清楚嘛。说，我们三年级二班有一个同学，他家里是什么家庭，他在学校里今天早晨什么事情。有头有尾，有条有理地说，让大家不费力气就听得很明白，这是说话应该具备的条件。没练习，老师不那么关心他们的口头表达，这就是咱们没有尽到语文课的全部责任。只顾文不顾语，是半拉子事情，不好。我记得以前学校里面有些演讲会，演讲竞赛，我从前在苏州教书的时候，还经常当评判员呢，要给他评分。现在我不知道中小学里面还搞不搞这个玩意儿。演讲比赛，我觉得很有好处，让学生练习说话。

此外还有个课外阅读的问题，我觉得也是很重要的，现在有的学生语文水平比较高，能写一篇通顺的文章，要问他怎么学的，他多半说我主要不是从课堂里老师那里学来的，在课堂里听老师讲，作文老师批改，我也得益，但我主要的是靠课外的阅读，看书看得多。你要调查你的学生，十岁的小孩，看过的小说有 20 本 30 本是很多的。不要以为小孩儿不会看书，小孩儿看书的本领大得很，他不认识的字跳过去，看意思，无形中吸收进去。有些字一回生，二回熟，头回不懂，第二回又碰到了，第三回又遇到了，多见几面就认识了。就像我们认人一样的，一个人见过一面，人家一介绍，尤其是许多人同时介绍，张三、李四、王五，那时候不认识，经过几次接触后，就一个一个的慢慢认识了，这个不难。所以，小孩往往使许多老师都觉得奇怪：你这个话是哪听来的？是看小说看来的。所以，课外阅读是很重要的。现在是自流状态，小孩看不看课外的书，看什么书，怎么看，都是不闻不问。但是，既然这个对语文的提高有帮助，就应该抓它一下，给他一定的指导，告诉他哪些书看了容易得益，哪些书看了不容易得益，哪些不值得看，哪些书要好好的看。对他有点指导，他的阅读可以更加提高效率。这也是个很重要的环节。

关于中学语文教学的种种问题[①]

吕叔湘

我在想，为什么这么多代表里头，要我第一个讲话呢？想来想去，大概就是因为去年三月里头，我在《人民日报》上发表了一段原来在一个座谈会上的发言，提出语文教学上的迫切问题。大概就是那个发言闯下了祸，所以今天就非要我讲不可。这叫做"自作自受"，没有办法。刚才，主席已经声明

[①] 选自《吕叔湘全集》第 11 卷，辽宁教育出版社 2002 年版。本文根据作者在全国中学语文教学研究会成立大会（上海，1979）上的讲话整理而成。

了，我这个不是报告，是讲话。我想也不是讲话，是谈话或者谈心。我是代表中的一员，跟大家一起来谈谈心。我今天说的话，打算分两个部分。前一部分是语文教学本身的一些问题，后一部分是跟语文教学有关系的一些问题。

第一部分，我想说得简单一些。因为，第一，我一辈子没有教过一堂语文课，毫无经验；而诸位代表当中，大都是经验丰富的，还有特级教师，我是来向他们学习的。我没有经验，说话只能说空话。你们说是要向我请教，实际是在考我，能不能打个60分，我是毫无把握。所以我最好说得简单一些。第二，我不打算在这些问题上表示我有什么主张，我怕这样子有在大会讨论中定调子的嫌疑，这是很不好的。如果无意之中说出带有表态性质的话，诸位可以相应不理。

第一部分谈六个问题。第一，文与道的关系。这是个老问题，而且是争论得很热烈的一个问题。我看，这里头还不光是文与道这么个两对待。我看这里是三对待。"语文"这个词本身的意思就不清楚。可以解释是语言和文字，也可以解释是语言和文学。那末，语言、文学、政治，这不是三对待吗？至于这个问题应该怎么看待，我就不说了。这一次讨论的时候会有很多高明的意见的。

第二个问题，阅读跟写作的关系。现在有一种议论，说语文课应该以写作为中心，阅读是为写作作准备，为写作服务的。念些范文，看看这些范文是怎么写的，我们也怎么写，起这个作用。我也不说这个话是不是对。我是想，阅读本身是不是也是应该培养的一种能力？我记得我当学生的时候，在陆志韦先生班上上过课，陆先生教我们心理学，有时候也讲到别的事情。有一天，他问我们："你们每天看报用多少时间？"我们说这可说不好，有时候有事情，报就不看了，有时候没有事情，就看上很多时间。他说：应该每天看20分钟的报，要在20分钟里头把这个报里头的全部内容都看进去。我们说这个不容易呀！他说：是啊，不容易就得学啊！你不看报不行，要花很多时间也不行，你得在20分钟里把一天的主要新闻乃至重要广告都看到。我说这个故事，我的意思是说看文章不一定都要一个字、一个字看。我们有个习惯，看书从第一个字看起，一直看到末了一个字，一个字不拉。有的书应该这样看，有的书不必这样看，应该很快地翻过去，把它的内容吸收进去。这个要有训练。我们在生活当中，需要看很多东西。你都是一个字、一个字地看，那你没有这么多时间，结果你有好些应该看的东西没有时间看。这个能力的培养恐怕是有需要的。我听说一个情况，这两年我们派了不少留学生到外国去，有些学生外语不太好，听课有困难。但是也有人外语很好，听课没有困难。可是他遇到另外一个困难，看书看不过来。外国的那些大学里头，特别是当研究生的，老师给你讲那么一次以后，开一个很长的书单子给你，三十本，五十本，要你看。一门课是这样，两门课加倍，三门课三倍。如果一个字、一个字看下去，这个速度，一个学期只能看个三本、五本。那些老大厚的一本一本的东西，你一定得在有限的时间里头，把大量的需要读的书都读了。这就得有一个本事，这个本事要训练。这就是说阅读本身也是一种需要培养的能力。

第三个问题想谈谈今与古的关系，就是文言文的问题。现在对于中学里的文言文，有各种不同的主张。有人主张念，并且嫌现在课本里选的古文太少，希望增加；也有的同志认为中学里文言文大可不念，可以取消。到底应该怎么办？这个问题似乎应该从学文言文的目的讲起。到底在中学里面，教文言文是什么目的？可以说有几种目的：第一，是古为今用。在现代的书面语里头，时常会出现一些文言词语，甚至于引一段文言文，或是引两句诗，要能够看懂，就得学一点文言。这是一个说法。还有古代文艺，古代有很多好作品，我们要能够欣赏。这也是一个目的。再进一步，还有一个文化遗产的问题。我们中国历史长，文化遗产丰富，现在的青年如果不学文言文，这个遗产就丢了，不好。这又是一种说法。对于这个问题应该怎么看？于是学不学文言文成为一个问题。另外还有，现在中学里分文科理科的还是少数，实际上它有这个区别。有的同学他已经决定将来要学理、工、农、医；有的同学将来要学文科，学社会科学。这两种同学是不是要区别对待？有的同志主张，将来学理科的同学，文言文可以不必学了；学文科的应当学，还要多学一点。是不是要这样区别对待，这也是一个问题。我发现老一辈的科学家很多能做诗的。现在也有这种例子。我从前在苏州中学教书的时候，有一个学生，是学化工的，他现在在上海化工学院教书，最近写了首诗寄给我看。他学化工的，还是能做诗，所以说文科、理科在这个文艺欣赏方面一定有根本的区别，恐怕也不一定。

第四个问题，谈谈教与学的关系。教，是教师这一面；学，是学生这一面。在教课当中，教师要起主导作用，这个没有错；学生学习要有主动性，这也没有错。教师的主导作用跟学生的主动性怎么结合？要偏于哪一方面就不妥当了。回忆我当中学生的时候，有一次，我们的英语老师生病了，请了一位代课老师。他第一堂课在黑板上写几个字：左边写个"被动"，右边写个"主动"，当中画一个箭头，表示要从被动到主动。他说：我知道你们平时上课，就是老师讲，你们听。我要把你们的学习方法改变一下，让你们主动。他的具体的做法我就不细说了。这一件事情在我的脑子里印象很深，几十年了也没有忘记。我觉得我们的学生学习有毛病（不光是语文课，别的课也如此），只会死记硬背，教师也是鼓励学生死记硬背。我当小学生的时候，有一课是"新书一册，先生讲，学生听"。（这是很早很早的课本，恐怕在座的同志没有几位见过这个课本。）"新书一册，先生讲，学生听"，小学生一、二年级也许只能如此。慢慢从小学到中学，到大学，不能老是"先生讲，学生听"啊，这样恐怕效果不会好。要逐渐培养学生主动学习的能力，不要老等人家给，要学会自己去拿。我发现，我们这个习惯很深。我去年招了几个研究生，他们也提出来："先生，你给我们讲点什么吧！"我说我实在没有多少可讲，三言两语就讲完了，主要靠你们自己看书，发现问题，咱们来讨论，互相启发。我现在给他们搞了个讨论班。第一次上课的时候我就说："你们得准备。这一次就预定下一次讨论什么问题，回去各人准备。到时候大家发言，互相辩论也可以，互相启发也可以。你们都不讲话的时候，我也不讲话。那我们这一堂课就算结束。"那只能如此，你不这样子，他老是"先生讲，学生听"，还得了吗？苏灵扬同志在这里，是不是你们教育学会也讨论讨论学生的学习方法，死记硬背的方法要改变。这个问题是个很大的问题，应该把它看得很严重。因为我们知道，我们要有知识，这是不错的，更重要的是要有智慧。你光有知识，你不会用那些知识，那也是枉然。那样的知识没有用，是死的。你有智慧，你就能运用这些知识。所谓智慧，好像这个词很高超，其实不然。智慧就是能动脑筋。你会动脑筋，所有的知识就会供你使唤；你不会动脑筋，那些知识不为你所用，不是你的东西。我们各门学科都有一些基本的知识要记住。基本的公式、规律要记住，这是不错的；但是，不是所有的七零八碎的繁琐的东西都要记住。书上都写着在那里，到时候你去查一查就行了。没有谁把对数表都记住，对数表印好在那里，到时候你去翻一翻就行了。但是怎么用这个对数表要学会。语文要记忆，要有点背诵工夫，但是这也应当是主动的。你觉得这一段文章好，美，觉得这些词句有用，你就把它读熟记牢，这是主动。如果你并不感觉兴趣，只是奉命背诵，那就是被动。

教师培养学生，主要是教会他动脑筋，这是根本，这是教师给学生的最宝贵的礼物。就是给他一把钥匙，他拿了这个钥匙能够自己开箱子、开门，到处去找东西。你不给他这个钥匙，那有多少宝贝他也没有法子拿到手。有的教师讲课能讲得眉飞色舞，能让学生听得津津有味，这当然是好事。但是过后还得仔细想一想，到底这一堂课给学生一些什么东西。如果学生确实有收获，那是好上加好。如果学生没有得到多少实惠，那就只是看了一场表演。古人有两句诗："鸳鸯绣取从君看，不把金针度与人。"一个绣工，一个神绣，绣的东西好，我这个鸳鸯绣好了以后，可以让你看，可是怎么绣的不教给你。当然我不是说这个老师有这样的意思，他决不会有自己留一手的意思，不是的。但是他不知道重要的不在于讲得有趣，而在于使学生得到一把钥匙。这么教恐怕也是不容易，但是应该朝这个方向努力，让自己的学生个个都能动脑筋，能够自己解决问题。现在国外在研究人工智能，就是教机器人，第一步是让机器人能够照你的话做事情。你叫他去拿什么东西，它就去拿什么东西。现在又在研究第二步，教机器人动脑筋，如果第一次做错了，第二次不会再错，就是从错误中得到经验。那些机器人还要把它教得会动脑筋，那我们教的是人哪，那是比机器人更高一级的，我们一定要教会他动脑筋。

第五个问题，讲和练的关系。现在大家都说要少讲多练。少讲，讲什么？因为可讲的东西可多啦，你要少讲，就要有选择。这就很值得研究。多练，练什么？现在对这个问题有不同意见。有的老师主张，练作文为主；有的老师主张，单项练习更重要。尤其是这两年的高考语文题，不是一般的命题作文，都是什么改写，缩写，还有许多别的填空、改错等等。因此，听说中学里面都是搞单项练习，搞得很热闹，作文好像是第二位的了。这个问题还是值得研究的。光就作文这一件事情讲，里边有几个关节：命题，怎样命题合适；批改，怎样批改合适；还有个评讲。作文在语文教师的工作中是很重要的一环。有的老师就被作文的"精批细改"压得喘不过气来。得讲究实效，看作文这个工作怎样做收获大，而又不至于弄得精疲力竭。另外就是单项练习。单项练习我看是需要的，可是练习哪些？除了词、句的练习以外，逻辑思维的训练要不要包括在内？还有口语。还是光练习写呢，还是也练习说话？还有练习写字，看来只是个小事情，我看还是有一定的重要性的吧。现在我们一般学生写的字，可实在不高明。写字第一要清楚，我讲点亲身经验。有许多读者给我来信，问一个问题什么的。我要回信，可是一看他底下的署名，龙飞凤舞，我认不出来，我怎么回他的信呢？寄到哪里去，让什么人收呢？我这个信没法回啊！他要达到的目的，他自己破坏了。写字起码要让人认清楚，进一步，多少也要好看点儿，不一定讲究书法，要怎么怎么美，总不能叫人看了皱眉头。我看我们现在中学生的字是很差的，有些大学生的字也不好。有时候收到日本朋友给我写的信，写的汉字一般比我们的字好。我很想打听一下日本学校里练字用什么办法。这是插话，回过头来还讲"多练"。那么这个"多"多到什么程度？这也是值得研究的。有人主张"一日一文"，就是每天写一篇，这值得考虑。假如很认真地写一篇文章，那是需要花一定时间的。每天在作文上花这么多时间，他还有别的功课呢，别的老师是不是会有意见？

第六个问题，谈谈课内和课外的关系。语文课跟别的课有点不同，学生随时随地都有学语文的机会。逛马路，马路旁边的广告牌，买东西，附带的说明书，到处都可以学到语文。特别是看小说，那是更普遍了。不看小说的学生恐怕很少的，问题是看什么，怎么看。对待这件事情，我们可以采取不同的态度，或者是加以指导，或者是放任自流，差别很大。你指导，可以告诉他哪些书是值得看的，哪些书不值得看，看书应该怎么个看法，注意哪些。有了适当的指导，他就更容易得益。假如放任呢？那就可能收到的效果很差。不值得看的，他在那里看；很好的书，他也草草了事看过去，没把当中的好东西看进去，没有取其精华，去其糟粕。所以课外阅读的指导很重要。还有，学生里面是一部分喜欢看书，一部分有时看，有时不看，还有一部分就是不喜欢看书，喜欢踢球，喜欢干别的，不喜欢看书。要是我们把课外阅读抓起来，就能够把喜欢看书的学生由少数扩充到多数。这对课内的教学有很大帮助。可以在学校里面组织一个专供学生用的图书馆，跟老师用的分开。有条件的，还可以一个班一个年级组织一个小图书馆，这种小图书馆可以让学生管理，让他学会管书，学会借书、还书这一套规矩。现在有些同志已经做了多年工作了，但是没有一个好习惯，把图书馆的书当自己的书一样，钢笔、红蓝铅笔在上面画。像这种事情就可以在中学的小图书馆里训练训练，培养他们使用公共图书的良好习惯，学会管理图书的本事。

上面讲的六点，一、二、三也就是文与道的关系，读与写的关系，今与古的关系，都是基本上属于教材方面的问题；四、五、六，也就是教与学的关系，讲与练的关系，课内与课外的关系，都是主要属于教学法方面的问题，第一部分就讲这些。

第二部分谈谈与语文教学有牵连的一些问题。第一个问题是调查的问题。刚才念的叶老的信里提到要做调查，我非常赞成，也想补充几句。大概有两种调查方法。一种是全面调查，以调查事实为主，目的是了解实际情况；一种是个别调查，就是以某一个教师，或者某一个学校，某一种教法为调查对象。看他用什么样的方法，得到什么效果，目的是供我们改进工作作参考。这两种调查都是很有用的。全面调查，调查现实情况，这样一种调查有什么用处呢？这个就是叶老信里面讲的，讨论、改进，总得要有个依据嘛。从什么地方出发呢？从现实出发。我们平常说：情况明，决心大。情况不明，决心也不可能大。要是情况不明而决心很大，问题就很多了。我们国家很大，同一个问题，各个地方不会一样，肯定有很大的差别。比如说，上海市语文教学的情况，就不能跟青海或者新疆相比。所以我们要做全面的调查。这是第一个用处。第二个用处，假定我们从现在到明年，做一次调查，写出一个全面的报告放在那里，到五年十年之后，再做一次调查，比较比较，看我们取得多大的进步。否则我们也不知道过了五年十年，到底有进步没有，有些什么样的进步，说不好。有个调查报告，就可以拿来比较。全面调查，这里面有些技术问题。调查什么内容，什么项目？要调查师资：这些语文教师过去是在什么地方学习的，学的是什么专业，工作了多少年。要调查学校的设备：有没有图书馆，订几份报，教师利用方便不方便等等。还有教课的安排：

回给他。有的信写得非常恳切，说我们这里是山区，新华书店在城里，去一次要花时间，花路费，跑到书店一问说没有，也没办法。怎样把必要的工具书、参考书送到教师的手上，教育部门与出版部门要很好地来研究研究这个问题。当然我们也要"叫唤"，要造舆论，不然，主管这些事情的同志得过且过，不那么很着急。在城市里头，可以办一些区一级的图书馆，专门供教师用。区教育局是否可以做些工作？现在不光教师的工资有限，买不起很多书，学校的经费也是很紧的，学校里买很多图书也有困难，要是有专门供教师用的图书馆，大家去看去借，可以解决一部分问题。

第三个问题，谈谈考试问题，或者叫作对付考试的问题。最近这两三年，不得了。从小学到中学，"三日一小宴，五日一大宴"，考，考，考，考得学生头昏脑胀。学校里有学期考试，有期中考试，这是合理的。可现在流行统一考试，一个区，一个片，同一年级的学生都来考，有时候区考之后还有县考。大考，小考，把学生考苦了，健康很受影响。我还听到一些情况，主要是在小学里，我都不大能相信。一般考试60分算及格，可是他要95分才算及格。真是岂有此理！据说是，一个老师，他的班上要是有三个不及格，就是考在95分以下，就没有资格评先进。这种种的做法听到很多，我是一肚子气。《光明日报》有过一篇报道，题目我忘了，讲的是高中二年级准备高考的情形，看起来触目惊心。课本不读了，专门做习题，四面八方去搜罗习题，搞"题海战术"！那么怎么办？我看有两方面。一方面，我们在中学里做教学工作的要正确对待。怎么样是正确对待？你考你的，我教我的，我按教学大纲教，完成我的任务。另一方面，高考出题确实要慎重一些，不能出到大纲以外去。我也闹不清楚，高考命题小组，是全部由高等学校老师参加呢，还是有中学老师参加。应该以中学老师为主。我不反对高等学校的教师参加，但是主体应该是中学老师。我看这样比较合理。

第四个问题，想谈谈重理轻文的问题。现在的学生一心奔科技，好像四个现代化就是靠科技。这也不错。但是一个国家，一个社会，不是只靠科技人才就能弄好的，这是很明显的事实。说起来，"学好数理化，走遍天下都不怕"这个思想不从今日始，解放以前已经有了。回想起来，五四运动以后社会科学兴旺了一阵。我是五四时期的中学生。我那个时候很多同学要学理工，我同班同学拉我去考上海交大，那时候江苏的学生的最高目标就是上海交大。我经过思想斗争（那时候是没有这个名称的，是后来才有的），还是决定要搞新文化，不去考交大。当时新文化运动还是很有吸引力的。细想起来，我们人类生活有几个方面的事情。人跟自然要打交道，人要认识自然，改造自然，让自然为我服务。地下有煤，把它挖出来，有石油，把它开出来，给我们做燃料。有土壤，就在上面种粮食。人和自然打交道，这是科技方面的事情。可是人还要跟人打交道啊。这么多人在一起，当然有各种各样的关系，各种各样的团体，有种种利害关系。怎么能让人与人的关系搞好，使整个社会欣欣向荣，这个学问也不简单啊，也可以说比跟自然打交道还难些。我们看看现在的世界，科技发展确实很快，许多事情以前只是在《封神榜》中看到的，现在都变成现实了。《封神榜》中的翻天印，一下子飞上去，就打到人家那里去，现在的导弹不就是这么个东西吗？可是看看社会方面，社会生活方面，很不乐观。资本主义国家有它的种种危机，通货膨胀啊，经济衰退啊，失业啊，社会主义国家不是问题也很多吗？生产上不去啊，经济上也有种种问题。政治上面也一样。当前的例子，怎么会出了一个林彪、"四人帮"的？我们这一方面研究得不够啊。研究好了，就可以预防这一类事情出现。这说明研究人与人的关系至少是跟研究人与自然的关系同等重要，社会科学跟自然科学同等重要。现在是发展得很不平衡。好像一个人一个胳臂很长很粗，一个胳臂很细很短，这个人是很不健康的。

除这两个方面之外，还有一个精神世界吧？还有一个文化艺术吧？人喜欢看看戏啊，听听音乐啊，欣赏图画啊，这一方面也还是需要有人的。现在这一方面倒还好，有些青少年从小喜欢音乐，美术，艺术学校也能够从青少年里去招生。三个方面比较起来，最差的是社会科学。中学生里喜欢研究社会科学的是不多的。怎么样来提倡提倡，这个事情就跟语文课或多或少有关系了。语文课学得比较好的同学，有时候对这一方面会发生兴趣，文化、历史以至于政治经济。这个问题也是值得研究的问题，当然不完全是语文教学的问题。

最后还想谈一个问题。在北京我在一次小规模的座谈会上谈过，我感觉我们中等教育的结构，要改变一下。现在普通高中太多，应该多办一些中等专科学校，培养各种职业的人才。据我现在了解，中专好像就是工、农、医，文科只有一种中专，就是师范。师范以外，文科的中专没有。我想到有一种学校很值得办。多年以来常常有些同志谈到，我们这个机关里头找一个秘书或文书这样的人，找不着。现有的人不行，起草一个文件不行，还得我自己改。让他保管文件，档案，管不好，问他要，他半天找不着。很多同志提这个问题，这样的人到哪里去找呢？既然有这个需要，就办学校来培养吧。现在我们的机关，文书工作确实有困难。大学生不愿意做，瞧不起这个工作，真正做起来也做不好。中文系毕业的同学，他会写小说写新诗，研究李白、杜甫，秘书工作做不来，起草一个文件不得体，措辞不当，保管文书更是乱七八糟。中学生更做不了。为什么不可以开一个学校来培养培养？外国有这样的学校。这样的学校训练的期限也不长，两年或三年，出来到一个机关、公司或商店里头做秘书工作，很解决问题。我们不能培养吗？没有什么困难。可以满足很多机关里头文书工作的需要，同时也解决一部分知识青年的出路问题，特别适合于女同学。工业方面的中专，很不适合女生，像这样的学校就特别适合女同学。除了做秘书工作，也可以管理图书馆。这样的中专，主要的课程只有两门。一、语文。对语文要有较高的要求，包括使用工具书等。二、文书管理。包括怎么归档、编目录、编索引等等。另外还可以加一些别的课程，比如打字。刻钢板大概不必学了，用处越来越少了，打字将来还是长期要用的。复制，现在复制的机器多起来了。复制也要有一定的技术，也不难学，只要管理得好，不让它出毛病，出了毛病自己能修。还有，像校对工作。出版社感到校对员不容易找。现在的中学生对汉字都有点马马虎虎，两个字差不多就是了。不但出版社需要校对，机关里头也需要。一个文件打错了字送出去，很不好。像这类课程，卑之无甚高论，没有什么高深之处，学起来不难。还需要学一点外语，也不要求很高，看见外国字不当它天书就行了。就这样，搞一个文书的中专。今天上海市教育局吕副局长在这里，我正式建议，在上海搞试点，先办起来，试试看有没有"销路"。有"销路"就多办两个。

我的话离题越来越远了，有点离题万里了。讲得不对的，请各位指教。完了。

漫谈语文教学[①]

——提高学生的语文程度

张志公

一个学生进入小学后不久就开始念文章，到高中毕业，一共要念 10 年、11 年甚至 12 年。如果以每年念 50 篇来算，一共可以念到五六百篇。这五六百篇文章自然包含着许多内容，学生受到的教育自然也不仅是在语文一个方面。文章里有思想，学生念了，不会不受到思想上的启发或教育；许多文章里有知识——历史的，地理的，自然科学的，等等，学生念了，必然同时吸取了那些知识；许多课文是文学作品，学生念了，无疑会受到文学艺术的感染和熏陶。就是说，语文教学对学生所起的教育作用是多方面的。因此，大家对语文教学的目的任务，有种种不同的看法，对这各种因素的相互关系有种种不同的理解。但是，无论对语文教学的目的任务和各种因素的相互关系持什么样的看法，有一点是大家都不能否认的，那就是语文教学必须教学生把语文学好，达到应有的程度，这是语文教学无可推卸的责任。这里专就这一点来谈，不打算全面地讨论语文教学各方面的问题。

一个中学毕业生应该具备怎样的语文程度呢？我是这样理解的：中学毕业生，或将参加工作，或将进入高等学校学习专门知识，也就是说，他们是已经受完了普通教育的人。那么，他们掌握现代语文的程度就应该是：

1. 能读一般应用的书籍报刊，在语文方面没有障碍；只要书籍报刊中所涉及的思想内容或知识内容是他们所能理解的，就应该理解得完整，确切。

[①] 选自《张志公语文教育论集》，人民教育出版社 1994 年版。

2. 能写一般应用的文章，在语文方面没有显著的毛病；只要对所写内容的认识是明确的，正确的，就应该能够清楚确切地表达出来，至少做到清通。

3. 知道有哪些基本的工具书，并且能够运用这些工具书，自己解决在读书、写作中发生的问题。

概括起来说，一个中学毕业生在语文方面应当是基本上通了，基本上够用了。这个要求是否太高了呢？我看不算太高，应该这样要求。今天的中学毕业生，是否具备了这样的程度呢？就我所接触到的一些情况来看，有些学得好的能达到上面的要求，有的甚至还能更高一些，比如能搞点文艺创作。但是还有不少达不到上面的要求。

如果确实还有为数不小的一部分学生的语文程度与我们的要求有不小的距离，那么，提高他们的语文程度显然是我们语文教学的迫切任务。有同志问："我们天天说要提高语文教学的质量，这质量到底表现在哪里？语文教学质量的高低，拿什么来衡量？"我想，是否可以这样说：语文教学质量的一个重要标志，或者说衡量语文教学质量的一个重要标准，就是能否有效地提高学生的实实在在的运用语文的能力。

明确语文教学的目标

语文教学中有种种"行话"，名堂很多。例如，从如何讲课的角度提出的，有讲解时代背景，介绍作者生平，分析主题思想，分析段落大意，分析人物形象，发掘语言因素，发掘思想性，扫除文字障碍，等等。提出这么多术语，有两个问题。一是容易使教师分散注意，把精力过多地放在这上面，客观上起到冲淡语文教学真正目标的作用；二是有的术语提法不一定妥当，容易引起一些认识上的混乱。教师们兢兢业业地去钻这些概念，挤掉了研究课文、设计训练方法的时间和精力；课堂上，左一个环节，右一个环节，过多的知识和理论的讲述，代替了学生对课文本身的诵读，理解，揣摩，思考和语言文字的练习、运用。不是说所有那些名堂都该取消，时代背景等等都不该讲，而是说要在明确语文教学根本目标的前提下来处理这些问题，才能处理得适当。有的说法还不大好懂。"发掘语言因素"，这话就不好懂。文章就是用语言表达思想感情，整篇文章都是语言，怎么还要发掘？既要发掘语言因素，于是，什么是语言因素，怎么发掘，种种问题都出来了。我不知道这说法是怎样提出来的。不过，我可以设想，原意大概是说，一篇文章在语言方面有好些应该讲、值得讲的地方，不要忽略过去。这显然是对的。可是，由于说得有点迂曲，大家又不从这个说法的用意着想，只在字面上绕圈子，就把一个很简单的道理闹得复杂、玄妙起来了。又如，"扫除文字障碍"，这个说法也值得考虑。"扫除文字障碍"，意思是说，文章里有生字难句，要讲一讲，因为生字难句好像前进路上的障碍物，要先扫掉。有生字难句，这对理解课文确实是一种障碍，单从这点考虑，这样提是有它的道理的。但是问题还有另一面。教学语文，除了让学生通过语言文字去理解课文内容而外，还要在理解课文之后再进一步去体会语言文字的运用，这才能使学生的语文能力有所提高。按"扫除文字障碍"的说法，那么扫掉这些障碍之后再干什么呢？走向哪里去呢？去分析课文。显然，这是把讲解生字难句跟分析课文分割开来，成了两回事。照这些人的看法，讲生字难句并不是分析文章。所谓分析文章，指的是把文章丢在一边，由教师去发挥微言大义。我听过一次语文课，那位老师一连用了三课时分析一篇课文，由始至终，老师和学生都没有打开课本，更不要说念上一字一句了。这样对待语文教学恐怕是大成问题的。照我看，讲内容、讲写法，都离不开字、词、句。讲字解句，是教一篇文章的本分，不是什么"扫除障碍"。总之一句话，切实提高学生的语文能力这个语文课的目标要十分明确，不要让许许多多的术语把它淹没，以致使教学事倍而功半。反过来，明确了这个目标，各种提法怎么对待就有了尺度，就可以处理得比较妥当。

学好语文的三道关口

要语文基本上能通、够用，我觉得要过以下三个关。

1. 字关

"字"是学好汉语汉文的第一关。这是个大关。过不了这一关，提高语文程度很困难；过了这一关，提高就比较容易。

我们的汉字比较难学，数量大，得一个一个地去学，学一个算一个。要学多少个字才够用？一般估计，要5000来字。这个数字是有根据的。报社的排字房里，放在常用字架上的铅字，就有五六千个。当然其中不都是最常用的，最常用的大概3000多个。就说3000多个吧，一个个地去学、认、记，这已很不简单。每个字又往往有不止一种意义和用法。同一个字在不同的词里表示不同的意思，这种例子是举不胜举的。多而难，所以说字是一关。考察一下实际情况，凡是读书有困难，笔下文理不通的，十之八九是被这道关口拦住了——认得的字少，不够用；所认的字没弄清楚，不管用。另一方面，汉字有它的方便处。比如，一年12个月，从1月一直到12月，只要认识了1到10的数字，认识了"月"字，就能一个个地搭配上去，全都认识。而在西洋语文就不是这样，每个月有每个月的名称，12个都是生字。又如，我们认识了个"张"字，就解决好些问题：姓张的张是它，纸张的张也是它，扩张的张还是它，等等。这也就是说，认识了几千个字，同时就解决了上万个词。所以，字这一关一旦过去，就会感到一通百通，左右逢源。古人对字的教育很重视，在这上面花很大力气，不是没有道理的。

要用很大力气来过字关是汉语汉字的特点在语文教学中的反映。这一关过不去，不行；过去了，就有很大好处。

这一关怎么过呢？对字的教学，积极的一面要加强，不能单独依靠消极的纠正。过去，我们在消极方面做得多，老是纠正错别字，消灭错别字。但是，光靠纠正和消灭是不行的。在小学里，只念过"刻苦学习"，没有学过"克"字，不会把"刻苦"错写成"克苦"；等到学了"克服"这个词，又没学好，就会把"刻苦"写成了"克苦"。因此，随着认识的字的增多，写错字的机会也越来越多。怎样才能消灭错别字呢？只有让学生实实在在地掌握住所学的每个字。错别字不是单纯的写字问题，而是字的教学、词的教学、语言教学不健全的反映。有个高中学生把"一知半解"写成"一知半截"，怎么会产生这样的别字呢？原因就是在第一次接触到"一知半解"这个成语时，囫囵吞枣，没有弄懂。可以设想，他对文章里包含这个成语的句子，乃至与此有关的思想内容也没懂。这岂止是一个字的写法问题？

在过字关这个问题上，文（言）白（话）是相通的。文言文如果能学好，对学现代语的字大有帮助。从文字的角度来看，文白古今，继承性特别显著。现代语的许多双音词，里边的字或多或少地保留着古义。如文言文中的"微"

字有精细幽深的意思，懂得了文言的"微"字，就能更确切地理解现代语中"微妙""精微"这些词。又如古文中"存"字有安慰的意思；懂了这一点，就很容易理解现代语还在使用的"温存"。现在的中学生念文言文，往往是整句地囫囵吞下去，对字的理解不够确切。例如，《醉翁亭记》开头第一句是"环滁皆山也"。我叫一个学生解释这句的意思，他说："滁州周围都是山。"我问他哪一个字的意思是"周围"，为什么"环滁"就是"滁州周围"，他回答不出。我再三启发，他还是说不出"环绕着滁州都是山"。这说明他对"环"字没有理解好，这种情形对于过字关是不利的，应当改变。

要过字关，对于字就不能简单从事，囫囵吞枣。但是也决不能离开课文去讲字。只要课文里必须讲的讲了，就已经足够了。不然，多讲了学生也接受不了。

要尽早地引导学生学着用字典，使他们对字典发生兴趣，养成用字典的习惯。这对于过字关是十分重要的，于学习语文有重大的意义。

2. 句关

这里应该先说一下词汇。就掌握语言来说，词汇是非常重要的，一个人语言水平的高低，在很大程度上决定于掌握词汇的情况。目前许多中学生对词汇掌握得不够，不好，表现在阅读上是对词的理解不确切，表现在写作上是词不够用，用得不准确。在教学中，词处在字、句之间。前边说的过字关，离不开词的教学（不能丢下词去孤立地讲字）；下边要说的过句关，也离不开词的教学（不能丢下词去抽象地讲句）。反过来说，讲一个词，一方面不能不讲构成这个词的字的读音、意义和写法，另一方面不能不讲这个词怎样用在句子里。换言之，解决词汇问题，一头要跟过字关统一起来，一头要跟过句关统一起来。因此，这里暂时不单独把词汇作为一关来讨论。

句子是个大关。很多学生读书的时候对句子的理解不清楚，作文的时候句子写不通。过句关，需要抓住重点。谈到句，自然就会联想到语法。事实上，就汉语而论，一个句子通不通，主要是逻辑思维的问题，是想的问题。平常作改病句练习，病句的病在什么地方？主要的病就在于没有想清楚。在一次测验中，有个学生写了这样的句子："英雄的形象在我心中生根、开花、结果。"照语法讲，这是主谓搭配不当，其实，这是事理不合，主谓搭配不当

1. 思想内容与语言文字统一。不要一会儿丢下思想内容去讲语言文字，一会儿又丢下文章去讲思想内容。要统一起来，把语言文字讲清楚，从而理解思想内容，懂得了思想内容，又去领会语言文字的运用。

2. 知识与训练统一。不要离开训练，空讲语法、修辞等等知识；也不要排斥知识，杂乱无章地只管练习。知识要为训练服务，训练要运用有条理的知识，又去巩固所学的知识。知识和训练的目的不是两个，是一个——提高运用语言文字的技能。

3. 读与写统一。要提高写的能力，必须多读，熟读，精读。写，需要指导，需要练习，但是没有读作基础是不行的。讲一篇文章，指导学生好好地理解，好好地读，也正是在指导他学习写。不要把读和写看成不相干的两码事。

《岳阳楼记》里有"先天下之忧而忧，后天下之乐而乐"的句子。我要一个学生讲讲这句话的意思。他说："这里表现了作者忧国忧民的思想和伟大的抱负，不是斤斤计较个人利害，而是时时关心国家的安危，百姓的疾苦，吃苦在前，享乐在后。但是，范仲淹是为封建统治阶级服务的，他的思想不能跟我们的为人民服务的思想相提并论……"等等。我说，就只要讲讲这个句子的意思，先不必发挥这么多。他重说了一遍，还是讲了一大套，讲了一番大道理，无论如何也讲不出这个句子的意思来。"先"怎么用，"后"怎么用，两个"忧"字有什么不同，两个"乐"字有什么不同，全句该怎样用现代语表达出来，都说不出。学了篇文章，只能讲大道理，不能确切地理解文义，怎么能真正领会文章的思想？这样，怎么能收到举一反三的效果，提高读书的能力？怎么能从读的文章中学到作文的方法？

总之，真正把文章弄懂了，既学了读书，也学了写作，又学了思想；否则，一样丢，样样丢，一无所得。不要看学生能讲一大套，他所说的，不是自己所理解的《岳阳楼记》的思想，而是背诵老师的思想。

要有效地提高学生的语文程度，就得严格要求。这就需要教师自己有本钱。所以，教师必须不断地提高自己。最重要的是工作要踏实。不要追求形式，只讲过场；不要纠缠在种种名堂的概念、定义里头，靠条条框框办事。我们要用学生的实实在在的语文程度，而不是别的什么，来检验自己的工作成绩。

1962 年 10 月

说 工 具[①]

张志公

语文是个工具，进行思维和交流思想的工具，因而是学习文化知识和科学技术的工具，是进行各项工作的工具。

对于语文的这种性质，大家多半同意，看法上没有什么出入。但是，语文教学应当怎么办才算是符合语文的这种性质？语文课本的文章应当怎样教法才能使学生正确的、充分的掌握语文这个工具？在这些方面还不是完全没有问题。近来我时常被问到这件事，也听到一些有关这个问题的讨论，看到一些情况，因而有些零零星星的不成熟的感想。这里就把这些感想说一说，向关心语文教学的同志们请教。

先讲一件与此有关的事情。

请看哪一个说法好些？

事有凑巧，在不同的时间和不同的地方，我听见过三位教师讲"破釜沉舟"这个成语。

有一位教师大致是这样讲的："'破釜沉舟'表示坚决的意思。做事一定要坚决。无论做什么，只要是正当的、应该做的事，就必须抱定只许前进、不许后退，只许胜利、不许失败的决心。只有这样才能得到成功。如果前怕狼后怕虎，工作还没开始就准备下失败的退路，那样一定不会成功，碰到一

[①] 选自《张志公语文教育论集》，人民教育出版社 1994 年版。原载《光明日报》1963 年 10 月 10 日。

点困难就向后转了。当然,前进的目的必须正确。在这一点上,古人不能跟我们相提并论。由于时代的局限,古人,尤其是封建统治阶级的人,做事的目的在今天看来很多是成问题的,下定决心做好事是应当的,如果坚决做坏事,那就不应当了。"

有一位教师是另一种讲法,他说:"'釜'就是锅,'舟'就是船。'破'和'沉'都是动词。'破釜'是'使釜破'的意思,也就是把锅砸碎,'沉舟'是'使舟沉'的意思,也就是把船凿沉。这样用法的动词叫做'使动词'。同是作饭的家具,古代叫'釜',现代叫'锅';同是水上运输工具,古代叫'舟',现代叫'船'。这是古今词汇的演变。像古代叫'冠',现代叫'帽子',古代叫'履',现代叫'鞋',都是这种情形。曹植《七步诗》里有'豆在釜中泣'的句子,柳宗元《江雪》里有'孤舟蓑笠翁'的句子,这里的'釜'和'舟'跟'破釜沉舟'里的'釜'和'舟'意思相同。"

另一位教师讲得比较简单,话说得比较少。他这样讲:"项羽渡河进攻秦国的军队,渡河之后,把造饭的锅砸碎,把船凿沉,断了自己的退路,以示有进无退的决心,终于把秦军打败了。后来大家就用'破釜沉舟'这个话表示下定最大的决心,不顾任何牺牲的意思。"

请想一下,这三个讲法哪个好些?在我看来,三位老师的修养都很好,讲的都对,第一位讲的那番道理,第二位老师讲的那些知识,于学生都是有用的。不过,要是处处都像第一位那样,只说些大道理,不讲字句的本身的意思,恐怕不太好;要是像第二位那样,只讲字句的知识,不管这些字句合在一起表达一种怎样的思想感情,用在什么场合,效果怕也有问题;要是把两种讲法加在一起,每句话都这样讲起来,费时过多且不说他,恐怕对于学生的理解掌握也不见得有好处。因此,我觉得,一般说来,第三位讲法可能好一些,话说得比较少,可是把知识、道理结合在一起了。我找了一些学生测验了一下,证明这个想法大体上符合实际。这三位老师对这个成语的不同讲法,给了我很大的启发。

语文是一个什么工具,怎样掌握它?

语文这个工具和生产上用的一些工具,比如除草用的锄头,平整木料用的刨子等等，有同有异。同在都是工具。各种工具总有某些共同的特点，否则它们就不会叫做工具。异在它们的作用。语文有语文的用处，生产工具有生产工具的用处。必须看到那个同，也必须看到那个异，才能比较全面的理解语文的性质，才能比较准确的找到掌握它的办法。

先说同。从大处来说，工具的本身没有阶级性，掌握在谁的手里就为谁服务。在这一点上，语文和其它工具是一样的。封建统治阶级运用语文工具宣扬封建主义的思想意识，资产阶级运用语文工具宣扬资本主义思想意识，无产阶级则运用语文工具宣传无产阶级的思想意识，跟一切的反动的思想意识作斗争。无产阶级必须充分的、高度准确的掌握语文这个工具，让它很好的为社会主义和共产主义事业服务。

凡属工具，最重要的是准确的操纵它，熟练的运用它，只有这样，它才好好的为我们服务。在这一点上，语文跟别的工具也是一样的。如果我们拿着个锄头，不会用，只会说些"锄头可以帮助我们除草，帮助我们生产粮食，而生产粮食是社会主义建设中的重要工作"之类的大道理，或者只会说些"锄头的柄是木头做的，也可以用竹子做，头是用铁做的，头和柄应该成多少度角"之类的知识，就是不会拿上一把锄头去锄地，那是不行的。道理是重要的，知识也是有用的，因而有些人专门研究那些道理和知识；可是无论如何，不会用总不行。不会用，它就不能为我们服务，说了半天也生产不出粮食来。语文也一样，要紧的是能听，能说，能读，能写。要是看见个字不认识，有个什么意思写不出来，大道理讲得再多，知识记得再熟，即使道理和知识都不错，也还是没有掌握语文这个工具，它还是不肯好好的为我们服务。

那么，怎样才能达到准确的操纵和熟练的运用，也就是达到充分的掌握呢？凡属工具，要掌握它就要到使用它的现场里去学。在这一点上，语文和其它的工具也没有两样。要会用锄头，就得拿把锄头到地里去学；要会用刨子，就得拿个刨子到木作案子上去学。要是坐在屋里拿把锄头或者刨子讲一通使用的方法，就是不到现场去比试比试，即使讲得都对，还是掌握不了。掌握语文这个工具也一样，也得到使用语文工具的现场去学习。使用语文工具的现场在哪里呢？这就涉及语文工具和其它工具异的方面。

再说异。生产上用的各种工具，都是生产物质资料的。语文这个工具不

语文课程

73

生产物质资料，它不是生产工具，而是人们用来思维和交流思想的工具，学习科学文化知识和进行工作的工具。这就是说，语文这个工具和各种生产工具的作用不同。

锄头是除草的，而锄头和草是两码事，锄头和草并不长在一起。语文是交流思想的，语文和思想虽然也是两码事，可是由于语文是交流思想的工具，而思想是抽象的，它要依靠语文这个物质外壳而存在，所以语文和思想老是长在一起，分不开。这是语文工具跟其它工具不相同的一点。"地球是圆的。"你不可能只学"地球""是""圆""的"这些词，"主语＋谓语"这个句子的结构，而不同时学了地球是圆的这条知识。"劳动创造世界。"你也不可能只学"劳动""创造""世界"这三个词，"主语＋谓语＋宾语"这个句子结构，而不同时学了劳动创造世界这个观点。换言之，不学会那些词、那些句子，就懂不了那些意思；如果还没懂那些意思，实际上也就还没有真正学会那些词、那些句子。这就意味着，学习语文这个工具的时候，学习怎样用语文来交流思想的技能，跟学习语文所表达的思想本身，是不可分割的结合在一起的。

语言现象涉及三种事物：人，语言，思想。人要掌握语言这个工具，同掌握其它工具一样，得练；语言是交流思想的工具，但由于思想和语言有着不解的姻缘，同草和锄头的关系不大一样，所以在进行语文教育时就离不开语言材料所包含的思想内容。语文这个工具跟其它工具有相同的一面，这就决定了语文教学必须教学生切切实实的在训练中学会操纵和使用语文工具，也就是着眼于掌握字、词、句和篇章的运用能力，不容许离开这种训练去空讲大道理，空讲理论知识；它跟其他工具又有相异的一面，这又决定了语文教学必须把训练学生运用字、词、句、篇章的能力和训练学生理解语言所表达的思想的能力结合起来，不容许把二者割裂开来，对立起来。这样看来，语文教学强调基本功，强调多读多练，强调"文道统一"，这正是由语文这个工具的性质决定的。

第一种讲法，着重于讲语言所表达的思想，而且发挥得有点过分，不注意语言这个物质外壳本身；第二种讲法，只注意了语言这个物质外壳，忘掉了它所负载的思想内容。这两种讲法从不同的方面都忽略了语文这个工具的性质。第三种之所以比较可取，正是由于那种讲法大体上是符合语文这个工具性质的。当然，专从对一个成语的解释来说明这个问题不可能十分确切，不过大致还可以作为参考就是了。

文道统一

教学生掌握语文工具，也就是掌握足够的字和词，掌握句子的构造和用法，掌握谋篇布局的道理和技能，这是语文教学的目的。那么，在语文课里，教学生读一篇一篇的文章的时候，目的是不是就仅仅在于要学生学会文章里的某些字和词，某些句子和谋篇布局的某些方法呢？

我想，教一篇文章的目的和整个语文教学的目的是统一的，又是有区别的，不能混为一谈。

语文课本的课文有的是讲自然现象的，有的是讲地理、历史知识的，有的是诗歌、散文、小说等文学作品，有的是论述政治思想的议论文章。所有这一切，都是作为学习语文的材料，要学生从这些材料中学到读书、作文的能力。语文教学的目的主要不在于教给学生有关自然的或者有关社会的知识，因为那是物理、化学、生物、地理、历史那些学科的工作；语文教学的主要目的并不在于教给学生太多的文学理论知识或者文学创作技能，因为中学毕业生需要的是一般的读书、作文能力，就是阅读各种各类的书籍，写各种各类的文章的能力，而不是只要阅读文学书籍、必须创作文学作品的能力；语文教学的主要目的也不在于教给学生很多政治思想的知识或理论修养，因为那是政治课的工作。如果把介绍各种科学知识，训练文学修养，解决政治思想问题等等，统统作为语文教学的主要目的，这个语文教学该怎样进行法？它哪里有这么大的能力？教学生掌握语文工具的目的又将如何实现？可是，又必须看到，凡是文章，总是记载知识、表达思想的。学生读什么样的文章就会从中吸取什么样的知识，受到什么样的思想感情的感染。因此，语文教学总是在向学生进行语文训练的同时产生一定的思想教育的作用。所以，语文教学就不能不注意这件事，就不能不运用这个向学生进行思想教育的非常方便而有效的阵地。古今中外，没有哪个时代、哪个阶级的语文教学不是带有非常鲜明的时代特点的阶级性的，《三字经》《千字文》在封建社会里只是启蒙的识字教材，封建主义的色彩就已经那么鲜明，至于再高一级的语文教学，就更不用说了。就连只是单字的堆积，并无任何思想内容的《百家姓》，宋朝人编的要用"赵"字打头，明朝的统治阶级就不容许这一点，把它改成用"朱"打头的《千家姓》，而清朝的统治者既不许"赵"字打头，也不许"朱"字打头，要另外编一种新的"御制"《百家姓》。资产阶级的语文教学搞些什么名堂，更是大家所熟知的，这里就不去说它了。今天，我们的任务是要把学生培养成无产阶级革命事业的接班人，难道可以不重视、不占领语文教学这个思想阵地吗？当然是决不可以的。然则，怎样重视、怎样占领呢？首要的问题在于让学生读些什么，也就是在于课本的选材。所以中学语文教学大纲里规定，语文课本要选"具有积极的思想内容"的文章，要选"有助于培养坚强的革命后代"的文章。同样重要的是教学必须要求学生把这些文章透彻的读懂，一字一句的、整段整篇的都理解得确切，这样才能在学习语文的知识和技能的同时也领悟、进而吸取了文章里那些积极有益的思想。语文教学里的"文道统一"就表现在教材和教学这两个方面。因此，就整个的语文教学来说，还是不能不把教学生掌握语文工具这个目的明确的、突出的提出来。学生学不好字、词、句、篇，他就掌握不了语文工具，这样，他怎么能读懂有积极的思想内容的文章？读不懂那些文章，怎么能从文章里受到教育？

语文教学的目的既然如此，是不是教每篇文章的时候，只要把文章的一些生字、生词、成语、谋篇布局的方法抽出来讲一讲，让学生明白了、记住了就算教好这篇文章了呢？是不是这样教一篇一篇的文章，把初高中十二册课本的文章都教完，就可以达到语文教学的目的了呢？我想，不是的。如果这样，那就可以不用语文课本，教学生读一本字典、一本成语词典、一本文章作法、或者再加上一本语法修辞书就行了。古往今来，没有这样的语文教学；我想，今后也不会有。

语言既是工具，要琢磨它在表达思想时的工具作用发挥得怎么样，就先得弄清它要表达的思想。就是说，教学生读一篇文章，必须把它作为一整篇文章让学生读懂。如果这篇文章是介绍某种知识的，要使学生充分理解这种知识；如果是讲某种道理的，要使学生透彻的懂得这种道理；如果是写人物的，要使学生真正认识这个人物。只有这样，学生才能确确实实的理解和掌握那些记述知识、阐释道理、描绘人物的字、词、句和谋篇布局的方法，他所学到的有关字、词、句、篇的知识才是活的、有用的知识，才具有把知识化为技能的条件。这就是前边说的必须在使用工具的现场里学习才能真正掌握工具的道理。不讲字、词、句、篇，不带着学生好好的读课文，把课文里的思想抽出来，用老师自己的话去讲，不行；不把课文作为一个整体，不启发学生好好的领略课文的思想内容，把课文里的字、词、句和谋篇布局的方法抽出来，用老师自己的话去讲，也不行。

教一篇文章，必须让学生透彻理解全篇思想内容，并且从中得到思想上的教益，知识上的启迪，感情上的陶冶，不这样是不对的，可是办法必须是带领着学生好好的读这篇文章，一字、一词、一句、一段的都读懂，把文章的安排组织都搞清楚，让文章的本身去教育学生；教一篇文章，必须让学生从中学到有用的字、词、句和谋篇布局的方法，从而丰富他的语言知识，提高他的语言技能，不这样是不行的，可是办法必须是指导学生充分理解文章的内容——明了文章所讲的知识或道理，体会文章表达的思想感情，在这过程中学到一些字、词、句、篇的运用。这样，十二册课本教完，大概能达到语文教学教学生掌握语文工具的目的，同时也收到了思想教育的效果。不这样，学生也是不答应的。如果每教一篇文章，总是只讲大道理，只说些抽象笼统的话，学生感觉不到他的读书作文能力有什么长进，听来听去他会腻烦，他会用"思想开小差"来表示异议；反之，如果老是孤立的讲字义，讲词义，讲成语，讲句子结构，学生感觉不到从文章里得到某些启发教育的享受，听来听去他也要厌倦，也会用"思想开小差"来表示拒绝。总之，注意了思想内容而忽视或者降低了语文工具本身的重要性，其结果非但完成不了教学生掌握语文工具的目的，更将"事与愿违"，连自己所重视的思想教育也会受到妨害；反之，把语言文字同文章的思想内容割裂开来，孤立的去搞字、词、句、篇，非但放弃了进行思想教育的很大的可能性，反而连自己所重视的掌握语文工具的目的也达不到，一句话：文道统一！

1963 年 10 月

语文课程

传统语文教学的得失[①]

张志公

一

　　这里说的传统语文教学指的是汉唐以后,特别是宋代以后直到 19 世纪末叶的语文教学(当然那时并没有"语文教学"这个名称,但是这类工作是一直在进行的,这里姑以今名称之)。自从宋代王安石在科考中实行"经义""策问"的办法之后,科举考试的内容和方法逐渐定型。元明以下顺着这个路子产生了八股文。当时先生教写八股文,学生学写八股文,这方面的教学成了科举考试的附庸,不是一般的语文教学。这里只谈一般的语文教学,不谈八股文的教学。不过八股文这种科举考试方法实行了几个世纪[②],而那个时期许多读书人都巴望着能参加科举考试,所以八股文那一套对一般的语文教学不可能不产生影响。这影响是非常恶劣的,深厚的,甚至直到今天它的阴影还没有完全消失。只有在特别需要说到八股文对语文教学的恶劣影响的时候,本文才会偶尔提到它。

　　下边分两部分来谈。一部分谈谈传统语文教学的主要经验;一部分谈谈传统语文教学有哪些明显的缺点,今天应当怎样对待。

　　[①] 选自《张志公语文教育论集》,人民教育出版社 1994 年版。原载于香港《中英语文教学》1983 年第 1 期。
　　[②] 这句话似有歧意。科举考试一般认为始于隋炀帝大业三年(607),终于清光绪三十一年(1905),前后达 1300 年。这里应为"科举考试中的八股文实行了几个世纪"。

二

传统语文教学最重要的一条经验是，教学从汉语汉文的实际出发，并且充分运用汉语汉文的特点来提高教学的效率。

汉语汉文的特点很多。这里从教学的角度着眼，主要注意到以下四点。

1. 语素（morpheme）以单音节的为主。在古代汉语里，这些单音节语素中，有相当大的一部分（没有统计，估计该在 2/3 以上）是自由的，就是说，每一个这样的语素都可以单独构成一个词，虽然它也能同另一些单音节语素合起来构成另外一些词。半自由的语素（单独构成一个词的能力小，而同其他语素合成词的能力和自由语素一样）比较少一些。不自由的语素（没有组合能力，只能单独作为语法成分使用，或者组合能力很小，而组合的时候有固定的位置）更少。总起来看，汉语语素在语言里的活动能量很大，组合能力很强。说汉语的人，掌握的语素够不够，运用得熟不熟练，是语言能力高低的重要标志之一。

2. 汉语是声调语言。每个音节的主要元音都有一个声调。现代汉语普通话有四个声调，即高平调、中升调、降升调、高降调。古代汉语的声调还要复杂些。一个单音节语素都有一个声调。声调有区别语素意义的作用。

3. 汉语是一种非形态语言。它没有或者说极少有严格意义的形态。它不靠词的形态变化表示语法关系，不靠形态变化作为把词组合成更大的语言片段的手段，而是靠语序和辅助词。

4. 汉字和这样的汉语相适应。一个汉字表示一个单音节语素，就是说，它有一个固定的形体，读成一个带调的音节，表示一个最小的语义单位。汉语无需用字来表示形态，因为它基本上没有形态，而用字来表示辅助词，这是汉字能够胜任的。

传统的语文教学注意到，并且充分运用了这些特点。表现在下述几个方面。

①由于大多数语素是单音节的，很多的词是单音节的，一部分词是双音节的（中古以下双音节词逐渐增多，半自由语素逐渐增多，但是除了很少数音译外来词之外，没有多于两个音节的词），而词又没有形态变化，因此，非

语文课程

常容易形成一连串整齐的（即音节数相等的）结构，也非常容易押韵。又由于汉字与这样的语言相适应，所以从古代直到清末民初所有的识字教材几乎无例外是整齐押韵的。这种整齐押韵的教材，容易诵读，容易记忆。一本《三字经》，包括了最基本最常用的两千来个字；全部是三字一顿，整整齐齐，全部是押韵的，并且，这六百多个三字（即三语素）结构，几乎包罗了汉语全部最基本的语素组合方式和最基本的语法结构。只从初期语言训练的角度看（我们这里不谈它的思想和知识内容），这本启蒙教材可以认为是传统语文入门教学的经验总结。此外还有大量以四字为单位的整齐押韵的识字教材，各有特点，这里从略。

②基于同样的理由，传统语文教学采用了一种符合汉语汉文特点的、有一定科学性的、综合的语文基础训练——属对。属对，俗称对对子。比如，先生说"天"，学生说"地"与"天"相对。从一字对开始，然后二字对，三字对，一直练到七字对，八字对，十字对，甚至更多。这是一种高度综合的语言基础训练。用"绿叶"对"红花"，意味着用一个形名结构对一个形名结构；"红花"是两个平声，"绿叶"是两个仄声；"红"与"绿"是同一类同一等级的概念，"花"与"叶"也是。"卧牛"和"奔马"可以相对；"飞禽"和"走兽"可以相对。道理相同。但是"卧牛"不能和"走兽"相对，虽然都是动名结构，动与名之间都是修饰关系，因为"牛"与"兽"不是同一等级的概念。由此可见，这种练习是把词类、词组、声调、逻辑几种因素综合在一起的一种训练。三字对以上，就更复杂了。然而，只要用之得当，这种练习非常容易引起学生的兴趣。既训练他们的头脑要清楚，能够辨别词性、结构、声调、概念的异同，又训练他们的思维要敏捷。属对，古已有之，到了近体诗（律诗、绝句）时期，成了一种格律，诗里的某两句必须成对。属对这种语文教学方法的形成，显然和近体诗有渊源关系，然而实际上已经超越了作诗的范围，发展成一种教学手段了。明朝以下出现了一批专为教学用的属对教材。

③还是由于汉语的特点，传统语文教学从来特别重视语序和辅助词。因为汉语是靠这两种手段来表示语法关系、语义关系以及语气情态的，所以一向被作为教学重点来对待。这一点容易理解，不必多说。这里要着重说一说

的是，汉语由于基本上没有形态变化，词与词的组合以至更大的语言片段的组合少了一层约束，从这个意义上说，组合要容易一些，自如一些，因而从语义配合的角度以及从语言艺术的角度考虑的余地就大一些。王安石的脍炙人口的名句"春风又绿江南岸"，其所以被人赞赏就是由于那个"绿"字。据传说，他的手稿上首先用的是"到"，然后改为"入"，又改为"满"，经过几次修改，最后才改定为"绿"。他完全不需要考虑这里应当用形容词还是动词，不需要考虑应当用什么"词尾"，不需要考虑"江南岸"应当用什么"格"的形式，他所考虑的是在这个语言环境里用个什么词表现的语义色彩最好，用了哪个词所形成的这个语言片段的表层形式可以含蓄更多的或者更足以引起人联想或想像的深层意义。用我们现在的话来说，在这里王安石所作的是语义学的考虑，而不是语法学的考虑。孟浩然的名句"微云淡河汉"，其所以有名也正是由于那个"淡"字。就连确实是起语法作用的、作为语法手段的语序和辅助词，也同样可以从语义或语言艺术的角度去考虑。这些，都不仅仅是诗人、作家的事情，也是语文教学的事情。指导学生阅读，要帮助他们在这些地方"涵泳""玩味"；指导学生写作，要帮助他们在这些地方"字斟句酌"。如果认为语义学的研究和运用在中国有比较久远的历史，这种看法不是没有根据的。

以上这些传统语文教学的经验，都是从汉语汉文的特点中产生的。

三

传统语文教学的另一条重要经验是，教学要从语文的工具性这个特点着眼。不论他们是否明白的意识到了这一点，他们实际的做法是这样的。主要表现在两个方面。

1. 语文这个工具，要掌握得好，运用得好，首先必须手中握有丰富的材料。贫乏，是语文能力的致命伤。古人一直强调多读。他们认为，只有多读，才能善写。他们说："读书破万卷，下笔如有神。"他们不主张狭窄，主张广博。要求学生"博学之，审问之，慎思之，明辨之"；要求"穷经通史"，通晓"诸子百家言"；他们也并不都主张"两耳不闻窗外事"，有识之士是主张"读万卷书，行万里路"的，"行万里路"是比况的说法，无非是说要接触社会而已——因《出师表》而知名的诸葛亮，显然是个学问家。据《三国志》记载，当刘备三顾草庐访问他的时候，他侃侃而谈，纵论天下大势，使刘备为之心折。"两耳不闻窗外事"是作不到这一点的。然而，他们毕竟认为多读书是根本。

2. 凡工具，必须操作熟练，运用自如，才能发挥效力。尤其是，唐宋以下，一直还在教学离开他们实际使用中的活语言越来越远的以先秦两汉语言为基础形成的逐渐定型化了的书面语言——"文言"（这是传统语文教学有所缺失的一面），要学生多获取语言材料，就不仅要靠多读，还必须要求熟读以至背诵，背得"烂熟"，这些材料才能真正为他所有，因为这种材料主要是从书面上得到，不是从生活里能得到的。要把这些从书面上吸取来的语言材料作到能够运用自如，仍旧要在书面上下工夫——多写多作。

于是"多读多写"就成了传统语文教学经验中很重要的一条。如果说他们是"以多取胜"，大概是符合实际的。古人强调多读多写是与他们一直坚持使用文言有关联的，这个关联中有毛病。然而掌握语文工具要靠积蓄丰富的语言材料，要靠纯熟的驾驭这些材料，这条原则是正确的。即使他们早已重视了口头语言，也仍旧是应当这样作的，只是读什么、写什么会有所不同而已。

四

传统语文教学的另一条极易被人们忽视的经验是重视启发学生独立思考，使他们自己能不断的增长读书作文的能力。

由于我们现在老一代的人所经历过或见到过或听说过的传统语文教学已经是封建社会到了腐朽没落趋于灭亡的最后年代的做法，那时候的教育的确是纯然把学生当作完全无能为力的被动接受的机器，听凭老师灌注一些他们所不能理解或者不愿意接受的僵死的东西，从而使他们经常处于朦胧迷惘的状态，使他们的头脑趋于僵化，于是我们就很容易认为全部的传统语文教学从来就是这样的，于是就教与学的关系这一点上对传统语文教学作出全盘否定的判断。其实，上边说的那种做法纯属封建社会末期教育工作中的糟粕，不足以称为经验。在中国漫长的封建社会历史中，在许多方面都是既有精华又有糟粕的，当然不可能都是精华，然而也决不可能都是糟粕。如果都是糟粕，何来光辉灿烂的中华民族的传统文化？教育，语文教学，亦然。

这里，我们不仅想起了先秦的诸子百家争鸣，专从教育的角度考虑，我们想到了教育家孔子说的"学而不思则罔，思而不学则殆"，他主张"学而思"；他说过"启予者，商也"。他称赞过子贡对他讲《诗》有所发挥。前边举过《中庸》里的八个字中，除"博学"外，还有"审问，慎思，明辨"。我们想到了古人说的"教学相长"，提倡学生和老师互相"问难"。我们想到了在语文教学中老师不多讲，给予指点，要学生自己去"体会""玩索"，"悟"出文中的道理来，达到"一旦豁然贯通焉"。用现在的话来说，就是给予启发，让学生自己去思考，自己去理解，自己去发现问题，最后自己找到解决问题的途径，这样来增长学生的真实的本领。我们还想到了古人说的"入乎其内，出乎其外"。历史上，直到明清之际，有识之士无一不是反对"学究"（书呆子）的，反对"泥古不化"的。连宋代理学家朱熹都反对只用"哀而不伤，乐而不淫，思无邪"那几句教条去讲《诗》。这些才是我们传统语文教学的经验，是传统中的精华。倘若十二三世纪之后的教育家能够沿着这样的路子走下去，倘若语文教学不受到八股文的严重污染，我们的教学论本来是可以更早的达到先进境界的。

全盘肯定前人，认为不可及，或者全盘否定前人，认为不足道，都是最容易的事。实事求是的恰如其分的作出分析，真正作到取其精华，弃其糟粕，是要下一番工夫的。笔者曾经研究过传统语文教育，写过这方面的书，今天看来，其中有些论述未尽允当。现在提出上边这些看法，带有自我鞭策之意。

五

传统语文教学有一些明显的缺点和问题。除了前边有两处已经稍稍涉及之外，这里再提出下边主要的四点。

1. 语文教学全部以书面训练（读，写）为内容，完全忽视口头语言的训练。读诗，要求吟咏；读文，要求朗诵；属对，有时口头行之。然而，这并不是口语训练，而是书面训练的辅助方式。可见的结果有三点。第一，戏剧文学发达很晚，从语言上说，半文半白，不够规范。第二，小说发达也晚，从语言上说，情形更差，除了明清之际很少的几部章回小说之外，语言大都是不好的，甚至是不通的。以上两点，当然与社会经济发展的进程有关，不能完全归之于语文教学。第三，影响所及，直到今天，我们的知识分子中相当大的一部分口语能力是不足的。更值得注意的是，社会上对于口语能力薄弱不以为意，还没有看到口语能力和书面能力之间的关系，没有看到口语能力不足对于现代化生活、现代化工作的不良影响。

2. 与前者有关，长期坚持"文言"，使人们对文言产生了错觉。甚至产生了迷信，似乎学了文言就一定能够提高语文能力，不学文言就不可能提高语言能力。事实完全不是这样。读一些古典作品对于认识古代社会，对于认识祖国的优秀文化遗产，对于提高某方面的文学修养，都是有益的；对于提高语文能力也有某些积极作用。然而，依靠文言来全面的有效的提高现代所需要的语文能力，是不可能的，并且越来越不可能。一代一代离开文言越来越远，决不是越来越近。这是历史发展的必然。这里不可能对这个问题深入讨论，只好说到这里为止。

3. 我们的前人似乎很不善于总结经验。尽管有如上所述的那么多很可贵的经验，可是两三千年来一直没有一部系统的论述语文教学的著作，没有形成一套语文教学的理论，据此产生出一套或几套可以广泛使用的方法。于是教学成果完全取决于教师。"名师出高徒"，如果碰不上一位高明的"名师"，那就只好倒霉了。直到晚清才有了如唐彪的《读书作文谱》，王筠的《教童子法》等几部书，里边虽然不无很精到的见解，可惜都已经不同程度的受到八股文的污染，大大降低了它们的科学性。

4. 宋代的吕祖谦编了一本《古文关键》，谢枋得编了一本《文章轨范》。用名家名作的文章选本进行语文教学，大概是从那个时候开始的。此后，陆续有了《唐宋八大家文选》《古文观止》《古文释义》等等许多文章选本，用作语文教材。类乎此的办法行至今日而未衰。这种办法有可取的一面，就是在广泛阅读之中，选择少数佳作精讲细读，作为示范，以收举一反三之效。但是，它的弊端也是显而易见的。第一，脱离实际应用。文章的语言既是与实际使用的语言相差很远的文言，而体裁又大都是抒情散文、论文、游记、杂记之属，间或有少数章奏、书信、祭文之类，日常生活和一般工作中常常用到的文体极少，科学技术性的（如医书、药书、农书等等）完全没有。第二，从语言教育的角度看，没有系统，反映不出语言训练的计划和步骤，碰上什么算什么，因此实际效率很低，又没有一个用来检查教学效果的标准，对学生没有明确的要求。再加上不教系统的语文知识，且不说历史上还没有现代的语法学之类，就是传统的文字、训诂、声韵之学，也只是极少数学问家的研究对象，而其研究成果又决不有计划有选择有步骤的教给学生。其结果是语文教学长期停留在松散的"粗放经营"的状态，陈陈相因，代代相传，没有大的突破。选本教学的办法，一直影响到现在，无非在旧的基础上加上些新的内容，所谓旧瓶装新酒而已。至于作文训练，即命题作文的办法，受到八股文的污染尤甚，这需要专题探讨，这里就不谈了。

六

以上对传统语文教学作了一个很简略的回顾。看起来，去粗取精、取其精华、弃其糟粕的研究工作还需要大力进行．令人遗憾的是，近百年来，传统经验中那一部分既符合汉语汉文实际，又符合比较科学的教学论的做法，似乎没有受到重视，得到发扬，随着我们书面语言和口头语言趋向一致的潮流，把那些做法加以改进以至改造，赋予它以时代精神和新的生命，进而与现代的教育科学、语言科学结合起来，形成一条既是传统的又是非传统的，适应汉语汉文特点的，适合现代需要的，我们自己的语文教学的路子。相反，传统做法中比较差的那一部分，影响似乎反而大一些，有的被原封不动的继续使用着，有的被部分修改甚至只是改头换面的使用着。把这种局面改变一下，扭转一下，真正作到继承传统中的优良部分，使之科学化，现代化，发扬而光大之，这是我们这一代和下一代的责任。笔者对于咱们能够很好的完成这个责任是抱有希望并且充满信心的。

语文课程

汉语文教学的过去、现在和未来[①]

张志公

前　言

这篇论文的意图在于回顾汉语文教学过去和现在一些主要做法的得失利弊，展望一下今后改革的趋向。

这里所谓"过去"，指的是 20 世纪 20 年代五四运动之后，当时的国民政府公布《新学制课程标准》之后，直至 1949 年那段时间。"现在"指的是 1949 年中华人民共和国成立至今，但是"文化大革命"的十年动乱期间的不正常情况不考虑在内。

对过去和现在汉语文教学情况的概述和评价，对今后前进中应当着重考虑的问题和应当重视的趋向，完全是本文作者个人的观点，不反映任何政府部门、任何学校、任何学术团体的意见。在那些地方，可能有人完全或者部分同意我的观点，也可能有人很不同意或者不完全同意我的观点。

谈汉语文教学本来应当包括国内少数民族学习汉语文，也就是国内的双语教学问题，以及外国人学习汉语文，也就是把汉语文作为外国语文的教学问题。但是限于篇幅，本文不涉及这两个方面。

一、20 世纪 20 年代之后

1. 19 世纪末，清政府宣布废除科举考试，废除八股文，开办新式学堂。

[①] 选自《张志公语文教育论集》，人民教育出版社 1994 年版。这是作者 1984 年 8 月参加香港中文大学"应用语言学研讨会"提交的论文。

办新学堂，从学制到课程设置，以至各级各科教材，大都是从东西方几个国家引进的。只有"国文"（即汉语文课）教材无法从别的国家引进。因而这门课从内容到教学方法可以说是率由旧章，只不过形式上变一变，教材编成一本一本的，每个学期一本，每本里边分成若干课，如此而已。真正有所改革，是20世纪20年代以后的事。

2. 20世纪20年代之后，进行了哪些改革。

五四运动提倡白话文，提倡"国语"（即现在说的"普通话"，在台湾仍称"国语"，推行的成绩很好，香港不少人也习惯于称为国语），发起国语运动。经过了相当时间的努力，终于取得胜利，白话文合法化了；与此同时，教育界人士认为小学语文教科书应当以白话文为主，因为这才符合儿童的语言实际。此后，国民政府公布《新学制课程标准》，规定小学改称"国语"（中学仍称"国文"，以文言文为主）。虽然当时的白话文也还只是比较接近实际口头语言的一种新的书面语言，但毕竟不是与实际口头语言完全脱节的文言了。虽然在全部普通教育阶段（小学至中学毕业）学生仍旧是以读文言文、写文言文为主，但是毕竟可以读一部分白话文，至少小学阶段可以写白话文了。打破以往从启蒙开始一直完全读文言、写文言的状况，这不能不说是一项重要的改革。

1898年马建忠发表了我国第一部系统的语法著作《马氏文通》，他的意图是作为教材使用，给传统的语文教学注入一点科学因素，以提高教学效率；但是他的尝试没有成功，就是几年后全面废除科举考试和八股文，开办新学堂之后，也没有把语法教学纳入国文课之内。直到1924年黎锦熙发表《新著国语文法》，陆续有了一些学校在国文课之内照黎氏著作多少讲一点语法。另外，与此先后，唐钺发表了《修辞格》，张弓发表了他的修辞学讲义，到30年代，陈望道发表了《修辞学发凡》，陆续有少数学校也教一点修辞学知识。还有，叶圣陶（当时用名叶绍钧）、夏丏尊等发表了《文章例话》《文心》等著作，讲作文的知识，有些学校也教一些。虽然并不普遍，教的也不多，大都不成系统，但是，毕竟打破了国文课内完全不教有关语文的科学知识那种局面。

汉字注音是一个困难问题。传统的办法有两种，一是用甲字注乙字，一

语文课程

87

般叫作"直音"或"读若"。这种办法当然不准确。另一种稍后起的是"反切",这种办法比较麻烦,有时候也并不准确。到了近代,逐渐有人设计各种不同系统的字母,但是都没能通行。20世纪20年代之后,随着国语运动的进展,陆续产生了两种比较科学的注音办法,一种是"注音符号",在一段时期内曾被广泛采用(目前台湾仍在使用),另一种是"国语罗马字",没有通行(但是在美国有一些教汉语文的一直在使用它。最近了解到,台湾教育行政部门公布了经过修订的国语罗马字——修订的主要点是不再用字母表示声调,而改用注音符号的那四种符号,也就是汉语拼音方案所用的四种符号标调,把它作为国语注音第二式,与第一式——即注音符号——同样合法使用。本文作者个人赞赏这个决定)。为教汉语文而采用一种新的注音工具,也应当看作一项很有意义的改革。

从19世纪末叶开始,直到20世纪初、中叶,逐渐有些人把欧洲,后来加上美国的教育学、心理学的若干不同流派的学说引进我国,首先是通过翻译某些重要论著,然后在有的高等师范学校开设课程,还有少数学者进行了一些专题研究,其中有的与汉语文教学有直接关系,例如陈鹤琴研究幼儿教育,第一个作出了基本常用汉字的统计,艾伟研究识字心理学,等等。这些侧重理论的探讨研究,尽管所起的实质性作用并不大,但是对于传统的汉语文教学或多或少是有所冲击的。

3. 积弊未除。

传统的汉语文教学实行了若干世纪,积累了不少好的经验。作者曾经就此进行过一些探索、整理和研究,在60年代初写了一本小书《传统语文教育初探》。当时由于种种原因,对那些经验研究得不够深透,还计划作进一步的工作,对那本小书进行增订补充。传统经验是历史存在,不容否认,并且其中有些部分对于我们今天和今后的工作仍旧很有参考价值。

然而,无庸讳言,实行了若干世纪的以封建主义为基础的汉语文教学,必然也会有不少弊端,正因为时间久,传统深,那些弊端逐步形成了相当固执的难于动摇的力量,甚至使人们习焉而不察,视为理所当然,于是代代相传,积累得越来越厚,成为一种"积弊"。

20世纪20年代之后虽然有了如上所说的几项重要改革,对传统语文教学有所冲击,但是改革的时间不长,范围不广,冲击的力量不大。传统的积弊依然存在,并未消除,至少,改变是微乎其微的。

传统的积弊,最突出的是只重书面,严重忽视语言实际。一个客观原因是,汉字是一种独特的文字系统,学习运用,尤其是在初学阶段,困难相当大,因而人们在语文教学中首先把注意力集中在识字、写字上,从而投入很大的力气去突破这个难关。社会的原因是,政府提倡熟读古代经典,并且以文取士。于是,全部语文教学的内容就是识字,写字,读古文,写古文。人们没有感觉到学习当代实际语言和训练口头语言能力有什么必要性;没有觉察到口头语言能力和书面语言能力之间有什么重要的联系;没有体会到有目的有计划的口头语言活动对于活跃学习生活,形成孩子们的性格,发展孩子们的智力有什么重要意义。其结果是,古文未必学通,因为它与实际的活的语言没有联系,从而也就与实际生活甚少联系,而运用实际语言,特别是口头上运用的能力很差,元明清几代的早期白话作品的语言大量不通,可以证明。

另一项突出的积弊是严重忽视应用实际。教给学生读的是古圣先贤的经典和历史的名篇名著,要求学生写的是模仿前人的用字造语、布局谋篇等并不切合当世当代实际应用的文章,以至写完全程式化的,没有实际内容的,毫无实用意义,只备参加科举考试用的八股文。其结果是,语文教学和生活、工作、科学技术研究完全脱节,或至少在极大程度上脱了节。

再一项突出的积弊是严重忽视语文知识的教学。我国本来有历史很久的,很发达的文字、训诂之学和声韵之学,但是在语文教学之中并不教给学生这些知识,也极少运用这些知识去处理文字教学和文章教学;尤其是稍后起的已经比较接近近代语言科学的声韵之学更被视为一种艰深奥秘的东西,不教给学生(事实上多数教师也不懂),至多,只有习诗者知其然不知其所以然的了解一下韵部,知道某字属某部而已。

还有一项也应归之为积弊的,是相当严重的忽视文学教育。我国本来有历史久,内容十分丰富,数量很大的文学遗产(其中自然也有比较薄弱的方面)。但是在语文教学之中完全不予重视。诗,已经不属于语文教学的正当内容(只有在启蒙教育阶段,为了便于背诵,教儿童读很少量的短诗),习诗者明，效果是良好的，小学二年级的孩子们的阅读量大大超过了非实验班的同龄学生，作文的能力也远远超过了他们。有些报纸期刊报道了他们实验的情况和取得的成绩。现在，上海、广州等地已经有学校开始参照他们的经验进行实验或者准备进行实验。这种实验的特点在于充分利用汉语拼音来推动识字和读写，以提高效率，加快进度。这是"注音识字，提前读写"与"集中识字"两种实验的主要区别。本文作者和这种实验也有关系，是以吕叔湘先生为首的实验小组的成员之一。

1979年以来，随着各项事业的发展，在汉语文教学领域，研究实验之风大盛，有关的学术团体纷纷建立，前不久还设立了专门机构"课程教材研究所"，工作范围当然包括对汉语文教学的研究。探索、研究、实验，涉及汉语文教学的各方面，尤其是阅读教学和作文教学，研究成果更多。口头语言训练开始受到部分教师的重视。有些人在探讨如何把教学论几种新的流派的理论有选择的运用于汉语文教学。如何分担开发学生智力的任务也被很多语文教师纳入自己探索研究的范围之内。汉语文教学正在朝着提高效率的现代化、科学化的方向前进。

3. 传统教学积弊的影响尚在，有待进一步研究改革之道。对于语文教学，人们还是习惯地把更大的注意力放在字和文章两件事情上。不是说字和文章不需要重视，绝对不是。重视读和写的能力的培养是完全必要的。文化、科学、技术的发展使得出版物不是越来越少，而是越来越多，多到使人目不暇接，必须具备更科学更快捷的阅读能力才能应付。自然语言永远不能取代书面语言。每个受过教育的人都必须会写。无论通讯技术和信息技术多么发达，也很难想像人类可以回到没有文字，没有书籍文献的原始生活中去，然而让字和文章过多的减弱了对语言实际和应用实际的重视是不可取的。现代通讯技术以至信息技术的迅速发展，对于人们运用自然语言的能力的要求越来越高，"讷讷不能言"已经决不再是应当提倡的美德，而是急需克服的缺陷了。现代技术使得人们可以用自然语言迅速地处理工作，用自然语言指挥机器。会说，会说得好，越来越成为生活、工作、生产发展的必要条件。这一点，在传统积弊很深的汉语文教学界是很难被理解、重视得足够的，或者虽然理解了，重视了，然而在教学实践中是很难作得足够的。为作文而作文，为考试而学作文，不是为实际应用而学作文，这个传统积弊的影响很大。本文作者从几个地方的 20 几所中学收集了近年来教师出的几千个作文题目，绝大多数是介乎诗文之间的抒情散文性的，很少数是没有实际目的的议论性的，绝少切合生活工作实际需要的说明性的。就连试行文学、汉语分科教学的那个短时期（作者是参与其事的，是汉语教科书的主编者），今天回顾一下。作者认为那次实验的真正缺点也在于忽视了语言实际和应用实际。识字，读文章，作文章，这就是语文教学，这点不能说毫无改变，然而改变确实仍旧不大。90 高龄的作家叶圣陶先生从 20 年代起就从事国文课程标准的制定，从事国文、国语、语文教科书的编审，近年曾慨叹地说："60 年来的语文教学没有什么改变。"他是语文教学的老前辈，在这条路上走过了 60 个年头，他是最有发言权的，他的慨叹发人深思——促使人们去认真的深入钻研，寻找出语文教学历经多年多种变化而效果至今不能令人满意的症结所在，进而寻求改革前进的道路。

三、今后改革的趋向

1. 要进行改革，应当先弄清楚有哪几个必须解决而一直没有解决或者解决得不够好的重要问题。

首先是汉字问题。汉字这种文字系统和汉语这种语言的特点是相适应的；在历史上，汉字有过很大的功绩；在应用上，它有许多优越性。然而，对于五或六或七周岁初入小学的儿童来说，是他们急于要求开展阅读的拦路虎。他们已经从生活中学会了丰富的语言，他们的智力发展已经到了相当的水平，他们已经有了强烈的求知的愿望和兴趣，他们也迫切需要接受更有条理的语言训练，然而汉字这种文字系统在认识 500 个之前只能读简单的句子，至少要 1000 个才能读内容极简单的，落后于他们的语言、智力和求知兴趣很远的小文，必须有 2000 多个才能大体和他们的需要逐步适应起来。照一般常规进行，学会 2000 个字需要相当艰巨的努力和相当长的时间。在这段时间里，字不够用简直成了他们成长提高的障碍以至成了对他们的压抑。汉字有用，今后还要用下去，所以必须学，并且必须学好，可是在开始阶段却对于儿童如此不利。这是一个极大的矛盾。古人摸索出一套集中识字的办法是为了解决这个矛盾；黑山北关小学、景山学校实行经过改造的集中识字，乃至最新的黑龙江的"注音识字",也都是为了解决这个矛盾。矛盾是否已经很好的解决了呢?汉语文教学究竟是如千百年的传统那样从字出发呢,还是应当从语言出发?有没有办法使初入学的儿童从字那个紧箍咒中解脱出来而最终又能把汉字学好呢?(现在,字学得不好,真正学会的不多,写得很差)这是一个有待研究的带根本性的问题。

文言,是又一个我国特有的问题。文言文负载着我们丰富的文化遗产,丢弃不得。像许多珍贵的文物一样,文言必须保护好,不容许抛弃。然而它和现在的实际语言已经离得那么远;它很难学;它不能解决我们的孩子们今天和今后所需要的语文能力的问题。由于文言这个障碍,我们的年轻人对祖国的文化遗产知道得越来越少,难道能让他们花费更多的时间去学更多的文言吗?不,又怎么办呢?这是又一个有待认真研究解决的困难问题。

口头语言能力(听和说),书面语言能力(读和写),都需要,都重要。训练起来各有各的困难处,它们相互为用,相互促进,没有孰难孰易、孰轻孰重的问题,更没有谁可以取代谁的问题。怎样把二者的关系处理得恰到好处呢?如果说,前两个问题是汉语文教学所特有的,那么,这个问题应当说是各种语文教学所共有的。但是,也正由于有了前两个问题,这个问题在与别种语文教学的共性之中也有了它一定的特殊性。

知识,能力,应用,是汉语文教学中一直没有解决好的一项重大问题。人们不能对于日夕不可离的,并且在工作和生产中越来越重要的语言继续处于朦胧混沌的状态之中了。应当对它有科学的认识,具备必要的科学知识,然而语文是一种能力,不应当为知识而知识,要学以致用。语文的应用范围是非常广泛的。现在,且不说中学毕业,就是大学毕业,做财贸工作的写不好商品说明,做医务工作的写不好病历,做行政工作的写不好公文的,比比皆是。可是三百六十行,行行有他们实际应用的东西,语文教学显然不可能样样都教到。那么,如何找出有助于实际应用的共性的东西作为语文教学的基本内容,就成了语文教学必须研究的一个重要课题。语法修辞等等知识的教学,说话作文等等训练,应当把帮助学生学好规范化的语言,能够用最经济的语言传递最大的信息量,取得最大的表达效能作为自己必须完成的一项重要任务。同前一个问题一样,原则上说,这是汉语文教学和别种语文教学共同的，然而汉语文有汉语文的特点，共性之中又有它的特性。

这里又不得不说到文学。文学教育是一种精神教育，思想教育，美学教育。同时它又是一种非常有利于智力开发的教育。学文学有助于发展联想能力，想像能力，创造性的思维能力。文学和科学绝非没有关系的。作者很同意这句名言："很难说牛顿和莎士比亚谁需要的想像力更多一点。"在普通教育阶段，文学教育是绝对不应忽视的。不需要每个受过普通教育的人都成为文学作家，然而非常需要每个受过教育的人都具备一定的文学素养——文学的理解力，欣赏力，鉴别力以及联想力和想像力。鉴于我国的历史特别长，文学遗产特别多，鉴于我国的文学遗产中有大量的文言作品，又鉴于我国历史上从来是把文学和非文学并合在一门学科里进行教学这个传统（除了那不成功的文学和汉语分科教学的两年实验期之外），从而也就把文言和白话杂糅在一起进行教学，带来了一些明显的困难和不可避免的副作用，那么，今后的汉语文教学应当怎样处理这个问题，也是需要认真研究解决的一个并不简单的课题。

2. 作者认为，今后汉语文教学改革的趋向，主要是在研究解决上述那些问题的基础上形成一整套从小学到中学到高等学校，特别是高等师范学校的课程和教材的合理方案。方案可以有一套，也可以有几套，但是必须成为整套的，不能只管一点或者一段，必须能解决上述那一串问题，不能只解决其中某一个问题。

本文作者构拟了一套方案。由于还不是很成熟很细致的，也由于本文篇幅所限，这里只把这个总的趋向的设想提出来，至于方案本身，留待适当时机另文专论。

语文教材

《大学国文〔现代文之部〕》序[①]

叶圣陶

这个选本的目录，原先由北京大学跟清华大学的国文系同人商定，后来加入了华北人民政府教育部教科书编审委员会的同人，三方面会谈了几次，稍稍有些更动，成为现在的模样。一共32题。毛主席的《在延安文艺座谈会上的讲话》列入目录，可没有把全文印在里面，因为这篇文章流传得很普遍，哪儿都可以找到。这是"现代文之部"，另外还要选编个"古典文之部"，跟这个本子相辅而行。

我们选材的标准不约而同。那些怀旧伤感的，玩物丧志的，叙述身边琐事的，表现个人主义的，以及传播封建法西斯毒素的违反时代精神的作品，一概不取。入选的作品须是提倡为群众服务的，表现群众的生活跟斗争的，充满着向上的精神的，洋溢着健康的情感的。我们注重在文章的思想内容适应新民主主义革命的要求，希望对于读者思想认识的提高有若干帮助。就文章的体裁门类说，论文、杂文、演说、报告、传叙、速写、小说，都选了几篇。这些门类是平常接触最繁的，所以我们提供了若干范例。

现在想向读者——大学一年级同学——说几句话。

我们曾经考虑过大学国文的目标：中学毕了业进了大学还要读国文，到底为什么？对于中学国文教学的现况跟成绩，我们也知道一些，可是同学们感受得深切，知道得更多。正好清华大学今年入学考试的几个国文题都涉及

[①] 选自顾黄初、李杏保主编《二十世纪后期中国语文教育论集》，四川教育出版社2000年版。原载于《大学国文〔现代文之部〕》，新华书店1949年版。

又可以集体阅读。集体阅读如果采用讨论的方式，大家提出问题，彼此解答、辩论、纠正、补充，这就弥补了独立阅读的不足。讨论惯了的时候，眼力更敏锐了，心思更致密了，往后的独立阅读必然会更进一步。这当然不及坐在那里听教师逐字逐句讲解那么省事，可是兴趣好得多了，自己的受用多得多了，尤其重要的还在自己的受用多。要知道以往咱们学校里的各种功课，国文教学受的传统影响最深，书塾的一套办法传到学校的国文课，这是国文教学劳而少功的一个原因。现在要在国文教学收实效，要让同学们多多受用，必须摆脱传统影响，排除书塾的一套办法，由同学们独立读同时集体阅读。

再说写作。首先要理解的，是咱们生活上有写作的需要，所以要学习写作，认真写作。写作不是一件装饰品，借此夸奇逞强的。写作的需要大家都有，不必多说。有些人说没有什么可以写的，似乎他们没有需要，其实是他们不曾习惯，因而不能够自觉罢了。人感觉写作的困难在拿起笔来的时候，好像一堆乱丝摊在面前，理不出个头绪来，或者好像看见个朦胧的影子，定神看去可看不真切。这种情形通常总说是写作能力差，实际是思想过程还没有完成。写一篇文章或者一部书，像说一番话或者作几次连续的演说一样，是一连串的思想过程。事前想熟了，想通了，那条途径了然胸中，拿起笔来就可以毫不迟疑，一挥而就。这与其说是不假思索，不如说是先有了腹稿，腹稿的意思就是思想过程完成在动笔之前。至于拿起笔来感觉困难，原由在事前没有想熟想通，这就不能不一边写一边想，随时还得加加减减，修修改改，无非为的完成那思想过程：完成思想过程其实也不太难。要表达什么样的主旨，自己哪有不知道的？所用的材料，直接经验的或者间接得来的，又都有在自己的胸中，只要以主旨为依归加上取舍跟安排，一条途径就成立了。固然，途径未必仅有一个方式，可以这样发展，也可以那样发展。同样的表达了主旨，可是愿意仔细想的总能够找着某一个惬当的方式。把没有完成当作已经完成看，就想一挥而就，那当然感觉困难。知道它还没有完成，完成它就不难了。咱们每认识些事物，研究些问题，习惯地完成一串串的思想过程，写作不过是把它写到纸面上去罢了，并不是什么特别稀罕的事儿。

其次，写作所用的工具是语言，写下来就是文字，为了种种的理由，现代人要写现代的语言，这当然达到一个结论：语文一致。口头的语言或许不免凌乱些，芜杂些，写到纸面上去可得求其精确，整齐，干净。这个要求并不是另外去造一种异样的语言，只是把语言运用得更精炼一些，它仍然是现代的语言，仍然是语文一致。咱们为了生活上的实际需要，从小就学习语言。平时听人说话，对人说话，阅读书籍，写作文章，一方面为了实际需要，一方面也是在那里学习语言。在学习的过程中，如果有几分自觉心，随时揣摩，分析，比较，什么样的语言才算精确的，整齐的，干净的，得到了解不太难。根据了解的自求改进，只要持之有恒，养成习惯，提高语言也不太难。重要的是那种自觉心，我们愿意在这里特别指出。不一定要系统的研究逻辑学、文法学跟修辞学。能够不脱离生活实际，究明语言跟生活实际的关联，一点一滴的收获自然都会合于逻辑学、文法学跟修辞学，这些学问原来从生活实际中来的。拿起笔来如果感觉语言方面有困难，那该怪以往没有那种自觉心，虽然经常的听、说、读、写，可不曾对语言注点儿意。来者可追，从今为始就得提起那种自觉心。只要一提起，就会觉得随时有可以注意的材料，也就是随时可以做揣摩、分析、比较的工夫，于是提高语言将是必然的后果。语言提高了，临到写作更不用多花心思在推敲语言上，怎样想就怎样说，怎样说就怎样写，好似一股活水自然流注，没有半点儿阻碍。熟习写作的人就是达到了这个境地的。为了写作在生活上的切实应用，谁都该鼓励自己达到这个境地。

到这儿可以说一说写作跟读物的关系了。咱们拿读物到手，研读它，目的固然在彻底了解它的内容，挑那好的有用的来滋养咱们的生活。前面说过，要达到彻底了解，得用分析的工夫，辨认作者思想发展的途径，这个工夫同时就训练了咱们的思想习惯。再说咱们跟作者之间的唯一的桥梁是语言文字，咱们凭借语言文字了解作者所想的所感的，不能不像前面说过的，提起那种自觉心，注意他怎样运用语言文字。注意他怎样运用语言文字，同时就训练了咱们的语言文字的习惯。写作可以从读物方面得到益处主要在这些地方，并不在摹拟仿作，依样葫芦。摹拟仿作是一种玩艺儿。咱们写作是生活上有这个需要，自己有东西要表达出来，决不该让它成为玩艺儿。

希望同学们考量我们在前面说的话，如果认为有意思，就请采纳。阅读

语文教材

103

跟写作的能力的提高是逐步逐步来的，即使以往不怎么得其道，从研读这个选本开始也不嫌迟，只要能够认真，当一回事儿。临了儿，请不要忘了一年之后估量自己的成绩。

1949 年 9 月

《大学国文〔文言之部〕序》[①]

叶圣陶

　　这个选本的目录，由北京大学中国文学系、清华大学中国文学系、出版总署编审局三方面的同人共同商定。本来想把它叫做"古典文之部"，后来觉得"古典文"这个名儿需要解释，人家单看名儿不看解释容易发生误会，就改作"文言之部"。"文言"这个名儿包括的体裁固然多，可是简要的说，它指称古代绝大部分的笔头语，决不是现代咱们口头的语言。这样的认识差不多是一致的，用上了它，谁都可以一望而知，不生误会。

　　在"现代文之部"的序里，我们说过大学国文的目标在乎提高同学们的阅读能力跟写作能力。现在就文言说，只消上半句就够了。文言有阅读的需要。就浅近的说，找参考书，不能单看现代的，有时要看古代的跟近代的，古代的跟近代的书大部分用文言写。还有，大学里有些课本，尤其是理工方面的，也用文言编写。当然，咱们希望今后的大学课本一律用现代文编写，可是摆在咱们面前的有文言的，你要读得下去，就得学习文言。至于写作，那全是自己的事儿，自己有什么意思要表达出来，当然使用最便利的工具，

　　[①] 选自顾黄初、李杏保主编《二十世纪后期中国语文教育论集》，四川教育出版社 2000 年版。原载于《大学国文〔文言之部〕》，新华书店 1950 年版。

最便利的工具是口头的语言。用文言写作没有实际上的需要了，所以下半句写作能力的话可以不提。

根据以上的认识，我们商定大学同学学习文言的目标是：培养阅读文言书籍从而批判的接受文化遗产的能力。这个目标跟国粹主义完全不同。抱定国粹主义的以为唯有文言书籍值得读，里头有东西。读的时候又得全盘接受，要做的工夫只在疏解跟阐发，能够疏解，就是接受过来了，如果还能够阐发，那是接受得更深切的表现。以往的国文教学往往有这个倾向，实在是承袭了很久以来教育的传统。现在时势转变，大家知道这个旧传统不应该再承袭下去了。可是国粹主义的影响恐怕不容易立刻摆脱，碰到文言又会不知不觉的回上老路去。因此，对于我们商定的目标还得说一说。

普遍用白话写东西从"五四"开的头，到现在只有30多年，在"五四"以前，绝大多数的书籍是用文言写的。那些书籍当中多少包含着有价值的东西，表现出人类追求真理的努力，值得咱们来学习，来接受。当然，所谓有价值并不等于十全十美，也许还有不少的缺点跟错误，那是因为作者受了时代、阶级、认识的限制，追求真理只能够达到一定的程度。咱们只要用批判的眼光阅读那样的东西，就可以撇开它的缺点跟错误，看出它好的正确的一方面。并且，从这儿还可以看出人类怎样一步步的向前探索真理，因而加强咱们对于真理的把握。过左的想法以为非现代的东西一律要不得，无条件的给它个排斥。那就割断了古今的关联，一切都得从今开始，自然没有什么接受文化遗产的问题。咱们相信古今的关联是割不断的，文化遗产是需要接受的，所以咱们要磨炼批判的眼光，要用批判的眼光阅读已往的书籍。不用说，磨炼批判的眼光决不单靠阅读已往的书籍，主要的还得靠政治思想跟文化知识的提高。文化遗产也决不限于已往的书籍，其他方面还有的是。可是，要想把批判的眼光用在书籍这一宗文化遗产上，能够读通文言是个必要的先决的条件。我们的希望并不怎么样大，我们只希望大学里的同学懂得文言的基本常识，获得阅读文言的普通能力，在接触到已往的书籍的时候，能够用批判的眼光来读它：就是这样。

目标认定了，我们还得重复"现代文之部"的序文里说过的话，"要知道国文选本只是个凭借"，"有了凭借，历练才有着落"。但是，单靠这个选本，单读这么三二十篇东西，是未必就能够达到目标的。必须在阅读选本的时候切实运用好方法，又用这些好方法去阅读其他的东西，这才可以逐渐的养成一辈子受用的好习惯。"不在读法方面多注点儿意，阅读十个选本也是徒然，不用说一个。对这个选本注了意，不能说为了它是选本才注意，应该认清楚阅读无论什么东西都得这样注意，要不就是草率从事，可能临了儿读了跟没有读一样。常言道'举一反三'，选本的阅读是举一，推到其他东西的阅读是反三，一贯的目的在养成阅读的好习惯，加强阅读能力，一辈子受用。"

我们编辑这个本子，预先选了数目超过两倍的文篇，淘汰了好几回，才确定现在这个目录。对于入选的文篇，依据我们的目标，定了些标准。有爱国思想的，反对封建迷信的，抱着正义感，反抗强权的，主张为群众服务的。就思想方法说，逻辑条理比较完密的，我们才选它。换句话说，那篇东西在那个时代那个环境那些条件之下是有进步性的，我们才选它。咱们不能要求古人的想法全合于现今的思想政治水平，咱们对于古人的东西必须批判的接受，选读前面所说的一类东西，跟实际并不脱离，同时又便于磨炼批判的眼光。

我们也考虑过教学分量的分配，决定现代文占 2/3，文言占 1/3。如果咱们承认大学国文为的是补修，最要紧的当然是现代文，分量应当多些。按教学时间来说，我们希望把 2/3 的时间给现代文，1/3 给文言。或许有人要问："现代文之部"将近 300 面，不算少，又加上这个"文言之部"，教学时间可只有一年，读得完吗？我们说：读不完没关系，反正选文只是个凭借，尽可以按 2∶1 之比，在两个本子里头挑来读。剩下的部分呢，留在课外去读。我们说过课内阅读只是举一，在课外阅读剩下的部分正可以反三。如果有个别的班次或者个别的同学国文程度差不多了，不必再花工夫补修，自然可以免修，或者在现代文跟文言里头免修一种。不过我们要郑重提醒，在决定国文程度是否差不多的时候，必须经过精密的考查。这不单是教师的事儿，同学们尤其应该了解，实际需要补修而错过机会不补修，吃亏不仅在同学们本身。

以下我们就语文学习方面说一些话。

文言跟现代文的区别在哪儿？如果要找一个最简单的标准可这样说：用耳朵听得懂的是现代文，非用眼睛看不能懂的是文言。在名副其实的现代文

（依据现代口语写的）跟文言之间已有很大的距离。咱们学习文言，应该多少采取一点学习外国语的态度跟方法，一切从根本上做起，处处注意它跟现代口语的同异。辨别同异到了家，养成了习惯，在工具观点一方面就算成功了，虽然咱们的目标不仅是工具观点。

同异可以分几方面来看。第一是词汇。文言跟现代口语比较起来，词汇有相同的，有不同的，有部分相同的，也许最后一种最多。文言里大多数是单音词，现代口语里大多数是复音词。

词汇相同的如"人""手""爱""笑""大""小""国家""制度""经营""商量""聪明""滑稽"。因为相同，不至于发生什么误会，咱们就不需要多费心思。

不同的可得注意，如果疏忽了，也许会不明白文言里说的是怎么回事。如古代"冠"现代口语是"帽"，"辛"是"辣"，"甘"是"甜"，"侏儒"是"矮子"，"怂恿"是"撺掇"，"雉"是"野鸡"，"弈"是"下棋"，"忆"是"想起"，"敛"是"收缩"，"廉"是"便宜"，咱们必须知道两两相当，才能得到确切的了解。

部分相同的大致有以下两种情形。一种情形是文言的单音词包含在现代口语的多音词里头，如"鼻子""带子"里包含"鼻""带"，"指头""外头"里包含"指""外"，"老虎""老鹰"里包含"虎""鹰"，"耳朵""胸脯"里包含"耳""胸"，"讨厌""相信"里包含"厌""信"。又一种情形是两个文言的单音词合成一个现代口语的多音词，如"皮肤""墙壁""行为""官长""美丽""困难""骄傲""单独""更改""制造""增加""分析"，在文言里都可以分成两个单音词，两个中间用一个就成。从这两种情形可以看出现代口语词汇多音化的倾向，为的是说出来便于听清楚，不至于缠混。

最需要注意的是表面相同可是实在不同的那些个，如果不明白彼此实在不同，误会就大了。如同样一个"去"，古代"去"是现代口语的"离开"，现代口语"去"是古代的"往"；同样一个"兵"，古代"兵"是现代口语的"武器"，现代口语"兵"是古代的"士卒"；同样一个"股"，古代"股"是现代口语的"腿"，现代口语"股"是个单位词。又如同样一个"交通"，在古代是"交际，勾结"，在现代口语里是"水陆往来"；同样一个"消息"，在

语文教材

古代是"生灭,盛衰",在现代口语里是"音讯,新闻";同样一个"口舌",在古代是"言语",在现代口语里是"争吵";同样一个"时髦",在古代是"一时的英才",在现代口语里是"一时的好尚"。又如同样一个"偷",在古代是"苟且",在现代口语里是"偷东西";同样一个"慢",在古代是"不加礼貌",在现代口语里是"快"的反面:"苟且"跟"不加礼貌"是古代的主要意义,现代可不用了;"偷东西"跟"快"的反面是古代的次要意义,现代可成了唯一意义了。还有些语词,现代的意义把古代的扩大了。如"嘴",古代写"觜"只指鸟的嘴,可是现在一切动物的嘴都叫"嘴"。又如"哭",古代只指出声的,不出声的叫"泣",可是现在不管出声不出声都叫"哭"。跟这个相反,有些语词的现代的意义把古代的缩小了。如"肉",古代指各种动物的肉,可是现在只指猪肉。又有些语词,古代的主要意义现在已经改用了别的,可是引申意义现在还保存着。如"口"的主要意义已经改用了"嘴",可是"门口""瓶口"都还用"口"。又如"面"的主要意义已经让"脸"代替了,可是"面子""地面""桌面""门面"都还用"面"。("脸"本来只指"目下颊上"那一小块儿,所以从"脸"这方面看,又是意义扩大,跟"嘴"一样。)

看文言跟现代口语的同异,第二个方面是文法。文言的文法大体上跟现代口语相去不远,值得说一说的有以下三点。

一点是文言里语词的变性跟活用很普遍。动词用成名词的例子如"吾见师之'出'而不见其'入'也"。形容词用成名词的例子如"摧'枯'拉'朽'";"乘'坚'策'肥'"。名词用来修饰动词的例子如"豕'人'立而啼"。名词变动词的例子如"'衣冠'而见之";"慎勿'声'"。形容词变动词的例子如"敬鬼神而'远'之";"相公'厚'我'厚'我"。形容词跟名词变动词,有"以……为"意义的例子如"滕公'奇'其言";"孟尝君'客'我"。名词、形容词跟一般动词变成有"致使"意义的动词的例子如"适燕者'北'其辕,适越者'南'其辕";"'正'其衣冠,'尊'其瞻视";"进不满千钱,'坐'之堂下"。

又一点是文言句子里各部分的次序跟现代口语有些差别。文言里疑问代词作宾语,就倒过来放在动词之前,如"子'何'恃而往?""泰山其颓,则吾将'安'仰?"否定句里，代词作宾语，也倒过来放在动词之前，如"时不'我'待"；"盖有之矣，我未'之'见也"。还有一种倒装的格式，在宾语跟动词中间插个"之"或者"是"，如"非夫人'之'为恸而谁为?""君人者将祸'是'务去"。这类句子又往往在前头有个"唯"，如"不知稼之艰难，不闻小人之劳，'唯'耽乐'之'从"；"除君之患，'唯'力'是'视"。还有，"以"的宾语也常常倒过来放在前头，如"'礼'以行之，'孙'以出之，'信'以成之"；"若晋君'朝'以入，则婢子'夕'以死，'夕'以入，则'朝'以死"。一般的宾语倒装，或者为了加重，或者为了宾语太长。现代口语也常常应用这个格式，如"这儿的事情，你不用管"。可是在文言里，常常在动词之后补一个代词，如"俎豆之事，则尝闻'之'矣"；"是疾也，江南之人常常有'之'"。除了宾语倒装，文言里的"以……""于……"往往跟现代口语里的"拿……""在……"位置不同，如"与以钱"（现代口语说"拿钱给他"）；"动之以情"（"拿感情打动他"）；"遇之于途"（"在路上遇见他"）；"杂植竹木于庭"（"在院子里种了些竹子树木"）。可是跟现代口语位置相同的也不少，如"以天下与人"（"把天下给别人"）；"能以足音辨人"（"能够凭脚步声音辨别是谁"）；"寓书于其友"（"寄信给他的朋友"）；"于心终不忘"（"在心里一直忘不了"）。

第三点是文言句子里各部分的省略。先说主语的省略。这是文言里跟现代口语里同样的常见的，也许文言比现代口语更多，因为文言里少了一个可以用作主语的第三身代词（"之"跟"其"不用作主语，"彼"又语气太重），除了重复前面的名词，只有省去不说。尤其应该留意的是不止一个主语省略的时候，如"郤子至，请伐齐，晋侯弗许；〔 〕请以其私属，〔 〕又弗许"。其次说宾语的省略。第一个动词之后的宾语，兼作第二个动词的主语的，常常省略，如"勿令〔 〕入山"；"夏蚊成雷，私拟〔 〕作群鹤舞空"；"寡人有弟不能和协，而使〔 〕糊其口于四方"。"以""与""为""从"后头的宾语常常省略，如"以〔 〕攻则取，以〔 〕守则固，以〔 〕战则胜"；"聊以〔 〕答诸生之意"；"不足与〔 〕图大事"；"可与〔 〕言而不与〔 〕言，失人，不可与〔 〕言而与〔 〕言，失言"；"乃有意欲为〔 〕收责于薛乎"；"即解貂覆生，为〔 〕掩户"；"八龄失母，

语文教材

寝食与父共，从〔　〕受国文，未尝就外傅"；"时过其家，间从〔　〕乞果树"。宾语后头跟着"以……"或者"于……"的时候，那个宾语也常常省略，如"余告〔　〕以故"；"其畜牛也，卧〔　〕以青丝帐"；"取大鼎于宋，纳〔　〕于太庙"；"家贫无书，则假〔　〕于藏书之家而观之"。其他省略宾语的例子如"主人恐其扰，不敢见〔　〕"；"张建封美其才，引〔　〕以为客"；"褚公名字已显而位微，人多未〔　〕识"；"熙宁中高丽入贡，所经州县，悉要地图，所至皆造〔　〕送〔　〕"。省略主语跟宾语之外，"以"跟"于"这两个介词也常常省略。省略"以"的例子如"陈人使妇人饮之〔以〕酒"；"客闻之，请买其方〔以〕百金"；"群臣后应者，臣请〔以〕剑斩之"。省略"于"的例子如"予自束发读书〔于〕轩中"；"饮〔于〕旅馆中，解金置〔于〕案头"；"秦始皇大怒，大索〔于〕天下"。末了儿，还得说一说"曰"的主语常常省去，有时连"曰"都省去了，如"孟子曰：'许子必种粟而后食乎？'〔陈相〕曰：'然。'〔孟子曰：〕'许子必织布而后衣乎？'〔陈相曰：〕'否，许子衣褐。'〔孟子曰：〕'许子冠乎？'〔陈相〕曰：'冠。'……"

　　以上说的三点：语词的变性跟活用很普遍，句子里各部分的次序跟现代口语有些差别，句子里各部分的省略，都是文言的文法方面的事儿。咱们熟习的是现代的语法，对于文言里那些特殊的文法，第一要处处咬实，不让滑过，才可以得到确切的了解。第二要熟习那些文法，像熟习现代的语法一样，阅读的时候才可以顺流而下，不生障碍。

　　看文言跟现代口语的同异，第三个方面是虚字。这可以说大多数全不相同，得逐个逐个地学。因为全不相同，必须深切地体会，知道某一个虚字在某种场合跟现代口语里的某一个语词相当，进一步，必须熟习那些虚字，念下去就能够正确的通晓，才有用处。要知道某一个虚字跟现代口语里的某一个语词相当，查字典是一种办法。如果能够收集若干句子来看某一个虚字的用法，那就更好。字典下一个定义作一条注解就是这么来的，附列的例句可往往只有一句两句，读者自己收集若干句子在一块儿来揣摩，更可以把所谓某种场合的情况认真的，不只是被动的记住。文言里常用的虚字也不太多，不过一两百个，每个虚字可往往不止一个意义，一种用法。能照前面说的方法做，把一两百个常用的虚字的每个意义每种用法（不管那些生僻的）都认的真，同时也就熟习那些虚字了。当然，字典还是可以查，人家也不妨请教。

辨别文言跟现代口语的同异到了家，在现代文的写作方面也多少有些好处。咱们写的是现代文，依据的是现代口语，最后的目标在写的纯粹，能够上口，能够入耳。一部分写作的人没有顾到纯粹不纯粹的问题，过去的教养跟平时的阅读又离不开文言的影响，写起文章来就不免亦文亦白，不文不白。这样的文章只能看，不能说，不能听，亲切的感觉多少要减少一部分。固然，现代口语要求它尽量丰富，可以从多方面去吸收。文言也是可以吸收的一个方面，只要行得开，大家说得惯就成。语词如"酝酿"，语式如"以为……"，本来是文言成分，现在都转成口语成分了。但是，文言成分里头有决不能转成口语成分的，譬如文言连词"则"，现在在文章里用得相当广了，可还没有人在谈话或者演说的时候用过，可见这个"则"没法儿吸收。硬把没法儿吸收的吸收过来，收不到丰富语言的功效，倒发生了语言不纯粹的毛病。唯有认清楚语言发展的情况以及文言跟现代口语的同异，才不至于发生这样的毛病。再说，咱们现在还不能废掉汉字不用，但是为了种种的理由，将来总得废掉汉字，改用标音的新文字。用了标音的新文字，写些不能说不能听的文章，那时连作者自己也会看不懂自己昨天写的文章的，何况叫别人看。为给将来改用新文字铺平道路起见，咱们现在就得有意识的把文章写得纯粹。写纯粹的口语，能说又能听——单就文体来说，这样的文章才是名副其实的现代文。

关于语文学习方面的话到这儿为止。我们在前面说过，编选这个本子的时候也有思想政治的标准，希望同学们掌握住标准，真正做到批判的接受。至于语文学习方面，这儿不过说个大概，举些例子，希望同学们自己去类推。不单在阅读这个选本的时候，就是阅读其他文言的东西也随时留意。临了儿，我们重复"现代文之部"的序文里说过的，"请不要忘了一年之后估量自己的成绩"。

1950年4月

语文教材的编写[①]

叶圣陶

语文教本只是些例子，从青年现在或将来需要读的同类的书中举出来的例子；其意是说你如果能够了解语文教本里的这些篇章，也就大概能阅读同类的书，不至于摸不着头脑。所以语文教本不是个终点。从语文教本入手，目的却在阅读种种的书。

语文教本好比一个锁钥，用这个锁钥可以开发无限的库藏——种种的书，你肯把它扔在抽屉角里吗？锁钥既已玩熟，老玩下去将觉乏味，必然要插入库藏的锁眼儿，把库藏开开，才感满足，于是你渐渐养成广泛读书的习惯。这样，语文素养有了，读书习惯有了，岂不是你一辈子的受用？

我人撰写之各种稿子，皆经反复商论，再三修改，乃为定局。然写稿之初，必不宜如是存想，以为尚须商论与修改，无妨姑草草为之。宜视初稿如定稿，一言一语，绝无所苟，若将以付排字房者然。我有如是经验，定稿之善否，盖植基于初稿。初稿得十之七八，商论与修改增益其二三，斯成完作。苟初稿仅得十之二三，谓商论与修改之后可成完作，其事殊为罕见，亦唯有改弦更张，别起初稿耳。此言初稿之务宜审慎也。次言商论之后，诸人签注之意见杂然并陈，其最后改定，以原属稿者任之为善。签注之意见，或仅顾一节，未察全局，或彼此抵牾，未能兼采。原属稿者虑之较熟，审之较周，再一深思，择善而从，宜乎最为胜任愉快。我于阅稿之顷，书意见于小纸片，

[①] 选自《叶圣陶教育文集》第5卷，人民教育出版社1994年版。本文是根据作者《关于编教材》《课文的选编》《关于语文课本的练习题》等几篇文章整合而成，题目是编者加的。

叶圣陶吕叔湘张志公语文教育名篇精选

往往出之以商酌口气，未敢径下断语，本此旨也。且稿子如此其多，谓最后改定悉出之于一二人之手，亦势之所难能也。故原属稿者宜与所任之稿为始终。

关于课文选择

关于语文教本的选材，也有人主张须在内容跟形式两方面找出些条件来做取舍的标准。内容方面，大概可以凭背景的亲近不亲近，需要的迫切不迫切，头绪的简明不简明这些条件；形式方面，大概可以凭需要的迫切不迫切，结构的普通不普通，规律的简单不简单这些条件。这就跟每样都尝一点儿的办法不一样，每样都尝一点儿的办法是只问好菜，这个办法却顾到吃的人的脾胃，顾到他的真实得到营养。上下古今泛览一阵子，在要求博通的人自然是好，但是在语文课程里是不是也该如此，确然是个疑问。着眼在背景、头绪、需要、结构、规律等等方面，也许可以使学习的人受用得多吧。而这样的着眼，必然有若干篇章，虽属好菜，可不在入选之列。这当然也值得试办。

选课文有几种情况：一是先有框框，这不太好。譬如一定要选一篇讲模范人物的文章，就到处去找，看到题目合适就选。可是题目合适不一定是好文章，这是"拉在篮里就是菜"。一是只看作家的名字，看到作家写的文章就选，这也不太好。作家的表达自然是好的了，可是他写作另有意图，并不是为语文课本而写的，用来作课文不一定适宜，所以除了看名字，更应该看文章的内容。

我人首须措意者，所选为语文教材，务求其文质兼美，堪为模式，于学生阅读能力与写作能力确有增长助益。……我谓今后选文，绝不宜问其文出自何人，流行何若，而唯以文质兼美为准。小有疵类，必为加工，视力所及，期于尽善。不胜其加工者，弃之弗惜。

选文之际，眼光宜有异于随便浏览，必反复讽诵，潜心领会，质文兼顾，毫不含糊。其拟以入选者，应为心焉好之，确认为堪以示学生之文篇。苟编者并不好之，其何能令教师好之而乐教之，学生好之而乐诵之乎？其理至著明也。初入选之文篇，经共同研讨，或终于不入选。然初选之顷，万不宜草草从事，可断言也。

语文教材

我人选文，大抵不出若干种选本与课本之范围，或昔取而今舍，或已舍而复取，如此办法，我尝戏谓之"炒冷饭"。盍亦求煮一锅新鲜饭乎。博览广搜，终将有获也。教师惮于新选课文，谓唯老课文乃能教之而奏功，实为不通之说。苟不能教新选课文，其于老课文奏功何若，至可疑矣。故我人不须顾及课文之老不老，苟为文质兼美之篇，有裨于学生之诵习，虽新必取。通观各册课本，叙历史人物者，状名山大川者，记传统之文化艺术者，几乎绝无而仅有，而是皆当代学生之精神食粮也，似当寤寐以求之。

关于课文加工

选的文章内容好，表达却不到家，就得加工，加工就是改文章。文章有不明白的地方，大多由于作者在写的时候想得不太明白；文章有不周密的地方，大多由于作者在写的时候没考虑周密。从这个意义讲，改文章实际是改思想。语文老师改作文本，做的就是这个工作；我们编辑加工课文，做的也是这个工作。我们做编辑的得负起责任来，同时注意小的方面，看到不明白的地方，就把它改明白，看到不周密的地方，就把它改周密，一句话一个字也不能放过。

改的时候可以分成小组，譬如五个人一组，一个人读，四个人听。读语文课本的课文要带感情，其他课本的课文只要逻辑地读。光用眼睛看，往往只注意文章讲的什么，听别人读，会随时发现多了些什么，或者少了些什么，要改的正是这些地方。这个方法比一个人加工容易得多，大家不妨试试。

选定之文，或不免须与加工。加工者，非过为挑剔，俾作者难堪也。盖欲示学生以文章之范，期于文质兼美，则文中疏漏之处，自当为之修补润色。固陋之作者或将不快，明达之作者宜必乐承。加工之事，良非易为。必反复讽诵，熟谙作者之思路，深味作者之意旨，然后能辨其所长所短，然后能就其所短者而加工焉。他则作者文笔，各有风裁，我人加工，宜适应其风裁，不宜出之以己之风裁，致使全篇失其调谐。总之，欲求加工得当，必深知读书为文之甘苦，愿与诸公共勉之矣。

关于课文注释

课文的注释是老师和学生都用得着的。设想某一句话老师教起来学生读起来有困难，就应当作注。作注单从字面作个解释是不够的。……编辑先生首先要自己体会课文，一定要再三读，再三体会，才能做好注释。有些地方单注个别的字不行，要整句注。

我以为作注之事，略同于上堂教课，我人虽伏案命笔于编辑室，而意想之中必有一班学生在焉，凡教课之际宜令学生明晓者，注之务期简要明确。所注虽为一词一语一句，而必涉想及于通篇，乃于学生读书为文之修习真有助益。尤须设身处地，为学生着想。学生所不易明晓者，必巧譬善喻，深入浅出，注而明之，必不宜含糊了之，以大致无误为满足。注若含糊了之，教师亦含糊了之，而欲求学生之真知灼见，诚为缘木求鱼矣。复次，语文课令学生诵习若干文篇，无非"举一隅"耳，意盖期学生"能以三隅反"，阅读其他文篇与书籍也，非诵习此语文课本即毕事也。欲臻此境，教师之导引启发，学生之揣摩练习，皆至关重要，而我人作注，亦与有责焉。作注固在注明此一篇，苟于意义多歧之词语，含蕴丰富之典故，较为繁复之语法结构，颇见巧妙之修辞手段，多写一二句，为简要之指点，则学生自诵其他文篇与书籍，将有左右逢源之乐。总之，我人不宜抱多一事不如少一事之想，凡有裨于学生者，正当不避多事。我此存想，诸公以为然乎？

关于练习设计

练习题，过去有几种毛病：是论说文，往往要求学生把课文分段，写出段落大意，加上小标题；是文艺作品，往往要求学生指出怎样描写英雄人物，英雄人物有哪些高贵品质，为什么会有这些高贵品质。这类"怎样式""为什么式"的练习题，好处无非要学生再看一遍课文。练习题不应当只起这个作用，应当引导学生进一步理解课文，得到真的知识，提高阅读和写作的能力。练习题的作用好像开一扇门，让学生自己走进去，这就是常说的"带有启发性"。划分段落的题目是每篇课文都可以用的，编辑先生出起来也用不着动脑筋。我不是说这类题目一律不能出，遇到层次不太分明的文章，就应该让学生根据自己的理解把段落分清楚，逐步提高阅读的能力并养成习惯。

前此数年，我人所出练习题类多空泛，今已共知其无当。近者有所改进，犹未能谓之满意。大抵出题之先，必明一义，非每课之后例须有数个练习题，第求凑足之即为了事也，盖将就本课之内容与形式，抉其至关重要之若干点，俾学生思索之、辨析之、熟谙之、练习之，有助于阅读能力写作能力之增长也。以故所出虽仅数题，而考虑之顷，则宜通观全篇，观之一遍未必即有获，则宜反复数遍。如是乃可期所出之题并皆精善，无敷衍凑数者。复次，一课之后，练习题之数有限，而须令学生思索、辨析、熟谙、练习者，其数必不止此，于是宜通一册之诸课而为安排，宜通六册之诸课而为安排，始可面面俱到，无遗无漏。若此通盘安排，我人尚少措意，今后所宜致力也。又有言者，凡为练习，必不能谓为之一度已足，一练再练，锲而不舍，乃长能力。以故已出之题，尽当重出。苟重出而悉如前样，或将使学生生厌，则无妨同其旨趣而异其方式焉。

要儿童动脑筋，就力所能及动脑筋，从这样的观点出题目，就是我所谓照顾到启发性。咱们把课文反复揣摩，设想面前坐着一班小学生，思之思之，将会找到富于启发性的题目。题目的内容和形式不要拘于一格，越多样越好。拘于一格，学生大概会发生"走马灯又来了"的感觉，这不免减损他们的兴致和积极性。换句话说，就是要抛掉旧框框。帮助记忆的题目，巩固理解的题目，当然也需要，但是促使学生动脑筋得到自己的发现的题目应该占相当的比重。练习题的语言要确切，要干净，要是普普通通的话（术语越少越好），要上口。出了个题目，不妨设身处地替学生想想。一想学生能不能回答，二想回答得出于他们有哪些方面的好处，好处大不大。

关于中学语文教材的几个问题[①]

吕叔湘

同志们，我参加了三天会，看了部分材料，感到会开得活泼，内容很丰富，意见很广泛，不同意见很多，大有收获。我把问题归纳归纳，附带说点自己的意见。

第一个问题是阅读、写作和语文知识的关系问题。这里再分成几个问题来谈。

首先是知识与能力的问题。语文课的主要目的是培养学生的语文能力，而不是传授语文知识，这个认识是一致的，至少到会多数同志是这样认识的。但是怎样达到这个目的，意见就很不一致了。一种意见认为，提高学生运用语文能力的办法是多读多写，至于语文知识在实用上有多大价值就值得怀疑了。这个意见对不对呢？我们不妨问：读和写要不要指导？如果不要指导，那么语文教师就太好当了，只要像私塾启蒙老师那样就行了。如果说读和写也都需要指导，那就有个知识问题。要很好地理解一篇选文的内容，有的地方就需要老师讲讲，一讲就有了知识问题。写作更不用说，需要讲点"写作知识"。至于一般所说"语文知识"，就是语法、修辞和逻辑那些东西，有无必要，有没有用，意见就不完全相同了，这个问题下面再说。

其次是拿什么做重点的问题。我不说拿什么做"中心"，以免误解。比如说"以作文为中心"，就容易理解成阅读和语文知识都只是为作文训练服务

[①] 选自《吕叔湘全集》第11卷，辽宁教育出版社2002年版。本文是作者1980年11月在中学语文教材改革第二次座谈会上的讲话，原载《中学语文教学》1981年第1期，有删节。

的，就片面了。有的同志提出"以语文知识为中心"，用文章的片段做例证，这又把文选的地位降得很低了。我的看法是，阅读是可以为写作服务的，但不是完全为写作服务；语文知识也是可以为写作服务的，但也不是完全为写作服务。如果这里有一块黑板，我就要把"写作"放在中间，一边写上"阅读"，一边写上"语文知识"，这两边都可以有箭头指向"写作"，但同时有箭头指向别处。阅读通过范文给学生提供仿效的对象，但阅读的目的绝不仅仅是这一个。范文之中大部分是文学作品，这必然引起文学欣赏问题；联系文学作品，又有陶冶性情进行品德教育的问题。同时，阅读又不限于文学作品，还有各种学科的读物，能够扩大学生的知识面。这就说明阅读除了帮助写作外还有多方面的作用。

有的教师认为语文知识对学习写作没有作用，主张取消。这只能说明过去我们讲语文知识的时候，照顾系统性多了点，照顾实用性不够，决不能说明语文知识对培养学生的读写能力无用。语文知识帮助阅读扫清文字障碍，也提供写作所需要的有关用词、造句以及疏通思路等方面的必要的知识。除此之外，语文知识还有一个作用，那就是引导学生去理解祖国语言，去欣赏祖国语言，去热爱祖国语言。我们在中学里教给学生许多地理、历史方面的知识，也并不是都在他的生活上具有实用价值，而是在很大程度上引导他去热爱祖国的山河大地，热爱祖国的文化遗产。难道不应该也引导他去热爱祖国的语言吗？

总起来说，语文是工具课，但不能说是百分之百的工具课，不能理解得太狭隘，太实用主义。白猫黑猫，会逮耗子就是好猫，要看逮住几只耗子。光逮住一个作文还不是最好的猫，还要逮文学欣赏，逮语文知识，逮百科知识，多多益善。要不然怎么说语文课是综合性最强的一门课呢？不妨跟数学比较一下，中学所学的数学，其中有很多东西，如果不上大学就派不了用场，不像语文，无论是知识还是能力，都一辈子有用，不管升学不升学。

关于教材分和合的问题，就是阅读教材、写作教材和语文知识编成一本书、两本书、还是三本书的问题。在这次座谈会上各种意见都有。各种方案很多，但是基本上只有两派：综合派和分科派。会上有人提"文选派"，这个提法不确切，因为真正的文选派是只有文章选读，不讲写作知识，更不讲语法、修辞。他搞潜移默化，不搞有的放矢。这一派事实上是不存在的。至少在参加这个座谈会的同志中间是不存在的。我们在会上听到的文选派，实际是综合派。综合有各种合法，分科有各种分法，方案很多，重要的问题在于是合还是分。据我了解有三种主张：一是全合，合成一本，二是全分，分成三本或四本，还有一种主张是半分半合，把字词跟选文结合，把语法、修辞、逻辑另编，至于作文指导，是另写成一本教材还是附在一个单元的选文之后都可以。

分合问题的实质是几种教材的配合问题，说得更确切点是谁来负责配合的问题。综合派的办法是由编教材的人负责配合，结果就是编成一本。分科派的办法是让老师去负责配合，结果就是编成几本。比较起来，综合性教材难编。要在选文中找例证，并且要在读过的选文中找，要花费大量时间；设计练习也比分科教材难。如何编得丝丝入扣，技术性很强。分科教材编起来比较容易些。但在使用上，按现在一般教师的水平，似乎综合教材比较容易掌握，比较容易推广。分科教材要教师自己配合，一般教师会感到困难，不容易做好有机联系。无论哪一种教材，综合的，分科的，这么合那么合的，这么分那么分的，都要在实践中经受考验。不但要在神通广大的教师手上去考验，还要放到能力一般的教师手上去考验。我主张百花齐放。可能最后留下十家八家，甚至三家五家，就可以向各地学校推荐，让他们试用。

教材改革必然引起教学法的改革。我听了一些搞教改试验的老师的发言，有几点是一致的。一是加大阅读量。课内选文，有主张 40 课，有主张 50 课的，还有课外阅读。这一点应该肯定下来。要提高学生阅读能力，靠薄薄的课本解决不了问题，我非常同意这个意见。二是强调预习，预习对语文课的教学很重要，学生懂了的老师可以不讲，比较经济。有的老师把预习安排在课时之内，这个办法好。三是多写，除正式作文外还写短文、日记等等，这也是很好的办法。总之是调动学生的主动性，这个方向是对的。还有课堂讨论也很有用，有的教师有意识地鼓励学生解放思想，大胆提问，这样，学生的思想活泼了，阅读的收获和写作的能力都会提高。但是这对教师是很大的考验，老师要能招架得住才行。

会上有很多同志提到语文教学"科学化"的问题。这个问题不能理解得

语文教材

太死，因为教学这件事，里边有人的因素，很难做到像进行自然科学试验那么精确和固定。有的同志提出序列问题。他说，别的学科缺了一星期的课就跟不上，可是语文课缺了两星期、三星期，还是一样跟得上。总的说来，语文课的教材应该有一种合理的序列，但是很难做到一环套一环，扣得那么紧。语文教学中有这种现象：往往一个内容不可能一次学好，而是要反复学，循环学，由浅入深，螺旋式上升。阅读、写作、语文知识都有这种情况。这个特点该考虑到。

现在来谈第二个问题，现代文与古文的关系，也就是文言文在中学语文教学里边占有什么地位的问题。座谈会上的议论几乎是一边倒，都主张要读文言文，不但必须读，还要多读。看来取消派是失败了。

要问我的意见，我说，文言可以念点儿，可是念多少，念什么，至少就初中阶段说，还值得研究，似乎应该先研究一下学习文言文的目的。教学大纲提出的目的是培养阅读浅近文言文的能力。按现在统编课本里的文言文的数量和一般的讲解方法，能否达到这个目的，还得打个问号。如果说现在的几篇教读课文不解决问题，那么加大分量怎么样？加到三分之一、二分之一？这就牵涉到会不会妨碍学生学好现代文的问题。会不会搞得不好，弄成驼子摔跤，两头没着落？我提出这个问题，请大家研究。要是说学点文言文，尤其是念点古诗可以增进学生学习语文的兴趣，我完全同意。许多教师的实验也证明了这点。但是也不必太多，有一定数量就够了。

有的同志说，学文言文对学生作文有帮助，不但是没有坏影响，不会"不文不白"，而且倒大有好处，点缀一点文言词语，套用一些文言句法，很有滋味。听口气，大有非此不可的味道，虽然没有说得这么明白。这使我回想起20年代白话文初兴时候的议论。有些老先生爱说，读好文言文才能写好白话。事实上，这些老先生们的文言读得很好是无可怀疑的了，可是他们的白话文却写得很不高明。当然，我不否认文言的学习在一定程度上对白话文的写作有帮助。帮助是有的，表现在两个方面：篇章和语言。这也可以说是对当代作家的一种批评。为什么这些东西不能从现代作品中学到，还要到老祖宗那儿去讨救兵呢？但是也要想一想，文言文有将近3000年的历史，留下来的作品都是经过时间筛选的，而把白话作为全面使用的工具才半个多世纪啊。帮助是有的，但是否非此不可呢？文言中有用的东西能否从现代文里学到呢？比如"豁然开朗"出于《桃花源记》，不读《桃花源记》是否也能学到呢？我看文言里有用的东西多数都能从现代文里学到，不一定非要读《桃花源记》才能学到"豁然开朗"。有些人学文言对他写文章有好处，但也不能担保人人如此，我曾经在一篇文章里举过报纸上存在的滥用文言词语的例子，记者和作家尚且如此，中学生就不会犯这种毛病？就算是退一步说，学生在作文中没有文白杂糅的毛病，但是文言词语用得很多，又会形成一种什么风格？是不是现代人的气息少了点？据说白话里加点文言成分就像菜里边当加点盐味道好，可是也要想到盐多了会咸得你咽不下去。毛主席对于语言提出"第一，要向人民群众学习语言……第二，要从外国语言中吸取我们所需要的成分……第三我们还要学习古人语言中有生命的东西……"，这第一、第二、第三的排列，我看是经过考虑的。文绉绉的语言有文绉绉语言的味道，可以是"别有风味"，但是毕竟不如从人民嘴里来的语言那么新鲜、生动、泼辣，那么有泥土味，有时代气息。

　　由此联想到选文的问题。会上比较一致的意见认为统编教材的选文有框框，所以在使用时都作了增删。我没有看各家加的篇目，不知道加了哪些。就统编教材而论，我感觉有一缺陷是专门因语言生动活泼而入选的太少。初中124篇（不算古典作品）中有10篇光景，高中75篇中不到5篇。就是这些也还是取其情文并茂，内外兼优。为什么不可以选几篇主取它的语言好？现代作家中的语言大师老舍只选了两篇（高、初中各一篇），曹禺只有一篇。《红楼梦》只选了第四回，因为这里也有对四大家族的批判，难道别的回都一无可取？《儒林外史》就只有"范进中举"。我又想到《老残游记》，以前选过，后来说这本书里有反对革命的话，是坏书，刘鹗这个人也是汉奸，于是《老残游记》这本书不再印了，编教材当然更不敢选了。还有像《儿女英雄传》这本旧小说，思想陈腐，但个别段落，如第三十八回安学海逛庙，写人情物态，文字生动，极有风趣，是不是也可以入选呢？有没有毒？我看没有，有些旧社会的风俗习惯稍加说明也不难懂。这些都是举例，无非说明课本可以考虑选些内容一般而语言优美的作品，不是说必须选这几篇。

语文教材

关于中学语文教材问题[①]

吕叔湘

　　最近我在北京参加人民教育出版社召开的中学语文教材座谈会，听到了各方面对中学语文教材的意见。在这个会上，许多学校交流了近两年来在教材改革方面的经验，我在会上也讲了一点意见。对语文教材的编写，现在主要有两种意见：一种主张把阅读、写作和语文知识编在一起，成为一种综合性的教材；还有一种主张是把阅读、写作和语文知识分开来，编成几本教材。此外还有人主张只编范文读本，不需要别的教材。

　　我认为在这个问题上，首先要弄清知识和能力的关系。教语文课主要目的是给学生一些语文知识呢，还是培养学生的语文能力？教师对此有不同看法，有强调知识的，但是多数强调能力。我以为不能把这二者割裂开来。我们语文课的目的是培养学生的语文能力，但并不能因此就认为不需要讲语文知识，能力和知识是不能分开的。有少数同志认为，语文知识用不着讲，只要让学生多读多写，就会像俗话说的"熟读唐诗三百首，不会作诗也会吟"。文章念熟了，会背了，也就会写了。这可以说是我国的传统的教学方法。事实上，强调多读多写，也还不能没有指导。教师要给学生讲文章的篇章结构，讲用词造句上有什么好的地方等等。学生写的文章教师要改，也要给学生讲讲为什么要这样改。这样，语文知识也就讲在里头了。所以说，知识和能力实际上是分不开的。

---

　　① 选自《重读吕叔湘·走进新课标：什么是语文》，湖北教育出版社 2004 年版。本文是作者在浙江省语言学会、杭州大学中文系、杭州市教育局联合举办的报告会上的讲话。

其次，谈谈对"以作文为中心来组织教材"应该怎么理解。什么叫"以作文为中心"呢？也就是第一个阶段要教会学生写记叙文，于是阅读课上就教各种各样的记叙文，有记事的、记人的、记地方的等等，还有记叙中夹抒情的、夹议论的，然后做各种题目的记叙文。下一个阶段教说明文，再下一个阶段教议论文。我认为提什么为中心，应该先把"中心"两个字研究一下。以什么为中心，是不是意味着一切都要为这个中心服务？如果这样理解，似乎太狭隘了。作文是很重要的，是一个学生的语文能力的集中表现。阅读跟语文知识都可以为作文服务，但阅读课除了为作文服务之外还有它本身的目的。语文知识也一样，它可以为作文服务，同时也有自己的作用。

从以前和现行的一些课本来看，有些课文并不能紧密联系写作，有些文学作品例如一篇小说，编在课本里，是不是要学生去学写小说呢？当然不是。学生可以写小说，但编课本的目的并不是要教学生写小说，而是要通过阅读提高学生欣赏文艺作品的能力，也就是说，阅读课除了帮助学生写作，为写作提供范例之外，还有帮助学生欣赏文艺作品的目的。并且，通过文学作品的阅读，还可以陶冶性情，也就是对学生进行品德教育。例如有很多课本选了范仲淹的《岳阳楼记》，这篇文章的名句"先天下之忧而忧，后天下之乐而乐"就对学生有很好的教育意义。在中学时期进行品德教育，最好是通过那些非常优美的文学作品，因为这容易收效。如果我们不问表现形式如何，而是生硬地把一些有关道德品质的议论选进课本，让学生念，内容枯燥，文字也不优美，只是为了思想教育而选进课本，学生就会感到乏味，不易接受。这就变成了"说教"，说教就不容易达到教育的目的。

阅读课的教学效果不能光靠课内，还要依靠课外。好的语文教师总是鼓励学生课外多读书。课外阅读范围很广，不限于文学作品，上至天文，下至地理，自然科学、社会科学，哪方面的知识都有。学生多读，可以从中获得很多知识。课内受时间限制，课外就没有限制，有些学生课外书看得很多，他的知识就丰富，知识面很广。可以说，扩大学生的知识面也是阅读课的目的之一。现在有很多青少年知识面很窄，许多应该知道的事情不知道，这都和读书太少有关。

系统地教一些汉语知识如语音、文字、词汇、语法和修辞，对写作有没有帮助呢？也有两种意见：一种认为有，应该讲；一种认为讲系统的语文知识没有多大用处，学生学了不能用到写作上去。现在持后一种意见的人还相当多。我说，如果老师讲了一些语文知识，而学生感到对写作没有多少帮助，这只能说明关于语文知识的课文还编得不好，强调系统性多了点，而重视实用性不够。要研究怎样改编，使这部分教材能更紧密地结合学生的写作需要，但不能因此否定语文知识对写作的作用。学生句子写得不通，老师把它改了，学生就要问老师为什么要改，这就需要用语文知识来说明为什么原来的不好，为什么要这样改。这样，学生才能够举一反三，不再重犯。语文知识除了帮助提高写作能力之外，还有它另外的目的。例如语文知识中的词汇、语法和修辞，都能训练学生的思维能力。譬如比较同义词、近义词的不同点，可以提高学生的辨别能力、分析能力；语法中的句法，特别是复杂的句子，如何去分析清楚，也可以培养思维能力。让学生养成看事物、看问题细致、深入的能力，对他将来的生活和工作都有用。当然，培养思维能力不全是语文课的任务，譬如数学课，也可以培养思维能力，但我认为语文课在这方面特别重要，恐怕主要还是通过语文培养。

　　语文知识还有一个作用，那就是让学生理解祖国的语言，通过理解产生对祖国语言的一种热爱。文学作品中的语言很美，不仅词语美，有的篇章结构也美，好像一座很好的建筑物，造型很美。我认为对祖国语言的理解、欣赏、热爱，这也是爱国主义教育。我们给学生讲历史、讲地理，也并不完全是为了实用，有些史地知识也不一定有实用意义，但是我们还是要讲，不仅因为这是应该具有的常识，也因为可以通过它进行爱国主义教育，让学生热爱祖国的山河大地，对祖国悠久的文化传统产生热爱。我们讲语文知识也一样，要让学生通过祖国的语言文字产生对祖国的热爱。

　　总起来说，在语文教学中把作文作为中心，不应该理解为这是唯一的目的。或者不叫"中心"，叫做"重点"，可能好一些，不会引起误解。

　　教材是分科好呢，还是综合好？就是说，把阅读、写作指导和语文知识合起来编成一本呢，还是阅读归阅读一本，写作指导另编一本，语文知识又另编一本？或者编两本，把写作指导附在阅读课里。我不敢说哪一种一定好，其他的就不好。我觉得要看一看这个问题的实质是什么。显然，这是三方面互相配合的问题，是谁来负责配合的问题。配合的任务交给谁？综合成一本书，那当然是编课本的人负责把这三方面配合好。当然这也不是简单的机械的配合，而要扣得紧，知识和写作、阅读都扣得很紧。如果分开来编，那就要教师自己去配合。从这个角度看，对一般的教师，综合性的教材比较方便，可以不用自己动脑筋去配了。如果分编三种教材，那对教师的要求就高，要教师善于配合。在目前情况下，广大农村学校的教师水平还较低，用现成配好的教材比较行得通，要是搞成三本教材，教师不知道怎么个配法好，教学上困难就大些。

还有，教材的科学性问题。有的同志认为过去和现在的教材都缺少科学性。什么叫科学性呢？他提出一个标准，就是应该有一定的顺序，要一步步地往下学，中间不能断、不能跳跃。他认为其它学科如果学生缺了两星期的课，就会跟不上，非补不可，这种教材就是有科学性；而语文课两个星期不上也能跟上去，就是五个星期不上照样也跟得上。事实确实如此。所以他认为这语文教材就是不科学。对科学性我们可以作各种理解，像上面说的那种严格要求，语文课看来很难办到。这里有一个根本的原因，就是语文课无论是知识或是能力都不是照一条直线前进的，说得形象一点，就是老是在那里循环着，起初讲得浅一点，也是怎么读呀，怎么写呀，字词句有哪些必要的知识呀；然后提高一步，还得循环一次，再循环一次，就是这样螺旋式地上升的。语文课的性质跟别的学科不同。我记得自己读中学时，学习英语语法读的是《纳氏文法》，那时的中学是四年制，一个年级念一本，第一年念的那本很薄，以后逐年增加，到了第四年就有四五百页了，它是由浅入深，每年一个循环，四年四个循环。当时我们也不懂为什么要那样编，现在明白了这个道理，语文的学习就是不可能直线式进行，而是要像绕线圈似地绕上去。

语文教材

谈《国文百八课》[1]

吕叔湘

《国文百八课》是开明书店出版的一部颇有特色的初中语文课本。从1935年到1938年先后印出四册,第五、六两册因抗日战争爆发,没能继续编印(第四册是战事发生之前编好的)。

《国文百八课》之所以颇有特色,是因为两位编者夏丏尊先生和叶圣陶先生都当过多年的语文教师,又都有丰富的写作经验。他们两位曾经合作写过几种讲学习语文的书,其中最有名的是《文心》,现在六十多岁的同志很多是曾经从这本书得到教益的。除《文心》外,还有一本《阅读与写作》,一本《文章讲话》,也是他们二位合作的;另外,叶先生还写过一本《文章例话》,夏先生还跟刘薰宇先生合写过一本《文章作法》。把积聚在这些著作里边的学习语文的经验拿来系统化,再配合相应的选文,这就成了《国文百八课》。

《国文百八课》的内容安排,用书前边的编辑大意里的话来说,就是"每课为一单元,有一定的目标,内含文话、文选、文法或修辞、习问四项,各项打成一片"。其中文话是编排的纲领,文选配合文话,文法修辞又取材于文选,这样就不但是让每一课成为一个单元,并且让全书成为一个有机的整体。

文话是全书的纲领,是全书成败所系,因而也是编者用力最多的部分。这四册里面有文话72篇,有系统而又不拘泥于形式上的整齐。第一册从"文章面面观"开始,接着讲文言体和语体以及文章的分类,这是总引子。接下

---

[1] 选自《吕叔湘全集》第11卷,辽宁教育出版社2002年版。原载《我与开明》,中国青年出版社1985年版。

去用不多几篇讲最常用的应用文：书信。这以后就是本册的重点：用九课的篇幅讲记述和叙述，讲题材，讲顺序，讲倒错，讲快慢，讲观点的一致与移动。第二册仍然接着讲记叙文。上来先讲三种记叙文的体式：日记，游记，随笔；然后讲直接经验和间接经验，讲立足于第一人称，第二人称，第三人称，接下去讲记叙文中的感情抒发，记叙文中的景物描写和人物描写。第三册开头讲小说，记叙文的一个特种形式；略讲韵文和散文的区别以及诗的本质；然后转入本册的重点：说明文。讲单纯的说明文以及说明和记述、叙述、议论的异同分合；讲说明的对象即事物的各个方面：它们的异同，它们的关系，它们的过程，以及抽象的事理。这一册的18篇文话有13篇是讲说明文的。第四册的重点是议论文，可是对议论文的说明，包括推理方式，只用了最后的六课，在这之前讲了好些不能简单的归入记叙、说明、议论三类的文章：学术文，仪式文，宣言，对话，戏剧，抒情诗，叙事诗。第五册和第六册没有编出来，不知道计划之中这两册的36篇文话准备怎么分配。单就前四册来看。大纲目仍然是按记叙文、说明文、议论文的顺序讲解，可是这三部分之内和之外都是提出若干小题目，一次讲一个题目，既有联系，又不呆板，很少出现"一、二、三、四"或"甲、乙、丙"。给读者的整个印象是生动活泼，文话本身就可以作为文章来学习。随便举个例子，第三册有一课的文话是《诗的本质》，用意在于说明诗的本质是感情之艺术的表达，句法整齐和押韵不是诗的本质。文话上来先用四角号码的笔画歌"一横二垂三点捺……"做例子，尽管句法整齐、押韵，但不是诗。然后用几个没有诗的形式可是表达了或惨痛或悲哀或闲适或窎远的感情的片段——分别引自归有光的《先妣事略》、都德的《最后一课》、沈复的《闲情记趣》、鲁迅的《秋夜》来从正面说明诗的本质，接下去的两篇选文正好做例子，一首押韵的新诗，一首抒情散文，也可以叫做散文诗。总共一千多字，把问题说得清清楚楚，一点不叫人感到枯燥。

讲过文话，讲讲文选。《国文百八课》里的文选有两大特色，一是语体文比文言文多，二是应用文和说明文比较多。四册72课有选文144篇，其中语体86篇，文言58篇，大致是三比二。现在看起来，这好像是理所当然，但在当时这是很突出的。当时流行的几种初中国文课本都是文言文比语体文多，

语文教材

销行最广的正中书局出版的初中国文课本几乎全是文言，只有很少几篇语体文点缀一下。《国文百八课》里的应用文有十多篇，其中有书信，有调查报告，有宣言，有仪式上的演说词，有出版物前面的凡例，有公文标点与款式。说明文有二十来篇，如《梅》《螳螂》《动物的运动》《霜之成因》《十三年夏季长江下游干旱之原因》《菌苗和血清》《苏打水》《导气管的制法》《机械人》《图画》《雕刻》《农民的衣食住》《科学名词跟科学观念》《说"合理的"意思》《何谓自由》《美与同情》《论语解题》等等，篇数之多，方面之广，也都胜过同时的别种课本。

　　文选中篇数最多的自然还是记叙文，包括有抒情或议论的成分在内的。语体文里边很多是常被选用的名篇，如鲁迅的《孔乙己》《鸭的喜剧》《秋夜》《风筝》，朱自清的《背影》《荷塘月色》，冰心的《寄小读者》，叶圣陶的《古代英雄的石像》，徐志摩的《我所知道的康桥》，都德的《最后一课》，莫泊桑的《项链》，等等；另一方面，也有别处没大见过的，例如朱自清的《卢参》，叶圣陶的《几种赠品》，丰子恺的《养蚕》，郑振铎的《海燕》，徐蔚南的《初夏的庭院》，爱罗先珂的《春天与其力量》等等。也有特意避熟就生的，如《三国演义》不选《草船借箭》而选《孙策太史慈神亭之战》和《杨修之死》，《红楼梦》不选《刘姥姥初进大观园》而选《林黛玉的死》。文言文方面也有类似的情况，一方面有常入选的名篇如归有光的《项脊轩志》《先妣事略》，方苞的《左忠毅公逸事》，魏学洢的《核舟记》，林嗣环的《口技》，宋濂的《送东阳马生序》，刘基的《卖柑者言》，《战国策》的《冯谖》，《史记》的《西门豹》等等，另一方面也有面目较生的篇目，如李渔的《梧桐》，元好问的《张萱四景宫女画记》，沈复的《闲情记趣》，龚自珍的《书叶机》等等。文选和文话的配合，总的说来是相当成功的，当然也不可能让每一篇文话的细节在它后面的两篇选文里都得到例证。

　　文法和修辞这一部分尽量从已经读过的选文里取例，讲解的深浅详略也都合适。

　　如果说《国文百八课》也有缺点，那么完全没有注释应该算是它的缺点。编辑大意里说："本书所收选文都是极常见的传诵之作，不附注释，教学时当也不致有何困难"；又说："关于难字、典故、人地名，有现成的辞书可以利用"。这就是没有考虑到有些学校的图书设备不够好，有些教师的语文修养比较差。再说，也还有一般辞书里查不出的，例如梁启超的《祭蔡松坡文》第三册里"孺博、远庸、觉顿、典虞"四个人名，除黄远庸知道的人较多外，那三位都是相当生而辞书里查不出的。再有，这篇祭文第一句，"自吾松坡之死，国中有井水饮处皆哭"，这"有井水饮处"如果不说明出处，读者也会感觉奇怪，为什么不说"有日月照处"什么的而说"有井水饮处"？

总的说来，还是得重复前面说过的话，《国文百八课》的最大特色是它的文话。现在也有以作文为中心按文体组成单元的实验课本，但往往是大开大合，作文讲解和选文各自成为段落，很少是分成小题目互相配合，能够做到丝丝入扣的。这就意味着，直到现在，《国文百八课》还能对编中学语文课本的人有所启发。

编教材有三难[①]

吕叔湘

要我来参加审稿会，我最初以为只是二三十位同志到一块儿来谈谈。今天，到这会场一看，真是济济一堂啊！这样巨大的规模、隆重的气氛，我这话就不大好讲，要有长篇大论，才跟这个场合相称。但是，我没有这个准备呀，我只准备简单地说几句开场白，或者叫做前言，没有紧扣本题，多多少少有点题外之言的味道。

我想简单地谈谈写教科书之难。凡编过教材之类的书的同志都深知其中

[①] 选自《吕叔湘全集》第11卷，辽宁教育出版社2002年版。本文是作者1980年7月23日在黄伯荣、廖序东主编的《现代汉语》教材审稿会议开幕式上的讲话。

甘苦。我就不具体联系这一本教材,来日方长,大家都可以谈。

我所想到的有三难。第一难是"讲多少?"多讲了不合适,少讲了不合适,到底讲多少最合适,煞费斟酌。这一层为难,大家都有经验,我就不多说了。第二难呢,是"讲什么?"这个提法好像有点滑稽。讲什么?你的题目是现代汉语,那就讲现代汉语呗。我这样提是因为我想不出别的更好的提法。我的意思是说,光讲个"当然",光讲什么是什么呢,还是也讲点"所以然",就是讲点为什么这个是这个,那个是那个,讲一点"为什么"在里头。或者说,让读者像剧场里的观众一样,光看前台的戏呢,还是也让他知道一点儿后台的情况?比如,你摆出来了一个结论,是不是须要讲一点为什么会产生这么个结论,或者讲这个结论当中有哪一点还不大牢靠,或者哪一点上还有不同意见,讲还是不讲?这也是编教材的人为难的一个问题。给中学生编课本,可以只讲点"当然"的东西,不讲什么"所以然"。但是,给大学生讲课就不大一样了,不能把大学生当中学生看待。你把他完全当中学生看待,只告诉他就这样这样,你不必再问"为什么",他就不高兴,因为你没把他当大学生看,大学生是喜欢动动脑筋的。所以这个第二难就难在这上头。

第三难是什么呢?就是"怎么讲?"也就是怎么行文。我想拿教科书跟两种别的著作来比较。一种是自学讲义,函授讲义。编写这种讲义,得不厌其烦,两句话可以说完的非得说上三句,三句话可以说完的非得说上五句。因为学习的人不是当面听讲啊,他就靠在那儿看,他是拿眼睛来代替耳朵,听不见你的声音,看不见你的手势,有疑难又不能问。所以编自学讲义就是要不厌其烦,啰唆点儿就啰唆点儿。可是,普通的教材,你要是这样编的话,就不对头了。不但是同学看起来感到腻味,老师也不愿意,因为没得讲了,他要讲的话你都给写上去了,他上课的时候怎么办呢?不是吗?所以教科书不能写得跟自学讲义一样。还有一种,就是学术论文,教材也不能写成学术论文那样。学术论文嘛,围绕一个题目,前后左右,来龙去脉都得要讲清楚,有时候讲起道理来像证几何题一样,一层一层那么证下去。课本这么写的话,不合适。课本的行文要概括些,也要生动些才好。当然不能写得像有些科普读物那样追求趣味,要写得比较正经。但是不能写得死板,要比较生动,让同学喜欢读。这很有关系。课本的文字枯燥,学习起来就没有兴趣,就不像吃饭而像吃药。教科书文字比较优美，才能发挥作用。我当学生的时候，学过英国文学史。英国文学史那种书多得很，少说也有三五十种。我们那个老师挑了一种，他上课的时候告诉我们，为什么挑这本课本。这本课本在内容方面没有什么特别见长的地方，就是文字比较好，课文本身有一点文学的味道，念起来经得起念。事实也确实是这样。因此，我想我们编课本要注意这一点，行文方面不能完全忽略，不能写得很死板、很枯燥，否则同学不爱读，教学效果受影响。

上面说的三件事情，其中有一致的地方，也还有矛盾的地方。比如，第一难和第二难之间就有矛盾。你要不光谈谈前台的情况，还要看看后台的情况，难免就把分量搞多了。你要少讲点，就照顾不到这些。行文也有这种关系，你又要讲得周到，又要文字简洁，有时候是会很为难的。

我就提出来编教材这三方面的困难，也可以说三方面的要求。要一本课本在这三方面都很理想，是不容易的。现在这本课本可能在这一点或那一点上跟这个要求有点距离，我想审稿的时候是不是从这三个方面都来考虑考虑。能够从这三方面考虑，我看就是从大处着眼。至于具体的一句话该怎么说，一个问题该怎么处理，比如，语法上的问题，这是个宾语呀，是个补语呀，我看那些问题是次要问题。我就讲这么一点意思，完了。

语文教材

传统语文教育教材论[①]

张志公

一、为什么要研究传统语文教育和教材

在基础教育阶段，语文教育是最基本的，或者说，是教育的第一个层次。儿童、少年只有先学了语文，才能进一步学习自然的、社会的各种常识；再进一步，学习各种或某种专科知识和技能；更进一步，研究探求高深的知识、理论和技能。

现在，基础教育阶段的语文教育还不够理想，有作得比较好的或者很好的，但是比例不大，也有作得相当差的。这种情况，对于以后各层次的教育很不利。总的说，对现代化建设是不利的。因此，应当给予足够的重视。不少教师重视了，作了不少研究工作和各种实验。然而，苦于成效不十分显著，或者在某一处或某一点上有些成效但未能推广。今天，在已经或即将进入信息社会的时代，语文教育本身就肩负着很重的责任，它已经不仅仅是为别的学科、为接受更高的教育服务的了。

语文教育的效果不理想，症结何在呢？

因素自然是多方面的。单从学术研究这个角度来说，有一个非常重要之点，即，没有足够的重视传统，正确的对待传统。

我国有文字记载的历史有四千多年，其中大部分是封建社会，直到1911年辛亥革命，中间没有大的间断。即使1911年之后，封建主义在不少方面仍

---

① 选自张志公《传统语文教育教材论——暨蒙学书目和书影》，中华书局2013年版。本文为该书导言部分，有删节。

然延续着。它钻进了社会的每个阶层，每个角落，教育领域自不例外。时间久，方面广，深入，逐渐形成了传统。既成传统，力量就强大顽固，使人很难跳得出来，以至习焉不察，身在其中而不自知。一种文明或文化，生命力如此强，存在这么久，其中必然有异常优秀的、超时间局限的东西，但它毕竟是封建社会的产物，无可避免的也有大量封建主义糟粕。鱼龙混杂，泥沙俱下。精华与糟粕，并不是泾渭分明，整整齐齐分成两大块，互不相谋，各走各的路，成双行齐步走过来的；而是"你中有我，我中有你"，忽而此前，忽而彼后，犬牙交错，错综复杂，像泥石流那样滚落流动下来的。教育自同此理。任何事物都不是突然之间从天上掉下来的，各有它的来踪去迹。连前人都知道，"观今宜鉴古，无古不成今"。前边说，基础教育阶段的语文教学有作得比较好或者很好的，其中不无传统经验在起作用；有作得相当差的，其中更不免有传统糟粕方面的影响。然而，除去少数专门研究传统的人之外，大都是不自觉的，至于是否还有遗珠没有受到注意，是否有把精华误认为糟粕，一股脑儿抛弃，误把糟粕（或者不触动实质，只改头换面一下）当成精华而抱住不放，诸种情况，都还说不十分清楚。因此，客观冷静的，科学的，认真研究研究传统，十分必要。首先是，只有这样才能真正作到取其精华，弃其糟粕，真正作到继承优秀的文化遗产，对今天和今后以至对世界文化的发展作出贡献。同时，只有对自己的家底有了数，才谈得上参考借鉴别人的理论和实际经验，为我所用，不至于从外引进我们自己本来就有的东西。或者反之，夜郎自大，闭关锁国，以为"万物皆备于我"，不理会别人有比我们先进的东西。

二、为什么要从研究历代的语文教材入手

根据古代历史的记载，从春秋战国时代起，各诸侯国互相交往，派出的"外交"人员都那么能言善辩；从西周时代起，历朝历代，出现了那么多优秀的文学、历史、哲学、政治、经济，以至自然科学、应用科学著作。从这些事实似乎可以推断，古人有一套或几套行之有效的语文教育的办法。可惜，只有东鳞西爪的叙述，缺少详备的记载。所以流传下来的教材就显得特别宝贵。

说实在话，研究历史上的语文教育，求之于教材往往比求之于史传记载的章程、条例更可靠可信一些。教材是实际使用的,而其余则往往是作出来的文章,说得头头是道,但与实际不见得相符,回顾清末的《奏定学堂章程》以及随后相继而起的"课程纲要"、"课程标准"之类,就都说得言之成理,但实际的教育教学与之出入很大,大多是各学校各教师各行其是。

古今中外,语文教材对社会的发展变化最为敏感。它反映产生它的社会背景,包括文化传统、风土习俗等等,反映当时社会主导的思想意识,以及教育观点、教育政策,可以说语文教材是语文教育、思想教育、知识教育的综合性教育读物。语文教材充分体现本国母语的特点,使得思想教育、知识教育以及语文教育便于为儿童、少年所接受。语文教材又受母语特点的制约,如果使用教材得法,语文教材又会起到规范语言,纯化语言,促进语言发展的作用。所以研究教材的意义很大,收获会是多方面的。本书可以说是以研究教材为主要线索编写的,正是为此。

但是,教材并不易收集。小孩子念的书,念完就破烂不堪了,或者当作废纸处理了,极少人注意收集保藏,书商也不屑于买卖这种不值钱的书。作者为此花了很不小的力气,花了很多时间。如果说本书有什么特点,有点什么贡献的话,资料收集得多些是很重要的一条,居然还编成了一份《蒙学书目》。虽然它不可能是十分齐备、完善的。

三、社会背景和语言文字

社会背景、语言文字是对语文教育和教材起制约作用的两个重要方面,前边已谈到。这里作一些补充。在整个封建社会及其延续期间,起主导作用的始终是以孔子为代表的儒家思想,当中有过一段"百家争鸣",但到西汉就"罢黜百家,独尊儒术"了。所谓儒家思想包括孔子学派和源出孔子的思孟学派,以及发展到宋代演变出的程朱理学,再发展演变出(特别到明代以下)的道学。那已经步入封建社会的没落阶段了。儒家思想之外,又加入了佛家思想。东汉时期印度的佛教传入我国,到魏晋南北朝而大普及。后经唐初抵制了一下,并没能把它压下去。至少,作为一种思想,长期存在着,并且也分了不少流派。此后,佛学和儒学逐步靠拢,互为表里,相互为用。原始的儒学,后起的理学、道学,外加上佛学,这几种思想在传统语文教材中都有充分的反映,我们研究传统语文教材接触到的主要也就是这几种思想。社会上自然还有些别的思潮，例如打着道家老子的招牌而产生的道教及其各种流派等等，在传统语文教材中也有反映。清末维新运动之后，出现过一些用传统形式传播"新学"以至基督教思想的教材，但为时短暂，书也不多，在社会上没起多大作用。总的情况如此，所以除非很有必要，这些就不多去重复了。

  关于语言、文字要略多补充几句。汉语是一种"非形态语言"，就是说，语言成分由小向大组合的时候，没有繁难的形态变化的那种制约，只要意义上合得拢，符合习惯，就能组合，非常灵便自如。基本的语言成分——词，大都是单音节的和双音节的，多音节的极少。汉字是一种独特的文字体系。每个字表示一个带声调的音节（不是一个音素），有一定的形体，表示一定的（一个或多个）意义。汉字的形体有很大的特点。古人说汉字有六种造字方法，实际上从秦始皇统一文字之后，所谓"形声"字逐渐成为汉字的主体。所谓"形声"，就是说，这个字由两部分构成，一部分是"形旁"，表义，一部分是"声旁"，表音。表音问题不去说它。这里只说说形旁表义。秦始皇"书同文"，在篆书的基础上形成了隶书，基本上没有象形的味道了。所谓"形"旁，并不象形，它表示的不是这个字的确切含义，而是提示一个意念范围，引起人们联想以至想像。可以说，它已经成为一个很有用的"符号"。"氵"，提示这个字的意义是液体范围的："油，酒"，"汗，泪，涕"，乃至自然界里容纳水的东西："江，河，湖，海"。这个作用非常大，几乎使每个常用字都成为多义的。甲字同乙字合用是一个意思，同丙字合用是另一个意思，同丁字合用又是一个意思。如："柴米油盐"，"油腔滑调"，"油头滑脑"，"添油加醋"，"春雨贵如油"，"焚膏油以继晷"，等等。由于前两个特点，汉语的基本语言成分——词在语言里已经很够活跃了，再有这么一种文字，在书面上，如虎添翼，达到了千变万化，用法无穷的境地。这三个特点合起来，产生了这样三个后果：容易造成整齐的句子，可以通篇是三字句，或四字句，或五字句；容易构成对偶；容易押韵。且不说这些后果在文学创作中的作用，单就编写基础教育阶段的语文教材而论，是非常有利的。

  我们将会发现，本书引用的传统语文教材，大都充分运用了汉语汉字的这些特点，对它们的作用本书都将在适当的地方再加申论。

语文教材

至于汉字在初学阶段有困难，与急需进行的阅读教学之间有矛盾。古人也想出了对付的办法，本书后边也将详加评述。

四、对传统语文教育的理解要更全面一点

以往，由于我们集中注意到封建社会晚期科举考试、八股文为害之大，对后世不良影响之深，曾经对传统的语文教育有一种误解，认为，传统的语文教育就是先在官学或者根据官家要求所办的学塾里教学"三，百，千"，接下去教学儒家经典，非常狭窄贫乏，目的就在于应科考，考中了去做官，既不提倡博学多闻，也不注意语文知识。当然，封建社会的教育，必然是为封建统治服务的，这一点毫无疑问，然而封建社会也不乏有识之士，他们早就提倡广泛读书，接触社会，获取多方面的知识、技能，也注意到要教给学童一点必要的语文知识。"读书破万卷，下笔如有神"，"读万卷书，行万里路"，如果单是正统的儒家经典，哪有"万卷"？"万"极言其多，反正，决不仅仅是四书、五经、九经、十三经。不单单提倡坐在屋里读书，还提倡走出书斋去"行万里路"以增广见闻，接触了解社会。如果只是死读"圣贤书"，怎么可能产生那么多杰出的文学家，思想家，科学家，产生琳琅满目的文学著作和各类优秀史籍？怎么可能产生蔡伦、张仲景、毕昇、祖冲之、宋应星、李时珍等等那么多作出杰出贡献的科学家？从封建社会的基础教育阶段就有一路和"三，百，千""八股文"走着另一条道的思潮和实践。研究传统语文教育不应忽视这一类的思潮和实践经验。这样，我们对传统语文教育的理解会更全面一点。总之，蒙学、蒙书是祖国文化遗产的一个重要组成部分，以往对此研究很不够，并且往往有所偏。或者认为它一切都好，或者认为它一无是处。这项研究课题，应当赶紧补作。

关于教材的编写和实验[1]

张志公

刚才几位同志讲话,把教学改革的意义、实验的意义都讲得非常清楚了。我们这些编教材的人听了这很好的意见,受到了很大的鼓舞,同时也感觉到肩上的责任很重。不在于一本两本书怎么样,这关系到整个的教育发展,责任是很重的。

这次我先讲两个实验的问题:一部教材,首先不言而喻,不在话下的,必须总的精神上是符合四项基本原则的。以经济为中心。还有两个基本点。我们常常记得改革开放的这个基本点,却忘了那边还有个四项基本原则的基本点,忘不得!第一,在这个基本原则的指导之下,我们的教材实验,实际上实验也就是试验,也就是检验,首先检验的是这一条。第二,它得符合我们国家主管部门、职能部门国家教委制定的教材大纲和其他一些指导性的规定。在这些原则指导之下,编写这套教材。检验这个教材,首先检验这两个根本的东西。在这个前提之下,还要进一步检查教材的专业问题。教材嘛,总是一种具体专门性的东西,那么检查实验,试验检查一个教材都有哪些个方面呢?我说说我的浅薄的想法,跟大家商量。

教材,第一个条件是对教师来讲有可操作性,对学生来讲有可接受性。你编得再好,那里面的道理讲得多么透彻,理论讲得多么深刻,学生接受不了,也没有用;教师不好操作,你也没能达到目的,没完成任务。一套教材,

---

[1] 选自《张志公自选集》上册,北京大学出版社1998年版。本文是作者1995年在北京市顺义县实验教材培训会上的讲话。宋志宏根据录音整理,有删改。

首先要具备可操作性，可接受性。但这个说说容易，做起来不容易，它这里面有几个生就的矛盾。我也做了一些年教材的编写工作，说说主要的。第一个矛盾是，书既叫教科书，它必须是科学的、严密的、确切的，一个字也不能含糊，这是一个方面。但是又不能是拉长了脸，一副学院的学究架势，一副专家架势。不行！那就会脱离学生的可接受性。它必须把很重要的很必要的知识技术，以非常通俗平易的语言讲给学生，使学生感到亲切，贴近他的生活，贴近他的学习的需要，贴近他的思想，非常好懂，不仅好懂，而且有感染力，能使他受到感染、受到说服。老师们，我们想一想这事情可是不简单啊！我们社会上受到中等教育的不少，可是现在就连我们的首都都有那么一些个看风水的、算命的、讲神的、讲鬼的，居然有老师带着学生到某个公园门口摆算命摊子的那儿一起算命去，这说明什么？他对基本的科学常识，没有接受进去嘛，离着实际应用还差着一大截呢！还得要学习训练，进一步接受最基本常识的学习训练。所以所谓可接受性，可操作性，不是很简单的。这是一个矛盾，连带就产生了很具体的语言的矛盾。

编教科书的语言，我们说的是初中，虽然个子已经长得很高了——初中学生可以长得我这么高，我原来是一米八零，现在缩了一点也就不到了。初中学生可以长到一米八零，大概不少——但究竟是孩子。你对十来多岁的孩子，净说一些成年人的话，净说些老头子的话，净是些教条、条条；讲思想政治教育，一堆条条，叫他背；讲我们这个语法，也是一些条条，让他背。我的孙女的同学，我问他烦什么课，他说不喜欢语文课。我说为什么？语文不挺好玩的吗？他说两条理由：一条理由是老师讲的太多。"我们已经懂了，他还没完没了的讲。我们本来对那篇课文很有兴趣，结果他讲来讲去把我们讲睡着了，不喜欢。"我说还有别的理由没有？他说："还有一个理由，我们大家都有意见，都不敢讲，也都敢讲，但是在您这儿不敢讲。"我说为什么呀？噢！我明白了，就是我搞的那套玩艺。"是的，"我说，"不错。"大家问我："老师叫我们背'名词是人、地、事物的名称，表示人、地、事物的名称的词叫做名词'。我们得背，然而，例如桌子是名词，我背了半天，桌子我知道是名词怎么样？不知道是名词又怎么样？反正是不许在桌子上乱写乱涂，不许在桌子上刻字，要爱护公物。桌子是很有用的家具，无论放在什么地方也是桌子，我知道是名词怎么样，不知道名词怎么样?"问得我哑口无言。别人管我叫这个家那个家的，叫小孩问得我是张口结舌。这是为什么呢？你是费了力气，你编得很好，他懂了没有？好像也懂了，也不难，但是他接受了没有？没有。没有引起他的兴趣，没有使他感到需要，没有使他感觉到有用，没有使他感觉到对他有任何的感染力，有任何的说服力，使他觉得我不学好它就不行，没有这样，接受性等于零。可是另一方面，究竟是这么大的大孩子了，你净给他用一些很小的小孩子的话，他反感："你把我当小孩子了，这我还不懂啊。"不行。净说些大人话、老头子话！不行，你净说些太小的小孩子话又不行，得不老不小，正好符合他们那个年龄段的心理状态，思想状态。正好符合，就像我这个耳朵，是老年性耳聋，高频率的声音我听不见，低频率的声音我听不见，只能听见当中一段。这个初中学生呢，就是得说当中一段的语言，像我现在的耳朵一样。所以内容上，既要科学的、严肃的、严密的、确切的、一字不含糊的，而同时又得是有兴趣的，让学生爱听的，好理解的，不能给他们一些枯燥的，无聊的，使他们感觉到毫无兴趣的东西。连带就说到语言，太老的不行，太嫩了也不行，得不老不嫩。这矛盾是多年来存在的一个矛盾，很多的教材，就是这个矛盾没有处理好。

  还有，所说的可操作性和可接受性，还包括教材是不是编得非常实在。非常实，教师一拿到教材，把教师的脑袋塞得满满的；学生一拿到教材，把学生的脑袋塞得满满的。他是一点余地也没有了。教材应该使老师游刃有余，能发挥特长，比如说他很善于用一两个比喻把一个很深刻的道理讲得很清楚，你给他塞得满满的了，他没时间了，他有任何的长处也施展不出来了。初中一直到高中的孩子，是最富于联想，最富于想像力的时候。他的联想力、想像力正在那儿迅速的发展，你给他脑袋塞得满满的还怎么想像？而这些个力发展的结果就是创造性的思维，我们非常非常的需要有创造性，不然无以谈改革。处于今日的世界潮流，今日的社会，没有点创造性是不行的。我们讲社会主义市场经济就要有竞争意识，竞争靠什么？就靠你的智力，靠你的想像力，你的联想力，你的创造性思维；不是东打一拳，打倒一个，西踢一脚，跌倒一个过前面去。那个不叫做合理合法竞争，那不是竞争意识，那叫野蛮意识。真正的竞争意识就是创造发明，而这个跟我们的教材是很有关系的，

语文教材

实践为主体，而实践的主体是学生，你给他实践的机会嘛。

我过去讲一个猴戏，我提倡小猴耍，不要叫我们这些老猴耍，耍不动啊！叫小猴耍，你得给他舞台呀，你把舞台都占满了，你不给他舞台怎么耍？他不耍，他一辈子也成不了材。材就是耍出来的，没有天生的。梅兰芳不是天生的梅兰芳梅大师，是唱出来的。从那么小被太后老佛爷看中了，就叫他进宫去唱戏①，唱出来的艺术大师，不唱怎么出来艺术大师！你得叫他唱。这是我们教材应该担负的责任，给老师和学生他们活动的余地，施展他们才能的余地，发展他们的才能的余地，这也就是实践。

最后检查这个教材怎么检查？就看达到没有达到提高学生听、说、读、写能力，以提高学生听、说、读、写能力为依归嘛。语文这个玩艺儿，所以老大难，所以很多人怵头不愿意教，在所有的课程里面，包括知识性理论性的课以至于技术性的课，语文是最难立竿见影的。别的大概都有立竿见影的可能，今天教明天就会用了，（掏出一盒火柴，划着一根）不用怎么教马上就会了，这样一来就着了，就出火了，立竿见影，一分钟之内立竿见影。最难立竿见影的就是语文。本来从大的方面来讲，在国家各项工作里面最难立竿见影的是教育。花一年办教育，把主要的精力、物力大量投入到教育中去，我三年下来任满或者是四年，看不出多少成绩。那比盖两座大楼，比修两家工厂不知难多少倍。缩小来讲，在所有课程里头，最难立竿见影的是语文，所以我们不能指望我辛辛苦苦干了一个学期，听、说、读、写能力就提高了一大块，不可能。但是应该做到可以见得出在实践这方面有所长进，是可见的，能看得出来。这并不在于分数，并不在于考试，而在于实际的能力，所以最后的检查不是检查老师，是检查学生，他这几项实践能力见得出一点提高没有？能够见得出一点，实验成功了，这个教材基本上经得住检验。虽然万事不可求全，永远不可能达到百分之百，十全十美的程度，但是总可以见得出。打一个不好的比方，像地震，当它到了四级以上叫有感地震，再低就无感，再高就不得了了，至少要做到实践一学期下来，得有感于进步，得看

---

① 此疑为作者误记。据俞丽伟考证，梅兰芳首次登台演出始于 1907 年，直到 1913 年之前都是以普通学生身份边演边学（俞丽伟《梅兰芳演出剧目的生成与递嬗》，中国戏剧出版社 2020 版，第 50-52 页），而慈禧太后于 1908 年去世。

得见。如果这一点都做不到，那么这个实践不理想。这个教材过不了关，不用等着送审定委员会去，咱们自己就把他审下来。所以最后检查施教的情况是考察学生，考察学生不是靠考试的分数，是考察实际的能力。在这些方面，还缺少一些方法，比如"说"，"说"怎么考法，怎么测验法？有办法测验，得动动脑子，现在的科学越来越发达，设备越来越多，那些东西（指音响设备）是听我们用的，我们不会拿那些东西来吗？有办法。"听"可以测试，听的能力大小是很不一样的。当然这里也决定于你说话的能力，互相作用。听话也要会听，你得聚精会神地听。特别是有几种职业有几种工作听是一个大学问。比如说，做审判员、做法官，你得会听，两耳朵一听，我就能够判断你的话有几成可信，我不敢判断完全是假话，至少可以判断真话不多，得会听。第二医生也得会听，病人见了医生恨不得这儿昨天让蚊子咬了一口也得说说，什么都想给医生说说，你得随时输入，随时选择哪些是有用的，哪些是无用的，有用的可不能放过，看起来问题不大也不能放过。有些听起来说得是非常认真，但没用，所以得会听。听的能力测试出来测试不出来？很容易测试出来嘛。

读、写更容易了，历来我们办法最多的就是读、写。几年前吧，语文教学改革讨论会，我总吹这个"说话"。因为我们最近几百年太忽视说话了，就是靠文章，三篇文章定终身啊。一篇文章写不好，万一忘了开头，忘了避讳，把脑袋都饶进去了。就是作文章，读书为了作文章，说话不管。一直到现在，哎呀，书面上有几个错别字，抓住不放，扣分，敲锣打鼓。检查教学结果，就是作文本上有几个错别字。嘴上错别字我们说是说白字，一档儿挨一档儿。连我们的新闻媒体，我们的电视电影广播，说白字的多的是，不在乎，那个无关紧要，写上去，才是重要。我们就是太忽视太不重视说话，以至于到现在我们是应该承认，假如是叫我们跟西方比以至于跟其他的若干发展中国家来比，我们的说话的能力是差的。你别看一会儿辩论会我们得胜，我们12亿人口啊，12亿人口挑上那么几个出来，还挑不来吗？12亿人口你要是还挑不出来十个八个尖子那还像话吗？不要只看到得了这个金牌那个金牌了，要看日常的。有多少人坐下来能侃个10分钟？有多少人能？我常常说我们在奥运会上拿了多少金牌的小英雄们，回来一下飞机，哎呀，领导们去接去了，新

语文教材

143

闻媒体记者们也去接去了。请你说说感想，这个一杵（手拿话筒），他紧张了，十个就有八个结结巴巴说不上一段话。是不是这样？我一看到实在是痛心哪。怪不得这些孩子们，怪不得。没有教，没有训练，从来考的就是他的作文，从来就没训练他说话，他怎么天生就会说话。我是天生最不会说话的。我小时怕见人。只要有客人来，就往大人身后躲，或者逃到院子里去，不能逃出去我就躲，叫我叫这个张伯伯那个李叔叔，叫不出口。不会说话，很大的缺陷，也不敢跟人接近。我在小学有一位老师了解我这个大的缺陷，就抓住我锻炼。现在想想这个老师真的太好了！三年级开学没多久，他就指定我："张志公，你当班长。"我坚决不肯。"不要紧，你功课好，你守规矩，同学们一定服你！"你看他抓你那么两条确实你敢于承认的优点，于是予以鼓励："你放心吧，同学一定服你，有问题找我。"就这样赶着鸭子上了架。又过了一些日子，（那个时候，讲究说话，小学就有演讲比赛、辩论会）他又说："张志公，你代表我们班去演讲，中心有了，你写个讲稿拿给我看看，我帮点忙。"我当然不干，我坐在这儿还不敢说话，站在那高讲台之上说话怎么敢呢？坚决不干。他说："我告诉你呀张志公，演讲最要紧的是口齿清楚，每个字都让听的人听得见，听清楚了，这是第一条。能够做到这样就成功一半了。"过两天他又说："你口齿清楚，内容也写得好，我帮你看了，上吧，没错，不会失败。"他又是抓住你的优点来鼓励你的勇气。当时不懂，现在想起那是绝对有意思的。又过了一段，要开晚会，每个班出个节目，我们那个班就出了一个节目。诸位看过《城南旧事》吧，《城南旧事》里头有唱《麻雀与小孩》，小孩的舞蹈，歌舞剧。又把我揪来了："你去给我演那个小孩。"嗨！这不光是说话，还得表演，我又不敢干。他又是这个："你这个小孩最好办了，那个小鸟还得飞、飞、飞、飞，还得比划，演小孩用不着飞。只要态度自然，能够表示出对小麻雀的同情，就可以了。唱口齿清楚，就行了。"你听他说话，态度很自然。"你再稍微体会体会怎么样表示对这个饿的难受的小麻雀你很同情，你很喜欢他，你表示出这么点态度出来，那就够了，绝对成功。"又赶着鸭子上了架。到现在我可以把整个的歌从头至尾唱下来。现丑两句吧："小麻雀呀，小麻雀呀，你母亲那里去了？""我的母亲打食去了，还不回来，饿得真难受。"我可以从头至尾唱下来，因为印象太深刻了。就这么一次次就把我的性格改变了，从一个完全不会说话，不敢说话的人变得吃说话饭。所以教师对学生起的作用那是十分大十分大的。教学成败，教师可以说是起决定作用。

  我总是这样说：在编教科书的时候，教科书的编者们在那儿指挥教师，我编的书编出来了，你就照我的教科书来教，你可以运用你的长处对他补充、修改、运用，都可以，但是基本的轮廓我给你定下来了，你就得照着我的教材教。教材的编者们管着教师，等他的书编出来了，到了教师手上了，关系就倒过来了，教师管着你们编者。你编得再不像样子——你可别编得太不像样子了——即使编得太不像样子，拿到那个教师手上，他也可以教得非常成功。相反，他也可以把你编得很好的教科书教得不像话，教师就管着你了。最后，这个决定权从那里反映出来，从学生反映出来，从学生的实际能力反映出来。

语文教材

语文教学

略谈学习国文[1]

叶圣陶

无论学习什么学科，都该预先认清楚为什么要学习它。认清楚了，一切努力才有目标，有方向，不至于盲目地胡搅一阵。

学生为什么要学习国文呢？这个问题，读者诸君如果没有思考过，请仔细地思考一下。如果已经思考过了，请把思考的结果和后面所说的对照一下，看从中间能不能得到些补充或修正。

学习国文就是学习本国的语言文字。语言人人能说，文字在小学阶段已经学习了好几年，为什么到了中学阶段还要学习？这是因为平常说的语言往往是任意的，不免有粗疏的弊病；有这弊病，便算不得能够尽量运用语言；必须去掉粗疏的弊病，进到精粹的境界，才算能够尽量运用语言。文字和语言一样，内容有深浅的不同，形式有精粗的差别。小学阶段学习的只是些浅的和粗的罢了，如果即此为止，还算不得能够尽量运用文字；必须对于深的和精的也能对付，能驾御，才算能够尽量运用文字。尽量运用语言文字并不是生活上一种奢侈的要求，实在是现代公民所必须具有的一种生活的能力。如果没有这种能力，就是现代公民生活上的缺陷；吃亏的不只是个人，同时也影响到社会。因此，中学阶段必须继续着小学阶段，学习本国的语言文字——学习国文。

语言文字的学习，就理解方面说，是得到一种知识；就运用方面说，是

---

[1] 选自《叶圣陶教育文集》第 3 卷，人民教育出版社 1994 年版。原载 1942 年 1 月 1 日《国文杂志》（成都）第 1 期。

养成一种习惯。这两方面必须联成一贯；就是说，理解是必要的，但是理解之后必须能够运用；知识是必要的，但是这种知识必须成为习惯。语言文字的学习，出发点在"知"，而终极点在"行"；到能够"行"的地步，才算具有这种生活的能力。这是每一个学习国文的人应该记住的。

从国文科，咱们将得到什么知识，养成什么习惯呢？简括地说，只有两项，一项是阅读，又一项是写作。要从国文科得到阅读和写作的知识，养成阅读和写作的习惯。阅读是"吸收"的事情，从阅读，咱们可以领受人家的经验，接触人家的心情；写作是"发表"的事情，从写作，咱们可以显示自己的经验，吐露自己的心情。在人群中间，经验的授受和心情的交通是最切要的，所以阅读和写作两项也最切要。这两项的知识和习惯，他种学科是不负授与和训练的责任的，这是国文科的专责。每一个学习国文的人应该认清楚：得到阅读和写作的知识，从而养成阅读和写作的习惯，就是学习国文的目标。

知识不能凭空得到，习惯不能凭空养成，必须有所凭借。那凭借就是国文教本。国文教本中排列着一篇篇的文章，使学生试去理解它们，理解不了的，由教师给与帮助（教师不教学生先自设法理解，而只是一篇篇讲给学生听，这并非最妥当的帮助）；从这里，学生得到了阅读的知识。更使学生试去揣摩它们，意念要怎样地结构和表达，才正确而精密，揣摩不出的，由教师给与帮助；从这里，学生得到了写作的知识。如果不试去理解，试去揣摩，只是茫然地今天读一篇朱自清的《背影》，明天读一篇《史记》的《信陵君列传》，那是得不到什么阅读和写作的知识的，国文课也就白上了。

这里有一点必须注意。国文教本为了要供学生试去理解，试去揣摩，分量就不能太多，篇幅也不能太长；太多太长了，不适宜于做细琢细磨的研讨工夫。但是要养成一种习惯，必须经过反复的历练。单凭一部国文教本，是够不上说反复的历练的。所以必须在国文教本以外再看其他的书，越多越好。应用研读国文教本得来的知识，去对付其他的书，这才是反复的历练。

现在有许多学生，除了教本以外，不再接触什么书，这是不对的。为养成阅读的习惯，非多读不可；同时为充实自己的生活，也非多读不可。虽然抗战时期，书不容易买到，买得到的价钱也很贵；但是只要你存心要读，究竟还不至于无书可读。学校图书室中不是多少有一些书吗？图书馆固然不是各地都有，可是民众教育馆不是普遍设立了吗？藏书的人（所藏当然有多有少）不是随处都可以遇见吗？各就自己所好，各就各科学习上的需要，各就解决某项问题的需要，从这些处所借书来读，这是应该而且必须做的。

　　写作的历练在乎多作，应用从阅读得到的写作知识，认真地作。写作，和阅读比较起来，尤其偏于技术方面。凡是技术，没有不需要反复历练的。学校里的定期作文，因为须估计教师批改的时间和精力，不能把次数规定得太多。每星期作文一次算是最多了；就学生历练方面说，还嫌不够。为养成写作的习惯，非多作不可；同时为适应生活的需要，也非多作不可。作日记，作读书笔记，作记叙生活经验的文章，作发抒内部情思的文章，凡遇有需要写作的机会，决不放过，这也是应该而且必须做的。

语言与文字①

叶圣陶

　　文字根据语言，并不是直录语言。语言或不免拖沓、脱节、似是而非。这些毛病在文字中必须除掉。只有写对话，为了妙肖其人的口吻，才是例外。我们说某人善于说话，并不是说他能够花言巧语，只是说他能把一些意思说出来，通体完美，没有拖沓、脱节、似是而非等毛病。假如是这样一个善于说话的人，他写文字尽可以直录语言——怎么说就怎么写。可惜这样的人不多。多数人说话总是噜噜苏苏、支离破碎，临到没有办法就随便找一个词拉

---

① 选自《叶圣陶语文教育论集》，教育科学出版社1980年版。原载于1943年3月30日《国文杂志》（桂林）第一卷第四、五期。

学生的身体里消化了，转化为血肉；学生就在"受教材"的当时得到补益与受用，那才是"受教育"。

　　从这个观点出发，我们自然而然反对文字教育与记诵教育。这需要略加说明。反对文字教育并不是反对识字与读书，是反对功夫只做到识字读书而止。必须通过文字与事物的实际打交道，才可以获得真知识，真经验，养成真能力，真才干。有若干事物很可以不必通过文字的，那就应该直接与那些事物打交道，不必绕弯儿读什么书。反对记诵教育并不是主张学了什么都不要记住，要赶快把它忘掉，而是反对死读死记，反对食而不化。要知道记住只是初步，跟在后头的事还有很多，必须把记住的东西化为自身的习惯，即知即行，才算作到了家。

　　刊载在《中学生》里的无非是一些材料，犹如学校教育的所谓教材，并且，一篇一篇的无非是文字，这是个没有办法的办法。如果不提供些材料，不用文字写出来，我们还有什么办法给读者诸君服务呢？可是我们并不希望诸君看过了记住了就完事，却希望诸君经过一番消化作用，生出新的血肉来：这是十几年来一贯的心愿。

　　我们给诸君提供材料，每月编一本杂志给诸君看，又念念不忘教育，好像自居于老师的地位似的。就年龄说，我们的确与诸位的老师相当，而且，我们中间大部分曾经当过老师或是现任老师，就承认自居于老师的地位也不妨。老师有种种，大概说来可以分为两个派头。一派是取教训态度的。自己方面好像什么都没有问题，样样懂，件件能，立身处世，所作所为就是标准。他们把学生或者比做一张白纸，五颜六色都待涂上去，或者比做一个空瓶子，甜的咸的固体的液体的都待装进去。于是根据自己的意见来"涂"来"装"，什么应该怎样怎样，什么不应该怎样怎样，这就是他们的教训。他们只巴望学生领受，全部领受的是好学生，领受一部分的是次学生，领受不下的是坏学生。还有一派是取辅导态度的。不承认自己全知全能，自己也还在学习的中途，（学习哪里有止境呢？）不过比学生多走这么一两步，或许多一点知识经验，能够尽一点导引与辅佐的责任罢了。他们不把学生看做白纸或者空瓶子，他们知道知识能力全从与环境接触而来，婴儿孩童就有知识能力，只待引导他，发展他，让他的知识能力越来越精深强盛，可不能硬要给他什么。

这就自然而然站到学生的旁边，安排好适宜的环境，让他们自己去活动，他们忽略了什么的时候，给他们提醒一下，他们弄错了什么的时候，给他们纠正一下，他们遗漏了什么的时候，给他们补充一下，不过如此而已。而在提醒与纠正与补充的当儿，又必然像亲切的朋友似的，用商量的口气说，如果这样，是不是更好一点？决不会像严厉的长官似的，用命令的口气说，你那样不行，非这样不可！因为活动的主体到底是学生，活动要有意义，有价值，必须让他们自愿自发才成。以上说的两个派头很不相同，要我们挑选，我们愿意属于后面一个派头，我们愿意取辅导的态度，我们十几年来也一直取得这种态度。

我们时常把读者诸君称为青年朋友，这个"朋友"决不是浮泛的称谓，是表示我们真心诚意把诸君认作朋友。我们想些什么说些什么固然不肯马虎随便，可不敢相信一定想得对说得对。既然彼此是朋友，这就无妨。朋友之间原有共勉互励的情分，我们想得不对说得不对，诸君尽可以不客气给我们纠正，这在我们与诸君都是非常有益的事。

语文教学二十韵[①]

叶圣陶

教亦多术矣，运用在乎人。
孰善孰寡效，贵能验诸身。
为教纵详密，亦仅一隅陈。

[①] 选自《叶圣陶教育文集》第1卷，人民教育出版社1994年版。作于1959年8月26日。

贵能令三反，触处自引伸。
陶不求甚解，疏狂不可循。
甚解岂难致？潜心会本文。
作者思有路，遵路识斯真。
作者胸有境，入境始与亲。
一字未宜忽，语语悟其神。
惟文通彼此，譬如梁与津。
学子由是进，智赡德日新。
文理亦畅晓，习焉术渐纯。
操觚令抒发，二事有可云。
多方善诱导，厥绩将无伦。
一使需之切，能文意乃申。
况复生今世，交流特纷纭。
一使乐其业，为文非苦辛。
立诚最为贵，推敲宁厌频。
常谈贡同辈，见浅意殷勤。
前途愿共勉，服务为新民。

谈语言的学习和教学[①]

吕叔湘

一、现代汉语问题

今天要谈的主要是关于现代汉语的学习和教学的问题，附带谈谈有关文

[①] 选自《吕叔湘全集》第11卷，辽宁教育出版社2002年版。本文是作者1962年3月22日在北京景山学校的讲话，原载《文字改革》1962年12月。

言文和外国语的问题。学习语言的一般过程是模仿→变化→创造。儿童学语言的第一步是模仿。在语言教学中要注意模仿的重要性。学习语言不是学一套知识，而是学一种技能。大人说"给我一杯茶"，小孩子跟着说"给我一杯茶"，是模仿。说"给我一块糖"，就是加以变化。把已经熟悉的语言材料加以新的组织，也属于变化，例如"把它吃了"和"吃得干干净净"组织成"把它吃得干干净净"。这些都是三四岁的儿童就能做到的。可惜关于我国儿童的语言发展情况，还缺少系统的调查材料。创造一般说是大人的事情。旧材料的新用法是创造，例如"端正"一向是形容词，有一个人说"端正端正态度"，把它当动词用。语言是发展变化的，每个变化的开始总是有人创造。有人创造了，大家跟着说，就固定下来。还有一种是完全新的，新的字眼，新的说法。许多词语和语法找不到历史上的根源，例如北京话的"棒"，只有几十年的时间，就是新造的。新造的语言现象很多，比如每个学校的学生中间可能都流行着一些特有的话。大多数没有能传播到广大群众中去就消失了。

学语言可分几个阶段：（1）学前阶段，（2）小学初中阶段，（3）十五六岁以后。学前阶段主要是学习口语，第二阶段主要是学习书面语，第三阶段是提高阶段。

语言各部分的学习和掌握不是完全平行的。语音：一般两周岁左右就掌握母语全部语音。三岁还不能掌握的是个别的。这是最早完成学习的部分。而且语音习惯逐渐固定。到一定年龄之后要养成新的语音习惯就不很容易了。根据这个情况，推广普通话，一定要抓小学。方言地区的人学普通话，中国人学外国语，要开始得早，最好在十三四岁以前。语法：学前阶段实际上已经掌握了基本语法。这以后，语法方面仍然有发展，主要是学习复杂的句子，长句子。小学生说话，句子比较短，初中以后句子就复杂了，关联词语多了，偏于书面的语法现象也学会了。大体上说，第二阶段基本上解决了语法问题。语汇：学前阶段已经掌握了基本语汇，包括少数抽象的词。但是在整个语汇中这是很小的一部分。由小学而中学，语汇在不断增加，到中学以后以至成人，语汇还在不断扩大，应用能力在不断提高。人们一辈子都在不断增加语汇。语音、语法、语汇学习和掌握的情况不同。因此，语音没有多大个人的差别。北京儿童说北京话，语音差不多全一样。语法有一些个人差别，但是

语文教学

基本相同。在语汇方面，个人差别可以很大，数量和质量都是如此。有人语汇丰富、用词正确，有人语汇贫乏、用词错误很多。

除了以上三者，还有文字。文字是书面语的工具，书面语代表口语，同时对口语起促进作用，使语言更丰富。文化高的民族总是有文字的。没有文字的语言一般说来是比较不丰富的。特别是抽象思维需要文字帮助。儿童进学校，主要是要把语言书面化：能把口语写成文字，能把文字说成口语。识字教学是小学一入学就遇到的最重要的问题，如何使学生识字是个大问题。我国用汉字，识字问题很大。用拼音文字的国家儿童学文字就容易些。

有人很会说话，很会写文章，可以说是语言修养工夫好，也就是驾驭语言的能力强。语言这东西，可以说是又简单又复杂。简单，因为七八岁的儿童已经初步掌握了；复杂，因为可能几十年还掌握不好。语言修养可以分理解和表达两方面。语言的复杂是由于它的抽象性和多义性。这是它本身固有的，是去不掉的。因为客观事物非常复杂，变化无穷无尽，而语音有限，语汇有限，语法手段有限。以有限反映无穷，必然具有抽象性和多义性。例如"书"这个词，可以指一本具体的书，可以指一本内容相同而版本不同的书，可以指不同形式的书。说"教书"，这个"书"意义又扩大了，教音乐、体育也是教书。一个"书"包括许多意思，在不同情况下用它不同的意义，口径对不好就理解错误。抽象的词的意思更要多，如"思想""关系""处理""调整""好""有""是""给""对于"等都是，阅读时要在词语所可能代表的各种意义中找到它在句子中的特定意义，才能正确理解。"这是一本好书"，"他是个好人"，"天气好"，"年成好"，"话说得好"，"说几句好话"，"好话说尽"，"好，明天跟你算账！"《红楼梦》里林黛玉说"宝玉你好"。意思都不同。一个"好"就有许多意思。词典上说，"好"是使人满意，至于怎样使人满意，客观事物有许多复杂情况。理解词句应该透过抽象的语汇还原到实际情况，是不容易的。运用得正确，更不是容易的事儿。有的文章没有把道理说清楚，叫人不能很好地理解。有的文字不容易理解，是因为道理复杂，需要仔细研究。如《论语》的第一句，"学而时习之，不亦说乎"，《老子》的第一句，"道可道，非常道"，陶渊明的"好读书不求甚解"，欧阳修的"醉翁之意不在酒"，这些话到底是什么意思？文学的欣赏是很不简单的事情，不能仅从字面上作简单的理解。学习语言不应当满足于学会了一般的语音语法语汇，而应当进一步提高修养，特别是提高抽象思维的能力，分析理解的能力。要动脑筋思考，光靠一本词典和一本语法书是解决不了问题的。驾驭语言的能力，从一般人到文学家、思想家，差别很大，真是不可以道里计。

学校里的语文教学，第一步是识字教学。英语国家说，小学是学三个R（读、写、算），这个话基本上是不错的。进一步是语汇教学。据调查，一般都重视不够，教法也有问题。有的教师让学生给词下定义，我看这是劳而无功的事情，许多看来简单的词很难下定义。另外有人主张只讲词义，不讲字义，这也是片面的。汉语词汇的基本单位还是一个一个的单字。应该把现代汉语中最有活力的两千来个字（估计不超过此数）给学生讲清楚。不能把汉字只看成符号，像对待外国语的字母那样。语法教学，看教什么，怎样教。有人着重讲词的分类，罗列许多定义，讲句子成分，分析句子必得补齐各种成分。也有人特别注意虚词，让学生理解虚词的用法，并通过练习让学生实际掌握虚词和有关的格式。我同意后一种教法。应当好好教虚词，汉语的虚词跟造句格式联系着，是格式的标志。光讲还不够，要多练习才能掌握。这两种教法实际上是把语法看作知识还是看作技能的问题，背条条用处不大，应该进行技能的训练。

作文教学一向是最难处理的问题。教师批改下工夫很大，学生不看，等于白花力气。应该改变改变方式。我在小学的时候，老师给我们当面批改，边改边说，得益很大。

另一个问题，学校语文教学由于重视书面语（这是完全应该的），几乎完全忽视口语的教学（这是不应该的）。有的学生只说几分钟话，就杂乱无章。语文课上可以用一部分时间练习说话，叙述一件事情，或说明一个道理，加以指导。

谈到语言教学的研究，我觉得有许多基本工作没有做，刊物上发表过许多类似教案之类，那是纯技术性的东西。比如关于词的出现频率的研究就很重要。西方国家特别是美国几十年前就有人做这种统计。这种材料对编教科书编词典都很有用处。我们现在编小学课本就只能靠主观想象，要编小学生用的字典词典，收哪些字和词也只能凭"估计"。又如进小学的儿童一般掌握

语文教学

哪些词语，也值得调查。这对教学和编教材也有用处。语法方面也可以作一些类似的调查统计。此外识字、词语、语法等具体教学法，当然也还是需要进行研究的。

二、文言文问题

关于文言文教学问题，首先应当明确目的是什么，才可以定指标和办法。目的不外三个：一是培养阅读文言的能力，使学生能自由阅读历代文献，做学习和研究的工具；二是接受文学遗产；三是了解现代文中的文言成分。我觉得现在的目的不明确。如果只是为了了解现代文中的文言成分，没有必要读许多文章，只要调查统计一番，出些成语词典一类的书就可以。如果要培养阅读文言的能力，那就不是轻而易举的事情。人民教育出版社的课本的例言说是"阅读浅近文言"，"浅近"二字很难说，古典作品除了书经、诗经、楚辞等特别难懂的而外，可以说都是一般文言，要在这里面分别浅近与高深是很困难的。在充分掌握了现代汉语的基础上，学习文言，达到能阅读一般文言的程度，我估计至少得学习五六百课时，差不多要占去高中阶段的全部语文课的教学时间，课外作业时间还不算。还要有具有较好的文言修养的教师和合适的教学方法。现行的教材编法和课时安排都还不能符合要求。教材中文言文和白话文是插花着排列的。学习文言应有一定的系统，最近王力教授等编的古代汉语课本就是有系统的。至于课时，当然中学大学都要负担，但是大学里课程多，中学应该多负担一些。可是高中课程也不轻，也难拿出更多的时间来。这样，目的和手段之间有距离。同时，有没有必要要求每个中学生都能阅读文言呢？这也还值得研究。关于接受文学遗产，有全面接受和有选择地接受两种，要全面接受，则不但一般诗文，连诗经、楚辞也应该能读，当然需要更多的学习时间。要是只选读一部分作品，读多少算多少，现在的办法还勉强可行。

文言与白话的异同问题。有人认为文言和白话差别不大，我认为不是的，差别很大，不很简单。语音差别很大。用现代语音读《论语》，孔夫子就听不懂。我们可以撇开语音，但不能完全撇开。韵文，甚至一些散文，都有音律问题。语法上也有差别，虚词用法差别就不小。文言白话最大的差别还在语汇方面。《人民教育》登过一篇文章，里面统计一部分教材里的语汇，结论是大部分与现代语汇相同，不同的不多。我怕这是为假象所误。语汇差别可以分为几类：一、完全相同；二、部分相同（如古汉语单用现代不单用，如"弃甲曳兵"的"弃"）；三、现代还用，但是意思不同（如"弃甲曳兵而走"的"走"）；四、现代完全不用（如"曳"）。我没有做过大量统计，根据刚才说过的《古代汉语》课本里的小词典的部分语汇来看，60个字142个意义，其中这四类的比例是13：50：57：22，把一、二类都算是相同，也只占44％，三、四类合计却有56％。文言文教学要特别注意第三类，即似同而不同，如果不注意讲清，最容易出错。例如有一个学生讲"数年而卒"是"当了几年兵"。文言文断句也是不容易的，我看了一些新印的唐宋人笔记，就有不少断句错误，这还是懂文言的人点的。现在青年同志念古文，常常说没有标点读不下来。但是如果要等别人给标点好了再读，有许多资料就不能利用。工具书的使用也是个问题，也不容易。

三、外国语问题

为了社会主义建设，学习外国语是很需要的。无论是要学习或是批判外国的东西，都得掌握外语这个工具。中国人学习西方语言有特别的困难。我们学欧洲语言比欧洲人相互学习难好几倍，这并不是夸大。因为欧洲许多语言结构基本上相同，又有许多国际词差别很少。汉语与欧洲语结构完全不同，国际词又大部分不是汉语词。英国人学俄语，两年就可以应用，我们学俄语，至少得四五年才管用，有时候因为学习方法不对头，学了四五年也不管用。

对学习外语提几点意见：第一要开始得早。曾经看见过联合国教科文组织的统计材料。36个国家中有27国开始学外语的年龄是十一至十三岁。养成良好发音习惯，应该在十四岁之前，不然总会有口音。记忆语汇也是如此，小孩子记忆力强。十五六岁起学外语，困难就增加了。简单的教材他厌烦，复杂的教材他接受不了。学校里教学外语的时间，10年的2国，9年的2国，8年的6国，7年的4国，6年的10国，5年的5国，4年的5国，3年的1国，2年的1国。美国学校教学外语，开始晚，时间短，成绩最不好。最近情况有些改变。我国学生学外语较难，因此学习时间不能少于六年。学习外语与教师关系很大，教师的胜任与否，收到的教学效果的差别非常大。民主德国规定学过10年外语的才可以当外语教师。我们虽然办不到，也还是得注意

语文教学

教师的水平。我觉得外语要学就应该学到有用，学不到一定程度不如不学。目前外语教学由于师资等条件不足，有一系列的问题。学习外语，个人差别很大，多少年来的经验证明是如此。外语似乎可以作为选修科，学一两年看看，学得不好的就可以不学。但是学科学技术离不了外语，如何处理？学哪几种外语也应当通盘考虑。第一外语是否限于俄语和英语？是不是也可以考虑有少数中学教法语、德语、日语？亚非语言的学习也很重要，但中学里不必考虑。

关于语文教学问题[①]

吕叔湘

在今天的中学和小学里，语文课的教学是一个比较严重的问题。现在有一个相当普遍的意见，认为多数青年人在学校里没把语文课学好，使用语文的能力差，不能适应工作上的需要。语文教师，校长，以及学生家长，都很着急，都希望改变这一情况。近年来在教材和教学法上也不断有所改变，例如要求不把语文课讲成政治课或者文学理论课，作文要精批细改，在中学课本里增加文言文比重，等等。其实这不是一个新问题，至少已经闹了三十多年了。闹了三十多年还没有很好解决，可见这个问题十分复杂，原因很多，需要好好地调查研究一番。比如光说语文能力"差"就很笼统。究竟"差"在哪里？"差"到什么程度？哪些方面还比较好，哪些方面比较严重？有没有语文学得好的学生？他们是怎样学习的？好的和"差"的，他们的差距有多

[①] 选自《吕叔湘全集》第 11 卷，辽宁教育出版社 2002 年版。原载 1964 年 2 月 17 日《人民日报》。

大？人数是怎样的比例？教学效果的好坏，有多少是由于教材？有多少是由于教学法？有多少是由于教师的修养？做过些什么试验？有些什么先进经验可以肯定？等等。这些都需要有广泛的调查和深入的分析。有了正确的诊断，才能有正确的处方。我在这里只能从语文教学的原则出发谈谈个人的一些看法，供关心这个问题的同志们参考。

我觉得对于语文教学首先得有两点基本认识：（1）语文的性质，主要是语言和文字的关系，（2）人们学会一种语文的过程。

就第一点来说，语言是文字的根本。人类先有语言（口语），后有文字（书面语）；人们总是在幼儿时期就学会说话，然后在这个基础上学习使用文字。文字和语言基本上是一致的，用的字眼大致相同，词句的组织也没有很大的差别，可是说话往往是现想现说，来不及仔细推敲，写文章就有更多的时间来斟酌。鲜明生动是语言固有的特色，文字在这方面可以也应该尽量发挥语言的潜力。准确和细密是文字的优点，一个受过文字训练的人说起话来，有可能更准确，更细密。语文教学应该语言和文字并举。以语言为基础，以文字为主导，就是说，文字的教学应该从语言出发，又反过来影响语言，提高语言。

就第二点来说，使用语文是一种技能，跟游泳、打乒乓球等等技能没有什么本质上的不同，不过语文活动的生理机制比游泳、打乒乓球等活动更加复杂罢了。任何技能都必须具备两个特点，一是正确，二是熟练。要正确必须善于摹仿，要熟练必须反复实践。语文课的主要任务是培养学生使用语文的技能，所以一般称之为工具课。教师的任务是指点学生摹仿什么，怎么摹仿，检查学生的实践，是否正确，是否熟练。技能的获得要通过学生的活动，教师是无法包办代替的。

从这两点基本认识出发，谈几个具体问题。

1. 语言训练的问题。从表面上看，儿童七岁入学，口语早已学会了，不用老师操心，只要教他识字、读书、作文就是了。现在的语文教学基本上是从这种认识出发的，也就是说，只注意文字的学习，不注意甚至不理会语言的学习。尽管我们天天讲"语文"教学，实际上我们教的和学的都仅仅是"文"，并不包括"语"，我们的语文教学仿佛有点半身不遂似的。

语文教学

首先有一个学习普通话的问题。推广普通话是国家语文政策的一个重要部分，学校是推广普通话的重要阵地，但是没有得到普遍的重视。有的地区做得好些，有的地区就差些；有的学校做得好些，有的学校就差些；有的班级做得好些，有的班级就差些。很多教师，甚至是语文教师，还在用方言教课，当然也就不要求学生学习普通话了。尤其值得担心的是，小学低年级的情况还比较好些，高年级就不如低年级，中学又不如小学，步步后退，形成一种"倒流"现象。这样下去，我们的普通话到哪年哪月才能普及呢？要做好推广普通话的工作，不可放过中小学这一关；中小学教师的来源在师范院校，尤其应该抓紧师范院校这个环节。

　　语言训练的内容不仅仅是学习普通话，还包括提高口头表达的能力。在实际生活中，用语言的时间比用文字的时间多得多。职业上或者职务上经常要跟文字打交道的人不算，一般人一年里边除了写上几封信，开上几张便条，有时候记个笔记之外，拿笔的时候就不多了。可是三百六十五天没有一天能不说话，有时候还得说很多话，不光是说一些零零碎碎的话，还得说整段整篇的话。人人要开会，时时得发言，许多人要作报告，教学生，带徒弟，更多人要彼此接洽事务，办交涉，或是讨论问题，摆事实，讲道理。口头表达在现代生活中越来越重要，这好像不用多说大家也会承认的。可是在语文教学上采取什么措施没有呢？没有。我们这一代人很少受过语言训练，因而我们的说话，一般说，是不太高明的：我们摆脱不了方言的影响，有时候严重到叫人听不懂；我们的选词造句跟不上说话内容的进展速度，有时候只顾咭咭呱呱地说下去，不管用词是否恰当，语句是否通顺，有时候又磕磕巴巴，把应该连贯的话说得支离破碎；我们不善于全面掌握说话的内容，常常颠来倒去，说过的又说，可是说完了又发现还有该说的没说进去。这样的说话，听起来非常吃力，不能让人迅速而准确地把握它的内容。语言和文字本来应该是两条腿走路的，可是我们一条腿长，一条腿短，"不良于行"。我们吃尽了不会说话的亏，不能让现在的青少年走上我们的老路。另一方面，我们也遇到过一些人，说起话来有条不紊，清楚而又流利，很容易懂，也很容易记住。这多半是靠自己刻苦锻炼得来的。如果能在学校的语文课里，及时地对学生进行语言训练，使一般人的说话效率都能大大提高，岂不是更好吗？

有些教师把学习普通话和语言训练看成额外负担。他们认为，光是识字、阅读、作文，学生还学不好，再加上这些额外负担，更加要顾此失彼了。这种想法是错误的。语言的训练对于文字的学习不但没有妨害，而且大有帮助。让学生在语言方面得到应有的训练，说起话来有条有理，有头有尾，不重复，不脱节，不颠倒，造句连贯，用词恰当，还愁他不会作文？放过这个环节，让他说话随随便便，乱七八糟，只在两星期一次的作文课上才要求他立意谋篇，字斟句酌，那是一曝十寒，文字的提高也就不可能太快了。语言训练和文字训练，相辅相成，互相促进，从教学的角度看，这也是个两条腿走路的问题。

　　2. 学习文言的问题。现在中学课本里文言课文的比重已经大大增加了，可是教文言文的目的还是不很明确。好像有这么一种意见，认为只有多读文言，才能写好白话。这种想法是很片面的。读点文言，对于白话文的写作当然有些帮助，但是这种帮助是间接的，不是直接的。要讲有些帮助，学习一种外语对于汉语水平的提高也有一定的帮助，可是没听见过有谁主张，为了提高汉语水平，必须学习外语。"五四"以后一段时期，很多受过长期文言训练的人改写白话，就是写不好。而现在有许多作者并没有受过多少文言训练，写的文章可真不赖。欧洲也曾流行过要学好本国文字必须先学好希腊、拉丁文的理论，也早已为事实所否定。

　　至于中学生是否需要学习文言，那是另一问题。我认为至少有一部分学生是有这种需要的，那就是准备进一步学习文、史、哲专业的。高等学校里这些专业的教师一直在埋怨学生的文言基础太差，造成学习上很大的困难。要满足这方面的要求，不但是中学里需要教文言，而且还需要大大加强，同时还得改进教学方法，着重基本训练，例如系统地学习古字和古义，练习断句，等等。现在中学里教的这点文言有点"不上不下"，对不准备学习文、史、哲专业的学生来说，已经是一种不太必要的负担，而对准备学习文、史、哲专业的学生来说却仍然不能提供必要的基础。这又涉及中学特别是高中的课程设置问题。早几年，语文和外语都抓得不紧，一般中学生只是忙数、理、化，现在三方面都抓得很紧，虽然有少数学生还是应付裕如，可是多数学生都有点忙不过来，因此而影响健康的情况也时有所闻。如果能把高中的课程适当地分分类（高等学校入学考试的科目早就分了类了），让一部分学生少学或者不学文言，多学点数、理、化，让另一部分学生少学点数、理、化，多学点文言和历史，学生的合理负担问题解决了，文言的教学问题也连带解决了。

3. 讲课的问题。最近两年中学语文教师感觉到一个困难问题：要求不把语文课讲成政治课或者文学理论课，应当怎么讲呢？现在在他们中间流行着一个口号叫"字、词、句、章"，意思是要多讲字义、词义、句法、章法。这些是语文本身的内容，拿来作为讲解的对象是对的。可是又往往产生一种偏向，就是逐字逐句地讲，旁征博引，讲得不厌其详。这就是"过犹不及"了。为什么讲课问题老是解决不好呢？我想，主要是因为一、要求讲得多，二、要求有一个一成不变的讲课方式。这是对于语文课的性质没有正确的认识。语文课既然主要是技能课，上课的时候就应该以学生的活动为主，教师的活动应该压缩到最低限度。中学生已经具有一定的阅读能力，教师只要在估计学生有困难的地方，例如某些难字难句，或是估计学生一时未必看得出、懂得透的地方，例如一篇议论文的某一部分内容，一篇文学作品的某些地方的写法，只要在这些地方指点一下就行了。如果不管学生自己看得懂看不懂都逐字逐句地讲，那就成了例行公事，只会引起学生的厌恶，鼓励学生的思想开小差。同时，课文的情况性质各不相同，不同班级的学习情况也不会完全一样，因而讲法也就不能千篇一律。所贵乎有教师，正在于他能针对具体情况进行讲解，讲得不多不少，切合需要。可是这样一来，有些教师又会感觉课时多出来了不好办。要知道把上课的时间全部用在讲解上，从语文教学的原则看，是一种包办代替，本来是不对的。讲解之外，可以诵读课文或者做别的练习，可以指导课外阅读（事实上，学生在课外看很多书，而得不到适当指导，因而获益不大）。在一个"有办法"的教师手上，时间是决不会没有用的。

4. 作文教学的问题。作文教学是语文教师最头疼的问题。家长、校长乃至社会舆论，都要求教师"精批细改"，教师也努力"精批细改"，可是作文本子多，时间不够，尽管天天开夜车，仍然是不够"精"，不够"细"。在学生方面，作文本发下来之后，认真琢磨批改的道理的毕竟是少数，多数是只看看总批和分数，批改的地方越多越懒得看（这种心情也是可以理解的），这样，教师的辛勤劳动也就收不到应有的效果了。怎么办？恐怕得更全面些来看问题。现在的一般过程是（一）教师命题，（二）学生作文，（三）教师批改。是不是还可以在这中间插进一些别的活动呢？比如说，学生作文有一种相当普遍的毛病是内容空洞。针对这个情况，教师可以在命题之后谈些"题中应有之义"，给学生一点启发，或者让学生们大家谈谈。有些题目还可以告诉学生怎样去自己搜集材料。还有一种毛病是内容杂乱。针对这种情况，可以让学生多做些光写大纲的练习。讲到写作本身，当然以各人各写为主，但是也可以安排几次分组集体写作。批改当然是教师的任务，但是也可以有时候选一篇印发给全班，试试集体评改（"当局者迷，旁观者清"的情况是有的）。教师的批改，除了错别字是学生一看就知道以外，别的就不一定都是一看就明白为什么要改，为什么要这样改，最好是能够当面讲讲：一班学生常在五十上下，不可能个个都讲，只能挑选几篇作典型。好在学生作文的毛病很多是共同的，讲一两篇也就能使全班得益。这样做，当然得在那几篇上多花点工夫，不过其余各篇就可以比较从简，总算起来还可能少用些时间。有写得好的，或者是全篇，或者是一段两段，也可以拿来在班上讲讲。此外，结合语言训练，还可以练习口头作文，一小时也能轮到三五个学生。结合语言训练来教作文还有一个好处：使学生认识到作文和说话不是互不相干的两回事，免得拿起笔杆来就要摆架势，就要用些"高深"的字眼，造些"复杂"的句子，甚至说些云里来雾里去、连自己都莫名其妙的话。总之，现在的教法既然吃力而不讨好，就该打破框框，另外想想办法。一味地加强劳动强度是解决不了问题的。

用什么标准评定作文的优点缺点，也是一个值得研究的问题。同一篇作文在不同的教师手上可以得到高下悬殊的评价。同样的一句或一段，可能有的教师认为有"诗情画意"，有的教师却认为是"涂脂抹粉"；另一句或一段，可能有的教师认为是"气势磅礴"，有的教师却认为是"装腔作势"。有些教师特别讨厌错别字，也有些教师特别重视思想正确。种种不一。我觉得中学和小学对作文的要求应该各有重点。小学里应该重视写字和造句，对于内容的要求不要提得太高。到了中学特别是高中阶段，词句问题应该已经不成大

语文教学

问题了，对于作文可以首先要求它有实实在在的内容，少搬公式，少说废话；要求内容安排得好，有条理，有层次，不颠倒错乱，不乱用"因此""但是"等等，也就是说，要有逻辑性。然后才是词句问题，要求用词恰当，句子通顺而不呆板。最后看它有没有错别字，以及写字是否清楚端正。现在有一种过分突出错别字问题的倾向，可是从全局的观点来衡量一篇文章，不得不承认错别字毕竟是个次要问题。

  5. 汉字教学的问题。这是小学特别是小学低年级特有的问题。汉字不是拼音文字，教学要费相当多的时间。在小学低年级，汉字的学习和汉语的学习中间存在一定的矛盾。小学一年级学生的年龄是七岁到八岁，语言已经相当丰富了，但是不认得汉字，得一个一个学起来（不但学认，还得学写）。课文要"白手起家"，就很难编得内容丰富，语言生动，符合发展儿童语言的要求。结果是课本的语言不但不能引导儿童的语言，反而跟不上儿童的语言，知识内容也随之贫乏，读起来淡而无味，不能鼓动学习的兴趣。而低年级语文教学的关系却十分重大，因为这不仅影响到以后各年级的语文课，还影响到别的学科的学习。我曾经和一些同志交换过意见，觉得有一条道路可以试试。那就是在小学低年级把汉语的学习和汉字的学习暂时分两条线进行。一面先教汉语拼音字母，接着就教拼音课文，尽量满足儿童发展语言和增长知识的需要，一面根据汉字的特点，另行"排队"学习。以后利用注音的汉字读物作为过渡，最后采用全用汉字的课本。我们估计整个的进程可能会比现在的办法快些，希望有学校肯拿出个别班级来做试验。

  以上谈的都只是个人的一些想法，自己对于中小学语文教学的实际情况了解得很不够，这些意见一定带有很大的主观性，希望从事语文教学和研究语文教学的同志们多多指教。更希望研究教学问题的机构早日进行一次全面的和系统的调查，把情况摸清楚，同时也希望在各个问题上都有人进行一些试验，摸索一些经验，这样，讨论起来也就可以更加落实了。

语文教学中的指导原则[1]

吕叔湘

  语文教学的研究对象不外乎教材和教学法。教学法中有许多问题，在本刊里边将会展开讨论，我只想提出一点，那就是：在各种各样的教学法之上，有一个指导原则——因势利导。

  讲因势利导，首先要"审势"。要记住学生原有的基础。对基础好的学生是一种教法，对基础差的学生是另一种教法。要了解学生当前的精神状态。热心学习是一种情况，精神散漫是另一种情况，教法要适应不同的情况。

  审势的"势"也包括课文。课文是难还是易，是有趣还是枯燥，要不同对待。

  讲"利导"就有个导向何方的问题。不同年级，不同阶段教学目的有所不同，至少是重点有所不同。教学法就要为这个目的服务。心中有一个方向，就不会把语文课教成政治课、故事课、文学史课或文学理论课。

  如果可以借用军事用语的话，具体的教学法是战术问题，因势利导是战略方针。

---

  [1] 选自《吕叔湘全集》第11卷，辽宁教育出版社2002年版。原载《汉语学习》1980年第1期。

教学思想和教学方法的改革[1]

吕叔湘

我因为有别的会，不能来参加讨论，很遗憾。关于叶老的语文教育思想，我在《叶圣陶语文教育论集》的序言里归纳为主要两点，一点是要认识语文是工具，二是要引导学生自己学习。叶老讲语文教育，越到后来越强调这第二点。1962年叶老写了首诗《语文教学二十韵》[2]，里边有这么几句：

为教纵详密，亦仅一隅陈。贵能令三反，触处自引伸。

1977年又应《人民教育》编辑部之请，写了一首论语文教育的诗，里边说：

所贵乎教者，自力之锻炼。诱导与启发，讲义并示范。其道固多端，终的乃一贯。譬引儿学步，独行所切盼。

叶老又把这个道理归纳为一句非常精辟的话，就是大家常常引用的"教是为了不教"。

论起来，这"教是为了不教"的道理，不但适用于语文教学，也适用于一切知识和技能的教学。什么叫做教育？教育就是诱发学习者的积极的、主

---

[1] 选自《吕叔湘全集》第11卷，辽宁教育出版社2002年版。本文是作者1982年10月在叶圣陶语文教育思想讨论会上的书面发言。

[2] 此处1962年当为1959年。

动的努力，这几乎是所有教育家的一致意见。但是现实并非如此，填鸭式的教学法仍然占上风，我们不妨说，在教学问题上，可以有两种目的，适用两种方法，产生两种效果。一种教学的目的是要学生获得现成的知识，越多越好，与此相适应的教学方法就是教师多讲，学生死记，考试就是考你记得多少，能否一字不误。结果是学生脑子里装满很多现成的知识，但是不会运用这些知识去解决遇到的问题，更不会闯出路子来取得新的知识。另一种教学法是相信学生有自己学习的能力（三岁的孩子就已经学会了很多事情），教学的目的就是让学生尽量发挥自学的能力，方法就是为他的学习提供条件，包括图书仪器和种种实物，也包括教师的诱导、启发、讲解和检查。这种教学的效果是学生能够利用学到的知识分析问题，解决问题，但是在死记硬背上大概要输给前种教学法教出来的学生。这两种教学法的分别，在一定程度上可以跟工业生产和农业生产的分别相比。工业生产是用人为的手段把原料改变为成品，原料是听凭处理的对象。农业生产则是依靠作物自己发育生长的能力，仅仅为它的顺利成长提供最好的条件。

填鸭式的教学法、死记硬背的教学法在中国的盛行，是有它的历史根源的，是可以理解的。但是它的缺点也是明显的。很可惜的是这种填鸭式的教学法，虽然经常受到批评，可是至今仍然占有很大的优势。不但是小学、中学是填鸭式教学法占优势，甚至大学也是填鸭式教学法占优势。填鸭式教学法能够迷惑人的地方在于它能让学生滔滔不绝的背给你听，而诱导式教学法教出来的学生在这上头往往甘拜下风。中国大学的优等毕业生跟欧美大学的同等学生比较，考试成绩可以胜过他们，解决问题的能力往往不如；在毕业考试的时候可以胜过他们，毕业10年以后往往落下一大截。这里边虽然也有别的因素，但是学习方法的不同是主要的原因。我们说，要比较不同的教学法的优劣，不能看学年考试、毕业考试、升学考试的分数，要看学生离开学校10年20年以后的成就。这个道理我们要多做宣传，要拿出具体的事例来做宣传。要引导广大教师下决心进行教学改革，但是首先要说服主管教育的同志，校长们和局长们，不要用机械式试题来鼓励填鸭式的教学法。

语文教学

语文教学既是一门科学，也是一种艺术[1]

吕叔湘

同志们：

很抱歉，由于身体不太好，没能来参加大会，主持大会的同志希望我能对到会的同志说几句话，我就试试吧，说得不对的地方请指教。

自从本会成立以来，很多学校、很多老师在语文教学方面，进行了改革，取得很大成绩。新的教学方法，这个法，那个法，出来很多，都有理论根据，有实际效果，这是非常可喜的。我今天打算讲讲事情的另一方面，就是教学的艺术，我常常对人讲，语文教学既是一门科学，也是一种艺术。有了很好的教学法，如果不会运用，也是白搭。把教学法运用得很好，取得很理想的效果，需要有很好的技巧，也就是要掌握教学的艺术。

比如，各种先进的教学法都反对灌输式，强调启发式，可是如何运用好启发式，这里边大有学问，是一种艺术。启发式包含两个主要方式：一个方式是教师提问，学生回答；另一个方式是学生发问，教师回答。这两种方式，如果不善于运用，都会产生不好的后果。教师提问，学生回答，有时候会答非所问，引起同学的议论，把问题引入歧途。学生发问也往往会问的不在点子上，教师既不能置之不理，又不能为此浪费时间，耽误教学的进程。所以教师提问一定要做到能发能收，运用自如；学生发问离题，教师要能够因势利导，纳入正轨。

---

[1] 选自《吕叔湘全集》第11卷，辽宁教育出版社2002年版。本文是作者在全国中学语文教学研究会第四届年会上的书面发言。

这只是举例而已,还有种种情况,例如有的学生不用心听,不知道在想什么,有的学生搞小动作,等等,都要善于处理。各种情况说不尽,各种经验也很难传授,靠教师自己修炼。一般把这叫做教学经验,其实就是教课的艺术。回忆我自己在小学、中学经过的语文教师也有六七位,教学效果大有高低,很多老教师教课效果不错,可是要他讲理论,他说不出多少。这种"教学经验"能不能总结总结呢?不妨试试。今天就讲这一点意思,算做对教学法研究的补充吧。

关键在于一个"活"字[①]

吕叔湘

在十几年来的中学语文教学改革中,出现了许多成功的教学法。这些教学法在实践中的效果不尽相同。这并不是由于这些教学法本身有多大高低差别,而是在于教师会不会活用。关键在于一个"活"。如果不会活用,任何教学法都会变成一堆公式。我也曾经参观过这种那种教学法的示范,看得出来是经过排演的,效果并不好。真正掌握一种教学法的教师,他是会随机应变的,他的教室里是生气勃勃的,你叫他换一种教学法,他也会根据实际情况,取其所长,舍其所短,同样取得成功。总而言之,成功的教师之所以成功,是因为他把课教活了。如果说一种教学法是一把钥匙,那么,在各种教学法上还有把总钥匙,它的名字叫做"活"。

---

① 选自《吕叔湘全集》第11卷,辽宁教育出版社2002年版。本文是作者在全国中学语文教学研究会第五届年会上的书面发言。

语文教学需要大大提高效率[①]

——泛论语文教学科学化和进行语文教学科学研究的问题

张志公

多年来，语文教学的效率是不能令人满意的。从小学到中学的 12 年或 10 年之间，语文课所用的教学时间占全部教学时间的 1/3 左右，居各门课程的首位。然而，相当大的一部分中学毕业生，语文没有学通。

这种现象，不应当再继续下去了。语文是学政治、学科学、做一切工作的基础工具，普通教育阶段必须让学生充分掌握，能够正确、熟练地运用。儿童、少年、青年，时间和精力是极端宝贵的，不能容许这样浪费——为一门功课耗去了总学习时间的近 1/3 而收效不大。在争时间、抢速度赶超世界先进水平的今天，年轻人要学的东西很多，要做的事情很多，不应当把那么多的力量花费在搞基础工具上。汉语、汉文并不难学。从进小学起到中学毕业，把语文学好，是必要的，也是完全可能的。关键在于：语文教学必须大大提高效率。

要提高效率，就得研究一下，以往效率为什么不高，症结在哪里。

原因是多方面的，不同历史阶段又有不同的特殊原因，比如前几年"四人帮"横行时期对语文教学的严重干扰和破坏。但是，有一个问题是多年来一直存在的，那就是：语文教学缺乏科学性。

这是有历史渊源的。清末"废科举，兴新学"，到 20 年代初，逐步形成

[①] 选自《张志公语文教育论集》，人民教育出版社 1994 年版。本文是与田小琳、黄成稳二同志联名发表的。

了一套"国文"教学的做法。语文是民族性很强的一种东西。就汉语文而论，有方块汉字问题、汉语的特点和悠久的语言传统问题、文言文问题等，这些，都是我国有而别国没有的独特性的问题。因此，当时的"国文"教学无法像其他课程那样，从别国照搬人家的做法，而是改头换面地承袭了传统的一些观念和做法。不过，19世纪末到20世纪初那段时期的教育改革，是以抄袭日本、欧美为事的，"国文"教学也多多少少从外国搬来了一点东西，虽然远不如别的课程搬得那么多。从传统做法中承袭下来的并不都是其中合理的部分，还有不少糟粕；从外国搬来的东西，很多是生吞活剥、未经消化的。"国文"教学的做法，基本上是这样两部分东西的杂糅，其特点就是不科学。其后，几十年来，从"国文"到"语文"，随着社会的发展，不断有所改变。特别是建国以来①，语文教学内容有很大的变化，教学方法也有所改革，只是改革的步子不够大。

从旧传统承袭下来一个很不科学的做法是：语文教学限于书面，忽视口头语言的训练。

在长久的封建社会里，读书人读的是文言，写的是文言，而文言早已和口语分了家，于是在教学中自然而然地只重"目治"，不管口耳之事。唐、宋以后的念过书的大和尚们，宋、元以后的理学家们，有些人用口语记载他们的师傅谈禅或讲学时说的话，即所谓"语录"，多半是些半文不白、似通不通的东西；宋、元以下，有些人用白话写小说，专就语言规范而论，写得好的也屈指可数，《三国演义》《西游记》是文白夹杂的。这些都是属于优秀作品之列，等而下之的就不用说了。像《红楼梦》语言那么好的实在是"凤毛麟角"。吴敬梓的《儒林外史》写得很不错，可是同《文木山房诗文集》比较一下，不难发现，他运用文言的能力似乎比白话强一些。可见，封建文人用白话作文的能力不怎么高明。然而，这并不妨碍他们读文言，写文言，因为文言和白话是两码事。只要能写文言，就能考秀才、举人、进士，就可以做官；白话只能用来写小说什么的，写得好坏，无关紧要。重"目治"，无视口耳训练，这个传统有一千多年的历史，源远流长，根深蒂固，"国文"教学承袭了

---

① 现在通行规范的说法是"新中国成立以来"，下同。

它,"语文"教学仍旧没有打破它。

文言文时代,不重视口头语言的训练,是错误的。人们是用语言进行思维的,就连封建文人,他们平日想事情,必然也是用他们时代的活语言,不会使用和现实生活脱节的文言。语言是思维的物质承担者。我们进行语言训练的同时,也就是在训练思维;反过来看,不重视语言训练,实际上也就影响了思维训练。这中间的关系,封建教育者们不理解。他们只看到要读文言,写文言,于是就在书面上下工夫,完全不理会口头语言的训练,其结果,"十年寒窗",背熟了大量文章,终于还是写不通文章的,大有人在。

到了白话文时代,仍旧不重视口语训练,就更说不过去了。如果说,语言训练和思维的关系不十分容易察觉,那么,说的能力和写的能力密切相关,却是显而易见的。一个人口头上词句妥帖,干净利落,写下来就不会残缺错乱,拖沓累赘;口头上有条有理,细致严密,写下来就不会颠三倒四,矛盾百出。基本上照着口头上说的去写,写出来当然还需要加工润饰,然而并不费力。相反,说话支离破碎,语无伦次,到了提起笔来才去选词造句,调理思路,作文成了苦事,写出来再去修改也十分艰巨。这个道理是很清楚的,实例是很多的。

也许有人会说,有的人平常被认为是很能说的,可是写出文章来不怎么高明;也有的人文章写得挺好,可是日常生活中,讷讷于应对,说起话来好像很吃力,这该怎么解释呢?这种例子的确不少,然而都不足以证明口头表达和书面表达是互不相干的两件事。倘若把这些人口头上说的和笔下写的拿来对照分析一下,我们将会发现,每个人说的和写的反映了同一个水平的基本语言能力和逻辑思维能力;换句话说,每个人(已经掌握了常用汉字的人)口头上表现的基本语言能力和书面上表现的基本语言能力,是相应的。至于口齿是否"伶俐",说话是否"风趣""动听",那些差别反映的不是基本的语言能力,而是别的因素,例如性格、心理、生活环境和工作需要造成的习惯,等等。有些人口头表达能力和书面表达能力似乎不很一致,这种现象恰好提醒我们,在语文教学中,口头训练和书面训练不可偏废,应当密切结合,相辅相成,互相促进,使"出口成章"和"下笔成文"真正统一起来。

继续对"语"和"文"采取分而治之,厚此薄彼的办法,很不利于提高语文教学的效率。但是改变这种状况不是一句话就能做到的,有待研究解决的问题很多。在小学前期,怎样处理好识字教学和语言训练的关系;在小学后期和初中,怎样处理好语言训练、阅读训练、书面作文训练的相互关系;怎样从小学起就把实实在在的语法训练和逻辑思维训练(是实实在在的训练,不是空讲知识)的因素融合在语言训练之中:这些,以及别的一些有关语言训练的理论问题和具体方法问题,急待深入探讨,实地试验。

把提高语文能力看作一种相当神秘的事,看作一种"只能意会,不可言传"的或者"运用之妙,存乎一心"的事,看作一种只能听其自然、任其沉浮的事,是语文教学缺乏科学性的又一表现。

试向语文教学工作者提个问题:"什么是提高语文能力最有效的方法?"回答多半是:"多读多练。"再问:"读些什么,读多少,怎么读?练些什么,怎么练?"大概十个人会提出十种不同的答案,"言人人殊",或者,干脆哑口无言,提不出答案。

"多读多练",这是个传统的经验,古人谈论这个问题的很多,随便翻翻古书,不难抄出几十条上百条来。这是个行之有效的好经验。这个经验是应当吸取的。但是,话不能到这里为止,还得继续说下去,也就是要有根有据地、成套地回答好上边提的第二个问题。

读和练需要指导和方法。循着正确的路径,按照合理安排的计划,采取恰当有效的方法,一步一步地读下去,练下去,才能快一些收到好的效果,按照预定的计划,在一定的时间完成一定的任务,达到一定的目标。否则,如果路子不对头,没有合理的计划和步骤,没有恰当的方法,至少是见效慢,成效差,甚至比这更坏一些。

有人认为,学语文不是 3+2=5 的事,不可能那么科学。当然,学语文和学数、理、化不一样。但是,不论学什么,都有一定的规律可循。学画,学唱,学弹琴,学舞蹈,更不是 3 加 2 等于 5 的事,都各有它的路径、步骤和方法,为什么独独学语文不能有呢?"拳不离手,曲不离口",很对,然而,瞎打乱唱是练不出工夫的。教拳、教曲的师傅都有成套的教法,教一个成一个,为什么教语文就办不到呢?

有人认为,曹雪芹没受过什么科学的语文训练,不也成为曹雪芹吗?是

语文教学

啊,李时珍没进过医科大学的药学系,不也成为李时珍吗?"神农尝百草"的时代早已过去了!我们不能再满足于多少年内、在多少人中冒出一个曹雪芹。我们需要的是在尽可能短的时间里让尽可能多的人都把语文学好,够用,够搞四个现代化用。样样工作都要求"多快好省",语文教学不应例外。讲科学,讲方法,是达到"多快好省"的一个必要条件。

  一篇文章,选在某个年级的教材里,甲说"深了,不好教,不好学",乙说"不深,太浅,教着没意思,学着没味道"。甲、乙两位各凭什么说的呢?是根据生词、难句的多少说的吗?是根据涉及的知识多寡说的吗?是根据事理难易说的吗?仿佛是,又仿佛不是,说不清楚,没有数据,也没有明确的标准。说"深"说"浅",基本上是凭感觉,至多是凭经验,好像吃菜,是咸是淡只能凭嘴尝,自然就要"一人一个口味"了。学生的一篇作文,拿给十位老师看,大概会批给十个不同的分数,差距可以大到十几分,二十几分,甚至三十几分。老师是凭什么判分的呢?也说不太清楚,基本上也是"一人一个口味"。吃菜可以"一人一个口味",文艺欣赏也还可以"一人一个口味";教学生,搞训练,不行,要有规格,有标准。规格和标准不是凭"口味"定的,是根据任务定的,根据儿童、少年、青年语文能力发展、提高的一般规律定的,虽然不是3+2=5,总也得"八九不离十"。

  不能继续把提高语文能力这件事神秘化而听其自然,要力求做到语文教学科学化。当然,语文教学,包括编教材和教学生,也是一种艺术。甲、乙两位编辑或教师,思想水平、业务能力相当,根据的原理、采取的方法相同,而编出的教材有差距,或是教学效果有高低,这种情形,在哪一门学科都有。所以,教学工作要讲艺术,这也是一门学问。但是,教学工作者首先要讲科学。无论说话、听话、识字、读书、作文能力怎样一步一步地提高,应该有一般的规律可循。摸清楚这些规律,运用它,设计出训练的途径、步骤、规格和方法,就能大大减少教学上的盲目性,提高效率。这就是科学化。当然,语文是一种社会现象。影响语文能力的因素是很复杂的。学自然科学,同一班毕业生的成绩都会有差异,学语文,差异自然更不可免。教育无法"机械化",培养人不能像机器生产那样,产品一模一样,毫厘不差。然而,科学化总是可以提高效率的。科学种田,长出来的苗也不一样高,可是科学种田总比非科学种田的效率高得多。

要语文教学科学化，就必须对语文教学进行科学研究。这项工作，如果不说还是一个空白，至少，还没有系统深入地进行过。这是摆在语文教学工作者面前的一个重要课题。

在语文教学领域，需要进行科学研究的问题很多。上文提到的语言训练问题，识字问题，阅读训练问题，书面作文训练问题，以及它们之间的相互关系问题，就都是一些很大的研究题目，每个题目都包含着不小的一组更具体的题目。此外，本文还提到过汉语的特点和语文传统问题，文言问题，语文训练和逻辑思维训练的关系问题，这些，也都是一些很大的研究题目。本文只是笼笼统统地提到了这么一些问题，不可能一个一个地展开论述。

上边列举的这些，还只是语文教学中的一个重要的方面，就是进行语文训练，提高语文能力这个方面。

全面研究语文教学，还有几个更大的问题。首先是，语文教学中的语文训练和政治思想教育的关系问题，语文教学如何为社会主义服务的问题。这个问题，建国以来就受到了重视，但是一直没有处理得很好，还有待继续深入进行研究。

此外，还有一个文学教育问题。50年代中，试行过一段文学、汉语分科教学，随即停止。从那以后，语文教学中不大再提文学了。如果提，就是从消极方面提，比如："不能把语文课教成文学课。"什么是"文学课"？这个概念是不清楚的。鲁迅的《孔乙己》，是一篇文学作品。这篇作品，在中学的语文课里应当怎么教法？在中学的"文学课"里又应当怎么教法？区别在哪里？能够说得清楚吗？如果说，教这样一篇作品，大讲"作者生平""时代背景"，然后把作品放在一边，不念，也不管学生懂不懂，大讲其"主题思想""人物形象""文学技巧"，反复"分析"，总共要讲到五六课时，甚至七八课时，所谓"教成文学课"就是指的这种教法，那么，这种教法的确应当反对。然而，这说不上是"教成了文学课"，不知道这该算是什么课，也许，比较恰当的名称是"浪费时间课"。直到今日，这种教法并未绝迹。看来，需要的是从积极方面研究，在中学的语文课里，应当怎样对待文学作品，怎样在进行语文训练的同时，也进行一点必要的文学教育。文学，是意识形态领域一个重要部门。大概可以说，没有任何一个人一辈子不和文学打交道，连不识字的人也还要看戏、看电影嘛。意识形态领域的一切部门，包括哲学在内，普通教育阶段都有一门功课管一管它，为什么独独文学没有一门功课管一管呢？事实上，语文课从来都管的。翻开任何一本语文教材，里边都有比例不小的文学作品。一个重要的东西，客观存在着，硬装作看不见，不去理会，那是不行的，需要研究积极的办法。这个问题，当然可以包括在前边说的"读什么，读多少，怎么读"那个题目里去研究。不过由于它有点特殊性和复杂性，所以也还需要提出来着重研究一下。

还有，语文教学与知识教育的关系问题，也是很值得探讨、而过去一直被忽视了的。这个问题在小学阶段格外突出，在中学阶段也还有。在普通教育阶段，各门功课分工而不合作的现象，不能认为是合理的。尤其是语文，它和每门功课都有关系，一无例外，为什么不应当、不可以做一些"统筹办理"的考虑呢？

要使语文教学科学化，全面研究语文教学中的一系列问题，要从大量的艰苦的调查工作开始。要向从事语文研究的专家调查，向语文教学工作者调查，向社会调查，向工农兵群众调查，向各行各业的同志调查，向从事教育学、心理学研究的同志调查，向小学生调查。了解语文教学的历史和现状，了解迅速发展的社会主义革命和建设事业对语文教学的要求，总结语文教学改革的好经验，发现存在的问题。我们的调查不仅限于国内，还要向国外调查，外国在训练学生掌握本国语文方面采取了哪些科学的有效的方法，也是可以借鉴的。只有在充分调查研究的基础上，对各种问题分门别类作大量的分析研究工作，才有可能得出科学的结论。

语文教学的科学研究问题，不仅是中小学语文教师的事，而且应该是从事高等师范教育的教授、教师们义不容辞的责任。这个工作不是可有可无的，要对亿万中小学生负责。迅速提高青少年一代的语文水平，使他们在尽可能短的时间内掌握好语文这个工具，这对他们向科学文化的高峰进军是至关重要的。语文教学的科学化，实在是关系国家实现四个现代化，关系提高我们民族的科学文化水平的事情。

除了从事语文教学的同志外，我们还要呼吁研究语言、文学、逻辑、教育学、心理学等各方面的专业工作者、专家们，都来关心、积极支持语文教学的研究工作，出主意，想办法，提要求。希望相关的报刊杂志经常刊载语文教学研究的成果，开展广泛的讨论，期引起社会上的重视，共同努力，把这件事办好。

1978 年 5 月

要重视语文教学法的研究[①]

张志公

  教师同志们很重视语文课的性质和目的、任务这些问题。这些问题，各地讨论的很多，我在有的场合也谈过与此有关的想法，一时还没有形成深入一步的、值得谈谈的意见，这里暂时不再谈这个问题。

  我觉得，方法问题也是一个十分值得重视的问题，虽然已经进行了一些讨论，似乎还有进一步探讨、研究的余地。本来，一门课的教学方法是受这门课的性质、目的任务以及它们所决定的内容制约的。但是，方法又能反作用于它的制约者。教学得法或者比较得法，能够圆满地或者比较好地达到教学目的；反之，教学不得法或者不甚得法，就会达不到目的，或者不能很好地完成任务。我们都同意，语文这门课的效率至今还不够理想；我们都感到，这门课还没有受到学生们普遍的重视（除了要举行统考或者升学考试的时候，不得不想法应付应付它之外）。原因自然是多方面的，我在别的场合讲过，这里不再重复。我认为语文教育工作者需要向自己所用的教学方法中去找找原因。

[①] 选自《张志公语文教育论集》，人民教育出版社 1994 年版。

方法是允许有并且应当有独创性的，不能拿上一种被认为不错的方法，依样葫芦地到处使用。有独到之处的方式方法，就是咱们平常说的"有艺术性"。战斗在教学第一线的老师们能够也应当共同去开发这个教学艺术的领域。不过，所谓"有独创性"的，"有独到之处"的方式方法，并不是异想天开的产物。能够在前人走过的道路上前进一步，在他人经验的基础上提高一步，这就是非常可贵的独创性，就有了独到的地方。因此，为了探索改进教学方法的路子，有分析有批判地回顾一下前人的做法，参考一下外人的做法，既不是无选择地照搬照用，也不是一股脑儿地拒绝抛弃，这种态度很必要。在这种问题上，全面肯定或者全盘否定，"妄自菲薄"或者"盲目自大"，恐怕都是不可取的。

传统的语文教学（以前不叫"语文"，不管它叫什么吧，反正是性质、目的任务很相近的一门功课）方法之中，颇有一些好的经验，但是今天看来，对其中有的经验，考虑、运用得似乎不够全面、恰当，对另外一些经验，又似乎有所忽视，这中间很有值得探讨之处。举几个例子来说。

传统的教学是以"多"取胜的。"书读千遍，其义自见。""读书破万卷，下笔如有神。""为文有三多：看多，作多，商量多。""熟读唐诗三百首，不会作诗也会吟。"这种提倡"多"的名言、格言、谚语，多着了！大家把这条经验概括为四个字，叫作"多读多练"。这条经验概括得对，概括得好。语文是一种技能，培养技能要靠实践，并且要有足够的量。"多读多练"是一条被无数事实证明了的、行之有效的好经验，应当继承发扬。那种不肯多下硬功夫，只想学点语文知识，甚至找点窍门就把语文学好的态度是不对的。但是到了今天，单纯靠"多"这一条经验显然不够了。我们现在的青少年学生，要学的东西很多，要做的事情很多，要读的书很多，而且我们需要很多人把很多的时间、精力用到搞现代化科学技术上去，不能老是坐在屋里吟诗做文章。因此，在吸取"多读多练"这条传统经验的时候，要做两件事。其一是要配合着读和练适当提供一点必要的科学知识，并且考究一下读和练的科学方法，从而提高读和练的效率，每读一读就有读的收获，每练一练就有练的长进。其二是要对读和练进行一些研究，使之多带一些条理性，尽量减少其盲目性。哪些需要多读，哪些需要多练，哪些不需要那么多；需要多的，分别多到什么程度,最好有一个具有一定幅度的数量要求;先(读、练)什么,次什么,后什么,哪些应当有计划地多反复几次,哪些无需,或者只要反复一次,最好都能做到心中有数。总之,"多读多练"是一条好经验,要坚持,只是笼统的两个"多"字不够了,要在这个基础上提高一步,前进一步。"人一能之,吾十之",这是鼓励人艰苦学习的话。在"多读多练"这个问题上,不知可不可以说"前人十能之,吾五之",就是说,把传统经验和现代的科学知识、科学方法结合起来,达到事半而功倍,用较少的时间,收到同样好的以至更好的效果。从前有个笑话,说,某甲家里多臭虫,向人请教怎样治一治,那人开了一个药方,用纸包起来,交给某甲,说:回去照此办理就行了。某甲拿回家去,打开纸包一看,药方上写着两个字:"勤捉"。咱们现在有了六六六粉之类,何不适当配合使用之,何苦只靠"勤捉"呢?特别是在谈论"消灭错别字""改病句"之类练习的时候,这个比喻大概还不算离题。问题这样看法,不知对不对;如果可以,前边提出的两个问题怎样从实践中、从科学研究和实验中找出解决的途径,都是有待探讨的课题。

  再比如背诵。这也是传统的、行之有效的经验。以前说:肚子里头装上300篇文章,就有办法了。我们现在还要不要背?我看还要背。外国人也讲究背。英国学生也背点拜伦、雪莱、史蒂文森什么的,苏联的小孩子也背点普希金什么的。不过,对背诵的意义和作用,必须搞清楚,然后才能自觉地、更恰当地使用这个方法。我认为学文言文,必须背诵,背诵起很大的作用。为什么?因为文言文那种语言材料和语言习惯,是我们从实际生活里学不到的。背熟了若干篇文章,就纯熟地积累起了若干有用的文言的语言材料,形成了某些基本的文言文的语言习惯,这样才能初步掌握文言。不这样的话,我们没有文言的习惯,提起笔来写文章,脑子里总得经过一道翻译过程,比如说,脑袋里想的是"××大哥",得翻译成"××仁兄大人阁下",那效率不是太低了吗?积累足够的语言材料也很重要。比如古代的"冠",我们今天叫"帽子";"虬髯"这个词在现代语言里没有,我们现在不管胡子是什么样的,统统都称"胡子"。这些词在生活里学不到,不从所读的文章里背下来怎么行呢?所以要多背,背得越多越有效。还有两点值得注意的现象。一点是大家熟知的,即韵文比散文容易背。几岁的孩子背一些浅近短小的旧体诗词,不是件难事，背文章就要晚一些。再一点，可能是大家不太注意的，那就是，正因为文言与实际的口头语言有较大的距离，白话与实际口头语言距离很小，文言反而比白话容易背诵一些。我从高小到初中念过不少文言文，也念过一些白话文，都要求背，当时就感到文言文容易背，白话文难背，到现在，当年背下来的白话文统统忘光了，除去极少数的几句，而文言文却大多数都还背得很熟。不知各位有没有类似的经验。

现在，我们大量地学习白话文，大量地学习散文，背诵应当怎么处理呢？我看，背诵还是需要的。白话文虽然和实际口语比较接近，毕竟还有点距离。写在文章里的语言是经过加工、提炼的，合乎规范的，运用得比较高明的，背诵若干这样的文章，对于形成良好的语言习惯，提高运用语言的能力，会有不小的帮助。然而，正如前面说过的，背诵白话文与背诵文言文，意义和作用有很大的区别，难易程度也很不相同。因而，在以白话文为主体的语文课里，究竟应当怎样运用背诵这条传统经验？彻底抛弃是不对的，像学文言文时那么大量运用恐怕也是不必要的。背多少，背哪些，怎样要求，学前期、小学低年级和高年级、初中和高中，分别怎样处理，都是有待探讨的问题。

总之，背诵这个传统的经验我们要继承，但是要有分析，有研究，要运用得当。

从背诵文言文，很自然地就会想到串讲，因为串讲的办法也是伴随着教文言应运而兴的。在旧中国（更不用说再早的科举时代了），中学以上念的全部或绝大部分是文言文。老师的任务就是逐字逐句地把原来的文言用白话解说一遍，此之谓串讲。直到现在，语文课里凡遇文言文，大体上还是用串讲的办法，因而一篇不长的文言文，动辄要用五六课时以至七八课时，其中很有些浪费。白话文，照说是不必串讲的。绝大多数的字、词、句子，学生都懂得，何需再串讲一遍呢？可是也有个别或者少数老师，由于受了文言串讲的影响，总觉得一篇课文不串一遍就不大好办似的，于是也要大体上串一串。我觉得，不要说白话文，就连文言文，也并不是篇篇、处处都需要串讲的。在传统经验之中，串讲大概是一个比较笨的、劳而少功的办法，有时候又是一个比较懒的、不用多少心思的办法，虽然也不是一无足取，但是相对地讲，可取之处不多。不知道这个看法大家是否同意。

叶圣陶吕叔湘张志公语文教育名篇精选

特别值得提一提，而近年来大家很少提起的一条传统经验叫作"点"，"指点""点拨"的"点"。这个字在汉语里用处很多，每种用法对于我们从事教学工作的人都有启示作用。例如，称赞某人改文章改得好，改动少数几个字就够使全文生色，叫作"点铁成金"；称赞某人聪明，说他"一点就透"；还有上边提到的"指点""点拨"，以及"点化""点穴""画龙点睛"，等等。语文教学也讲"点"。什么叫"点"呢？就是在关键的地方，也就是确实比较难懂的地方，或者在全文中特别重要的地方，或者写得特别精妙的地方，点一下。这种地方，老师不点一点，学生可能不懂，或者忽略过去了；只要一点，也就是用上三几个字至多一两句话提醒一下，学生立即就会领悟过来。比如初一课本中王之涣的《登鹳雀楼》，要叫我讲，大概一刻钟就够了。这首诗只有一两个生字，就是"鹳"字，或者再加上个"雀"字得告诉学生这两个字念"guàn què"，"鹳雀"是个楼的名字，有三层，就行了。在这首20字的4句诗中，只有两个地方需要点一下，一个是"白日依山尽"的"依"，一个是"欲穷千里目"的"穷"，其他地方都很好懂，无需多讲。不点这两个字，学生就懂不了，体会不出这首诗的意味。那样，你再怎么讲这首诗反映了诗人什么什么的思想感情，再怎么讲它用了什么什么的写作方法，都是白说，只要你把这两个字一点，别的他自己自然就能去琢磨，就能领略。点了之后，老师领念几遍，要求学生齐念几遍，再叫起来三两个学生个别地念几遍，大概绝大多数学生课上就会背诵，回去不必复习。有人说讲这首诗要用一节课，甚至两节课，我看用不着讲那么多。你怕学生不懂，反反复复，讲来讲去，结果走向反面，学生反而听腻了，不想听了。教师轻轻点一点，却引起了学生的兴趣和想像，他的思维活动起来了，用现在的教学词汇来说，就是教师起了主导作用，引导学生自己去发现问题，分析问题，解决问题，于是他们就会大有所得，学习的积极性也调动起来了。

跟"点"字联系着的叫做"涵泳体味"。老师一点，学生感到这里的确有点味道，于是也跟着老师摇头晃脑地品尝起来，琢磨起来。引导学生涵泳体味，就是引导学生自己去品尝、琢磨，说得更简单一点，就是让学生的脑子去活动。过去的一些文章选本叫做"评点"本，那个"点"有两个意思，除了指在文句的旁边点点圈圈而外，还指在最关键的地方说上一句以至三个字、

语文教学

两个字,有的就是一个字:"妙"。这一个字就引起读者的注意:"妙在何处?"于是自己去分析问题,解决问题:"噢,果然很妙!"至于怎么个妙法,有时虽然不怎么能说得出来,但是感觉到了,体会到了,这就是"涵泳体味"。我们现在不讲究点,不讲究涵泳体味,而是特别注重分析,左分析,右分析,于是学生就不"摇头晃脑",而是耷拉下脑袋打瞌睡了。

我觉得这种传统的教学方法很值得提倡提倡,而过去我们对它比较忽视,谈的比较少,所以今天着重强调一下。我们要很好地揣摸揣摸这个"点",这个"涵泳体味"。是不是可以这样理解:点,就是给学生一些启发,不分析那么多;让学生去涵泳体味,就是给学生留下余地,在老师的启发下,自己动脑子去分析问题,解决问题,从而得到更深的印象,获得更大的益处。老师讲得少了,学生反而对这门课更加重视了,感到更有所得了,学习的积极性更高了。

总之,我觉得我们传统中有些东西值得我们再回顾一下,用我们今天的观点,根据我们现在的实际和需要,很好地进行一些分析,批判继承之。就以上提到的四条经验来说,"多读多练"基本上是好的,只是有所不足,需要补充,使之更"现代化"一点,"科学化"一点;"背诵",要在明确它的意义和作用的前提下酌量运用之;"串讲",不是很理想的办法,要控制使用;"点",特别值得提倡,善于准确地抓住应当点的地方而又能切中肯綮、要言不繁地点它一下,这是一种很高明的教学艺术。这里应当看到,所有这些经验,不论它们之间有什么优劣高下之分,有两点却是共同的,那就是:第一,教学过程中始终不离开要学生读的东西去搞架空的分析之类;第二,让学生多活动,在读写的活动中去学会读,写。(串讲之所以不理想,正是因为它不太符合这个原则)对于传统经验的这种分析、批判、继承的工作,过去做得不够,今天还需要好好地去做。

对于外来的一些做法,要参考借鉴,彻底排斥是不好的,完全照搬也不适当。比如那个所谓"五大块",就是讲作者生平、时代背景、主题思想、段落大意、写作方法,这总得算是一种外来的东西,不是土生土长的。怎样对待这种教法呢?50年代初,呼啦一下子都用这个教法,不管什么文章,不论在哪个年级教,都来个"五大块";后来又说"五大块"不行,呼啦一下子都取消了，一提出"五大块"就摇头。我觉得，不管这套教法来自何方，还是应当实事求是地加以分析，合理的部分采取之，不合理的部分抛弃之。当我们讲古典或外国作品的时候，最常碰到这个问题：作者生平讲不讲？历史背景讲不讲？主题思想讲不讲？等等。这些，都要从实际出发。比如《木兰辞》讲到打仗；唐朝的杜甫、李贺，还有岑参、高适、王昌龄等几个所谓"边塞诗人"的诗里讲到过打仗；岳飞的《满江红》讲到打仗，陆游的《示儿》也有"王师北定中原日，家祭无忘告乃翁"的名句。都是诗歌，都讲到打仗，如果选在课本里，恐怕就得分别采取不同讲法。《木兰辞》是民歌，也许经过文人加工，不知道是谁，作者生平自然无法讲；"千里赴戎机"，到底打的什么仗呢？搞不清楚，连这首歌辞究竟出于哪朝哪代还有争论嘛，时代背景也无法讲。这是一首脍炙人口的民歌，传诵上千年了，还以它的内容为题材出了好些戏曲，学生们一念就懂，很快就会背，诗里好多东西都不必深究。其余那些，情况各有不同。有的需要就作者、时代、主题等说上几句，甚至还得说一说诗人的思想局限；有的点一点就行，无需多说；有的恐怕干脆不必说什么，把诗读熟就行了。究竟用不用五大块，或者用几块，因文、因年级而异，很难一概而论。

就我所知、所见，别的国家在普通教育阶段对语言训练很重视，训练的量很大，方式方法也很多。当然，由于他们的语言和汉语很不相同，训练的着重点不一样。比如，他们很重视词形变化的练习，重视造句的练习，也重视构词法以及同义词构成的种种不同的习惯用语的练习，等等。这些，他们都要求熟练，要求做到不假思索，脱口而出，说出来就合乎习惯，合乎规范。这类语言训练性的练习，一般不是拿一些词、句出来，列一些规则条目出来，孤立地练，而往往是通过一些有计划地安排的对话，叙述等等来练，因而练习是活的，是和一些日常应用的言语密切结合在一起的。对于这一类的练习，我们历来重视不够；有一些，也大都是缺少计划，碰见什么算什么。汉语有汉语的特点，一般说来，在初级阶段，掌握并不困难。倘若我们下些工夫，探索出一套合乎汉语特点的训练方法出来，很可能比别的国家更早地见出语言训练的成效。另一点，在表达训练方面重视局部的训练，这也是国外用得多，值得我们参考的一种方法。本来，我们并非完全不重视这种方法的。比

语文教学

"分析"课文多，切切实实地研究研究有效的教学方法的比较少。为此，就教学法方面举例式地提出几个值得探讨的问题，抛砖引玉，向老师们请教。

1979 年 4 月

提高语文教学的效率[①]

张志公

　　这两年来，社会各方面对语文教学提出了一些问题，甚至提出了一些批评意见。这表明大家对语文这门课的重视。这也是一种督促，可以促使我们一起来研究一些办法，把这门课搞得更好些，把教学的效率提高一些。

　　要提高语文教学的效率，必须进一步统一我们的认识，解决教学中的一些重要问题。我愿意就下面几个问题谈谈自己的看法，和老师们共同探讨。

　　第一，语文教学的目的究竟是什么？

　　既是语文课，就应该进行语文训练，提高学生的语文能力，这是这门课无可推卸的责任。与此同时，语文教学中还要向学生进行思想教育、文学教育和思维训练。这也是语文教学应该做也可以做的事。

　　先说一点思想教育的问题。有人问，语文教学管不管思想教育？我认为它必然要管，并且任何时候都在管着，这是不以任何个人的意志为转移的。语文课在进行思想教育方面有很强的能力，是其他各门功课（包括政治课在内）所不可及的。所谓思想教育，主要指的是，在语文教学的整个过程中，对学生的感情、趣味、思想境界以至于思想、抱负等多方面的熏陶、感染、培养和提高。这种思想教育非常重要，因为，这些是世界观的重要组成部分。

---

① 选自《张志公语文教育论集》，人民教育出版社 1994 年版。

我们语文课本中有相当一部分课文是文学作品。文学是通过形象诉诸人的感情的，它总是给现实以美学评价。因而，进行思想教育在语文课来说简直可以说是得天独厚的。同时，进行思想教育，不仅是指在语文课上读一些文章，这些文章中有好的思想内容，学生读了，受到影响、教育、熏陶。这只是一个方面。思想教育的天地广得很。思想教育，不仅要学生懂得什么是对的，好的，美的，还要使学生从这些正确的认识出发，养成相应的行为习惯。我到一所小学里去听课，看见在教学的过程中孩子的思想很活跃，发言很踊跃，一个孩子在回答老师的问题，别的孩子抢着讲，老师告诉他："等别人的话说完了你再说，不要打断人家的话。"这是不是思想教育呀？有的小孩回答问题反应慢一点，老师不是批评他，更不是打击他，而是耐心等待、帮助他，并且要求别的小朋友一起来帮助他。训练孩子们从小就学着处理好人与人之间的关系，能够互相关心、互相爱护、互相帮助，这是不是思想教育？一个问题，多数孩子都这样回答，有一个小孩不同意，老师说："你可以先保留你的意见，等咱们讲下去，你看看究竟怎样才对。"允许人家保留不同意见，不强加于人，这是不是思想教育？有个小孩指出老师在黑板上写的一个字不合规范，老师说："好，你说的对。"赶快擦了重写。允许别人提出意见，纠正自己的错误，这是不是在进行思想教育？我看，这些都是很重要的思想教育。又比如，要学生作文，出什么题目？要学生写什么？是要求他说一些他真正知道的事，说一些他的真情实感呢，还是满足于他东抄西抄，说些言不由衷的话？这其实是训练他做什么样人的问题。是训练他做一个说大话、说空话、说假话、说废话的人呢，还是做一个实实在在的、说真话、说实话的人？要参加升学考试了，倘若老师帮着学生猜题、押宝，这又是在进行什么思想教育，培养学生做什么样的人呢？所以说，在语文教学中进行思想教育的天地宽广得很，万万不要一提到思想教育，就以为是要说许多政治词语，讲许多空空洞洞的大道理。

再说一点文学教育。读一些文学作品，知道一点文学知识，乃至知道一点文学史，知道一些文学作家，能够理解、分析一些文学作品，大而言之，对戏剧、电影有一定的鉴赏力。一个中学毕业生恐怕应当做到这些。这当然是属于文学教育范围之内的事，语文课大概不能不管。不过我想，也不止于

语文教学

此。在一所小学里，我听过一年级这样一课。课文里描写下雨前的情景，有一句说："满天的乌云，黑沉沉地压下来。"老师叫小孩复述课文。有个小孩讲到这里时说："乌云黑沉沉的要掉下来了。"老师说："不是'掉'下来。云彩能掉下来吗？"小孩们回答："不能。"老师又说："书上是怎么说的？""书上说'压'下来。""体会一下'压'是一种什么样的感觉？"孩子们有所领悟，纷纷举手，要求发言，思想很活跃。如果从小学一年级起，就这样引导学生注意并且逐渐体会语言运用的艺术，这不就是文学教育吗？在这里，老师没搞"分析"——在小学一年级如果大搞"分析"，那是很荒唐的，但是给了孩子们启发，在注意培养孩子们的语感。

关于思维训练。思维训练，最广义地说，就是训练学生说话合乎事理。不合事理就是不合逻辑。我们不要把思维训练看得多么玄妙，不可捉摸。我到一个幼儿园，看到小班的小朋友一边做游戏，一边练习语言，主要说一些有关"跳"的话，如跳高、跳水、跳牛皮筋，等等，又说哪些东西会跳，青蛙会跳，小麻雀会跳，等等；在学语言的同时，懂得了什么叫"跳"，形成了有关"跳"的很初步的概念。这实际上就是进行概念的训练，也就是思维训练。一个大班的教养员和小朋友们谈话，谈到孩子们知道的许多动物，最后提出了"动物"这个概念。然后问小朋友，猴子是不是动物，狗是不是动物，铅笔是不是动物，等等，小孩们回答得很快。最后，老师问："人是不是动物？"有的说是，有的说不是，争论不休，达到了高潮。老师说："大家再好好想想，下一节课再说。"直到下课之后，孩子们还在争论。这也是语言训练和思维训练的结合。随同孩子们语言的发展，知识领域的扩充，他们的思维能力也在成长、发展。只要我们有意识地因势利导，进行思维训练不是一件难事。思维能力的强弱，与一个人的生活、工作、学习关系大得很。

语文课要进行语文训练、思想教育、文学教育和思维训练，那么这几方面的关系是怎样的呢？照我看，能够扎扎实实地把语文训练这一环抓住，其余各方面就都抓住了，至少是很容易抓住了；这一环抓不住，别的什么思想教育，什么文学教育、思维训练，都是空的，都抓不住。反过来，如果主观上抛弃了思想教育、文学教育和思维训练，语文训练也搞不好。比如，忽略了出什么作文题，要求学生说什么样的话，这里边有思想教育的因素，老是出些助长说空话,说假话的题目,作文能力肯定是培养不好的。抓住一个关键的方面,带动其他各方面,而不是抛弃其他方面,于是相得益彰,各方面的目的都达到了;抓不住关键的方面,一切都落空,它们之间就是这么个关系。数理化等学科也可以进行一些思想教育,比如进行辩证唯物主义的教育。但是,如果在数学课里连正、负数还没有闹清楚,两个负数相乘得出正数,都没闹清楚,还讲什么辩证唯物主义教育,那不是空话吗?又比如历史课,可以进行历史唯物主义的教育。但是,必须了解最基本的最主要的历史事实,与此同时才能建立起历史唯物主义的观点,否则谈什么历史是人民创造的呀,不是英雄创造的呀,也都是空的。打一个比方:打起仗来,攻下一个堡垒会有多方面的作用。有政治作用,可以鼓舞自己的斗志,瓦解敌人的士气;有经济作用,可以打开一条交通运输的道路,得到经济上的利益;军事上的作用更不用说了,打下一个堡垒可以影响一大片地方。但是千说万说,你得把它打下来,这是最要紧的,如果打不下来,那些都要落空。打进去,很多东西都有了;打不进去,什么都没有。语文课,就要抓住语文训练,打进去,思想教育、文学教育、思维训练都有了;如果语文训练抓不住,别的东西都抓不住。了解了这个关系以后,语文教学的目的任务问题也就不难解决了,就不会认为语文课只管语文训练别的都不用管,也就不会问"语文课要不要管思想教育,要不要管思维训练"之类的问题了。这本来都是语文课该做的事嘛,你不管谁管?它实际在做着这些事,你硬说不管,除了削弱自己之外,并无好处。语文课要管好几样事,但又要抓住语文训练这个主要的东西,否则一样也管不好。清初有个理学家叫张伯行,他曾说过一句话:"论道而专求诸语言文字间,则道晦矣;抑论学而不求之语言文字间,则道亦泯矣。"虽然他说的道和我们今天的道是不同的,他说的语言文字和今天的语言文字也有所不同,都不可同日而语,但他讲的这个基本道理,还是值得我们参考的。

第二,语文训练本身能不能定几条标准?

在普通教育阶段,语文训练的目的,简单地说,就是运用现代语文的能力要达到基本管用的程度。具体地说,就是要达到三条:掌握一定数量的字和词,运用口头语言和书面语言没有太多的语病,有合乎一般事理的思维能力。这就是说,只要在思想内容和知识内容方面不超越这个人的水平,他要说、要写的时候，没有显著的语文障碍。达到这样的程度，这个人就初步具备了运用现代语文的能力，无论进一步去学习或者工作，都不致因为语文水平不够而受到影响了。

能不能定出个标准，提出些数据呢？比如说，要掌握一定数量的字和词，要多少才够呢？人们常说要掌握 3000 个常用字。恐怕要真正管用，3000 字大概还不够一点，究竟要多少，需要调查研究，不能随便说。在普通教育阶段，学生应该掌握多少现代汉语的常用字，这个数目是不难得到的。有了这个数目，再按每个字平均能构成几个词，推算出应该掌握多少常用词，并且调查一些读物加以验证，这个数目也是可以得到的。但是直到现在，专门机构还拿不出一个常用字表和常用词表。那么我们就自己动手来做一个常用字表和词表。据了解，有的老师已经在试图做这项工作了，这是很好的，做出来之后再放到实践中去检验，修改，调整，补充。有了这个常用字表和词表，就可以有计划地进行识字教学和词汇教学，避免不必要的重复和浪费。汉字是语文教学的一道关卡。为了解决识字问题，各地做过各种不同的试验，有的搞集中识字，有的搞分散识字，都收到一定的成效，但是也还有待于进一步解决。解决了识字问题，词汇问题就比较好办了。识字教学和词汇教学有了高效率的办法，那么和世界上其它几种主要语言比较起来，汉语这个语言是比较容易学的（当然是指一般地学通，而不是指学得精深），它没有西方语言的形态变化那个大包袱。生活在这个语言的环境之中，还有老师教，上了十年学，再闹不通，是没有道理的。其实，我们的孩子，学习潜力是很大的。这些年由于林彪、"四人帮"的破坏，看来好像不行，不过这是暂时的现象，很快就会过去的。在正常的情况下，孩子们的语言能力很强，思维能力发展很快，总的来说，我们一向是把青少年儿童的能力低估了。我曾发现，一个"扛"字，幼儿园在讲，小学在讲，甚至初中还在讲。我们应该搞好研究工作，克服重复浪费的现象。这样，达到前边说的语文训练目标，大概可以提前一些，不必等到高中毕业。能够提前多少，要经过实验，主观臆断是不可靠的。

第三，再谈一谈语文教学中的读和写。

我看到最近出版的《江苏教育》第一期上，发表了叶圣陶先生过去写的一封信里面的一段话，其中有一个观点我非常同意，认为非常重要，那就是：培养学生写的能力固然是语文教学的一个目的；培养读的能力，也是一个目的，不能认为读书就是为了做文章。读书，有的时候是为了提高自己某一方面的思想认识，有的时候是为了获得某一方面的知识，有的时候是为了欣赏，有的时候甚至是为了消遣。阅读能力强——理解能力强，记忆能力强，而且读得快，就可以博览群书，获得许多思想上的、知识上的启迪，那对一个人的工作、研究以至生活都是非常有好处的。一个人不善于读书，理解能力不强，或者如过眼云烟，读过就忘了，或者读得非常慢，那对他的工作、学习、研究等等，都是极端不利的。所以培养和提高读的能力，本身就是目的，读书并不就是为了写文章。如果读只是为了写，那么，许多人不写文章，岂不就无需读书了吗？当然，读和写是有联系的，可以相互影响，相互促进，所以在教学中应该注意适当配合。

听到很多这样的呼声，说要让学生多读一些"范文"，认为现在教材里"范文"太少，很多文章离学生的水平很远，学生不能直接模仿。我体会，这里所说的"范文"，是指学生能够模仿的文章。模仿诚然是学习的必由之路，不能否定，给学生安排一些直接模仿的训练是可以的，然而决不能让学生只读一些与他自己的写作水平不相上下的东西。那样没有好处。学下棋，最好是找比自己下得好的，宁可输给人家几盘，才可以从中学到点本事，不要光找不如自己的，或者跟自己不相上下的去下，那样不会有什么长进。读，要读水平高于自己的东西，读境界高的东西，取法乎上，才能仅得其中。当时觉得可望不可即，学不来，不要紧，读多了，自有进益。如果取法乎下，那就不知跑到哪儿去了。

为什么要培养学生写的能力，为什么要叫学生做作文？应当明确，不是为了应付考试，在普通教育阶段也不是为了培养作家，虽然并不排斥出作家。那么，是为了什么呢？为了日常生活要用。因为每一个人，只要不是文盲，在今后的生活、工作、学习之中都要用到写。如果从这个实际的、致用的目的出发，培养学生切切实实的写的能力，逢到考的时候，他准能考得不错；如果有的学生有文学兴趣，有文学素养，只要放在某种特定的环境里面，主观能力和客观需要统一起来，他就能成为作家，不会被埋没。如果不从这个

语文教学

目的出发，不做一些扎扎实实的训练，而是从应付考试出发，那个教学多半会是失败的，考试会碰壁，即使成功了，考取了，也是虚假的，没有用的。

如果从这个角度来看命题作文的话，命题作文的毛病是很大的。它的毛病首先还不在猜题、押题。如果思想教育进行得好，教学作风正派的话，猜题之类的风气是可以煞住的。命题作文的根本毛病在于，它是训练写的人说一些并非自己想说的话，说一些无目的、无对象的话，为写文章而写文章。老师出了题目之后，头一件事要"审题"。生活里哪有"审题"这回事呢？有什么话说什么话就是了嘛。"审题"，就是因为不知道出这个题是要我说些什么，我得猜一猜，捉摸捉摸，这就叫"审题"。我们在生活中写东西都是有目的、有对象的，哪有无目的而写的呢？命题作文是无目的、无对象的"自说自话"，如果说有对象、有目的，那就是写给老师看，目的就是得分，就是考试的时候考得取。这是命题作文最根本的毛病。有人认为能写好一篇命题作文，就是语文教学的最终目的，一篇作文可以反映语文教学的成败。这更是把命题作文的作用过于夸大了。命题作文作为一种训练方式，未始不可用。如果用之得当，要求学生在一定的时间之内，进行构思，运用自己掌握的语言，按照规定的范围写他的所见所闻所想，也确实能够从中看到学生运用语言能力的高低以及他的趣味、思想境界和思想认识等等。然而这不是绝对可靠的。即使排除猜题、押题等因素，也还有一定的偶然性，不能拿一篇作文就定了人家的终身。顺带讲讲抒情散文的问题。我收集了各地的许许多多命题作文的题目，包括1977年高考题目在内，绝大部分是抒情散文题目，有的甚至是做诗的题目。在日常的学习、工作、生活之中，实际运用抒情散文的时候有多少？学生本来没有那个情，你出个题目硬要他抒，他就只好说一些并没有真情实感的话，发表一些并没有真知灼见的见解，东抄西摘，东拼西凑。这种训练方式，培养了学生一种什么文风、什么学习态度呢？所谓命题作文要用之得当，首先是题要命得得当，所出的题使学生必然能写他确实知道的事情，抒他确实有的感情，不要让他搜索枯肠，没话找话说，不要鼓励他说空话，说废话。

作文训练的方式应该是多种多样的，口头作文就是一种非常可用的方式。有一种说法，认为小学前三年不能作文，后两年才会作文。从作文是训练学生语言能力的角度来看，这种理解未免太狭隘了。我认为不仅小学一二年级，甚至学龄前的儿童就会作文了。孩子跟着爸爸妈妈到动物园去玩，回来之后老奶奶问他看到些什么，叫他说说，这就是"命题"。孩子把他看见的最喜爱的动物说了两样，比如，说小猴子怎样吃东西，小松鼠怎样在树上窜来窜去，等等，这就是口头"作文"。有的地方说得不够清楚，重复颠倒，奶奶把他说的理一理，重说一遍，问他对不对。孩子说："对了。"这就是"批改"，就是训练表达能力，训练"记叙""描写"的能力。如果语文教学中也采用一些口头作文这种形式，就可以收事半功倍之效。一节课拿出一半时间出来，就可以做这么一次练习。因为是口头说，一刻钟就可以说很多话，还可以讨论讨论，修改修改。时间节省，老师的工作量也减少了，所以是事半。其所以功倍，是收到的效果比较大。当堂训练，能培养学生口头表达的能力，训练敏捷的思维；当堂批改，大家都听见了，比书面精批细改给一个人看而他还未必看，效果要大得多，全班同学可以互相批改，可以开展讨论，辩论，大家动脑筋思考问题。这不是功倍吗？一个人经过长期这样的训练，在运用口头语言时，能够反应敏捷，思维严密，有条理。这种能力必然会反映在书面上。

　　书面作文的批改怎么搞，篇篇都粗改吗？学生家长，学校领导有意见，还在其次，只要那样做好，总可以说得通的。问题在于，老是粗改，学生作文中明明有些地方写得不对，你不改，学生就以为这样写是对的，是好的，这种影响很不妙。那么篇篇都精批细改呢，且不说老师太累，时间不够用，负担太重，问题主要在于效果不好。面面俱到，问题不集中，不突出，学生所得印象很浅，并且改得红字连篇，很容易打击学生的积极性。是不是可以精批细改他一篇以至几篇，提醒学生注意，写一篇文章好多问题都要注意，你的作文毛病不少呀。可以起个示范作用，让学生知道以后写文章应该注意些什么，以至训练他自己细细看看自己写的文章，自己做些修改：精批细改不仅给他一个人看，可以在全班传阅一下，起举一反三的作用。

　　最后，说说练习和考试。

　　培养语文技能，特别是培养熟练的技能，要靠实践，靠练，而且要有一定的量，要多练。近来大家重视练习，是很好的，这比不让学生动手，只听老师的空洞"分析"强得多。但是有的搞"题海战术"，无穷地练，练习题集子出了若干本，学生每天做各式各样的练习，要做到晚上十点、十一点。有的大量地练成语，刮起了一阵成语风，把成语搞成各种公式，如"微乎其微"是 ABCA 式，叫学生再写五个 ABCA 式的成语，这简直是整人。我遇见好几位老师，都说他写不出五个来，学生能写得出来吗？凡事总要做得恰当，不要做过头。更重要的是，要从教学的需要出发，从人学习语言的规律出发，实事求是，讲究实效，而不要从别的什么东西出发。像上面的那种练法，有的恐怕就不是从教学的需要出发，也很难说是符合学习语言的规律的。学生练来练去，很辛苦，可是不实惠，老师也辛苦，大家疲于奔命，何必呢？

考试，是检查学习、检查教学效果的一种方式，用之得当，可以起督促教学、督促学习、改进教学方法的作用，它也是选拔人材的一种方法。"四人帮"横行期间，把考试统统取消，是错误的。可是现在一切都围着考试转，特别是一切工作都围着高考指挥棒转，而且这股风好像比过去任何时候都厉害，这对学校教育极端不利。高考考命题作文，就猜题、押题；去年高考没有考命题作文，于是今年大家就拼命练缩写、扩写、填空、改错。考试，它可以这样考，也可以那样考，你跟着它的指挥棒转，跟在它后面追，你就永远追不上，永远被动。这样搞教学，效果极坏，对学生的教育也极坏，培养一种侥幸心理。为什么我们不可以从这个被动状态中解放出来呢？如果我们能够按照党的教育方针办事，按照教育规律办事，按照语文这门学科的特点和具体要求办事，该练的都练了，该做的都做了，学生的语文能力都基本符合要求了，那就随你怎么考，我的学生都不怕。这不就摆脱了被动应付状态，处于主动地位了吗？这不就培养了学生凭过硬的本领而不凭侥幸取胜的思想作风吗？

要提高语文教学的效率，牵涉到的问题很多。我们很需要总结经验，研究问题。现在语文教学研究中有不少空白，需要填补。我们要破除语文教学无规律可循的看法，探索一些规律性的东西，用实践是检验真理的唯一标准这个观点作指导，大胆试验，反复实践，这样我们才能走出一条新的路子，大幅度地、较快地提高语文教学工作的效率，提高语文教学的质量。

1979 年 6 月

关于口语研究和口语教学的三个问题[①]

张志公

一、口语研究和口语教学的发展和成绩

近三四年来,也就是口语研究会成立以来,社会上、教育界对口语的重视有了很大程度的提高。过去,我们受历史的影响,重文轻语。历史上,曾经是以文章定终身,不管口语教学。特别是八股文定型以后,学生十年寒窗,就是识字——读书——作文章(作八股文),然后考试——做官,口语教学没有一点地位。考试中有一门所谓"对策",仍是作文章,不是口头问答。受这种积弊的影响,不论是语言研究还是语文教学,都不重视口语,社会上人们的口语能力越来越低。一直到现在,我们的各级各方面人员讲很短的话,大部分没有演讲稿不行。近年来,各方面都开始注意这个问题,口语发展有了较好的势头。我们新一代的高层领导人,很多能说很好的普通话,有的能作自然、流畅、得体的即席演讲。另外,很多学校也开始重视口语教学。有些师范院校自行定下这样的制度,学生毕业要进行口语考试,口语考试不过关,不予毕业。国家教委师范教育司已经制定章程,要求师范院校把普通话定为教学语言和校园语言,基础教育司也在作同样的努力。国家语委已经或正在制定进一步推广普通话的方案和等级标准。探讨口语和口语教学的专著也越来越多了。口语研究和口语教学的这种发展是符合当今世界发展的总趋势的。任何一个发达国家都有国家使用的标准语言;如果语言混乱,到处都是南腔北调,则表明一个国家文化教育、文化教养的落后。因此,应该充分肯定我

[①] 选自《张志公语文教育论集》,人民教育出版社 1994 年版。

们这种发展、这种进步的重大意义。

二、口语研究和口语教学中存在的问题

口语研究和口语教学中也还存在着若干问题，主要表现在以下几个方面。第一，考试没有口语（据了解，今年高考，外语增加听力测验）。口语考试确实存在一定困难，但这个困难不是不能解决的。在当前一切为了考试，不考试老师就不愿意教、学生不愿意学的情况下，口语教学不考试，就等于放任自流，听之任之。这样，上述那些章程、规定等等，就不易取得预期的效果。第二，重文轻语，重视书面轻视口头。现在不断地有各式各样的作文比赛，这个杯那个杯的，花样很多，但是没有几次口语比赛，如演讲、辩论等。偶尔有，但极少极少，仍然以作文为主。我们不是说作文不重要，社会再发展，传声技术、信息技术再发达，口头语言都不可能取代书面语言，相反，对书面语言的要求会越来越高。我们要说的是，与书面要求相比，对口头的要求太低，这样的结果，语言能力的发展只能是畸形的，不正常的。今天的世界，很多方面要用口头语言解决世界大事——谈外交，谈贸易，谈军事。可是，人们对口头语言重要性的认识远远不足，做的工作非常不够。讨论口语的专著和论文比过去多起来了，但比起研究作文来还逊色得多。书面上写个错别字，大惊小怪，天天消灭，天天消灭不了；口头上读错字、读白字却不以为意。广播电台、电视台，经常读错，大家都不以为意。考察语文成绩，书面上有错别字不行，要扣分，口头上说错了却不管。研究人员、领导到学校就是听老师讲课，看学生作文，却不去听学生说话。这些做法显然是不妥当的。第三，缺少真正的口语研究。语言怎么教，语言教学怎么跟说话联系起来，语汇、语法怎么教，又怎么和口语教学联系起来，研究的人很少。学语法就是为了改病句，至于怎么运用语法提高表达能力，没人管。总之，研究和教学以文为主，而对文和语的辩证关系，相互联系，相互影响，很少研究。都是分而治之，看不到相互影响的那一面。

三、今后怎么办

面对这种现状，我们怎么办呢？第一，加强对口语本身和口语教学的研究。要有理论，但不能为理论而理论，要有联系实际运用的理论；不能缺少知识，但也不能为知识而知识，要有与运用相联系的知识。比如讲语音，光

讲元音、辅音、音节、音位、声调等等不行，还要讲怎么把这些知识用于实际说话，怎么提高口语的表达能力。不是说不要研究理论知识，而是要深入研究，与实际运用联系起来研究。缺少实用的研究，光说空话、喊口号不行。要说实话，干实事，搞过硬的研究。第二，提高对口语的要求。现在的要求太低，仅仅要求成为教学语言、校园语言远远不够。为什么只要求面向群众（主要是服务行业）的人员说普通话？还有比他们更重要的，如治安人员、司法人员等，为什么不对他们提出要求呢？应该提高要求，在全国范围内加强师资培训。不仅仅学校需要师资，社会上也非常需要。比如治安部门、司法部门、大公司、大企业等，都应该请人教普通话，都需要教师。眼光不要太狭窄，就盯着学校。古人都知道，楚人要说齐语，请一个齐人来讲课，但只有他一个人讲，别人都不讲而且笑他，根本学不成。只有一个人说，别人不说；只有一部分人说，大部分都不说，这样不行，要全国人一起行动。因此，我们应该全面培养师资，给他们高的待遇。单位、企业也要重视，建立语言能力是企业大事的观念。要注意，这是我们的母语呀！以往，在香港，会说英语，工资就要高许多。语言，是工具，也是武器，应该重视，各个部门都要请普通话教师。这个工作很难做，但只要重视，坚持做，提高全社会口语的能力是大有希望的。而全社会的口语能力是这个社会文明和文化教养的一个标志。

语文教学

应进一步探讨如何提高中学语文教学效率问题[①]

张志公

这次年会要着重研究如何进一步提高语文教学效率的问题,我完全赞成。目前,我正住在医院里治疗,不能出席会议,请大家原谅。

我也来谈谈效率问题。

当今世界上,人们在国际交往中非常讲究效率,这是人所共知的。广东深圳人有一句有名的口号,那就是:时间就是金钱,效率就是生命。关于时间是金钱的说法,我们的古人早就说过,其中最有名的是"一寸光阴一寸金,寸金难买寸光阴"。讲时间过得快,要爱惜时间的格言谚语极多,如"光阴似箭,日月如梭",光阴如"白驹过隙""弹指一挥间",等等。时间重要,大家都知道,似乎很明白,但实际上并不爱惜,不把时间当作一回事,这是非常不应该的。

效率是生命,这是新概念。过去讲"慢功出细活",慢慢来,就是不讲效率。为什么会出现这种情况呢?这和我国是一个农业国有关系,和小农经济、粗放经营有关系。人们重农业,轻工业,而所讲的工业也是小手工业,在这种情况下,即使讲效率也高不到哪儿去。在欧洲,情况就不一样了。他们在文艺复兴以前很落后,效率也不高,文艺复兴之后就不同了,人家就赶上来了,而且超过了我们。尤其是英国产业革命以后,人家搞工业化,搞现代化,各方面都有突飞猛进的发展。这一时期我们在搞什么呢?我们在搞八股文,

---

[①] 这是作者在中国教育学会中学语文教学专业委员会第六届年会(成都,1995)上的书面讲话,发表于《课程·教材·教法》1996年第2期,张定远根据记录整理。

我们落后了。究其原因，除了政治因素外，恐怕重要原因是不讲效率，办事效率低。当然，在历史上我们也不是没有成就，相反，有很多、很大的成就。我们有过不少科学家、理论家。但是，我们今天讲数学方面的成就就不能只讲祖冲之，讲医学方面的成就不能只讲张仲景、李时珍，讲文学方面的成就不能只讲曹雪芹的《红楼梦》了。这些人物是杰出的，他们的著述是优秀的，是全世界的瑰宝。但是，在那么长的时间里才出了这么一些伟大人物和光辉著作，这和我国悠久文明比起来，和世界各国科技进步比起来，我们的成就似乎还是少了些，我们不能老是拿这些家底来支撑门面，我们需要大量的人才，需要大量的科学家，需要高精尖的科研成果。

今天，我们在各个领域虽然取得很大进步，但是在自然科学、应用科学、尖端科学等许多方面还是落后的。落后的重要原因仍然是效率低。这些年我们搞改革开放，引进不少东西，我认为最值得引进的是效率。我在美国、日本参观过一些大图书馆，偌大一个图书馆几个人就管理起来了。人家不仅有先进的电脑检索等现代化的手段，更主要的是工作效率高。看来我们迫切需要引进效率。

讲效率，它的内涵无非是这么几个字：一是多，二是快，三是好。为什么说效率是生命呢？打个比方来说，过去一个人十天完成五个零件，现在他五天完成十个，这就是多，这就等于延长了生命。这样下去，他等于多活了几十年。但仅有数量还不行，不能粗制滥造，还有一个重要的东西在管着，那就是"好"。质量不好的产品，制造出来的越多，对国家的损失就越大。

教育也要讲多、快、好、省。对资金、物质要节约，不能浪费，对于人才的培养，不仅要多，要快，而且要好，要尽快培养出德才兼备的有用人才，为四化建设服务。把范围缩小一点说，现代的人才要见多识广，要有较高的交际能力，要懂得很多东西，一定要有效率观。

把范围再缩小一点说，一个现代人一定要多读书，当然要有选择地读。有的书要精读，有的书要粗读，有的书可以略读。培根说，有的书粗略地看一遍就行了，有的书要有选择地看，只有少量的书要反复咀嚼，消化了它。现在的青年学生普遍存在的问题是见不多，识不广，见识太少。刚刚举办过的"纪念反法西斯战争胜利暨抗日战争胜利50周年活动"，可以问一下青年学生：什么是慕尼黑协定？什么是马关条约？马关在哪儿？下关在哪儿？有几个人知道吉鸿昌、邓世昌？大概对林则徐知道的多一些，但林则徐是被什么人排挤走的？林则徐到新疆后又干了些什么对人民有益的事？说实在的，他们对这些事知道得太少了，对清王朝同帝国主义列强订立的许多不平等条约知道得太少了，他们不大知道帝国主义是怎样打我们的，不知道共产党、广大人民和爱国志士是怎样同他们斗争的。在这种情况下，爱国主义怎么讲？光喊"中国伟大""我爱中国"是不行的，一定要让学生知道，我们伟大的祖国究竟可爱在什么地方，这一点实在太重要了。

现在经常有人说学生的负担重，要减轻学生过重的负担。我认为这种说法缺乏具体分析。现在的问题是，该加重的负担没有加重，不该加重的负担却加重了。我不赞成把不该加重的负担强加给学生，在教学中不要加重不该加重的负担。但是选些好书让学生看，这怎么能说是加重学生负担呢？这是乐趣，决不是负担。大家试想，这样好的精神食粮过去没有让学生品尝，现在他们品尝到了，这是多大的幸福，多么有益、有趣啊！说真的，现在的青年学生书读得太少了，许多该读的好书没有读，这是很大的损失和遗憾！我想在座的大多是有权有识之士，要想想办法让学生补上这一课。

现在我们的留学生最差的是阅读能力。外国学生三天可以读完一本书，可留学生一周也读不完。反之也是这样。来我们国家留学的外国学生，他们读中文书的速度比我国大学生要慢得多，但总的来看，大中学生普遍缺乏的是速读能力。所以我主张培养学生速读的能力，要让学生多读一些书。古人说的"一目十行"无非是读得快；"过目成诵"是说既读得快，又吸收得好。现在的青年学生需要"一目十行，过目成诵"的能力。

下面谈谈教师问题。吕先生的书面讲话我看了，专门讲教师的进修和提高问题。我完全同意。我认为教师应当具有扎实的基本功，要有广博的学识，要见多识广，要掌握科学的教学方法。尤其重要的是，要把书的大仓库门上的钥匙交给学生，让学生自己打开这扇大门，走进这座书的仓库，走进书的海洋，在书的海洋里当一名弄潮儿。

在教学中，不能教给学生三篇课文，学生就会这三篇课文；而是教给学生三篇课文，学生就能学会三百篇。我们真希望青年学生胜过我们。荀子说：

"青出于蓝，而胜于蓝。"韩愈说："弟子不必不如师，师不必贤于弟子。"这些话很有道理。要把学生教得胜过我们，这是我们的追求。

要想当一名好老师，就要下功夫学习。要懂得心理学、教育家、哲学，这样就有可能提高语文教学效率和质量。

最后，我认为这次会议可以叫做专题研讨会，专门研究如何提高语文教学效率的会。希望大家深入地研究一下这个问题。什么是效率？如何取得必须有的效率？大家在这方面要切切实实下些功夫。通过研究，用一个时髦的字眼叫取得共识。当然一次研究不可能解决一切问题，但把解决问题的方向搞清楚也是一个不小的成就。再说一句，我坚决支持大家进一步研究如何提高中学语文教学效率的问题，直到取得较为满意的结果，永不停步，连续研讨，再向前进。

阅读教学

《精读指导举隅》前言[1]

叶圣陶

在指导以前，得先令学生预习。预习原很通行，但是要收到实效，方法必须切实，考查必须认真。现在请把学生应做的预习工作分项说明于下。

一、通读全文

理想的办法，国文教本要有两种本子：一种是不分段落，不加标点的，供学生预习用；一种是分段落，加标点的，待预习过后才拿出来对勘。这当然办不到。可是，不用现成教本而用油印教材的，那就可以在印发的教材上不给分段落，也不给加标点，令学生在预习时候自己用铅笔划分段落，加上标点。到上课时候，由教师或几个学生通读，全班学生静听，各自拿自己预习的成绩来对勘；如果自己有错误，就用墨笔订正。这样，一份油印本就有了两种本子的功用了。现在的书籍报刊都分段落，加标点，从著者方面说，在表达的明确上很有帮助；从读者方面说，阅读起来可以便捷不少。可是，练习精读，这样的本子反而把学者的注意力减轻了。既已分了段落，加了标点，就随便看下去，不再问为什么要这样分，这样点，这是人之常情。在这种常情里，恰恰错过了很重要的练习机会。若要不放过这个机会，唯有令学生用一种只有文字的本子去预习，在怎样分段、怎样标点上用一番心思。预习的成绩当然不免有错误，然而不足为病。除了错误以外，凡是不错误的地方都是细心咀嚼过来的，这将是终身的受用。

---

[1] 选自《叶圣陶教育文集》第3卷，人民教育出版社1994年版。原载作者与朱自清合著的《精读指导举隅》，商务印书馆1942年3月版。

假如用的是现成教本，或者虽用油印教材，而觉得只印文字颇有不便之处，那就只得退一步设法，令学生在预习的时候，对于分段标点作一番考核的功夫。为什么在这里而不在那里分段呢？为什么这里该用逗号而那里该用句号呢？为什么这一句该用惊叹号而不该用疑问号呢？这些问题，必须自求解答，说得出个所以然来。还有，现成教本是编辑员的产品，油印教材大都经教师加过工，"智者千虑，必有一失"，岂能完全没有错误？所以，不妨再令学生注意，不必绝对信赖印出来的教本与教材，最要紧的是用自己的眼光通读下去，看看是不是应该这样分段，这样标点。

要考查这一项预习的成绩怎样，得在上课时候指名通读。全班学生也可以借此对勘，订正自己的错误。读法通常分为两种：一种是吟诵，一种是宣读。无论文言白话，都可以用这两种读法来读。文言的吟诵，各地有各地的调子，彼此并不一致；但是都为了传出文字的情趣，畅发读者的感兴。白话一样可以吟诵，大致与话剧演员念台词差不多，按照国语的语音，在抑扬顿挫表情传神方面多多用功夫，使听者移情动容。现在有些小学校里吟诵白话与吟诵文言差不多，那是把"读"字呆看了。吟诵白话必须按照国语的语音，国语的语音运用得到家，才是白话的最好的吟诵。至于宣读，只是依照对于文字的理解平正地读下去，用连贯与间歇表示出句子的组织与前句和后句的分界来。这两种读法，宣读是基本的一种；必须理解在先，然后谈得到传出情趣与畅发感兴。并且，要考查学生对于文字理解与否，听他的宣读是最方便的方法。比如《泷冈阡表》的第一句，假如宣读作"呜呼！唯我皇——考崇公卜——吉于泷冈——之六十年，其子修始——克表于其阡，非——敢缓也，盖有待也"。这就显然可以察出，读者对于"皇考"，"崇公"，"卜吉"，"六十年"与"卜吉于泷冈"的关系，"始"字"克"字"表"字及"非"字"敢"字"缓"字缀合在一起的作用，都没有理解。所以，上课时候指名通读，应该用宣读法。

二、认识生字生语

通读全文，在知道文章的大概；可是要能够通读下去没有错误，非先把每一个生字生语弄清楚不可。在一篇文章里，认为生字生语的，各人未必一致，只有各自挑选出来，依赖字典辞典的翻检，得到相当的认识。所谓认识，应该把它解作最广义。仅仅知道生字生语的读音与解释,还不能算充分认识;必须熟悉它的用例,知道它在某一种场合才可以用,用在另一种场合就不对了,这才真个认识了。说到字典辞典,我们真惭愧,国文教学的受重视至少有二十年了,可是还没有一本适合学生使用的字典辞典出世,现在所有的,字典脱不了《康熙字典》的窠臼,辞典还是《辞源》称霸,对学习国文的学生都不很相宜。通常英文字典有所谓"求解""作文"两用的,学生学习国文,正需要这类的国文字典辞典。一方面知道解释,另一方面更知道该怎么使用,这才使翻检者对于生字生语具有彻底的认识。没有这样的字典辞典,学生预习效果就不会很大。但是,使用不完善的工具总比不使用工具强一点。目前既没有适用的,就只得把属于《康熙字典》系统的字典与称霸当世的《辞源》将就应用。这当儿,教师不得不多费一点心思,指导学生搜集用例,或者搜集了若干用例给学生,使学生自己去发现生字生语的正当用法。

　　学生预习,通行写笔记,而生字生语的解释往往在笔记里占大部分篇幅。这原是好事情,记录下来,印象自然深一层,并且可以备往后的考查。但学生也有不明白写笔记的用意的。他们因为教师要他们交笔记,所以不得不笔记。于是,有胡乱抄了几条字典辞典的解释就此了事的;有遗漏了真该注意的字语而仅就寻常字语解释一下拿来充数的。前者胡乱抄录,未必就是那个字语在本文里的确切意义;后者随意挑选,把应该注意的反而放过了,这于全文的理解都没有什么帮助。这样的笔记交到教师手里,教师辛辛苦苦地把它看过,还要提起笔来替他订正,实际上对学生没有多大益处,因为学生并没有真预习。所以,须在平时使学生养成一种观念与习惯,就是:生字生语必须依据本文,寻求那个字语的确切意义;又必须依据与本文相类和不相类的若干例子,发见那个字语的正当用法。至于生字生语的挑选,为了防止学生或许会有遗漏,不妨由教师先行尽量提示,指明这一些字语是必须弄清楚的。这样,学生预习才不至于是徒劳,写下来的笔记也不至于是循例的具文。

　　要考查学生对于生字生语的认识程度怎样,可以看他的笔记,也可以听他的口头回答。比如《泷冈阡表》第一句里"始克表于其阡"的"克"字,如果解作"克服"或"克制",那显然是没有照顾本文,随便从字典里取了一个解释。如果解作"能够",那就与本文切合了,可见是用了一番心思的。但

阅读教学

是还得进一步研求:"克"既然作"能够"解,"始克表于其阡"可不可以写作"始能表于其阡"呢?对于这个问题,如果仅凭直觉回答说,"意思也一样,不过有点不顺适",那是不够的。这须得研究"克"和"能"的同和异。在古代,"克"与"能"用法是一样的,后来渐渐分化了,"能"字被认为常用字,直到如今;"克"字成为古字,在通常表示"能够"意义的场合上就不大用它。在文句里面,丢开常用字不用,而特地用那同义的古字,除了表示相当意义以外,往往还带着郑重、庄严、虔敬等等情味。"始克表于其阡"一语,用了"能"字的同义古字"克"字,见得作者对于"表于其阡"的事情看得非常郑重,不敢随便着手,这正与全文的情味相应。若作"始能表于其阡",就没有那种情味,仅仅表明方始"能够"表于其阡而已。所以直觉地看,也辨得出它有点不顺适了。再看这一篇里,用"能"字的地方很不少,如"吾何恃而能自守邪","然知汝父之能养也","吾不能知汝之必有立","故能详也","吾儿不能苟合于世","汝能安之"。这几个"能"字,作者都不换用"克"字,因为这些语句都是传达母亲的话,无须带着郑重、庄严、虔敬等等情味;并且,用那常用的"能"字,正切近于语言的自然。用这一层来反证,更可以见得"始克表于其阡"的"克"字,如前面所说,是为着它有特别作用才用了的。——像这样的讨究,学生预习时候未必人人都做得来;教师在上课时候说给他们听,也嫌烦琐一点。但是简单扼要地告诉他们,使他们心知其故,还是必需的。

学生认识生字生语,往往有模糊笼统的毛病,用句成语来说,就是"不求甚解"。曾见作文本上有"笑颜逐开"四字,这显然是没有弄清楚"笑逐颜开"究竟是什么意义,只知道在说到欢笑的地方仿佛有这么四个字可以用,结果却把"逐颜"两字写颠倒了。又曾见"万卷空巷"四字,单看这四个字,谁也猜不出是什么意义;但是连着上下文一起看,就知道原来是"万人空巷";把"人"字忘记了,不得不找一个字来凑数,而"卷"字与"巷"字字形相近,因"巷"字想到"卷"字,就写上了"卷"字。这种错误全由于当初认识的时候太疏忽了,意义不曾辨明,语序不曾念熟,怎得不闹笑话?所以令学生预习,必须使他们不犯模糊笼统的毛病;像初见一个生人一样,一见面就得看清他的形貌,问清他的姓名职业。这样成为习惯,然后每认识一个生字生语，好像积钱似的，多积一个就多加一分财富的总量。

三、解答教师所提示的问题

一篇文章，可以从不同的观点去研究它。如作者意念发展的线索，文章的时代背景，技术方面布置与剪裁的匠心，客观上的优点与疵病，这些就是所谓不同的观点。对于每一个观点，都可以提出问题，令学生在预习的时候寻求解答。如果学生能够解答得大致不错，那就真个做到了"精读"两字了——"精读"的"读"字原不是仅指"吟诵"与"宣读"而言的。比较艰深或枝节的问题，估计起来不是学生所必须知道的，当然不必提出。但是，学生应该知道而未必能自行解答的，却不妨预先提出，让他们去动一动天君，查一查可能查到的参考书。他们经过了自己的一番摸索，或者是略有解悟，或者是不得要领，或者是全盘错误，这当儿再来听教师的指导，印入与理解的程度一定比较深切。最坏的情形是指导者与领受者彼此不相应，指导者只认领受者是一个空袋子，不问情由把一些叫作知识的东西装进去。空袋子里装东西进去，还可以容受；完全不接头的头脑里装知识进去，能不能容受却是说不定的。

这一项预习的成绩，自然也得写成笔记，以便上课讨论有所依据，往后更可以覆按、查考。但是，笔记有敷衍了事的，有精心撰写的。随便从本文里摘出一句或几句话来，就算是"全文大意"与"段落大意"；不贬不备地列几个项目，挂几条线，就算是"表解"；没有说明，仅仅抄录几行文字，就算"摘录佳句"；这就是敷衍了事的笔记。这种笔记，即使每读一篇文字都做，做上三年六年，实际上还是没有什么好处。所以说，要学生作笔记自然是好的，但是仅仅交得出一本笔记，这只是形式上的事情，要希望收到实效，还不得不督促学生凡作笔记务须精心撰写。所谓精心撰写也不须求其过高过深，只要写下来的东西真是他们自己参考与思索得来的结果，就好了。参考要有路径，思索要有方法，这不单是知识方面的事，而且是习惯方面的事，习惯的养成在教师的训练与指导。学生拿了一篇文章来预习，往往觉得茫然无从下手。教师要训练他们去参考，指导他们去思索，最好给他们一种具体的提示。比如读《泷冈阡表》，这一篇是作者叙述他的父亲，就可以教他们取相类的文章归有光的《先妣事略》来参考，看两篇的取材与立意上有没有异同；

如果有的话，为什么有。又如《泷冈阡表》里有叙述赠封三代的一段文字，好像很啰嗦，就可以教他们从全篇的立意上思索，看这一段文字是不是不可少的；如果不可少的话，为什么不可少。这样具体地给他们提示，他们就不至于茫然无从下手，多少总会得到一点成绩。时时这样具体地给他们提示，他们参考与思索的习惯渐渐养成，写下来的笔记再也不会是敷衍了事的了。即使所得的解答完全错误，但是在这以后得到教师或同学的纠正，一定更容易心领神会了。

上课时候令学生讨论，由教师做主席、评判人与订正人，这是很通行的办法。但是讨论要进行得有意义，第一要学生在预习的时候准备得充分，如果准备不充分，往往会与虚应故事的集会一样，或是等了好久没有一个人开口，或是有人开口了只说一些不关痛痒的话。教师在无可奈何的情形之下，只得不再要学生发表什么，只得自己一个人滔滔汩汩地讲下去。这就完全不合讨论的宗旨了。第二还得在平时养成学生讨论问题，发表意见的习惯。听取人家的话，评判人家的话，用不多不少的话表白自己的意见，用平心静气的态度比勘自己的与人家的意见，这些都要历练的。如果没有历练，虽然胸中仿佛有一点准备，临到讨论是不一定敢于发表的。这种习惯的养成不仅是国文教师的事情，所有教师都得负责。不然，学生成为只能听讲的被动人物，任何功课的进步至少要减少一半——学生事前既有充分的准备，平时又有讨论的习惯，临到讨论才会人人发表意见，不至于老是某几个人开口。所发表的意见又都切合着问题，不至于胡扯乱说，全不着拍。这样的讨论，在实际的国文教室里似乎还不易见到；然而要做到名副其实的讨论，却非这样不可。

讨论进行的当儿，有错误给予纠正，有疏漏给予补充，有疑难给予阐明，虽说全班学生都有份儿，但是最后的责任还在教师方面。教师自当抱着客观的态度，就国文教学应有的观点说话。现在已经规定要读白话了，如果还说白话淡而无味，没有读的必要；或者教师自己偏爱某一体文字，就说除了那一体文字都不值一读；就都未免偏于主观，违背了国文教学应有的观点了。讲起来，滔滔汩汩连续到三十五十分钟，往往不及简单扼要讲这么五分十分钟容易使学生印入得深切。即使教材特别繁复，非滔滔汩汩连续到三十五十分钟不可，也得在发挥完毕的时候，给学生一个简明的提要。学生凭这个提要，再去回味那滔滔汩汩的讲说，就好像有了一条索子，把散开的钱都穿起来了。这种简明的提要，当然要让学生写在笔记本上；尤其重要的是写在他们心上，让他们牢牢记住。

课内指导之后，为求涵咀得深，研讨得熟，不能就此过去，还得有几项事情要做。现在请把学生应做的练习工作分项说明如下。

1. 吟诵

在教室内通读，该用宣读法，前面已经说过。讨论完毕以后，学生对于文章的细微曲折之处都弄清楚了，就不妨指名吟诵。或者先由教师吟诵，再令学生仿读。自修的时候，尤其应该吟诵；只要声音低一点，不妨碍他人的自修。原来国文和英文一样，是语文学科，不该只用心与眼来学习；须在心与眼之外，加用口与耳才好。吟诵就是心、眼、口、耳并用的一种学习方法。从前人读书，多数不注重内容与理法的讨究，单在吟诵上用功夫，这自然不是好办法。现在国文教学，在内容与理法的讨究上比从前注重多了；可是学生吟诵的工夫太少，多数只是看看而已。这又是偏向了一面，丢开了一面。唯有不忽略讨究，也不忽略吟诵，那才全而不偏。吟诵的时候，对于讨究所得的不仅理智地了解，而且亲切地体会，不知不觉之间，内容与理法化而为读者自己的东西了，这是最可贵的一种境界。学习语文学科，必须达到这种境界，才会终身受用不尽。

一般的见解，往往以为文言可以吟诵，白话就没有吟诵的必要。这是不对的。只要看戏剧学校与认真演习的话剧团体，他们练习一句台词，不惜反复订正，再四念诵，就可以知道白话的吟诵也大有讲究。多数学生写的白话为什么看起来还过得去，读起来就少有生气呢？原因就在他们对于白话仅用了心与眼，而没有在口与耳方面多用功夫。多数学生登台演说，为什么有时意思还不错，可是语句往往杂乱无次，语调往往不合要求呢？原因就在平时对于语言既没有训练，国文课内对于白话又没有好好儿吟诵。所以这里要特别提出，白话是与文言一样需要吟诵的。白话与文言都是语文，要亲切地体会白话与文言的种种方面，都必须花一番功夫去吟诵。

吟诵的语调，有客观的规律。语调的差别，不外乎高低、强弱、缓急三

阅读教学

215

类。高低是从声带的张弛而来的分别。强弱是从肺部发出空气的多少而来的分别。缓急是声音与时间的关系，在一段时间内，发音数少是缓，发音数多就是急。吟诵一篇文章，无非依据对于文章的了解与体会，错综地使用这三类语调而已。大概文句之中的特别主眼，或是前后的词彼此关联照应的，发声都得高一点。就一句来说，如意义未完的文句，命令或呼叫的文句，疑问或惊讶的文句，都得前低后高。意义完足的文句，祈求或感激的文句，都得前高后低。再说强弱。表示悲壮、快活、叱责或慷慨的文句，句的头部宜加强。表示不平、热诚或确信的文句，句的尾部宜加强。表示庄重、满足或优美的文句，句的中部宜加强。再说缓急。含有庄重、畏敬、谨慎、沉郁、悲哀、仁慈、疑惑等等情味的文句，须得缓读。含有快活、确信、愤怒、惊愕、恐怖、怨恨等等情味的文句，须得急读。以上这些规律，都应合着文字所表达的意义与情感，所以依照规律吟诵，最合于语言的自然。上面所说的三类声调，可以用符号来表示，如把"·"作为这个字发声须高一点的符号，把"△"作为这一句作为前低后高的符号，把"▽"作为这一句该前高后低的符号，把"∨"作为句的头部宜加强的符号，把"∧"作为句的尾部宜加强的符号，把"◇"作为句的中部宜加强的符号，把"＿"作为急读的符号，把"＿＿"作为缓读的符号，把"～～"作为不但缓读而且须摇曳生姿的符号。在文字上记上符号，练习吟诵就不至于漫无凭依。符号当然可以随意规定，多少也没有限制，但是应用符号总是对教学有帮助的。

吟诵第一求其合于规律，第二求其通体纯熟。从前书塾里读书，学生为了要早一点到教师跟前去背诵，往往把字句勉强记住。这样强记的办法是要不得的，不久连字句都忘了，还哪里说得上体会？令学生吟诵，要使他们看作一种享受而不看作一种负担。一遍比一遍读来入调，一遍比一遍体会亲切，并不希望早一点能够背诵，而自然达到纯熟的境界。抱着这样享受的态度是吟诵最易得益的途径。

2. 参读相关的文章

精读文章，每学年至多不过六七十篇。初中三年，所读仅有两百篇光景，再加上高中三年，也只有四百篇罢了。倘若死守着这几百篇文章，不用旁的文章来比勘，印证，就难免化不开来，难免知其一不知其二。所以，精读文章，只能把它认作例子与出发点；既已熟习了例子，占定了出发点，就得推广开来，阅读略读书籍，参读相关文章。这里不谈略读书籍，单说所谓相关文章。比如读了某一体文章，而某一体文章很多，手法未必一样，大同之中不能没有小异；必须多多接触，方能普遍领会某一体文章的各方面。或者手法相同，而相同之中不能没有个优劣得失；必须多多比较，方能进一步领会优劣得失的所以然。并且，课内精读文章是用细琢细磨的功夫来研讨的；而阅读的练习，不但求其理解明确，还须求其下手敏捷，老是这样细磨细琢，一篇文章研讨到三四个钟头，是不行的。参读相关文章就可以在敏捷上历练；能够花一两个钟头把一篇文章弄清楚固然好，更敏捷一点只花半个钟头一个钟头尤其好。参读的文章既与精读文章相关，怎样剖析，怎样处理，已经在课内受到了训练，求其敏捷当然是可能的。这种相关文章可以从古今"类选""类纂"一类的书本里去找。学生不能自己置备，学校的图书室不妨多多陈列，供给学生随时参读。

请再说另一种意义的相关文章。夏丏尊先生在一篇说给中学生听的题目叫作《阅读什么》[①]的演讲辞里，有以下的话：

> 诸君在国文教科书里读到了一篇陶潜的《桃花源记》……这篇文字是晋朝人做的，如果诸君觉得和别时代人所写的情味有些两样情形，就会去翻中国文学史；这时文学史就成了诸君的参考书。这篇文字里所写的是一种乌托邦思想，诸君平日因了师友的指教，知道英国有一位名叫马列斯的社会思想家，写过一本《理想乡消息》，和陶潜所写的性质相近，拿来比较；这时《理想乡消息》就成了诸君的参考书。这篇文字是属于记叙一类的，诸君如果想明白记叙文的格式，去翻看记叙文作法；这时记叙文作法就成了诸君的参考书。还有，这篇文字的作者叫陶潜，诸君如果想知道他的为人，去翻《晋书·陶潜传》或陶集；这时《晋书》或陶集就成了诸君的参考书。

---

① 见作者与夏丏尊合著《阅读与写作》，开明书店1938年4月版。

这一段演讲里的参考书就是这里所谓另一种意义的相关文章。像这样把精读文章作为出发点，向四面八方发展开来，那么，精读了一篇文章，就可以读许多书，知解与领会的范围将扩张到多么大啊！学问家的广博与精深差不多都从这个途径得来。中学生虽不一定要成学问家，但是这个有利的途径是该让他们去走的。

其次，关于语调与语文法的揣摩，都是愈熟愈好。精读文章既已到了纯熟的地步，再取语调与语文法相类似的文章来阅读，纯熟的程度自然更进一步。小孩子学说话，能够渐渐纯熟而没有错误，不单是从父母方面学来的；他从所有接触的人方面去学习，才会成功。在精读文章以外，再令读一些相类似的文章，比之于小孩子学说话，就是要他们从所有接触的人方面去学习。

3. 应对教师的考问

学生应对考问是很通常的事情。但是对于应对考问的态度未必一致。有尽其所知所能，认真应对的；有不负责任，敷衍应对的；有提心吊胆，战战兢兢地只着眼于分数的多少的。以上几种态度，自然第一种最可取。把所知所能尽量拿出来，教师就有了确实的凭据，知道哪一方面已经可以了，哪一方面还得督促。考问之后，教师按成绩记下分数；分数原是备稽考的，分数多不是奖励，分数少也不是惩罚，分数少到不及格，那就是学习成绩太差，非赶紧努力不可。这一层，学生必须明白认识。否则误认努力学习只是为了分数，把切己的事情看作身外的事情，就是根本观念错误了。

教师记下了分数，当然不是指导的终结，而是加工的开始。对于不及格的学生，尤须设法给他们个别的帮助。分数少一点本来没有什么要紧；但是分数少正表明学习成绩差，这是热诚的教师所放心不下的。

考查的方法很多，如背诵、默写、简缩、扩大、摘举大意、分段述要、说明作法、述说印象，也举不尽许多。这里不想逐项细说，只说一个消极的原则，就是：不足以看出学生学习成绩的考问方法最好不要用。比如教了《泷冈阡表》之后，考问学生说，"欧阳修的父亲做过什么官？"这就是个不很有意义的考问。文章里明明写着"为道州判官，泗绵二州推官，又为泰州判官"，学生精读了一阵，连这一点也不记得，还说得上精读吗？学生回答得出这样的问题，也无从看出他的学习成绩好到怎样。所以说它不很有意义。

考问往往在精读一篇文章完毕或者月考期考的时候举行；除此之外，通常不再顾及，一篇文章讨究完毕就交代过去了。这似乎不很妥当。从前书塾里读书，既要知新，又要温故，在学习的过程中，匀出一段时间来温理以前读过的，这是个很好的办法。现在教学国文，应该采取它。在精读几篇文章之后，且不要上新的；把以前读过的温理一下，回味那已有的了解与体会，更寻求那新生的了解与体会，效益决不会比上一篇新的来得少，这一点很值得注意，所以附带在这里说一说。

1940 年 9 月 17 日作

《略读指导举隅》前言[①]

叶圣陶

国文教学的目标，在养成阅读书籍的习惯，培植欣赏文学的能力，训练写作文字的技能。这些事不能凭空着手，都得有所凭借。凭借什么？就是课本或选文。有了课本或选文，然后养成、培植、训练的工作得以着手。课本里所收的，选文中入选的，都是单篇短什，没有长篇巨著。这并不是说学生读了一些单篇短什就足够了。只因单篇短什分量不多，要做细磨细琢的研读功夫，正宜从此入手，一篇读毕，又读一篇，涉及的方面既不嫌偏颇，阅读的兴趣也不致单调，所以取作"精读"的教材。学生从精读方面得到种种经验，应用这些经验，自己去读长篇巨著以及其他的单篇短什，不再需要教师的详细指导，这就是"略读"。就教学而言，精读是主体，略读只是补充；但

[①] 选自《叶圣陶教育文集》第 3 卷，人民教育出版社 1994 年版。原载作者与朱自清合著的《略读指导举隅》，商务印书馆 1943 年 1 月版。

是就效果而言,精读是准备,略读才是应用。学生在校的时候,为了需要与兴趣,须在课本或选文以外阅读旁的书籍文章;他日出校之后,为了需要与兴趣,一辈子须阅读各种书籍文章;这种阅读都是所谓应用。使学生在这方面打定根基,养成习惯,全在国文课的略读。如果只注意于精读,而忽略了略读,功夫便只做得一半。其弊害是想象得到的,学生遇到需要阅读的书籍文章,也许会因没有教师在旁作精读那样的详细指导,而致无所措手。现在一般学校,忽略了略读的似乎不少,这是必须改正的。

略读不再需要教师的详细指导,并不等于说不需要教师的指导。各种学科的教学都一样,无非教师帮着学生学习的一串过程。略读是国文课程标准里面规定的正项工作,哪有不需要教师指导之理?不过略读指导与精读指导不同。精读指导必须纤屑不遗,发挥净尽;略读指导却需提纲挈领,期其自得。何以需提纲挈领?唯恐学生对于当前的书籍文章摸不到门径,辨不清路向,马马虎虎读下去,结果所得很少。何以不必纤屑不遗?因为这一套功夫在精读方面已经训练过了,照理说,该能应用于任何时候的阅读;现在让学生在略读时候应用,正是练习的好机会。学生从精读而略读,譬如孩子学走路,起初由大人扶着牵着,渐渐的大人把手放了,只在旁边遮拦着,替他规定路向,防他偶或跌跤。大人在旁边遮拦着,正与扶着牵着一样的需要当心;其目的唯在孩子步履纯熟,能够自由走路。精读的时候,教师给学生纤屑不遗的指导,略读的时候,更给学生提纲挈领的指导,其目的唯在学生习惯养成,能够自由阅读。

仅仅对学生说,你们随便去找一些书籍文章来读,读得越多越好;这当然算不得略读指导。就是斟酌周详,开列个适当的书目篇目,教学生自己照着去阅读,也还算不得略读指导。因为开列目录只是阅读以前的事;在阅读一事的本身,教师没有给一点帮助,就等于没有指导。略读如果只任学生自己去着手,而不给他们一点指导,很容易使学生在观念上发生误会,以为略读只是"粗略的"阅读,甚而至于是"忽略的"阅读;而在实际上,他们也就"粗略的"甚而至于"忽略的"阅读,就此了事。这是非常要不得的,积久养成不良习惯,就终身不能从阅读方面得到多大的实益。略读的"略"字,一半系就教师的指导而言:还是要指导,但是只须提纲挈领,不必纤屑不遗,所以叫做"略"。一半系就学生的功夫而言：还是要像精读那样仔细咬嚼，但是精读时候出于努力钻研，从困勉达到解悟，略读时候却已熟能生巧，不需多用心力，自会随机肆应，所以叫做"略"。无论教师与学生都须认清楚这个意思，在实践方面又须各如其分，做得到家，略读一事才会收到它预期的效果。

略读既须由教师指导，自宜与精读一样，全班学生用同一的教材。假如一班学生同时略读几种书籍，教师就不便在课内指导；指导了略读某种书籍的一部分学生，必致抛荒了略读别种书籍的另一部分学生；各部分轮流指导固也可以，但是每周略读指导的时间至多也只能有两小时，各部分轮流下来，必致每部分都非常简略。况且同学间的共同讨论是很有帮助于阅读能力的长进的，也必须阅读同一的书籍才便于共同讨论。一个学期中间，为求精详周到起见，略读书籍的数量不宜太多，有二三种也就可以了。好在略读与精读一样，选定些教材来读，无非"举一隅"的性质，都希望学生从此学得方法，养成习惯，自己去"以三隅反"；故数量虽少，并不妨事。学生如果在略读教材之外，更就兴趣选读旁的书籍，那自然是值得奖励的；并且希望能够普遍地这么做。或许有人要说，略读同一的教材，似乎不能顾到全班学生的能力与兴趣。其实这不成问题。精读可以用同一的教材，为什么略读就不能？班级制度的一切办法，总之以中材为标准；凡是忠于职务，深知学生的教师，必能选取适合于中材的教材，供学生略读；这就没有能力够不够的问题。同时，所取教材必能不但适应学生的一般兴趣，并且切合教育的中心意义；这就没有兴趣合不合的问题。所以，略读同一的教材是无弊的，只要教师能够忠于职务，能够深知学生。

课内略读指导，包括阅读以前对于选定教材的阅读方法的提示，及阅读以后对于阅读结果的报告与讨论。作报告与讨论的虽是学生，但是审核他们的报告，主持他们的讨论，仍是教师的事；其间自不免有需要订正与补充的地方，所以还是指导。略读教材若是整部的书，每一堂略读课内令学生报告并讨论阅读那部书某一部分的实际经验；待全书读毕，然后令作关于全书的总报告与总讨论。至于实际阅读，当然在课外。学生课外时间有限，能够用来自修的，每天至多不过四小时。在这四小时内，除了温理旁的功课，作旁

阅读教学

的功课的练习与笔记外，分配到国文课的自修的，至多也不过一小时。一小时够少了，而精读方面也得自修、预习、复习、诵读、练习，这些都是非做不可的；故每天的略读时间至多只能有半小时。每天半小时，一周便是三小时（除去星期放假）。每学期上课时间以二十周计，略读时间仅有六十小时。在这六十小时内，如前面所说的，要阅读二三种书籍，篇幅太多的自不相宜；如果选定的书正是篇幅太多的，那只得删去若干，选读它的一部分。不然，分量太多，时间不够，学生阅读势必粗略，甚而至于忽略；或者有始无终，没有读到完篇就丢开；这就会养成不良习惯，为终身之累。所以漫无计算是要不得的。与其贪多务广，以致发生流弊，不如预作精密估计，务使在短少时间之内把指定的教材读完，而且把应做的工作都做到家，绝不草率从事，借此养成阅读的优良习惯，来得有益得多。学生有个很长的暑假，又有个相当长的寒假；在这两个假期内，可以自由阅读很多的书。如果略读时候养成了优良习惯，到暑假寒假期间，各就自己的需要与兴趣去多多阅读，那一定比不经略读的训练多得吸收的实效。归结起来说，就是：略读的分量不宜过多，必须顾到学生能用上的时间；多多阅读固宜奖励，但是得为时间所许可，故以利用暑假寒假最为适当。

书籍的性质不一，因而略读指导的方法也不能一概而论。就一般说，在阅读以前应该指导的有以下各项。

一、版本指导

一种书往往有许多版本。从前是木刻，现在是排印。在初刻初排的时候或许就有了错误，随后几经重刻重排，又不免辗转发生错误；也有逐渐的增补或订正。读者读一本书，总希望得到最合于原稿的，或最为作者自己惬意的本子；因为唯有读这样的本子才可以完全窥见作者的思想感情，没有一点含糊。学生所见不广，刚与一种书接触，当然不会知道哪种本子较好；这须待教师给他们指导。现在求书不易，有书可读便是幸事，更谈不到取得较好的本子。正唯如此，这种指导更不可少；哪种本子校勘最精审，哪种本子是作者的最后修订稿，都得给他们说明，使他们遇到那些本子的时候，可以取来覆按，对比。还有，这些书经各家的批评或注释，每一家的批评或注释自成一种本子，这中间也就有了优劣得失的分别。其需要指导，理由与前说相同。总之，这方面的指导，宜运用校勘家、目录家的知识，而以国文教学的观点来范围它。学生受了这样的熏陶，将来读书不但知道求好书，并且能够抉择好本子，那是受用无穷的。

二、序目指导

读书先看序文，是一种好习惯。学生拿到一部书，往往立刻看本文，或者挑中间有趣味的部分来看，对于序文，认为与本文没有关系似的；这是因为不知道序文很关重要的缘故。序文的性质常常是全书的提要或批评，先看一遍，至少对于全书有个概括的印象或衡量的标准；然后阅读全书，就不至于茫无头绪。通常读书，其提要或批评不在本书而在旁的地方的尚且要找来先看；对于具有提要或批评的性质的本书序文怎能忽略过去？所以在略读的时候，必须教学生先看序文，养成他们的习惯。序文的重要程度，各书并不一致。属于作者的序文，若是说明本书的作意、取材、组织等项的，那无异于"编辑大意""编辑例言"，借此可以知道本书的规模，自属非常重要。有些作者在本文之前作一篇较长的序文，其内容并不是本文的提要，却是阅读本文的准备知识，犹如津梁或门径，必须通过这一关才可以涉及本文；那就是"导言"的性质，重要程度也高。属于编订者或作者师友所作的序文，若是说明编订的方法，抉出全书的要旨，评论全书的得失的，都与了解全书直接有关，重要也不在上面所说的作者自序之下。无论作者自作或他人所作的序文，有些仅仅叙一点因缘，说一点感想，与全书内容关涉很少；那种序文的本身也许是一篇好文字，对于读者就比较不重要了。至于他人所作的序文，有专事赞扬而过了分寸的，有很想发挥而不得要领的；那种序文实际上很不少，诗文集中尤其多，简直可以不必看。教师指导，要教学生先看序文，更要审查序文的重要程度，与以相当的提示，使他们知道注意之点与需要注意力的多少。若是无关紧要的序文，自然不教他们看，以免浪费时力。

目录表示本书的眉目，也具有提要的性质。所以也须养成学生先看目录的习惯。有些书籍，固然须顺次读下去，不读第一卷就无从着手第二卷。有些书籍却不然，全书分做许多部分，各部分自为起讫，其前后排列或仅大概以类相从，或仅依据撰作的年月，或竟完全出于编排时候的偶然；对于那样的书籍就不必顺次读下去；可以打乱全书的次第，把有关某一方面的各卷各

阅读教学

篇聚在一起读，读过以后，再把有关其他方面的各卷各篇聚在一起读，或许更比顺次读下去方便且有效得多。要把有关的各卷各篇聚在一起，就更有先看目录的必要。又如选定教材若是长篇小说，假定是《水浒》，因为分量太多，时间不够，不能通体略读，只好选读它的一部分，如写林冲或武松的几回。要知道哪几回是写林冲或武松的，也得先看目录。又如选定教材的篇目若是非常简略，而其书又适宜于不按照次第来读的，假定是《孟子》，那就在篇目之外，最好先看赵岐的"章指"。"章指"并不编列在目录的地位；用心的读者不妨抄录二百几十章的"章指"，当它是个详细的目录提要。有了这样详细的目录提要，因阅读的目标不同，就可以把二百几十章作种种的组合，为某一目标取某组合来精心钻研。目录的作用当然还有，可以类推，不再详说。教师指导的时候，务须相机提示，使学生能够充分利用目录。

三、参考书籍指导

参考书籍，包括关于文字的音义，典故成语的来历等所谓工具书，以及与所读书有关的必须借彼而后明此的那些书籍。从小的方面说，阅读一书而求其彻底了解，从大的方面说，做一种专门研究，要从古今人许多经验中得到一种新的发现，一种系统的知识，都必须广博地翻检参考书籍。一般学生读书，往往连字典词典也懒得翻，更不用说跑进图书室去查阅有关书籍了。这种"读书不求甚解"的态度，一时未尝不可马虎过去；但是这就成了终身的病根，将不能从阅读方面得到多大益处；若做专门研究工作，更难有满意的成就。所以，利用参考书籍的习惯，必须在学习国文的时候养成。精读方面要多多参考，略读方面还是要多多参考。起初，学生必嫌麻烦，这要翻检，那要搜寻，不如直接读下去来得爽快；但是渐渐成了习惯，就觉得必须这样多多参考，才可以透彻地了解所读的书，其味道的深长远胜于"不求甚解"；那时候，让他们"不求甚解"也不愿意了。国文课内指导参考书籍，当然不能如专家做研究工作一样，搜罗务求广博，凡有一语一条用得到的材料都舍不得放弃，开列个很长的书目。第一，须顾到学生的能力。参考书籍用来帮助理解本书，若比本书艰深，非学生能力所能利用，虽属重要，也只得放弃。譬如阅读某一书，须做关于史事的参考，与其教学生查《二十四史》，不如教他们翻一部近人所编的通史；再退一步，不如教他们看他们所读的历史课本。

因为通史与历史课本的编辑方法适合于他们的理解能力；而《二十四史》本身还只是一堆材料，要在短时期间从中得到关于一件史事的概要，事实上不可能。曾见一些热心的教师给学生开参考书目，把自己所知道的，巨细不遗，逐一开列，结果是洋洋大观，学生见了唯有望洋兴叹；有些学生果真去按目参考，又大半不能理解，有参考之名，无参考之实。这就是以教师自己为本位，忽略了学生能力的弊病。第二，须顾到图书室的设备。教师提示的书籍，学生从图书室立刻可以检到，既不耽误工夫，且易引起兴趣。如果那参考书的确必要，又为学生的能力所能利用，而图书室没有，学生只能以记忆书名了事；那就在阅读上短少了一分努力，在训练上错过了一个机会。因此，消极的办法，教师提示参考书籍，应以图书室所具备的为限；积极的办法，就得促图书室有计划地采购图书——各科至少有最低限度的必要参考书籍，国文科方面当然要有它的一份。这件事很值得提倡。现在一般学校，不是因经费不足，很少买书，就是因偶然的机缘与教师的嗜好，随便买书；有计划地为供学生参考而采购的，似乎还不多见。还有个补救的办法，图书室没有那种书籍，而地方图书馆或私家藏书却有，教师不妨指引学生去借来参考。图书室购备参考书籍，即使有复本，也不过两三本；一班学生同时要拿来参考，势必争先恐后，后拿到手的，已经浪费了许多时间。为解除这种困难，可以用分组参考的办法：假定阅读某种书籍需要参考四部书，就分学生为四组，使每组参考一部；或待相当时间之后互相交换，或不再交换，就使每组报告参考所得，以免他组自去参考。第三，指定了参考书籍，教师的事情并不就此完毕。如果那种书籍的编制方法是学生所不熟悉的，或者分量很多，学生不容易找到所需参考的部分的，教师都得给他们说明或指示。一方面要他们练习参考，一方面又要他们不致茫无头绪，提不起兴趣；唯有如上所说相机帮助他们，才可以做到。

四、阅读方法指导

各种书籍因性质不同，阅读方法也不能一样。但是就一般说，总得像精读时候的阅读那样，就其中的一篇或一章一节，逐句循诵，摘出不了解的处所；然后应用平时阅读的经验，试把那些不了解的处所自求解答；得到了解答，再看注释或参考书，以检验解答的对不对；如果实在无法解答，那就径看注释或参考书。不了解的处所都弄清楚了，又复读一遍，明了全篇或全章全节的大意。最后细读一遍，把应当记忆的记忆起来，把应当体会的体会出来，把应当研究的研究出来。全书的各篇或各章各节，都该照此办法。略读原是用来训练阅读的优良习惯，必须脚踏实地，毫不苟且，才有效益；决不能让学生胡乱读过一遍就算。唯有开始脚踏实地，毫不苟且，到习惯既成之后才会"过目不忘"，"展卷自得"。若开始就草草从事，说不定将一辈子"过目辄忘"，"展卷而无所得"了。还有一层，略读既是国文功课方面的工作，无论阅读何种书籍，都宜抱着研究国文的态度。平常读一本数学课本，不研究它的说明如何正确；读一本史地课本，也不研究它的叙述如何精当。数学课本与史地课本原可以在写作技术方面加以研究；因作者的造诣不同，同样是数学课本与史地课本，其正确与精当的程度实际上确也大有高下。但是在学习数学、学习史地的立场，自不必研究那些；如果研究那些，便转移到学习国文的立场，抱着研究国文的态度了。其他功课的阅读都只须顾到书籍的内容。国文功课训练阅读，独须内容形式兼顾，并且不把内容形式分开来研究，而认为不可分割的两方面；经过了国文功课方面的训练，再去阅读其他功课的书籍，眼力自也增高。认清了这一层，对于选定的略读书籍自必一律作写作技术的研究，被选的书总有若干长处；读者不仅在记得那些长处，尤其重要的在能看出为什么会有那些长处。同时不免或多或少有些短处；读者也须能随时发现，说明它的所以然，这才可以做到读书而不为书所蔽。——这一层也是就一般说的。

现在再分类来说，有些书籍，阅读它的目的在从中吸收知识，增加自身的经验；那就须运用思考与判断，认清全书的要点，不歪曲也不遗漏，才得如愿。若不能抉择书中的重要部分，认不清全书的要点，或忽略了重要部分，却把心思用在枝节上，所得结果就很少用处。要使书中的知识化为自身的经验，自必从记忆入手；记忆的对象若是阅读之后看出来的要点，因它条理清楚，印入自较容易。若不管重要与否，而把全部平均记忆，甚至以全部文句为记忆的对象，那就没有纲领可凭，徒增不少的负担，结果或且全部都不记忆。所以死用记忆决不是办法，漫不细心地读着读着，即使读到烂熟，也很难有心得；必须随时运用思考与判断，接着择要记忆，才合于阅读这一类书籍的方法。

又如小说或剧本，一般读者往往只注意它的故事；故事变化曲折，就感到兴趣，读过以后，也只记住它的故事。其实凡是好的小说和剧本，故事仅是迹象；凭着那迹象，作者发挥他的人生经验或社会批判，那些才是精魂。阅读小说或剧本而只注意它的故事，专取迹象，抛弃精魂，决非正当方法。在国文课内，要培植欣赏文学的能力，尤其不应如此。精魂就寄托在迹象之中，对于故事自不可忽略；但是故事的变化曲折所以如此而不如彼，都与作者发挥他的人生经验和社会批判有关，这一层更须注意。初学者还没有素养，一时无从着手；全仗教师给他们易晓的暗示与浅明的指导，渐渐引他们入门。穿凿附会固然要不得，粗疏忽略同样要不得。凭着故事的情节，逐一追求作者要说而没有明白说出来的意思，才会与作者的精神相通，才是阅读这一类书籍的正当方法。有些学生喜欢看低级趣味的小说之类，教他们不要看，他们虽然答应了，一转身还是偷偷地看。这由于没有学得阅读这类书籍的方法，注意力仅仅集中在故事上的缘故。他们如果得到适当的暗示与指导，渐渐有了素养，就会觉得低级趣味的小说之类在故事之外没有东西，经不起咀嚼；不待他人禁戒，自然就不喜欢看了。——这可以说是消极方面的效益。

又如诗集，若是个人的专集，按写作年月，顺次看诗人意境的扩大或转换，风格的确立或变易，是一种读法。按题材归类，看诗人对于某一题材如何立意，如何发抒，又是一种读法。按体式归类，比较诗人对于某一类体式最能运用如意，倾吐诗心，又是一种读法。以上都是分析研究方面的事，而文学这东西，尤其是诗歌，不但要分析地研究，还得要综合地感受。所谓感受，就是读者的心与诗人的心起了共鸣，仿佛诗人说的正是读者自己的话，诗人宣泄的正是读者自己的情感似的。阅读诗歌的最大受用在此。通常说诗歌足以陶冶性情，就因为深美玄妙的诗歌能使读者与诗人同其怀抱。但是这种受用不是没有素养的人所能得到的；素养不会凭空而至，还得从分析的研究入手。研究愈精，理解愈多，才见得纸面的文字——是诗人心情动荡的表现；读它的时候，心情也起了动荡，几乎分不清那诗是诗人的还是读者自己的。所读的若是总集，也可应用类似前说的方法，发现各代各家各派意境的浅深，抒写的技巧；探讨各种体式如何与内容相应，如何去旧而谋新：这些都是研究的事，唯有经过这样研究，才可以享受诗歌。我国历代诗歌的产量极为丰富；读诗一事，在知识分子中间差不多是普遍的嗜好。但是就一般说，因为研究不精，感受不深，往往不很了然什么是诗。无论读和写几乎都认为凡是五字一句，七字一句，而又押韵的文字便是诗；最近二十年通行了新体诗，又都认为凡是分行写的白话便是诗。连什么是诗都不能了然，哪里还谈得到享受？更哪里谈得到写作？中学生固然不必写诗，但是有享受诗的权利；要使他们真能享受诗，自非在国文课内认真指导不可。

又如古书，阅读它而要得到真切的了解，必须明了古人所处的环境与所怀的抱负。陈寅恪先生作审查一本中国哲学史的报告，中间说："古人著书立说，皆有所为而发；故其所处之环境，所受之背景，非完全明了，则其学说不易评论。而古代哲学家去今数千年，其时代之真相极难推知。吾人今日可依据之材料，仅为当时所遗存最小之一部；欲借此残余断片以窥测其全部结构，必须备艺术家欣赏古代绘画雕刻之眼光及精神，然后古人立说之用意与对象始可以真了解。所谓真了解者，必神游冥想，与立说之古人处于同一境界，而对于其持论所以不得不如是之苦心孤诣，表一种之同情，始能批评其学说之是非得失，而无隔阂肤廓之论。否则数千年前之陈言旧说，与今日之情势迥殊，何一不可以可笑可怪目之乎？"这里说的是专家研究古代哲学应持的态度，并不为中学生而言；要达到这种境界，必须有很深的修养与学识，一般知识分子尚且不易做到，何况中学生？但是指导中学生阅读古书，不可不酌取这样的意思，以正他们的趋向——尽浅不妨，只要趋向正，将来可以渐求深造。否则学生必致辨不清古人的是非得失，或者一味盲从古人，成个不通的"新顽固"，或者一味抹杀古人，骂古人可笑可怪，成个浅薄的妄人。这岂是教他们阅读古书的初意？所谓尽浅不妨，意思是就学生所能领会的，给他们适当的指导。如读《孟子·许行章》"或劳心，或劳力；劳心者治人，劳力者治于人；治于人者食人，治人者食于人：天下之通义也"一节，若以孟子这个话为天经地义，而说从前君主时代竭尽天下的人力物力以供奉君主是合理的，现代的民权思想与民主政治是要不得的；这便是糊涂头脑。若以孟子这个话为胡言乱语，而说后代劳心者与劳力者分成两个阶级，劳心阶级地位优越，劳力阶级不得抬头，都是孟子的遗毒；这也是偏激之论。要知道孟子这一章在驳许行的君臣并耕之说，他所持的论据是与许行相反的"分工互助"。劳力的百工都有专长，劳心的"治人者"也有他的专长，各出专长，分任工作，社会才会治理：这是孟子的政治理想。时代到了战国，社会关系渐趋繁复，许行那种理想当然行不通。孟子看得到这一点，自是他的识力。要怎样才是他理想中的"治人者"？看以下"当尧之时"一大段文字便可明白，就是：像尧舜那样一心为民，干得有成绩，才算合格。这是从他"民为贵"的根本观点而来的；正因"民为贵"，所以为民除疾苦，为民兴教化的人是"治人者"的模范。于此可见他所谓"治人者"至少含有"一心为民，干政治具有专长的人"的意思，并不泛指处在君位的人，如古代的酋长或当时的诸侯。至于"食人""食于人"，在他的意想中，只是表示互助的关系而已，并不含有"注定被掠夺""注定掠夺人家"的意思。如此看法，大概近于所谓"了解的同情"，与前面说起的糊涂头脑与偏激之论全然异趣。这未必深奥难知，中材的高中二三年生也就可以领会。多做类似的指导，学生自不致走入泥古诬古的歪路了。

五、问题指导

无论阅读何种书籍，要把应当记忆的记忆起来，把应当体会的体会出来，把应当研究的研究出来，总得认清几个问题——也可以叫作题目。如读一个人的传记，这个人的学问、事业怎样呢？或读一处地方游记，那地方的自然环境、社会情形怎样呢？都是最浅近的例子。心中存在着这些问题或题目，阅读就有了标的，辨识就有了头绪。又如阅读《爱的教育》，可以提出许多问题或题目：作为书中主人翁的那个小学生安利柯，他的父亲常常勉励他，教训他，父亲希望他成个怎样的人呢？书中写若干小学生，家庭环境不同，品性习惯各异，品性习惯受不受家庭环境的影响呢？书中很有使人感动的地方，为什么能使人感动呢？诸如此类，难以说尽。又如阅读《孟子》，也可以提出许多问题或题目：孟子主张"民为贵"，书中的哪些篇章发挥这个意思呢？孟子的理想中，把政治分为王道的与霸道的两种，两种的区别怎样呢？孟子认为"王政"并不难行，他的论据又是什么呢？诸如此类，难以说尽。这些是比较深一点的。善于读书的人，一边读下去，一边自会提出一些问题或题目来，作为阅读的标的，辨识的头绪，或者初读时候提出一些，重读时候另外又提出一些。教学生略读，当然希望学生也能如此；但是学生习惯未成，功力未到，恐怕他们提不出什么，只随随便便地胡读一阵了事，就有给他们提示问题的必要。对于一部书，可提出的问题或题目，往往如前面说的，难以说尽。提得太深了，学生无力应付；提得太多了，学生又无暇兼顾。因此，宜取学生能力所及的，分量多少又得顾到他们的自修时间。凡所提示的问题或题目，不只教他们"神游冥想"，以求解答，还要让他们利用所有的凭借，就是序目、注释、批评及其他参考书。在教师提示之外，学生如能自己提出，当然大可奖励。但是提得有无价值，得当不得当，还须由教师注意与指导。为养成学生的互助习惯与切磋精神起见，也可分组研究；令每组解答一个问题或题目，到上课时候报告给大家知道，再听同学与教师的批判。

以上说的，都是教师给学生的事前指导。以后就是学生的事情了——按照教师所指导的去阅读，去参考，去研究。在这一段过程中，学生应该随时作笔记。说起笔记，现在一般学生似乎还不很明白它的作用；只因教师吩咐要作笔记，他们就在空白本子上胡乱写上一些文字交卷。这种观念必须纠正。要让他们认清，笔记不是教师向他们要的赋税，而是他们读书学习不能不写的一种记录。参考得来的零星材料，临时触发的片段意思，都足以供排比贯穿之用，怎能不记录？极关重要的解释与批评，特别欣赏的几句或一节，就在他日还值得一再检览，怎能不记录？研究有得，成了完整的理解与认识，若不写下来，也许不久又忘了，怎能不记录？这种记录都不为应门面，求分数，讨教师的好，而只为于他们自己有益——必须这么做，他们的读书学习才见得切实。从上面的话看，笔记大概该有两大部分：一部分是碎屑的摘录；一部分是完整的心得——说得堂皇一点，就是"读书报告"或"研究报告"。对于初学，当然不能求其周密深至；但是敷衍塞责的弊病必须从开头就戒除，每抄一条，每写一段，总得让他们说得出个所以然。这样成了习惯，终身写作读书笔记，便将受用无穷，无论应付实务或研究学问，都可以从笔记方面得到许多助益。而在上课讨论的时候，这种笔记就是参加讨论的准备；有了准备，自不致茫然无从开口，或临时信口乱说了。

学生课外阅读之后，在课内报告并讨论阅读一书某一部分的实际经验；待全书读毕，然后作全书的总报告与总讨论，前面已经说过。那时候教师所处的地位与应取的态度,《精读指导举隅》曾经提到,不再多说。现在要说的是成绩考查的事。教师指定一本书教学生阅读,要他们从书中得到何种知识或领会,必须有个预期的标准;那个标准就是判定成绩的根据。完全达到了标准,成绩很好,固然可喜;如果达不到标准,也不能给他们一个不及格的分数就了事,必须研究学生所以达不到标准的原因——是教师自己的指导不完善呢,还是学生的资质上有缺点,学习上有疏漏?——竭力给他们补救或督促,希望他们下一次阅读的成绩比较好,能渐近于标准。一般指导自然愈完善愈好;对于资质较差,学习能力较低的学生的个别指导,尤须有丰富的同情与热诚。总之,教师在指导方面多尽一分力,无论优等的次等的学生必可在阅读方面多得一分成绩。单是考查,给分数,填表格,没有多大意义;为学生的利益而考查,依据考查再打算增进学生的利益,那才是教育家的存心。

以上说的成绩,大概指了解、领会以及研究心得而言。还有一项,就是阅读的速度。处于事务纷繁的现代,读书迟缓,实际上很吃亏;略读既以训练读书为目标,自当要求他们速读,读得快,算是成绩好,不然就差。不用说,阅读必须以精细正确为前提;能精细正确了,是否敏捷迅速却是判定成绩应该注意的。

文艺作品的鉴赏[①]

叶圣陶

一、要认真阅读

文艺鉴赏不是一桩特别了不起的事,不是只属于读书人或者文学家的事。

[①] 选自《叶圣陶语文教育论集》,教育科学出版社2015年版,有删节。原载作者与夏丏尊合著的《阅读与写作》。

我们苏州地方流行着一首儿歌：

　　咿呀咿呀踏水车。水车沟里一条蛇，游来游去捉虾蟆。虾蟆躲（原音"伴"，意义和"躲"相当，可是写不出这个字来）在青草里，青草开花结牡丹。牡丹娘子要嫁人，石榴姊姊做媒人。桃花园里铺"行家"（嫁妆），梅花园里结成亲……

儿童唱着这个歌，仿佛看见春天田野的景物，一切都活泼而有生趣：水车转动了，蛇游来游去了，青草开花了，牡丹做新娘子了。因而自己也觉得活泼而有生趣，蹦蹦跳跳，宛如郊野中一匹快乐的小绵羊。这就是文艺鉴赏的初步。

另外有一首民歌，流行的区域大概很广，在一百年前已经有人记录在笔记中间了，产生的时间当然更早。

　　月儿弯弯照九州。几家欢乐几家愁？
　　几家夫妇同罗帐？几个飘零在外头？

唱着这个歌，即使并无离别之感的人，也会感到在同样的月光之下，人心的欢乐和哀愁全不一致。如果是独居家中的妇人，孤栖在外的男子，感动当然更深。回想同居的欢乐，更见离别的难堪，虽然头顶上不一定有弯弯的月儿，总不免簌簌地掉下泪来。这些人的感动也可以说是从文艺鉴赏而来的。

可见文艺鉴赏是谁都有份的。

但是要知道，文艺鉴赏不只是这么一回事。

文艺中间讲到一些事物，我们因这些事物而感动，感动以外，不再有别的什么。这样，我们不过处于被动的地位而已。

我们应该处于主动的地位，对文艺要研究，考察。它为什么能够感动我们呢？同样讲到这些事物，如果说法变更一下，是不是也能够感动我们呢？这等问题就涉及艺术的范围了。而文艺鉴赏正应该涉及艺术的范围。

在电影场中，往往有人为着电影中生离死别的场面而流泪。但是另外一些人觉得这些场面只是全部情节中的片段，并没有什么了不起，反而对于某景物的一个特写、某角色的一个动作点头赞赏不已。这两种人中，显然是后一种人的鉴赏程度比较高。前一种人只被动地着眼于故事，看到生离死别，设身处地一想，就禁不住掉下泪来。后一种人却着眼于艺术，他们看出了一个特写、一个动作对于全部电影所加增的效果。

还就看电影来说。有一些人希望电影把故事交代得清清楚楚，例如剧中某角色去访朋友，必须看见他从家中出来的一景，再看见他在路上步行或者乘车的一景，再看见他走进朋友家中去的一景，然后满意。如果看见前一景那个角色在自己家里，后一景却和朋友面对面谈话了，他们就要问："他门也没出，怎么一会儿就在朋友家中了？"像这样不预备动一动天君的人，当然谈不到什么鉴赏。

散场的时候，往往有一些人说那个影片好极了，或者说，紧张极了，巧妙极了，可爱极了，有趣极了——总之是一些形容词语。另外一些人却说那个影片不好，或者说，一点不紧凑，一点不巧妙，没有什么可爱，没有什么趣味——总之也还是一些形容词语。像这样只能够说一些形容词语的人，他们的鉴赏程度也有限得很。

文艺鉴赏并不是摊开了两只手，专等文艺给我们一些什么。也不是单凭一时的印象，给文艺加上一些形容词语。

文艺中间讲到一些事物，我们就得问：作者为什么要讲到这些事物呢？文艺中间描写风景，表达情感，我们就得问：作者这样描写和表达是不是最为有效？我们不但说了个"好"就算，还要说得出好在哪里，不但说了个"不好"就算，还要说得出不好在哪里。这样，才够得上称为文艺鉴赏。这样，从好的文艺得到的感动自然更深切。文艺方面如果有什么不完美的地方，也会觉察出来，不至于一味照单全收。

鲁迅的《孔乙己》，现在小学高级和初级中学都选作国语教材，读过的人很多了。匆匆读过的人说："这样一个偷东西被打折了腿的瘪三，写他有什么意思呢？"但是，有耐心去鉴赏的人不这么看，有的说："孔乙己说回字有四样写法，如果作者让孔乙己把四样写法都写出来，那就索然无味了。"有的说："这一篇写的孔乙己，虽然颓唐、下流，却处处要面子，处处显示出他所受的教育给与他的影响,绝不同于一般的瘪三,这是这一篇的出色处。"有一个深深体会了世味的人说:"这一篇中,我以为最妙的文字是'孔乙己是这样的使人快活,可是没有他,别人也便这么过'。这个话传达出无可奈何的寂寞之感。这种寂寞之感不只属于这一篇中的酒店小伙计,也普遍属于一般人。'也便这么过',谁能跳出这寂寞的网罗呢?"

可见文艺鉴赏犹如采矿,你不动手,自然一无所得,只要你动手去采,随时会发现一些晶莹的宝石。

这些晶莹的宝石岂但给你一点赏美的兴趣,并将扩大你的眼光,充实你的经验,使你的思想、情感、意志往更深更高的方面发展。

好的文艺值得一回又一回地阅读,其原由在此。否则明明已经知道那文艺中间讲的是什么事物了,为什么再要反复阅读?

另外有一类也称为文艺的东西,粗略地阅读似乎也颇有趣味。例如说一个人为了有个冤家想要报仇,往深山去寻访神仙。神仙访到了,拜求收为徒弟,从他修习剑术。结果剑术练成,只要念念有词,剑头就放出两道白光,能取人头于数十里之外。于是辞别师父,下山找那冤家,可巧那冤家住在同一的客店里。三更时分,人不知,鬼不觉,剑头的白光不必放到数十里那么长,仅仅通过了几道墙壁,就把那冤家的头取来,藏在作为行李的空皮箱里。深仇既报,这个人不由得仰天大笑。——我们知道现在有一些少年很欢喜阅读这一类东西。如果阅读时候动一动天君,就觉察这只是一串因袭的浮浅的幻想。除了荒诞的传说,世间哪里有什么神仙?除了本身闪烁着寒光,剑头哪里会放出两道白光?结下仇恨,专意取冤家的头,其人的性格何等暴戾?深山里住着神仙,客店里失去头颅,这样的人世何等荒唐?这中间没有真切的人生经验,没有高尚的思想、情感、意志作为骨子。说它是一派胡言,也不算过分。这样一想,就不再认为这一类东西是文艺,不再觉得这一类东西有什么趣味。读了一回,就大呼上当不止。谁高兴再去上第二回当呢?

可见阅读任何东西不可马虎,必须认真。认真阅读的结果不但随时会发见晶莹的宝石,也随时会发见粗劣的瓦砾。于是吸取那些值得取的,排除那些无足取的,自己才会渐渐地成长起来。

采取走马看花的态度的,谈不到文艺鉴赏。纯处于被动的地位的,也谈不到文艺鉴赏。

要认真阅读。在阅读中要研究，考察。这样才可以走上文艺鉴赏的途径。

二、驱遣我们的想象

原始社会里，文字还没有创造出来，却先有了歌谣一类的东西。这也就是文艺。

文字创造出来以后，人就用它把所见所闻所想所感的一切记录下来。一首歌谣，不但口头唱，还要刻呀，漆呀，把它保留在什么东西上（指使用纸和笔以前的时代而言）。这样，文艺和文字就并了家。

后来纸和笔普遍地使用了，而且发明了印刷术。凡是需要记录下来的东西，要多少份就可以有多少份。于是所谓文艺，从外表说，就是一篇稿子，一部书，就是许多文字的集合体。

当然，现在还有许多文盲在唱着未经文字记录的歌谣，像原始社会里的人一样。这些歌谣只要记录下来，就是文字的集合体了。文艺的门类很多，不止歌谣一种。古今属于各种门类的文艺，我们所接触到的，可以说，没有一种不是文字的集合体。

文字是一道桥梁。这边的桥堍站着读者，那边的桥堍站着作者。通过了这一道桥梁，读者才和作者会面。不但会面，并且了解作者的心情，和作者的心情相契合。

先就作者的方面说。文艺的创作决不是随便取许多文字来集合在一起。作者着手创作，必然对于人生先有所见，先有所感。他把这些所见所感写出来，不作抽象的分析，而作具体的描写，不作刻板的记载，而作想象的安排。他准备写的不是普通的论说文、记叙文；他准备写的是文艺。他动手写，不但选择那些最适当的文字，让它们集合起来，还要审查那些写了下来的文字，看有没有应当修改或是增减的。总之，作者想做到的是：写下来的文字正好传达出他的所见所感。

现在就读者的方面说。读者看到的是写在纸面或者印在纸面的文字，但是看到文字并不是他们的目的。他们要通过文字去接触作者的所见所感。

如果不识文字，那自然不必说了。即使识了文字，如果仅能按照字面意思解释，也接触不到作者的所见所感。王维的一首诗中有这样两句：

阅读教学

235

大漠孤烟直，
长河落日圆。

　　大家认为是佳句。如果单就字面解释，大漠上一缕孤烟是笔直的，长河背后一轮落日是圆圆的，这有什么意思呢？或者再提出疑问：大漠上也许有几处地方聚集着人，难道不会有几缕的炊烟吗？假使起了风，烟就不曲折了吗？落日固然是圆的，难道朝阳就不圆吗？这样地提问，似乎是在研究，在考察，可是也领会不到这两句诗的意思。

　　要领会这两句诗，得睁开眼睛来看。看到的只是十个文字呀。不错，我该说得清楚一点：在想象中睁开眼睛来，看这十个文字所构成的一幅图画。这幅图画简单得很，景物只选四样，大漠、长河、孤烟、落日，传出北方旷远荒凉的印象。给"孤烟"加上个"直"字，见得没有一丝的风，当然也没有风声，于是更来了个静寂的印象。给"落日"加上个"圆"字，并不是说唯有"落日"才"圆"，而是说"落日"挂在地平线上的时候才见得"圆"。

　　圆圆的一轮"落日"不声不响地衬托在"长河"的背后，这又是多么静寂的境界啊！一个"直"，一个"圆"，在图画方面说起来，都是简单的线条，和那旷远荒凉的大漠、长河、孤烟、落日正相配合，构成通体的一致。

　　像这样驱遣着想象来看，这一幅图画就显现在眼前了，同时也就接触了作者的意境。读者也许是到过北方的，本来觉得北方的景物旷远、荒凉、静寂，使人怅然凝望。现在读到这两句，领会着作者的意境，宛如听一个朋友说着自己也正要说的话，这是一种愉快。读者也许不曾到过北方，不知道北方的景物是怎样的。现在读到这两句，领会着作者的意境，想象中的眼界就因而扩大了，并且想想这意境多美，这也是一种愉快。假如死盯着文字而不能从文字看出一幅图画来，就感受不到这种愉快了。

　　上面说的不过是一个例子。这并不是说所有文艺作品都要看作一幅图画，才能够鉴赏。这一点必须清楚。

　　再来看另一些诗句。这是从高尔基的《海燕》里摘录出来的。

叶圣陶吕叔湘张志公语文教育名篇精选

白濛濛的海面上，风在收集着阴云。在阴云和海的中间，得意洋洋地掠过了海燕……

　　海鸥在暴风雨前头哼着，——哼着，在海面上窜着，愿意把自己对于暴风雨的恐惧藏到海底里去。

　　潜水鸟也在哼着——它们这些潜水鸟，够不上享受生活的战斗的快乐！轰击的雷声就把它们吓坏了。

　　蠢笨的企鹅，畏缩地在崖岸底下躲藏着肥胖的身体……

　　只有高傲的海燕，勇敢地，自由自在地，在泛着白沫的海面上飞掠着。

　　——暴风雨！暴风雨快要爆发了！

　　勇猛的海燕，在闪电中间，在怒吼的海上，得意洋洋地飞掠着，这胜利的预言者叫了：

　　——让暴风雨来得利害些吧！

　　如果单就字面解释，这些诗句说了一些鸟儿在暴风雨之前各自不同的情况，这有什么意思呢？或者进一步追问：当暴风雨将要到来的时候，人忧惧着生产方面的损失以及人事方面的阻障，不是更要感到不安吗？为什么抛开了人不说，却去说一些无关紧要的鸟儿？这样地问着，似乎是在研究，在考察，可是也领会不到这首诗的意思。

　　要领会这首诗，得在想象中生出一对翅膀来，而且展开这对翅膀，跟着海燕"在闪电中间，在怒吼的海上，得意洋洋地飞掠着"。这当儿，就仿佛看见了聚集的阴云，耀眼的闪电，以及汹涌的波浪，就仿佛听见了震耳的雷声，怒号的海啸。同时仿佛体会到，一场暴风雨之后，天地将被洗刷得格外清明，那时候在那格外清明的天地之间飞翔，是一种无可比拟的舒适愉快。

　　"暴风雨有什么可怕呢？迎上前去吧！叫暴风雨快些来吧！让格外清明的天地快些出现吧！"这样的心情自然萌生出来了。回头来看看海鸥、潜水鸟、企鹅那些东西，它们苟安、怕事，只想躲避暴风雨，无异于不愿看见格外清明的天地。于是禁不住激昂地叫道："让暴风雨来得利害些吧！"

　　像这样驱遣着想象来看，这才接触到作者的意境。那意境是什么呢？就

阅读教学

是不避"生活的战斗"。惟有迎上前去，才够得上"享受生活的战斗的快乐"。读者也许是海鸥、潜水鸟、企鹅似的人物，现在接触到作者的意境，感到海燕的快乐，因而改取海燕的态度，这是一种受用。读者也许本来就是海燕似的人物，现在接触到作者的意境，仿佛听见同伴的高兴的歌唱，因而把自己的态度把握得更坚定，这也是一种受用。假如死盯着文字而不能从文字上领会作者的意境，就无从得到这种受用了。

我们鉴赏文艺，最大目的无非是接受美感的经验，得到人生的受用。要达到这个目的，不能够拘泥于文字。必须驱遣我们的想象，才能够通过文字，达到这个目的。

三、训练语感

前面说过，要鉴赏文艺，必须驱遣我们的想象。这意思就是：文艺作品往往不是倾筐倒箧地说的，说出来的只是一部分罢了，还有一部分所谓言外之意，弦外之音，没有说出来的，必须驱遣我们的想象，才能够领会它。如果拘于有迹象的文字，而抛荒了言外之意、弦外之音，至多只能够鉴赏一半，有时连一半也鉴赏不到。因为那没有说出来的一部分反而是至关重要的一部分。

这一回不说"言外"而说"言内"。这就是语言文字本身所有的意义和情味。鉴赏文艺的人如果对于语言文字的意义和情味不很了解，那就如入宝山空手回，结果将一无所得。

审慎的作家写作，往往斟酌又斟酌，修改又修改，一句一字都不肯随便。无非要找到一些语言文字、意义和情味同他的旨趣恰相贴合，使他的作品真能表达他的旨趣。我们固然不能说所有的文艺作品都能做到这样，可是我们可以说，凡是出色的文艺作品，语言文字必然是作者的旨趣的最贴合的符号。

作者的努力既是从旨趣到符号，读者的努力自然是从符号到旨趣。读者若不能透彻地了解语言文字的意义和情味，那就只看见徒有迹象的死板的符号，怎么能接近作者的旨趣呢？

所以，文艺鉴赏还得从透彻地了解语言文字入手。这件事看来似乎浅近，但是最基本的。基本没有弄好，任何高妙的话都谈不到。

陶渊明"好读书不求甚解"，从来传为美谈，因而很有效法他的。我还知道有一些少年看书，遇见不很了了的地方就一眼带过；他们自以为有一宗可靠的经验，只要多遇见几回，不很了了的自然就会了。其实陶渊明的"好读书不求甚解"究竟是不是胡乱阅读的意思原来就有问题。至于把不很了了的地方一眼带过，如果成了习惯，将永远不能够从阅读得到多大益处。囫囵吞东西，哪能辨出真滋味来？文艺作品跟寻常读物不同，是非辨出真滋味来不可的。读者必须把握住语言文字的意义和情味，才有辨出真滋味来——也就是接近作者的旨趣的希望。

要了解语言文字，通常的办法是翻查字典辞典。这是不错的。但是现在许多少年仿佛有这样一种见解：翻查字典辞典只是国文课预习的事情，其他功课就用不到，自动地阅读文艺作品当然更无需那样了。这种见解不免错误。产生这个错误不是没有原由的。其一，除了国文教师以外，所有辅导少年的人都不曾督促少年去利用字典辞典。其二，现在还没有一种适于少年用的比较完善的字典和辞典。虽然有这些原由，但是从原则上说，无论什么人都该把字典辞典作为终身伴侣，以便随时解决语言文字的疑难。字典辞典即使还不完善，能利用总比不利用好。

不过字典辞典的解释，无非取比照的或是说明的办法，究竟和原字原词不会十分贴合。例如"踌躇"，解作"犹豫"，就是比照的办法；"情操"，解作"最复杂的感情，其发作由于精神的作用，就是爱美和尊重真理的感情"，就是说明的办法。完全不了解什么叫作"踌躇"，什么叫作"情操"的人看了这样的解释，自然能有所了解。但是在文章中间，该用"踌躇"的地方不能换上"犹豫"，该用"情操"的地方也不能拿说明的解释语去替代，可见从意义上、情味上说，原字原词和字典辞典的解释必然多少有点距离。

不了解一个字一个词的意义和情味，单靠翻查字典辞典是不够的。必须在日常生活中随时留意，得到真实的经验，对于语言文字才会有正确丰富的了解力，换句话说，对于语言文字才会有灵敏的感觉。这种感觉通常叫作"语感"。

夏丏尊先生在一篇文章里讲到语感，有下面的一节说：

  在语感锐敏的人的心里，"赤"不但解作红色，"夜"不但解作昼的

阅读教学

反面吧。"田园"不但解作种菜的地方,"春雨"不但解作春天的雨吧。见了"新绿"二字,就会感到希望、自然的化工、少年的气概等等说不尽的旨趣,见了"落叶"二字,就会感到无常、寂寥等等说不尽的意味吧。真的生活在此,真的文学也在此。

夏先生这篇文章提及的那些例子,如果单靠翻查字典,就得不到什么深切的语感。唯有从生活方面去体验,把生活所得的一点一点积聚起来,积聚得越多,了解就越深切。直到自己的语感和作者不相上下,那时候去鉴赏作品,才真能够接近作者的旨趣了。

譬如作者在作品中描写一个人从事劳动,末了说那个人"感到了健康的疲倦",这是很生动很实感的说法。但在语感欠锐敏的人看来就不觉得这个说法有味,他想:"疲倦就疲倦了,为什么加上'健康的'这个形容词呢?难道疲倦还有健康的和不健康的分别吗?"另外一个读者却不然了,他自己有过劳动的经验,觉得劳动后的疲倦确然和一味懒散所感到的疲倦不同,前者虽然疲倦但有快感,后者却使四肢百骸都像销融了那样地不舒服。现在看见作者写着"健康的疲倦",不由得拍手称赏,以为"健康的"这个形容词真有分寸,真不可少,这当儿的疲倦必须称为"健康的疲倦",才传达出那个人的实感,才引得起读者经历过的同样的实感。

这另外一个读者自然是语感锐敏的人了。他的语感为什么会锐敏?就在于他有深切的生活经验,他知道同样叫作疲倦的有性质上的差别,他知道劳动后的疲倦怎样适合于"健康的"这个形容词。

看了上面的例子,可见要求语感的锐敏,不能单从语言文字上去揣摩,而要把生活经验联系到语言文字上去。一个人即使不预备鉴赏文艺,也得训练语感,因为这于治事接物都有用处。为了鉴赏文艺,训练语感更是基本的准备。有了这种准备,才可以通过文字的桥梁,和作者的心情契合。

四、不妨听听别人的话

鉴赏文艺,要和作者的心情相契合,要通过作者的文字去认识世界,体会人生,当然要靠读者自己的努力。有时候也不妨听听别人的话。别人鉴赏以后的心得不一定就可以转变为我的心得;也许它根本不成为心得,而只是一种错误的见解。可是只要抱着参考的态度,听听别人的话,总不会有什么害处。抱着参考的态度,采取不采取,信从不信从,权柄还是在自己手里。即使别人的话只是一种错误的见解,我不妨把它搁在一旁;而别人有几句话搔着了痒处,我就从此得到了启发,好比推开一扇窗,放眼望出去可以看见许多新鲜的事物。阅读文艺也应该阅读批评文章,理由就在这里。

批评的文章有各式各样。或者就作品的内容和形式加以赞美或指摘;或者写自己被作品引起的感想;或者说明这作品应该怎样看法;或者推论这样的作品对于社会会有什么影响。一个文艺阅读者,这些批评的文章都应该看看。虽然并不是所有的文章都有价值,但是看看它们,就像同许多朋友一起在那里鉴赏文艺一样,比较独个儿去摸索要多得到一点切磋琢磨的益处和触类旁通的机会。

文艺阅读者最需要看的批评文章是切切实实按照作品说话的那一种。作品好在哪里,不好在哪里;应该怎样看法,为什么;对于社会会有什么影响,为什么;这样明白地说明,当然适于作为参考了。

有一些批评文章却只用许多形容词,如"美丽""雄壮"之类;或者集合若干形容词语,如"光彩焕发,使人目眩","划时代的,出类拔萃的"之类。对于诗歌,这样的批评似乎更常见。从前人论词(从广义说,词也是诗歌),往往说苏、辛豪放,周、姜蕴藉,就是一个例子。这只是读了这四家的词所得的印象而已;为要用语言文字来表达所得的印象,才选用了"豪放"和"蕴藉"两个形容词。"豪放"和"蕴藉"虽然可以从辞典中查出它们的意义来,但是对于这两个形容词的体会未必人人相同,在范围上,在情味上,多少有广狭、轻重的差别。所以,批评家所说的"豪放"和"蕴藉"不就是读者意念中的"豪放"和"蕴藉"。读者从这种形容词所能得到的帮助很少。要有真切的印象,还得自己去阅读作品。其次,说某人的作品怎样,大抵只是扼要而言,不能够包括净尽。在批评家,选用几个形容词,集合几个形容词语,来批评某个作家的作品,固然是他的自由;可是读者不能够以此自限。如果以此自限,对于某个作家的作品的领会就得打折扣了。

阅读了一篇作品,觉得淡而无味,甚至发生疑问,作者为什么要采集这些材料,写成这篇文章呢?这是读者常有的经验。这当儿,我们不应该就此

阅读教学

武断地说，这是一篇要不得的作品，没有道理的作品。我们应该虚心地想，也许是没有把它看懂吧。于是去听听别人的话。听了别人的话，再去看作品，觉得意味深长了；这些材料确然值得采集，这篇文章确然值得写作。这也是读者常有的经验。

阅读是写作的基础[①]

叶圣陶

在中小学语文教学中，基础知识和基本训练都重要，我看更要着重训练。什么叫训练呢？就是要使学生学的东西变成他们自己的东西。譬如学一个字，要他们认得，不忘记，用得适当，就要训练。语文方面许多项目都要经过不断练习，锲而不舍，养成习惯，才能变成他们自己的东西。现在语文教学虽说注意练习，其实练得不太多，这就影响学生掌握基础知识。老师对学生要求要严格。严格不是指老师整天逼着学生练这个练那个，使学生气都透不过来，而是说凡是要学生练习的，不要练过一下就算，总要经常引导督促，直到学的东西变成他们自己的东西才罢手。

有些人把阅读和写作看做不甚相干的两回事，而且特别着重写作，总是说学生的写作能力不行，好像语文程度就只看写作程度似的。阅读的基本训练不行，写作能力是不会提高的。常常有人要求出版社出版"怎样作文"之类的书，好像有了这类书，依据这类书指导作文，写作教学就好办了。实际上写作基于阅读。老师教得好，学生读得好，才写得好。这样，老师临时指

[①] 选自《叶圣陶教育文集》第3卷，人民教育出版社1994年版。原载《文汇报》1962年4月10日。

导和批改作文既可以少辛苦些，学生又可以多得到些实益。

阅读课要讲得透。要讲得透，无非是把词句讲清楚，把全篇讲清楚，作者的思路是怎样发展的，感情是怎样表达的，诸如此类。有的老师热情有余，可是本钱不够，办法不多，对课文不能透彻理解，总希望求助于人，或是请一位高明的老师给讲讲，或是靠集体备课。这不是从根本上解决问题的办法。功夫还在自己。只靠从别人那里拿来，自己不下工夫或者少下工夫，是不行的。譬如文与道的问题，人家说文与道该是统一的，你也相信文与道该是统一的，但是讲课文，该怎样讲才能体现文道统一，还得自辟蹊径。如果词句不甚了解，课文内容不大清楚，那就谈不到什么文和道了。原则可以共同研究商量，怎样适当地应用原则还是靠自己。根本之点还是透彻理解课文。所以靠拿来不行，要自己下工夫钻研。

我去年到外地，曾经在一些学校听语文课，有些老师话说得很多，把四十五分钟独占了。其实许多话是大可不讲的。譬如课文涉及农村人民公社，就把课文放在一旁，大讲农村人民公社的优越性。这个办法比较容易，也见得热情，但是不能说完成了语文课的任务。

在课堂里教语文，最终目的在达到"不需要教"，使学生养成这样一种能力，不待老师教，自己能阅读。学生将来经常要阅读，老师能经常跟在他们背后吗？因此，一边教，一边要逐渐为"不需要教"打基础。打基础的办法，也就是不要让学生只是被动地听讲，而要想方设法引导他们在听讲的时候自觉地动脑筋。老师独占四十五分钟固然不适应这个要求，讲说和发问的时候启发性不多，也不容易使学生自觉地动脑筋。怎样启发学生，使他们自觉地动脑筋，是老师备课极重要的项目。这个项目做到了，老师才真起了主导作用。

听见有些老师和家长说，现在学生了不起，一部《创业史》两天就看完了，颇有点儿沾沾自喜。我想，且慢鼓励，最要紧的是查一查读得怎么样，如果只是眼睛在书页上跑过，只知道故事的极简略的梗概，那不能不认为只是马马虎虎地读。马马虎虎地读是不值得鼓励的。一部《创业史》没读好，问题不算大。养成了马马虎虎的读书习惯，可要吃一辈子的亏。阅读必须认真，先求认真，次求迅速，这是极重要的基本训练。要在阅读课中训练好。

阅读教学

阅读习惯不良，一定会影响到表达，就是说，写作能力不容易提高。因此，必须好好教阅读课。譬如讲文章须有中心思想。学生听了，知道文章须有中心思想，但是他说："我作文就是抓不住中心思想。"如果教好阅读课，引导学生逐课逐课地体会，作者怎样用心思，怎样有条有理地表达出中心思想，他们就仿佛跟作者一块儿想过考虑过，到他们自己作文的时候，所谓熟门熟路，也比较容易抓住中心思想了。

总而言之，阅读是写作的基础。

读是写的基础[①]

张志公

有些中学毕业生写作水平不够，不能适应参加社会工作或者升入高等学校继续学习的需要。社会各方面对这件事很关心，教育工作者也很重视，于是在语文课里增加作文次数，要学生多写。

多写，这是完全必要的。不过，写必须以读为基础；没有正确的、充分的读作基础，光写还是不行的。

读，指的是：朗读，精读，熟读，多读；既指学生自己读，也涉及教师怎样讲，怎样指导学生读。

提高语言能力必须以朗读、精读、熟读、多读为基础，这可以说是古今中外一条共同的经验。朱熹要求学生从小养成正确朗读的习惯，"要读得字字响亮，不可误一字，不可少一字，不可多一字，不可倒一字。……要多诵数遍，自然上口，久远不忘。古人云：'读书千遍，其义自见'，谓读得熟则不

[①] 选自《张志公语文教育论集》，人民教育出版社1994年版。

解说自晓其义也。"他还要求读书必须逐字逐句透彻理解，进而深入体会，反复揣摩。欧阳修说"为文有三多"，第一就是"多读"，然后才是"多作，多商量"。鲁迅说："文章怎样作，我说不出来，因为自己的作文，是由于多看和练习，此外并无心得或方法的。"英国诗人密尔顿非常重视朗读，他说，从读的情况最容易看出读的人是否真正理解了所读的作品。丹麦语言学家耶斯培森认为学习语言需要背诵，常常背诵才能使所学的词语、句子在记忆里生根。

应该使学生养成大声朗读的习惯。从前，走过私塾、蒙馆的附近，总会听见孩子们呜里哇啦读书的声音，现在，那种声音不大听得见了。在这个问题上，前人的作法是有可参考的。一篇文章，读出声音来，读出抑扬顿挫、语调神情来，比单用眼睛看，所得的印象要深刻得多，对于文章的思想感情，领会得要透彻得多，从中受到的感染要强得多。朗读得多了，时间久了，优秀作品中经过加工锤炼的语言会跟自己的口头语言沟通起来，丰富自己的口头语言，提高口头表达的能力，养成良好的语言习惯，这些，必然会在自己的书面语言——写作中反映出来。

朗读，应该有基本的要求，进一步的要求，较高的要求。基本的要求是读音准确，句读清晰，不错不漏；进一步的要求是正确地读出抑扬顿挫，语调神情；较高的要求是显示出文章的风格神采。首先要抓紧基本要求，不能好高骛远。有一位老师要学生读苏轼的"大江东去"词，学生把羽扇纶巾的"纶"（guān）字读成 lún，把"浪淘尽千古风流人物"读成"浪淘——尽千古——风流人物"，此外还有别的错误，教师都没有指出，纠正，倒是批评他没有读出这首词的豪放气概。这样作，恐怕是不合适的。反之，达到了基本要求就认为满意，不肯提高一步来要求，恐怕也不妥当。

一字不苟的精读和略观大意的泛读，是相辅相成，不可偏废的。但是，精读恐怕应该列为主要方面，而泛读则是辅助的。精读就是全面、细致、透彻的理解。读懂了，读熟了，文章里的东西——语言的应用和语言所表达的思想、知识，才能真正为自己所有，写文章的时候，想到一个意思而找不出一个合适的词来表达，或者找到一个词而用得不对，往往是由于读书遇见这个词的时候没有充分理解。造句谋篇的问题也大致类此。中小学学生读书不求甚解的习惯相当普遍。他们常常抱着大部头的小说急急忙忙、囫囵吞枣地看下去，知道了故事的梗概就拉倒；有些学生，开学的时候领到新发的语文课本，一天之内就匆匆看完一遍，仿佛篇篇都懂，于是老师上课讲解就不耐烦听了。针对这些情况，更有着重强调一下精读的必要。

说到精读，最容易想到确切的理解每个实词和成语典故的意义。这是对的，但是还不够。虚词的作用是不容忽视的。为什么这个地方用"往往"，那个地方用"常常"；为什么这里说"即使……也……"，不说"虽然……可是……"；为什么一个地方说"是吗"，另一个地方说"是不是呢"，还有一个地方说"是吧"：这些值得推敲推敲。句子的格式也应当注意。毛主席《改造我们的学习》第二节一开头说"但是我们还是有缺点的，而且还有很大的缺点"。为什么不简单些，只说："但是我们的学习还有很大的缺点"？在这里用"……而且……"这个句子，跟全篇主题思想的表达有什么关系？单句、复句，短句、长句，整齐排比的句子、参差错落的句子，口语化的句子、文言气的句子，合乎固有习惯的句子、"欧化"的句子：这些，都可能有值得思考的地方。句子和句子的联系，段落和段落的联系，整篇的条理层次：这些，更应当细心解析一番。有些文章里的有些话，不但要充分理解它字面上的意思，还应当理会它含蓄的意思。叶圣陶先生《黄山三天》开头说："我游黄山只有三天，真用得上'窥豹一斑'那个成语。可是我还是要写这篇简略的游记，目的在劝人家去游。"一个中学生至少应当看得懂，这里边含蓄着一个意思：黄山是个非常值得一游的地方。并且应当体会出，这样说法比用上两个抽象的形容词，例如"十分美丽"之类，有什么好处。

既说精读，当然要求细致。可是细致不等于繁琐。所谓确切理解实词和成语典故的意义，不一定要把一个个的词语抓出来，下个定义，抽象地解释一番。有人叫学生解释"干脆"这个词，这真有点难为人。当然，下定义、加解释、用术语，不是不可以，有时候也必要，问题在善于区别。当用则用，可不用则不用，总不要离开读懂文章、举一反三这个目的。

既说精读，当然也要求深入。可是深入不等于牵强附会，故作高深。它要求根据文章的意旨和学生的实际水平讲得恰如其分。如果每字每句每段都去挖掘字面后边的微言大义，并且不考虑学生的接受能力，往往会把明明白白的文章闹得玄奥难解，那对正确理解文章的语言和思想是有害而无益的。

熟读的作用大家都清楚，这里就不去多说了。

这里需要再回过头去说说读和写的关系。要写得好，大致需具备三个条件。

首先，必须有正确的、值得写的意思。否则，无法硬写，硬写也写不好。其次，必须有丰富的语言材料——记得足够的字、词、成语、习惯语，掌握足够的句子格式。否则，有点什么好意思也写不出来，写不通畅。再其次，必须有活泼而严密的思路，会用多种多样的表达方式和方法。否则，只会说一句一句的正确的话，写不成一篇有组织、有条理、有力量、有味道的文章。

怎样才能具备这些条件呢？生活实践、劳动实践、革命斗争的实践是重要的，然而不能单靠那个，特别是中小学学生，年龄、生活范围都只有那么大，直接的实践经验总是有限的。提高思想，开扩眼界，丰富知识，不能不靠多读和仔细认真的读。讲点语言知识，写作方法也是必要的，但那不能从根本上解决语言材料和表达能力的问题。记得的词语少，见过的句子和章法少，或者见过不少可是印象甚浅，脑子里了无痕迹，那样，背熟两本语法书三本写作方法也写不成好文章。办法还是得多读，仔细认真的读。只有多读，仔细认真的读才能保证打好写的基础。

大家常说，要学唱戏就得张口唱，光念表演术的书，不登台不开口，一辈子也学不会唱戏。这话完全正确。不过，我想补上一条：念了表演术，自己张了口，然而不听别人唱戏，不看别人表演，或者听的看的不多，或者听得看得不认真，还是唱不了戏。同样，要学写文章就得动手写，多多地写，这里也得加上一条：首先，还得读，多多地读，仔细认真地读。

因此，我想，为了提高学生写的能力，首先要抓住读的训练。至于怎样抓，读的训练和写的训练各用多少力量，两者怎样配合，等等，那些具体的教学工作问题，都得根据实际情况去考虑研究。

1962 年

谈语文教学中的阅读问题[①]

张志公

语言是交际工具。在人和人的交际中，有表达的一方，有接受的一方。表达，包括"说"和"写"；接受，就是"听"或者"读"。听、说（即口头语言），读、写（即书面语言），这四者之间既有区别又有联系，它们各有各的特点，不能相互代替。在语文训练中，这四个方面都应该重视，某一个方面的能力的提高，对另三个方面能力的提高都有促进的作用。但是，我们往往注重书面语言而忽视口头语言的训练；在书面语言的训练中又特别重视"写"而忽视"读"的训练。

这里不去全面地讨论听、说、读、写四者之间的辩证关系，只就"读"这个方面谈几点不成熟的看法。

在语文教学中，有一种倾向，就是特别重视写作教学，认为语文教学的目的就是为了提高学生的写作能力，把阅读能力的培养作为提高写作水平的手段，把阅读看成写作的附庸。

写的训练是很重要的。但是，把普通教育阶段的语文训练理解为以写为主，而写又是以命题作文为主，恐怕是很值得商讨的。

从现实情况看，社会上写作不通的现象很多，中学生写不了封信，是很平常的事，就连报刊杂志发表的文章里，事理不合、语言不通顺的事例也是屡见不鲜的。大家因而认为语文教学应该着力解决一下写作问题。这样，就

[①] 选自《张志公语文教育论集》，人民教育出版社1994年版。原刊于《中学语文》1979年第4期，同田小琳联名发表。

引起了两个错觉。一是觉得读比写容易；二是觉得写比读更有用。

其实，读并不容易。真正读懂一本书，读懂一篇文章，并不是轻而易举的事。有的人，书是读了一些，不一定得其要领，读的效率不一定高。而读的能力差的人，可以推断他的写的水平也不会高。再从读和写的用处来说，写文章、写信、写个便条，固然是生活、工作中常常用到的；读书、读报、读文件和读其它种种书面材料，则几乎是生活、工作中每天都少不了的。一个干部如果读不懂党的文件，怎么在工作中贯彻执行党的方针政策呢？一个技术人员，读不懂国内和国外的先进技术的资料，或者读得很慢，效率很低，怎么在设计中运用引进先进技术呢？语文教师是搞语文工作的，请想一想，你是读的多，还是写的多？如果从需要来说，教师们读的不是太多而是太少，实在还应该再多读一些。可以说，只要不是文盲，人人都有读的要求，有些识字不多的老人要看报，了解国内外大事，但是他不写；小孩子也总要看小人书，一边识字一边读，他更不写。这样一比，就很难说读比写容易，或者说写比读更有用。

人们为什么要读书呢？为什么随着文化水平的提高，人们阅读的范围越来越大，对于阅读能力的提高越来越有迫切感呢？人们要从阅读中吸收思想营养，不断提高认识，懂得越来越多、越来越深的重要的道理作为生活、工作的准则。

人们要从阅读中吸收精神营养，知道许多古今中外的可敬可爱、可歌可泣的人和事，得到美好的形象，陶冶高尚的情操，不断丰富自己的精神世界，明是非，别善恶，看清前进的方向，得到向上的力量。人们还要从阅读中学习丰富的社会常识和自然常识。学习这些知识，不仅是做好各项工作所不可缺少的，简直是做一个现代人所不可缺少的。一个人缺乏了必要的常识，在生活和工作中就免不了要遭遇困难，以至闹出笑话，甚至造成损失。

此外，阅读正当的读物还可以作为丰富生活内容的正当休息。有时候，读一本好书和看一部好电影一样，也有娱乐的作用。工作累了，读两首好诗，找一本好的小说读一段，这和会唱的人唱两支歌，会弹琴的人弹两个曲子一样，能够得到精神上的享受；……这些都是常有的事。日积月累，在消闲中，获得多方面有用的知识。

阅读教学

阅读的上述几种要求，有的，语文课可以承担比较多的任务去满足，比如，吸收精神营养；有的，语文课只能承担比例不大的一部分任务，相当多的任务要由其它课程来负担，比如，吸收思想营养，学习丰富的社会常识和自然常识。语文课有一项特定的、无可推托的责任，就是教给学生阅读的方法，进行种种有计划的阅读训练，以培养学生具有比较高的阅读能力。我们常说，学生读书读得多的，语言一般比较丰富，语文能力一般提高得比较快。但是，他们往往是不自觉地得到这些益处的。因此，我们的任务就是要找出提高阅读能力的规律性的东西，在语文课里自觉地掌握运用这些规律，采取科学的办法，因势而利导，使学生不仅从语文课提供的那些阅读材料中获得益处，并且从教师指导阅读这些材料的过程中受到启发，逐渐培养起正确的阅读态度，养成良好的阅读习惯，掌握有效的阅读方法，从而大大提高阅读能力，可以离开教师自己去读，读的效果同样也好。学生获得了这种能力，将是终身受用的。

所谓阅读能力，包括三个方面的因素，即理解、记忆和速度。阅读，首先要读懂，并且能够记得，进而还要读得快。这才算是有较高的阅读能力。

先谈理解的能力。在不同的阶段，理解的过程是不一样的。小孩子开始读简单的东西，是一个字一个字地读，有不认识的字，卡住了，就要问大人。不认识字，意思就读不懂了。稍大一些，认的字多了，看书就囫囵吞枣起来。常听说某二、三年级的小学生能读大厚本的小说。其实，他并不是每个字都认识，每句话都理解。他急于要知道故事的主要情节，于是就把不认识的字，不大懂的句子跳过去，甚至整段整段地跳过去。稍大一些，识字更多了一点，知识也更多了一点，于是读书的时候会顺着上下文猜了。这时候，读书能够懂得多一些，然而并非处处都是读懂的，很多地方是猜出来的，当然有猜对了的，也有猜错了的。再大一些，理解的过程又不一样。比如，看一篇文章，先读一遍，得其大要，再读，才知道文字结构层次的安排，又读，才能体会哪些词、句子用得准确、生动，从而对全文的理解也就又加深了一步。也就是说，理解的全过程是从大到小，从整体到局部，又从小到大，从局部到整体，走这么一个来回。像如上所说学生由低年级到高年级的理解过程，只是一个很粗的轮廓，应该作为科学研究的题目，搞得很清楚，这对我们指导学生的阅读会提供科学的依据。如果掌握了学生在理解过程中的一些规律，让学生读的东西又适当的话，我们在指导时，只要在紧要的地方"点"一下就可以了。一般来说，应该是一"点"就透的。"点"是个传统的好经验。古书上常有圈点、评点，就是在重要的地方或者写得好的地方，每个字旁边圈上圈，点上点，或者说上一两句评语，这些圈、点、评，常能使读者豁然开朗，理解有了一定的深度，并且留下深刻的印象。我们提倡教学要精讲，所谓精，也就是类乎在必要的地方点一点的办法。这样做，是符合客观实际和客观需要的。选给学生读的文章，绝大部分是学生自己读得懂的。读不懂的，只是个别篇的个别地方。另外，有些地方，懂是懂了，但是懂得的不够深，领会得泛一些。只有这些地方，才需要老师点一下。有的老师，非要把教材嚼烂了喂给学生吃不可，这是大大低估了学生的理解能力。教师的任务是经过调查，比较确切、充分地掌握不同阶段的学生理解能力的发展情况和发展规律，因势而利导，使自己的教学符合于学生的理解能力，并且有助于提高他们的理解能力。

再说记忆问题。读过的东西应当能记住，至少，记住主要内容。否则，一边读一边忘，读得再多也没有用。记忆能力的发展也有它的规律，也是能训练的。人在什么阶段对什么内容容易记住，也可以作些调查和实验。笼统的说小时候记忆力好，不够确切。我们观察一下学生，似乎在小学高年级到初中阶段记忆力最强。再小一点，往往是记得快忘得也快，记忆不牢固。同志们请想一想，你对小学二三年级以前的事、读过的东西，现在记忆还清楚吗？高中以上，记忆力一般是差一些了，不太容易记住。年龄因素之外，凡是自己理解了的、体会了的，特别是受到触动的事，容易记住，并且记得久远，这是我们每个人都可以举出很多例子的。每个大人都能想得起小时候某几件印象最深的事和长大之后某些印象最深的事。这里，又提供了精讲的一个理由。讲得精，有启发性，留下余地让学生自己思索，自己想明白了、体会了、受到触动了，于是他就记住了。教师倾盆大雨地讲，仿佛讲得很深很透，其结果，学生的印象反而很浅，因为，这不是他自己动脑筋想出来的。又比如，跟学生的实际语言有点距离的（如文言文）反而容易记，跟学生的实际语言没有距离或距离很小的（如白话文）反而比较难记。不是教师讲的

阅读教学

越多越容易记住，在这两个问题上，有明显的辩证关系。再比如，符合语言的某些特点的东西容易记，传统的大量的启蒙书是利用汉语单音节为主因而容易构成齐整、押韵的语句这个特点来编写的，使人读起来上口，并且容易记住。现在我们主要教白话文，并且也不用整齐、押韵那种办法了，那么，是不是还应当研究汉语有无其他有助于背诵记忆的特点，可以或应当在语文教学中加以利用呢？总之，记忆有记忆的规律，也有待我们去深入研究。

最后谈谈速度问题。在写作和阅读的训练中，速度都是必要的，阅读速度的快慢是效率高低的一个重要标志。阅读既快而印象又清晰深刻，这种能力非常有用。这种能力是可以训练的，天生的"过目成诵"的"神童"是不存在的。在赶超世界先进水平的今天，速度问题就显得更重要了。比如，完成一个科研项目，需要阅读若干份参考资料，有的人一个月可以读完，而且对资料的内容掌握得很好，另一个去读却要两个月，阅读的速度不是直接影响着工作的进程吗？在阅读教学中，应该要求一定的速度。要采取各种训练办法，提高学生的阅读速度，可以限定一定的时间读一篇文章，然后复述文章的大意，或写出提纲；有的文章要求在一定的时间内粗读，有的则要求在一定的时间内细读，等等。首先，也需要做很多实地调查研究，要摸清现状。要研究出最快的可能性，比如，读某种内容的东西（知识性的、文艺性的、政治性的，等等）每小时能读多少字，某种人每个阶段的平均速度，等等；要摸清楚影响速度的各种因素。阅读速度作为一个科研项目，是一个不小的题目。

培养、提高学生的阅读能力，远不止要研究以上几个方面的问题，这里只是举例式的谈一些粗浅的想法，向老师们请教。要拿出具体可行的办法，必须经过调查研究，经过多次的科学试验。如果能对自己所教的五十个或一百个学生作一些调查，进行一些试验，大概是可以得出一些符合实际的数据的，反复多作几次，不难得出一些规律性的东西，用这些规律去指导教学，又可以发现新的问题，再调查，再试验，这样周而复始，我们的阅读教学工作一定能在实践中日臻完善。

关于阅读教学和写作教学的几个问题[①]

张志公

今天讲讲关于阅读教学和写作教学的几个问题。这是扬州市语文教研站的同志出的题目，我接受了这个"命题作文"。

培养学生的语文能力不仅指读和写，还包括口头语言的训练。口头语言的训练很重要，可是，在我国，若干世纪以来一直被忽视，这是我们传统的语文教学经验中有所偏废的一面。关于这个问题，我在别处多次讲过，这里只再提一下，不准备多谈。

一、关于精讲

精讲的"精"，是质量概念，不是数量概念。精讲这个问题，主要是由于教白话文才产生的。从前教文言文，教师一句一句串讲，学生听懂了，就得了，基本上没有讲得精不精的问题。白话文，学生大部分看得懂，该怎么教？建国之初，教师们觉得不好办，讨论过一阵。学习了苏联的做法，讲白话文，特别是文学作品，侧重分析。逐渐，不只白话的文学作品，连文言文，非文学作品，也注重分析。传统的经验（主要指封建社会的传统经验，也包括办新学堂之后几十年间的"国文"教学经验）不讲究对文章作多少分析。文章的中心思想、结构、写法等等，主要靠学的人自己去体味，"只能意会，不可言传"。这自然不行，当老师应当会"言传"，就是说给学生一点启发，让他们体味得更好一些。怎么"言传"效果最好呢？于是有了"精讲"问题。精，就是恰到好处。讲什么，讲得多或少，详或略，深或浅，都要恰到好处。怎么才叫恰到好处？没有一个公式，一切要从实际出发，实事求是，讲求实效，

[①] 选自《张志公语文教育论集》，人民教育出版社1994年版。这里用作者原题。

也就是说要看是什么文章，对什么人讲，文章中有什么东西可讲并且必须讲，以及学生需要讲些什么而定。

　　精讲问题早就提出来了，现在又来谈精讲，也因为以前有过讲得不精的经验。一般说来，教师讲的，多、少之间往往是偏多，深、浅之间往往是偏深。所谓"发掘"思想因素，"发掘"语言因素等等，实在都不免有刻意求深之嫌。我对"发掘"这个说法是有保留的。我认为，只有在一篇文章写得不怎么好，语言不够明白，意思不够显豁的情况下，才需要人去"发掘"。否则一切都是明明白白的，何需乎"发掘"才能懂呢？不需要发掘而去"发掘"，那不是刻意求深吗？其实，刻意求深，往往反而失之于浅。随便举个例子。《红楼梦》里讲到薛家开"当铺"，有人说它是残酷剥削和压榨劳动人民血汗的。这似乎讲得深了，其实不然。劳动人民有什么值钱的东西拿得进薛家那种大官商开的大当铺去呢？几件破衣服，一送上柜台，朝奉会看也不看，就给摔得老远。到薛家的大当铺去当东西的，只能是家道中落的人家，或者是那些等着放外任的小京官，日子等久了，吃用不够，才寻些东西去典当。进那种当铺的门，总得拿得出一两件首饰、古董之类或者还像点样的衣服、器用之类，才能押点钱回来。那种当铺是大鱼吃小鱼、大官商吃破落户的。住在大观园里的邢岫烟就当过东西，她也不是劳动人民。又如贾宝玉，倘说他是个王孙公子，而所有的王孙公子都是"天下乌鸦一般黑"，所以贾宝玉同贾琏、贾珍等都是一丘之貉，那当然失之于浅，不对；倘说他是什么"反封建战士"，和贾珍、贾琏以至他的老子贾政是"水火不相容"，恐怕同样也失之于浅。贾宝玉和贾珍、贾琏之流是有区别的，说成毫无区别是不对的；然而他们之间也确实有王孙公子的某些共同性，说成势不两立怕也不符合实际，至少，贾宝玉也是衣来伸手、饭来张口，且不说他也干过些丑事，只是曹雪芹对他客气些，写得含蓄些就是了。这里，我有意举一两个课本以外的例子，说着更方便些。总之，讲文章要实事求是，平实朴素，不要"刻意求深"。在多、少之间，一般来说，教师对学生估计过低，不需要分析的地方也分析来分析去，讲得偏多。你觉得"发掘"得"深"了，学生得到的东西反而会失之于浅；你觉得讲仔细点会让学生领会得多些，而事实上由于你没有留下余地让学生自己去想，他们所得反而会少。深、浅、多、少之间的这种关系，很值得认真对待。

有的文章也可以多讲一点，讲得仔细一点，那是为了起示范作用，让学生知道文章该怎么读法，不要一概不求甚解，如走马看花，如过眼云烟。叶圣陶先生说过，讲是为了不讲。这话很有道理。有的课文多讲一点，是作为举例，让学生能够举一反三，学会自己用心去读。学生读的能力高了，老师更可以少讲以至不讲了。等到毕业离开学校，离开老师，学生自己就会看、会讲，不必处处依赖老师了。

　　讲的方式也不止一种。逐句、逐段地解说，然后概括出段落大意、主题思想以及运用语言的艺术等等，这是一种讲法。有时候，只需在关键的地方点一点，教师不讲或不全讲，留有余地，让学生自己去思考，去体味，这又是一种讲法。传统经验忽视口头语言训练，这是不好的一面，开头已说过；但是也有好的地方，比如对文章的评点，就很值得我们借鉴。评得好的，只在关键的地方评上一句，恰到好处，对读的人很有启发作用。所谓"点"，就是加圈加点以引起读者注意，也包括在某一字或某一句下边或旁边写上几个字。比如在某处写上"伏一笔"，后边某处写上"回应前文"等等；有时候只写一个字，如"妙"，让读者自己去揣摩。善于"点"，是一种很好的教学艺术。点得得当，有启发性，学生应该是一点就透的。这样，不仅节省了许多话，许多时间，而且学生的学习兴趣会提高，积极性会调动起来，更愿意学习语文，因为，他自己动了脑子，自己解决了问题，感到有所得。谈到精讲，我在许多场合提倡过这个"点"字，我愿意再把这个字推荐一下。

　　二、关于读和写的关系

　　有人认为阅读是基础，有人主张以写作为中心，也有人提倡读写结合，并且分别按照各自的主张在进行着某些实验。我认为所有这些实验都是好的，都应当提倡。我无意于评论这些说法。而且，不等着看看实验的结果就凭主观的想法来发表评论，也是很不妥当的。这里，我只说我对读与写的关系的几点粗浅的看法。

　　在语文教学中，培养写的能力是目的，培养读的能力也是目的。写有训练写的方法，以提高写的能力；读也有训练读的方法，以提高读的能力。读与写，无疑有密切的关系，两者互相影响，互相促进，但毕竟不是一回事。

　　在以八股取士的时代，很多人读书就是为了写文章，应科考。许多读书人专门找"闱墨""墨卷"来读，揣摩人家是怎样中了举人、进士的，以便自己去摹仿，找到捷径。如果今天还以为读就是为了写，试问：读报纸的通讯是不是为了当记者，读小说是不是为了当作家呢？很少需要写文章的人还读不读书呢？这道理不是很明白吗？《人民日报》的社论，我们每个人都读，但是我们并不写社论；毛主席诗词，我们每个人都读，不少的能背诵，可是我们之中只有很少数人写诗。教师备课要读不少书，从事某一工作的人也需要读与他专业有关的许多书。请老师们计算一下，你每天、每周、每月、每年要读多少东西？在同一个时间里，你写多少东西？做语文工作的尚且是读的远比写的多，何况做其它工作的人！读书可以提高思想认识，增长见闻，汲取精神食粮。对任何人来说，读的能力是十分重要的。不能认为只要识了字就会读。读，并不是件很容易的事；读得好，更不简单。人与人之间，读的能力是大有高低之分的。在语文教学中，训练读的能力，本身是个目的。一个人理解得好，理解得快，记得牢，说明他读的能力高。我们搞四个现代化，科技工作者需要看很多参考资料。同样一篇资料，三天读完而记住的人总比十天读完而记不清楚的对工作有利吧！

　　写，当然也是目的。这一点，大家都同意，不待多说。读与写既要配合，又要分别处理，不能混为一谈。分、合之间，关系要处理好。有内在联系的两个事物，把它们截然分割开来，认为互不相干，固然不对；把各有特点的事物不加区别，纳入一个模子里，也不行。互有关联的事物，应当结合处理，但是结合要适当，否则，不适当的"结合"会造成互相牵制，互相干扰。当合者合，当分者分，分中有合，合中有分，读与写的关系怕也要做如是观。

　　写作水平的提高，要靠多方面的配合，如：观察力的提高，思想的提高，知识的积累，语言的不断丰富，等等。这些都同读有联系。读可以促进写，"读书破万卷，下笔如有神"，说的就是多读对写的帮助。反过来，写也可以促进读。自己有了写的体会，自然就提高了理解、欣赏的能力。语言训练首先是技能的训练，提高技能要靠反复实践，必须有一定的量，少了不行。但是，也应该有个限度。否则，老师学生都紧张，疲于奔命，不但对健康不利，而且会限制学生智力的发展，最终降低语文训练的效率。

1979年6月

写作教学

写作什么[1]

叶圣陶

国文科牵涉到的事项很多,这儿只讲一点关于写作的话。分两次讲,这一次的题目是《写作什么》,下一次的题目是《怎样写作》。我的话对于诸位不会有直接的帮助,我只希望能有间接的帮助。就是说,诸位听了我的话,把应该留心的留心起来,把应该避忌的随时避忌,什么方面应该用力就多多用力,什么方面不必措意就不去白费心思。这样经过相当的时候,写作能力自然渐渐增进了。

诸位现在写作,大概有以下的几个方面:国文教师按期出题目,教诸位练习,就要写作了;听了各门功课,有的时候要作笔记,做了各种试验,有的时候要作报告,就要写作了;游历一处地方,想把所见所闻以及感想记下来,离开了家属和亲友,想把最近的生活情形告诉他们,就要写作了;有的时候有种种观感凝结成一种意境,觉得要把这种意境化为文字,心里才畅快,也就要写作了。

以上几方面的写作材料都是诸位生活里原有的,不是从生活以外去勉强找来。换句话说,这些写作材料都是自己的经验。我们平时说话,从极简单的日常用语到极繁复的对于一些事情的推断和评论,都无非根据自己的经验。因为根据经验,说起来就头头是道,没有废话,没有瞎七搭八的无聊话。如果超出了经验范围,却去空口说白话,没有一点天文学的知识,偏要讲星

---

[1] 选自《叶圣陶教育文集》第3卷,人民教育出版社1994年版,原载夏丏尊、叶圣陶合著的《阅读与写作》。

写作教学

辰怎样运行，没有一点国际政治经济的学问，偏要推断意阿战争、海军会议的将来，一定说得牛头不对马嘴，徒然供人家作为嗤笑的资料。一个人如有自知之明，总不肯做这样傻事，超出了自己的经验范围去瞎说。他一定知道自己有多少经验，什么方面他可以说话，什么方面他不配开口，在不配开口的场合就不开口，这并不是难为情的事，而正是一种诚实的美德。经验范围像波纹一样，越来越扩大。待扩大到相当的时候，本来不配开口的配开口了，那才开口，也并不嫌迟。作文原是说话的延续，用来济说话之穷，在说话所及不到的场合，就作文。因此作文自然应该单把经验范围以内的事物作为材料，不可把经验范围以外的事物勉强拉到笔底下来。照诸位现在写作的几个方面看，所有材料都是自己的经验，这正是非常顺适的事。顺着这个方向走去，是一条写作的平坦大路。

这层意思好像很平常，其实很重要。因为写作的态度就从这上边立定下来。知道写作原是说话的延续，写作材料应该以自己的经验为范围，这就把写作看作极寻常可是极严正的事。人人要写作，正同人人要说话一样，岂不是极寻常？不能超出自己的经验，不能随意乱道，岂不是极严正？这种态度是正常的，抱着这种态度的人，写作对于他是一种有用的技能。另外还有一种态度，把写作看作极特殊可是极随便的事。拿从前书塾里的情形来看，更可以明白。从前书塾里，学生并不个个作文。将来预备学工业、商业的，读了几年书认识一些字也就算了，只有预备应科举的几个才在相当的时候开始作文。开始作文称为"开笔"，那是一件了不得的事。开了笔的学生对先生要加送束脩，家长对人家说"我的孩子开笔了"，往往露出得意的笑容。这为什么呢？因为作了文可以应科举，将来的飞黄腾达都种因在这上边，所以大家都认为一件极特殊的事，这特殊的事并且是属于少数人的。再看开了笔作些什么呢？不是《温故而知新说》就是《汉高祖论》之类。新呀故呀翻来覆去缠一阵就算完了篇；随便抓住汉高祖的一件事情，把他恭维一顿，或者唾骂一顿，也就算完了篇。这些材料大部分不是自己的经验，无非仿效别人的腔调，堆砌一些毫不相干的意思，说得坏一点，简直是鹦鹉学舌，文字游戏。从这条路径发展下去，这就来了专门拼凑典故的文章，无病呻吟的诗词。自己的经验是这样，写出来却并不这样，或许竟是相反的那样。写作同实际生活脱离了关系，只成为装点生活的东西，又何贵乎有这种写作的技能呢？所以说，这种态度是极随便的。到现在，科举虽然废掉了，作文虽然从小学初年级就要开始，可是大家对于写作的态度还没有完全脱去从前的那种弊病。现在个个学生要作文，固然不再是少数人的特殊的事，但是往往听见学生说"我没有意思，没有材料，拿起笔简直写不出什么来"，或者说："今天又要写作文了，真是讨厌！"这些话表示一种误解，以为作文是学校生活中的特殊的事，而且须离开自己的经验去想意思，去找材料，自己原有的经验好像不配作为意思、不配充当材料似的。再从这里推想开去，又似乎所谓意思、所谓材料是一种说来很好听、写来很漂亮但不和实际生活发生联系的花言巧语。这种花言巧语必须费很大的力气去搜寻，像猎犬去搜寻潜伏在山林中的野兽。搜寻未必就能得到，所以拿起笔写不出什么来，许多次老写不出什么来，就觉得作文真是一件讨厌的事。进一步说，抱着这样的态度作文，即使能够写出什么来，也不是值得欢慰的事。因为作文决不是把一些很好听、很漂亮的花言巧语写在纸上算完事的，必须根据经验，从实际生活里流注出来，那才合乎所以要作文的本意。离开了自己的经验而去故意搜寻，虽然搜寻的工夫也许很麻烦，但是不能不说他把作文看得太随便了。把作文看得特殊又看得随便的态度使作文成为一种于人生无用的技能。这种态度非改变不可。诸位不妨自己想想：我把作文认作学校中的特殊的事吗？我离开了自己的经验故意去搜寻虚浮的材料吗？如果不曾，那就再好没有。如果确曾这样，而且至今还是这样，那就请立刻改变过来，改变为正当的态度，就是把作文看得寻常又看得严正的态度。抱着正当的态度的人决不会说没有意思、没有材料，因为他决不会没有经验，经验就是他的意思和材料。他又决不会说作文真是讨厌的事，因为作文是他生活中的一个项目，好比说话和吃饭各是生活中的一个项目，无论何人决不会说说话和吃饭真是讨厌。

以上说了许多话，无非说明写作材料应以自己的经验为范围。诸位现在写作的几个方面原都不出这个范围，只要抱正当的态度，动一回笔自然得到一回实益。诸位或者要问："教师命题作文，恐怕不属于我们的经验范围以内吧。"我可以这样回答，凡是贤明的国文教师，他出的题目应当不超出学生的经验范围，他应当站在学生的立脚点上替学生设想，什么材料是学生经验范围内的,是学生所能写的、所要写的,经过选择才定下题目来。这样,学生同写一封信、作一篇游记一样,仍然是为着发表自己的经验而写作,同时又得到了练习的益处。我知道现在国文教师贤明的很多,他们根据实际的经验和平时的研究,断不肯出一些离奇的题目,离开学生的经验十万八千里,教学生搔头摸耳,叹息说没有意思、没有材料的。自然,也难免有一些教师受习惯和环境的影响,出的题目不很适合学生的胃口,我见过的《学而时习之论》就是一个例子。我若是学生,就不明白这个题目应该怎样地论。学而时习之,照常识讲则不错的。除了说这个话不错以外,还有什么可说呢?这种题目,从前书塾里是常出的,现在升学考试和会考也间或有类似的题目。那位教师出这个题目,大概就由于这两种影响。诸位如果遇见了那样的教师,只得诚诚恳恳地请求他,说现在学会作这样的题目,只有逢到考试也许有点用处,在实际生活中简直没有需要作这样题目的时候。即使您先生认为预备考试的偶尔有用也属必要,可否让我们少作几回这样题目,多作几回发表自己经验的文章?这样的话很有道理,并不是什么非分的请求。有道理的话,谁不愿意听?我想诸位的教师一定会依从你们的。

再说经验有深切和浅薄的不同,有正确和错误的不同。譬如我们走一条街道,约略知道这条街道上有二三十家店铺,这不能不算是经验。但是我们如果仔细考察,知道这二三十家店铺属于哪一些部门,哪一家的资本最雄厚,哪一家的营业最发达,这样的经验比前面的经验深切多了。又譬如我们小时候看见月食,老祖母就告诉我们,这是野月亮要吞家月亮,若不敲锣打鼓来救,家月亮真个要被吃掉的。我们听了记在心里,这也是我们的经验,然而是错误的。后来我们学了地理,懂得星球运行的大概,才知道并没有什么野月亮,更没有吞食家月亮这回事,那遮没了月亮的原来是地球的影子。这才是正确的经验。这不过是两个例子,此外可以依此类推。我们写作,正同说话一样,总希望写出一些深切的正确的经验,不愿意涂满一张纸的全是一些浅薄的错误的经验。不然,就是把写作看得太不严正,和我们所抱的态度违背了。

单是写出自己的经验还嫌不够,要更进一步给经验加一番洗炼的工夫,才真正做到下笔绝不随便,合乎正当的写作态度。不过这就不止是写作方面的事了，而且也不止是国文和各学科的事，而是我们整个生活里的事。我们每天上课，看书，劳作，游戏，随时随地都在取得经验，而且使经验越来越深切，越来越正确。这并不是为作文才这样做，我们要做一个有用的人，要做一个健全的公民，就不得不这样做。这样做同时给写作开了个活的泉源，从这个泉源去汲取，总可以得到澄清的水。所怕的是上课不肯好好地用功，看书没有选择又没有方法，劳作和游戏也只是随随便便，不用全副精神对付，只图敷衍过去就算，这样，经验就很难达到深切和正确的境界。这样的人做任何事都难做好，当然不能称为有用，当然够不上叫做健全的公民。同时他的写作的泉源干涸了，勉强要去汲取，汲起来的也是一盏半盏混着泥的脏水。写作材料的来源普遍于整个生活里，整个生活时时在那里向上发展，写作材料自会滔滔汨汨地无穷尽地流出来，而且常是澄清的。有些人不明白这个道理，以为写作只要伏在桌子上拿起笔来硬干就会得到进步，不顾到经验的积累和洗炼，他们没想到写作原是和经验纠结而不可分的。这样硬干的结果也许会偶尔写成一些海市蜃楼那样很好看的文字，但是这不过一种毫不实用的玩意儿，在实际生活里好比赘瘤。这种技术是毫无实用的技术。希望诸位记着写作材料的来源普遍于整个的生活，写作固然要伏在桌子上，写作材料却不能够单单从伏在桌子上取得。离开了写作的桌子，上课、看书、劳作、游戏，刻刻认真，处处努力，一方面是本来应该这么做，另一方面也就开凿了写作材料的泉源。

现在来一个结束。写作什么呢？要写出自己的经验。经验又必须深切，必须正确，这要从整个生活里去下工夫。有了深切的正确的经验，写作就不愁没有很好的材料了。

1935 年 12 月 5 日

写作教学

怎样写作[①]

叶圣陶

这一次讲的题目是《怎样写作》。怎样写作，现在有好些作文法一类的书，讲得很详细。不过写作的时候，如果要临时翻查这些书，一一按照书里说的做去，那就像一手拿着烹饪讲义一手做菜一样，未免是个笑话了。这些书大半从现成文章里归纳出一些法则来，告诉人家怎样怎样写作是合乎法则的，也附带说明怎样怎样写作是不合乎法则的。我们有了这些知识，去看一般文章就有了一枝量尺，不但知道某一篇文章好，还说得出好在什么地方，不但知道某一篇文章不好，还说得出不好在什么地方。自然这些知识也能影响到我们的写作习惯，可是这种影响只在有意无意之间。写文章，往往会在某些地方写得不合法则，有了作文法的知识，就会觉察到那些不合法则的地方。于是特地留心，要把它改变过来。这特地留心未必马上就有成效，或许在三次里头，两次是改变过来了，一次却依然犯了老毛病。必须从特地留心成为不待经意的习惯，才能每一次都合乎法则。所以作文法一类书对于增强我们看文章的眼力有些直接的帮助，对于增强我们写文章的腕力只有间接的帮助。所以光看看这一类书未必就能把文章写好。如果临到作文而去翻查这些书，那更是毫无实益的傻事。

诸位现在都写语体文。语体文的最高的境界就是文章同说话一样。写在纸上的一句句的文章，念起来就是口头的一句句的语言，教人家念了听了，

[①] 选自《叶圣陶教育文集》第3卷，人民教育出版社1994年版，原载夏丏尊、叶圣陶著《阅读与写作》，开明书店1949年版。

不但完全明白文章的意思，还能够领会到那种声调和神气，仿佛当面听那作文的人亲口说话一般。要达到这个境界，不能专在文字方面做工夫，最要紧的还在锻炼语言习惯。因为语言好比物体的本身，文章好比给物体留下一个影像的照片，物体本身完整而有式样，拍成的照片当然完整而有式样。语言周妥而没有毛病，按照语言写下来的文章当然也周妥而没有毛病了。所以锻炼语言习惯是寻到根源去的办法。不过有一句应当声明，语言习惯是本来要锻炼的。一个人生活在人群中间，随时随地都有说话的必要，如果语言习惯锻炼得良好，至少就有了一种极关重要的生活技能。对于作文，这又是一种最可靠的根源。我们怎能不努力锻炼呢？

现在小学里有说话的科目，又有演讲会、辩论会等的组织，中学里，演讲会和辩论会也常常举行。这些都是锻炼语言习惯的。参加这种集会，仔细听人家说的话，往往会发现以下的几种情形。说了半句话，缩住了，另外换一句来说，和刚才的半句话并没有关系，这是一种。"然而""然而"一连串，"那么""那么"一大堆，照理用一个就够了，因为要延长时间，等待着想下面的话，才说了那么许多，这是一种。应当"然而"的地方不"然而"，应当"那么"的地方不"那么"，只因为这些地方似乎需要一个词，可是想不好该用什么词，无可奈何，就随便拉一个凑数，这是一种。有一些话听去很不顺耳，仔细辨辨，原来里头有几个词用得不妥当，不然就是多用了或者少用了几个词，这又是一种。这样说话的人，他平时的语言习惯一定不很好，而且极不留心去锻炼，所以在演讲会、辩论会里就把弱点表露出来了。若教他写文章，他自然按照自己的语言习惯写，那就一定比他的口头语言更难使人明白。因为说话有面部的表情和身体的姿势作为帮助，语言虽然差一点，还可以使人家大体明白。写成文章，面部的表情和身体的姿势是写不进去的，让人家看见的只是支离破碎前不搭后的一些文句，岂不教人糊涂？我由于职务上的关系，有机会读到许多中学生的文章，其中有非常出色的，也有不通的，所谓不通，就是除了材料不健全不妥当以外，还犯了前面说的几种毛病，语言习惯上的毛病。这些同学如果平时留心锻炼语言习惯，写起文章来就可以减少一些不通。加上经验方面的洗炼，使写作材料健全而妥当，那就完全通了。所谓"通"原来不是什么高不可攀的境界。

写作教学

锻炼语言习惯要有恒心,随时随地当一件事做,正像矫正坐立的姿势一样,要随时随地坐得正立得正才可以养成坐得正立得正的习惯。我们要要求自己,无论何时不说一句不完整的话,说一句一定要表达出一个意思,使人家听了都能够明白;无论何时不把一个不很了解的词硬用在语言里,也不把一个不很适当的词强凑在语言里。我们还要要求自己,无论何时不乱用一个连词,不多用或者少用一个助词。说一句话,一定要在应当"然而"的地方才"然而",应当"那么"的地方才"那么",需要"吗"的地方不缺少"吗",不需要"了"的地方不无谓地"了"。这样锻炼好像很浅近、很可笑,实在是基本的,不可少的。家长对于孩子,小学教师对于小学生,就应该教他们,督促他们,作这样的锻炼。可惜有些家长和小学教师没有留意到这一层,或者留意到而没有收到相当的成效。我们要养成语言这个极关重要的生活技能,就只得自己来留意。留意了相当时间之后,就能取得锻炼的成效。不过要测验成效怎样,从极简短的像"我正在看书""他吃过饭了"这些单句上是看不出来的。我们不妨试说五分钟连续的话,看这一番话里能够不能够每句都符合自己提出的要求。如果能够了,锻炼就已经收了成效。到这地步,作起文来就不觉得费事了,口头该怎样说的笔下就怎样写,把无形的语言写下来成为有形的文章,只要是会写字的人,谁又不会做呢?依据的是没有毛病的语言,文章也就不会不通了。

　　听人家的语言,读人家的文章,对于锻炼语言习惯也有帮助。只是要特地留意,如果只大概了解人家的意思就算数,对于锻炼我们的语言就不会有什么帮助了。必须特地留意人家怎样用词,怎样表达意思,留意考察怎样把一篇长长的语言顺次地说下去。这样,就能得到有用的资料,人家的长处我们可以汲取,人家的短处我们可以避免。

　　写语体文只是十几年来的事。好些文章,哪怕是有名的文章家写的,都还不纯粹是口头的语言。写语体文的技术还没有练到极纯熟的地步。不少人为了省事起见,往往凑进一些文言的调子和语汇去,成为一种不尴不尬的文体。刚才说过,语体文的最高境界就是文章同说话一样。所以这种不尴不尬的文体只能认为过渡时期的产物,不能认为十分完善的标准范本。这一点认清楚了,才可以不受现在文章的影响。但是这些文章也有长处,当然应该摹仿；至于不很纯粹的短处，就努力避免。如果全国中学生都向这方面用工夫，不但自己的语言习惯可以锻炼得非常好，还可以把语体文的文体加速地推进到纯粹的境界。

从前的人学作文章都注重诵读，往往说，只要把几十篇文章读得烂熟，自然而然就能够下笔成文了。这个话好像含有神秘性，说穿了道理也很平常，原来这就是锻炼语言习惯的意思。文言不同于口头语言，非但好多词不同，一部分语句组织也不同。要学不同于口头语言的文言，除了学这种特殊的语言习惯以外，没有别的方法。而诵读就是学这种特殊的语言习惯的一种锻炼。所以前人从诵读学作文章的方法是不错的。诸位若是要作文言，也应该从熟读文言入手。不过我以为诸位实在没有作文言的必要。说语体浅文言深，先习语体，后习文言，正是由浅入深，这种说法也没有道理。文章的浅深该从内容和技术来决定，不在乎文体的是语体还是文言。况且我们既是现代人，要表达我们的思想情感，在口头既然用现代的语言，在笔下当然用按照口头语言写下来的语体。能写语体，已经有了最便利的工具，为什么还要去学一种不切实用的文言？若说升学考试或者其他考试，出的国文题目往往有限用文言的，不得不事前预备，这实在由于主持考试的人太不明白。希望他们通达起来，再不要做这种故意同学生为难而毫没有实际意义的事。而在这种事还没有绝迹以前，诸位为升学计，为通过其他考试计，就只得分出一部分工夫来，勉力去学作文言。

以上说了许多话，无非说明要写通顺的文章，最要紧的是锻炼语言习惯。因为文章就是语言的记录，二者本是同一的东西。可是还得进一步，还不能不知道文章和语言两样的地方。前面说过，说话有面部的表情和身体的姿势作为帮助，但是文章没有这样的帮助，这就是两样的地方。写文章得特别留意，怎样适当地写才可以不靠这种帮助而同样可以使人家明白。两样的地方还有一些。如两个人闲谈，往往天南地北，结尾和开头竟可以毫不相关。就是正式讨论一个问题，商量一件事情，有时也会在中间加入一段插话，像藤蔓一样爬开去，完全离开了本题。直到一个人省悟了，说："我们还是谈正经话吧。"这才一刀截断，重又回到本题。作文章不能这样。文章大部分是预备给人家看的，小部分是留给自己将来查考的，每一篇都有一个中心，没有中

写作教学

心就没有写作的必要。所以写作只该把有关中心的话写进去。而且要配列得周妥，使中心显露出来。那些漫无限制的随意话，像藤蔓一样爬开去的枝节话，都该剔除得干干净净，不让它浪费我们的笔墨。又如用语言讲述一件事情，往往噜噜苏苏，细大不捐；传述一场对话，更是照样述说，甲说什么，乙说什么，甲又说什么，乙又说什么。作文章不能这样。文章为求写作和阅读双方的省事，最要讲究经济。一篇文章，把紧要的话都漏掉，没有显露出什么中心来，这算不得经济。必须把紧要的话都写进去，此外再没有一句噜苏的话。正像善于用钱的人一样，不该省钱的地方决不妄省一个钱，不该费钱的地方决不妄费一个钱，这才够得上称为经济。叙述一件事情，得注意详略。对于事情的经过不做同等分量的叙述，必须教人家详细明白的部分不惜费许多笔墨，不必教人家详细明白的部分就一笔带过。如果记人家的对话，就得注意选择。对于人家的语言不作照单全收的记载，足以显示其人的思想、识见、性情等等的才入选，否则无妨丢开。又如说话往往用本土的方言以及本土语言的特殊调子。作文章不能这样。文章得让大家懂，得预备给各地的人看，应当用各地通行的语汇和语调。本土的语汇和语调必须淘汰，才可以不发生隔阂的弊病。以上说的是文章和语言两样的地方。知道了这几层，也就知道作文技术的大概。由知识渐渐成为习惯，作起文来就有记录语言的便利而没有死板地记录语言的缺点了。

  现在来一个结束。怎样写作呢？最要紧的是锻炼我们的语言习惯。语言习惯好，写的文章就通顺了。其次要辨明白文章和语言两样的地方，辨得明白，能知能行，写的文章就不但通顺，而且是完整而无可指摘的了。

1935 年 12 月 7 日

叶圣陶吕叔湘张志公语文教育名篇精选

以画为喻[①]

叶圣陶

咱们画图，有时候为的实用。编撰关于动物植物的书籍，要让读者明白动物植物外面的形态跟内部的构造，就得画种种动物植物的图。修建一所房子或者布置一个花园，要让住在别地的朋友知道房屋花园是怎么个光景，就得画关于这所房屋这个花园的图。这类的图，绘画动机都在实用。读者看了，明白了，住在别地的朋友看了，知道了，就体现了它的功能。

这类的图决不能随便乱画。首先要把画的东西看得明白，认得确切。譬如画猫吧，它的耳朵怎么样，它的眼睛怎么样。你如果没有看得明白，认得确切，怎么能下手？随便画上猪的耳朵，马的眼睛，那是个怪东西，决不是猫；人家看了那怪东西的图，决不能明白猫是怎样的动物。所以，要画猫就得先认清猫。其次，画图得先练成熟习的手腕，心里想画猫，手上就得画成一只猫。像猫这种动物，咱们中间谁还没有认清，可是咱们不能人人都画得成一只猫；画不成的原因，就在乎熟习的手腕没有练成。明知道猫的耳朵是怎样的，眼睛是怎样的，可是手不应心，画出来的跟知道的不相一致，这就成猪的耳朵马的眼睛，或者什么也不像了。所以，要画猫又得练成从心所欲的手腕。

咱们画图，有时候并不为实用。看见一个老头儿，觉得他的躯干，他的面部的器官，他的蓬松的头发跟胡子，线条都非常之美，配合起来，是一个

[①] 选自《叶圣陶语文教育论集》，教育科学出版社1980年版，本文写于1943年6月5日，收入作者的《西川集》。

写作教学

美的和谐，咱们要把那美的和谐表现出来，就动手画那个老头儿的像。走到一处地方，看见三棵老柏树，那高高向上的气派，那倔强矫健的姿态，那苍然蔚然的颜色，都仿佛是超然不群的人格的象征，咱们要把这一点感兴表现出来，就动手画那三棵老柏树的图。这类的图，绘画的动机不为实用，可以说无所为。但是也可以说有所为，为的是表出咱们所见到的一点东西，从老头儿跟三棵老柏树所见到的一点东西——"美的和谐""仿佛是超然不群的人格的象征"。

  这样的图也不能随便乱画。第一，见到须是真切的见到。人家说那个老头儿很美，你自己不加辨认，也就跟着说那个老头儿很美，这就不是真切的见到。人家都画柏树，认为柏树的挺拔之概值得画，你就跟着画柏树，认为柏树的挺拔之概值得画，这就不是真切的见到。见到不真切，实际就是无所见。无所见可是还要画，结果只画了个老头儿，画不出那"美的和谐"来；只画了三棵老柏树，画不出那"仿佛是超然不群的人格的象征"来。必须要整个的心跟事物相对，又把整个的心深入事物之中，不仅认识它的表面，并且透达它的精蕴，才能够真切地见到些什么。有了这种真切的见到，咱们的图才有了根本，才真个值得动起手来。第二，咱们的图既以咱们所见到的一点东西为根本，就跟前一类的图有了不同之处：前一类的图只须见什么画什么，画得准确就算尽了能事；这一类的图要表现出咱们所见到的一点东西，就得以此为中心，对材料加一番选择取舍的功夫；这种功夫如果做得不到家，那么虽然确有见到，也还不成一幅好图。那老头儿一把胡子，工细地画来，不如粗粗的几笔来得好；那三棵老柏树交结着丫枝，照样地画来，不如删去了来得好：这样的考虑就是所谓选择取舍的功夫。做这种功夫有个标准，标准就是咱们所见到的一点东西。跟这一点东西没有关系的，完全不要；足以表出这一点东西的，不容放弃；有时为了要增加表出的效果，还得以意创造，而这种功夫的到家不到家，关系于所见的真切不真切；所见越真切，选择取舍越有把握；有时几乎可以到不须思索的境界。第三，跟前边说的一样，得练成熟习的手腕。所见在心表出在手腕，手腕不熟习，根本就画不成图，更不用说好图。这个很明白，无须多说。

  以上两类图，次序有先后，程度有浅深。如果画一件东西不会画得像，画得准确，怎么能在一幅画中表出咱们所见到的一点东西？必须能画前一类图，才可以画后一类图。这就是次序有先后。前一类图只凭外界的事物，认得清楚，手腕又熟，就成。后一类图也凭外界的事物，根本却是咱们内心之所见；凭这一点，它才成为艺术。这就是程度有浅深。这两类图咱们都要画，看动机如何而定。咱们要记载物象，就画前一类图；咱们要表出感兴，就画后一类图。

我的题目"以画为喻"，就是借画图的情形，来比喻文字。前一类图好比普通文字，后一类图好比文艺。普通文字跟文艺，咱们都要写，看动机如何而定。为应付实际需要，咱们得写普通文字；如果咱们有感兴，有真切的见到，得写文艺。普通文字跟文艺次序有先后，程度有浅深。写不来普通文字的人决写不成文艺；文艺跟普通文字原来是同类的东西，不过多了咱们内心之所见。至于熟习的手腕，两方面同样重要；手腕不熟，普通文字跟文艺都写不好。手腕要怎样才算熟？要让手跟心相应，自由驱遣语言文字，想写个什么，笔下就写得出个什么，这才算是熟。我的话即此为止。

文章的修改[①]

叶圣陶

有人说，写文章只该顺其自然，不要在一字一语的小节上太多留意。只要通体看来没有错，即使带着些小毛病也没关系。如果留意了那些小节，医治了那些小毛病，那就像个规矩人似的，四平八稳，无可非议，然而也只成

[①] 选自《叶圣陶教育文集》第3卷，人民教育出版社1994年版，原载1946年5月1日《中学生》第175期。

个规矩人，缺乏活力，少有生气。文章的活力和生气全仗信笔挥洒，没有拘忌，才能表现出来。你下笔，多所拘忌，就把这些东西赶得一干二净了。

这个话当然有道理，可是不能一概而论。至少学习写作的人不该把这个话作为根据，因而纵容自己，下笔任它马马虎虎。

写文章就是说话，也就是想心思。思想，语言，文字，三样其实是一样。若说写文章不妨马虎，那就等于说想心思不妨马虎。想心思怎么马虎得？养成了习惯，随时随地都马虎地想，非但自己吃亏，甚至影响到社会，把种种事情弄糟。向来看重"修辞立其诚"，目的不在乎写成什么好文章，却在乎决不马虎地想。想得认真，是一层。运用相当的语言文字，把那想得认真的心思表达出来，又是一层。两层功夫合起来，就叫做"修辞立其诚"。

学习写作的人应该记住，学习写作不单是在空白的稿纸上涂上一些字句，重要的还在乎学习思想。那些把小节小毛病看得无关紧要的人大概写文章已经有了把握，也就是说，想心思已经有了训练，偶尔疏忽一点，也不至于出什么大错。学习写作的人可不能与他们相比。正在学习思想，怎么能稍有疏忽？把那思想表达出来，正靠着一个字都不乱用，一句话都不乱说，怎么能不留意一字一语的小节？一字一语的错误就表示你的思想没有想好，或者虽然想好了，可是偷懒，没有找着那相当的语言文字；这样说来，其实也不能称为"小节"。说毛病也一样，毛病就是毛病，语言文字上的毛病就是思想上的毛病，无所谓"小毛病"。修改文章不是什么雕虫小技，其实就是修改思想，要它想得更正确，更完美。想对了，写对了，才可以一字不易。光是个一字不易，那不值得夸耀。翻开手头一本杂志，看见这样的话："上海的住旅馆确是一件很困难的事，廉价的房间更难找到，高贵的比较容易，我们不敢问津的。"什么叫做"上海的住旅馆"？就字面看，表明住旅馆这件事属于上海。可是上海是一处地方，决不会有住旅馆的事，住旅馆的原来是人。从此可见这个话不是想错就是写错。如果这样想："在上海，住旅馆确是一件很困难的事"，那就想对了。把想对的照样写下来："在上海，住旅馆确是一件很困难的事"，那就写对了。不要说加上个"在"字去掉个"的"字没有多大关系，只凭一个字的增减，就把错的改成对的了。推广开来，几句几行甚至整篇的修改也无非要把错的改成对的，或者把差一些的改得更正确，更完美。

这样的修改，除了不相信"修辞立其诚"的人，谁还肯放过？

思想不能空无依傍，思想依傍语言。思想是脑子里在说话——说那不出声的话，如果说出来，就是语言，如果写出来，就是文字。朦胧的思想是零零碎碎不成片段的语言，清明的思想是有条有理组织完密的语言。常有人说，心中有个很好的思想，只是说不出来，写不出来。又有人说，起初觉得那思想很好，待说了出来，写了出来，却变了样儿，完全不是那回事了。其实他们所谓很好的思想还只是朦胧的思想，就语言方面说，还只是零零碎碎不成片段的语言，怎么说得出来，写得出来？勉强说了写了，又怎么能使自己满意？那些说出来写出来有条有理组织完密的文章，原来在脑子里已经是有条有理组织完密的语言——也就是清明的思想了。说他说得好写得好，不如说他想得好尤其贴切。

因为思想依傍语言，一个人的语言习惯不能不求其好。坏的语言习惯会牵累了思想，同时牵累了说出来的语言，写出来的文字。举个最浅显的例子。有些人把"的时候"用在一切提冒的场合，如谈到物价，就说"物价的时候，目前恐怕难以平抑"，谈到马歇尔，就说"马歇尔的时候，他未必真个能成功吧"。试问这成什么思想，什么语言，什么文字？那毛病就在于沾染了坏的语言习惯，滥用了"的时候"三字。语言习惯好，思想就有了好的依傍，好到极点，写出来的文字就可以一字不易。我们普通人难免有些坏的语言习惯，只是不自觉察，在文章中带了出来。修改的时候加一番检查，如有发现就可以改掉。这又是主张修改的一个理由。

写于1946年4月7日

写作教学

临摹和写生[①]

叶圣陶

向来学画，不外两个办法。一是临摹，拿名家画幅做范本，照着它下笔。一些画谱里还有指导初学的方法，山的皴法有几种，树的点法有几种，全都汇集一块儿，让人逐一学画。这样分类学习，也是临摹的办法。还有一个办法是写生。写生是直接跟物象打交道，眼里看见的怎么样，手里的画笔就照着画出来。无论从临摹或是写生入手，都有成为画家的可能。说学画的两个办法，意在拿来打比方，比喻学写文章。

学写文章也有临摹的办法。熟读若干篇范文，然后动手试作，这是临摹。在准备动手的时候，翻着一些范文作参考，也是临摹。另外一个办法是不管读过什么文章，直接写出自己的所见所闻所感所思。所见怎么样就怎么样写，所闻怎么样就怎么样写，其余类推。这是写生的办法。

学校里教学作文，往往把课本里的选文看作范本，有人觉得这还不够，希望另外选些范本，最好学写游记以前先读几篇游记，学写报告书以前先读几篇报告书。有人学习文艺写作，也喜欢揣摩几篇名家的作品，从用意布局到造语用词，都希望有所取法。可见无论学作寻常文章或是学写文艺，认为临摹的办法有效的人很不少。

我并不是绝对不赞成临摹的办法，可是我认为采取写生的办法更有好处，至少应该做到写生为主，临摹为辅。以下容我说明这个浅薄的意见。

还是拿学画来打比方。临摹的时候，面前摊着名家的画。画上当然有种

[①] 选自《叶圣陶集》第9卷，江苏教育出版社2004年版。

种物象，可是这些物象是名家眼里看见的，不是临摹的人眼里看见的。临摹的人只能以整幅名家的画为物象，一笔不苟地把它描下来。对于画上种种物象的本身，临摹的人是隔着一层的。名家可能有看不透切的地方，可能有表现得不够的地方，临摹的人只好跟着他，没法画得比他更完美。写生可不同，物象摆在面前，写生的人眼睛看它，头脑想它，手里的笔画它，样样都直接。开始写生的时候，成绩可能比临摹坏得多，临摹总还像一张画，写生或许不成画。但是工夫用得多了，看物象的眼光逐渐提高，画物象的手腕逐渐熟练，达到得心应手的地步，那就任何物象都能描绘自如。学画的目的不是希望做到任何物象都能描绘自如吗（成个画家并不是学画的目的，画得好，当然成画家）？这个境界，惯于临摹的人就未必容易达到。总括一句，写生的好处在直接跟物象打交道。

有了前边一节打比方的话，学写文章的方面也不须多说了。学写文章从写生的办法入手，学得好，能够达到挥洒自如的境界，这是一。尤其重要的，以自己的所见所闻所感所思为根据，学得好，能够真正地表达出自己的所见所闻所感所思，这是二。学校里的学生难道因为世间有文章这样东西，非学它不可，才学写文章的吗？有志文艺的人难道因为文艺是又好玩又漂亮的东西，才发心学写文艺的吗？不是的。学生在校学习，出校参加任何工作，都需要把自己的所见所闻所感所思表达出来，而且要表达得好，否则就不能过好生活，做好工作，所以必须学写文章。有志文艺的人学写文艺，也无非要把自己的所见所闻所感所思很好地表达出来。不过他愿意运用文艺的技巧和形式，这是他跟一般学生不同的地方。

既然如此，学习写作能不以自己的所见所闻所感所思为写生的对象，能不在写生方面多下工夫吗？既然要在写生方面下工夫，对于对象自然不肯马虎，也不能马虎。所见不真，所闻不切，所感不深，所思不透，那样的对象能够写生吗？值得写生吗？于是要求自己，所见要真，所闻要切，所感要深，所思要透。达到这些要求，是整个生活里的事，不是执笔学习写作时候的事，然而是写好文章的真正根源。离开了一个人的整个生活，希望把文章写好，是办不到的。

见真，闻切，感深，思透，当然有程度之不同。真有更真，切有更切，

写作教学

深有更深，透有更透。譬如一个初中学生，他的真、切、深、透比不上一个大学生，但是可以达到跟他整个生活相应的真、切、深、透。他达到了这样程度的真、切、深、透，用写生的办法学习写作，抓住那些真、切、深、透的东西，毫不走样地表达出来，这是最有益的练习。学写文章从临摹的办法入手，搞得不好，可能跟一个人的整个生活脱离，在观念上和实践上都成了为写作而学习写作。还有，在实践上容易引导到陈意滥调的路子，阻碍自己的独立思考和创意铸语。通常说的公式化的毛病，一部分就是从临摹来的。

自己写生，当然也可以看着人家对同一物象怎么样写生。光是看看是参考或比较，进一步仿照他一下，就是临摹。反正在练习的阶段，偶然临摹几回，并不妨事。所以我在前边说到写生为主临摹为辅的话。

写作要有中心[①]

叶圣陶

上一回说，写作不能照着随便说的话写，应该加一点儿工，使它又精确又干净，然后照着写。这一回再来说一个写作跟随便说话不同的地方。

两个朋友会了面，大家没事，坐下来闲聊天。从天气谈到春游，从春游谈到一路上看见的新建筑，从新建筑谈到建筑方面的形式主义，从形式主义谈到开会讨论问题也有形式不形式的分别……随便扯开来尽可以没完没了，直到彼此劳累了才算结束。像这样随便谈着的话，是不适宜照着写下来的。要是照着写下来给人家看，人家会问："你写这些话给我看有什么意思？"

闲聊天本来没有什么目的，随便扯来扯去，当然没有个中心。用笔说话，

[①] 选自《叶圣陶教育文集》第3卷，人民教育出版社1994年版。

写给人家看，必然有个目的，因而必得有个中心。要是没有目的，那就根本用不着写了。写的人首先必须想清楚，我为什么要写？想清楚了，那个为什么就是目的，也就是中心。无论写得短，写得长，写得浅，写得深，全都一个样，全都要认清目的，抓住中心。

譬如写封信给朋友，托他代买一本书，托买书就是这封信的目的。写个报告给领导同志，向他报告车间里一个月来的工作情况，报告一个月来的工作情况就是这个报告的目的。写一本书准备出版，把自己的发明创造介绍给同行同业的工作者，介绍自己的发明创造就是这本书的目的。就以上三个例子来说，信的内容最平常，话也要不了多少；报告就复杂一些，也许要写八百或者千把字；书可比较不平常，要说的话也许很多，写下来就有几万字。可是这三件东西有个共同点，都有写作的目的。要写好这三件东西都必须有中心。什么叫有中心？就是所有的话集中在目的上，都跟目的有密切的关系。

就拿最简单的托买书的一封信来说吧。要买的是什么书，为什么自己不买要托朋友买，买到了怎么捎来，代付的钱怎么归还……这些话都跟托买书这件事有密切关系。把这些话写得清楚，这封信就算有中心。至于自己一向喜欢读书啦，读了书有什么好处啦……这些话虽然也成话，可是跟托买书这件事没有密切关系。要是把这些话也写进去，这封信就算中心不明确。从这里可以知道，必须说的话一句也不少写，不用说的话一句也不多写，这才是有中心。

还有一层。话是一句一句说的，写下来也是一句一句写的，这就有个次序问题。哪一句先说，哪一句后说，必须按适当的次序，不能乱来。要是随便拿一句话开头，随便拿一句话接上去，尽管句句话都是必须说的，也还不能算有中心。仍旧拿托买书的一封信来说。要是开头就写"代付的钱多少，我立即汇去还你"，朋友看了懂吗？写来不能叫朋友看懂，这封信还能算有中心吗？从这里可以知道，应该先说的写在前，应该后说的写在后，这才是有中心。

除开闲聊天，咱们用嘴说话也得有中心。你想，当众作报告，能没有中心吗？开会讨论什么问题，轮到发言，能没有中心吗？再就是跟人家接洽什么事情，叙述情况，商量办法，能没有中心吗？咱们平时不大留心有没有中心的问题，这就在必须有中心的场合，说话也不免乱跑野马，杂乱无章，像闲聊天一个样。其实只要事先想一想清楚，我这回说话为的什么目的，就可以抓住中心，有条有理地说的。我们练习写作，要努力做到两点，一点是写下来的话句句要集中在目的上，又一点是一句一句要按适当的次序写。

想清楚然后再写

想清楚然后写，这是个好习惯。养成了这个好习惯，写出东西来，人家能充分了解我的意思，自己也满意。

谁都可以问一问自己，平时写东西是不是想清楚然后写的？要是回答说不，那么写不好东西的原因之一就在这里了（当然还有种种原因）。往后就得自己努力，养成这个好习惯。

不想就写，那是没有的事。没想清楚就写，却是常有的事。自以为想清楚了，其实没想清楚，也是常有的事。

没想清楚也能写，那时候情形怎么样呢？边写边想，边想边写。这样地想，本该是动笔以前的事，现在却拿来写在纸上了。假如动笔以前这样地想，还得有所增删，有所调整，然后动笔，现在却已经成篇了。

这样写下来的东西，假如把它看做草稿，再加上增删和调整的工夫才算数，也未尝不可。事实上确也有些人肯把草稿看过一两遍，多少改动几处的。但是有两点很难避免。既然写下来了，这就是已成之局，而一般心理往往迁就已成之局，懒得作太大的改动，因此，专靠事后改动，很可能不及事先通盘考虑的好，这是一点。东西写成了，需要紧迫，得立刻拿出去，连稍微改动一下也等不及，这是又一点。有这两点，东西虽然写成，可是自己看看也不满意，至于能不能叫人家充分了解我的意思，那就更难说了。

这样说来，自然应该事先通盘考虑，就是说，应该想清楚然后写。

什么叫想清楚呢？为什么要写，该怎样写，哪些必要写，哪些用不着写，哪些写在前，哪些写在后，是不是还有什么缺漏，从读者方面着想是不是够明白了……诸如此类的问题都有了确切的解答，这才叫想清楚。

要写东西，诸如此类的问题都是非解答不可的。与其在写下草稿之后解答，不如在动笔以前解答。"凡事预则立"，不是吗？

想清楚其实并不难，只要抓住关键，那就是为什么要写。如果写信，为什么要写这封信？如果写报告，为什么要写这篇报告？如果写总结，为什么要写这篇总结？此外可以类推。

如果不为什么，干脆不用写。既然有写的必要，就不会不知道为什么。这个为什么好比是个根，抓住这个根想开来，不以有点儿朦胧的印象为满足，前边提到的那些问题都可以得到解答。这样地想，是思想方法上的过程，也是写作方法上的过程。写作方法跟思想方法原来是二而一的。

怕的是以有点儿朦胧的印象为满足。前边说的自以为想清楚了，其实没有想清楚，就指这种情形。

教学生练习作文，要他们先写提纲，就是要他们想清楚后写，不要随便一想就算，以有点儿朦胧的印象为满足。先写提纲的习惯养成了，一辈子受用不尽，而且受用不仅在写作方面。我们自己写东西，当然也要先想清楚，写下提纲，然后按照提纲顺次地写。提纲即使不写在纸上，也得先写在心头，那就是所谓腹稿。叫腹稿，岂不是已经成篇，不再是什么提纲了吗？不错，详细的提纲就跟成篇的东西相差不远。提纲越详细，也就是想得越清楚，写成整篇越容易，只要把扼要的一句化为充畅的几句，在需要接榫的地方适当地接上榫头就是了。

这样写下来的东西，还不能说保证可靠，得仔细看几遍，加上斟酌推敲的工夫。但是，由于已成之局的"局"基础好，大体上总不会错到哪里去。如果需要改动，也是把它改得更好些，更妥当些，而不是原稿简直要不得。

这样写下来的东西，基本上达到了要写这篇东西的目的，作者自己总不会感到太不满意。人家看了这样写下来的东西，也会了解得一清二楚，不发生误会，不觉得含糊。

想清楚然后写，朋友们如果没有这个习惯，不妨试一试，看效果怎样。

动笔之前和完篇之后

我想，写东西总是准备给人家看的，除了日记和写在小本子上的各式各样的摘记。写东西登在报刊上，不用说，那一定是准备给人家看的了。

我想，既是准备给人家看，就得在动笔之前问问自己，想想人家。怎么问问自己呢？——我这要写的东西值得给人家看吗？我把这要写的东西想清楚了吗？我把先怎么写后怎么写安排好了吗？我这样安排能叫人家充分领会我的意思，不至于引起误会吗？怎么想想人家呢？——看我的东西的是什么样的人？年纪多大？生活环境怎样？教育程度怎样？工作情况怎样？什么是他们需要知道的又是我能够给他们写的？就说这几点，不多说了。

我想，凡是跟别人相关的事，能够知己知彼总有好处，要不然难免做不好。而写东西给人家看正是跟别人相关的事。

我想，写儿童文学也是写东西给人家看，因而前边说的问问自己，想想人家，对于写儿童文学全都适用。问得清楚了，想得具体了，写成的东西总不至于差到哪儿，也许竟是成功之作。

前边说的是动笔之前，现在说完篇之后。完了篇就交出去吗？就寄到报社或是杂志社去吗？如果十拿九稳，确实知道我这篇东西写得不错，当然就交出去，让它早点儿跟读者见面。这就要仔细想一想，什么叫写得不错？我跟读者不碰头不见面。我写这篇东西，读者看这篇东西，光凭登在报刊上的这篇东西，我的心跟读者的心才碰头，才见面。总得做到我写的正是我要告诉读者的，读者得到的正是我要写的，这才够得上说写得不错吧。假如这样，借用工业建设方面的话来说，叫做"一次成功"。但是，据多数人的经验，写东西一次成功的例子并不多。除非完了篇硬是不再看，你再看它一两遍，总会看出这样那样的毛病，对于向读者"交心"有些妨碍。这就不能马上交出去了，还得重新想想，仔细改改，或者请朋友看看，商量商量，直到自己或者朋友再找不出什么毛病了，然后交出去。认真的作者都是这样做的。

写成了东西自己改，或是别人给我提修改意见，是怎么一回事呢？无非以下这些事：没写正确的，把它改得正确。没写明白的，把它改得明白。多写的，把它去掉。少写的，把它补上。这样写见得语气不顺，就换一种语气。写上这个词儿见得不够贴切，就换一个词儿。诸如此类。这好像有点儿麻烦，但是只要想到我跟读者心连心就只靠写下来的这篇东西，自然不会嫌它麻烦了。何况什么事情只要养成了习惯，随它多麻烦也会变得稀松平常，并不麻烦。而完篇之后多看看，再改改，正是写东西准备给人家看的人非养成不可的习惯。那么，写儿童文学的人也要养成这种习惯。

我只就一般写东西说了些话，动笔之前怎样，完篇之后怎样，也来参加儿童文学笔谈会，感到很抱歉。我虽然曾经写过一些儿童文学，实在说不出什么经验之谈。没有经验就不勉强说，请同志们鉴谅我的老实。

　　我祝愿写稿的编辑的诸位同志思想解放，精神奋发，为繁荣儿童文学而共同努力。

1958年11月11日作

"教师下水"[①]

叶圣陶

　　"下水"是从游泳方面借过来的。教游泳当然要讲一些游泳的道理，但是教的人熟谙水性，跳下水去游几阵给学的人看，对学的人好处更多。语文老师教学生作文，要是老师自己经常动动笔，或者作跟学生相同的题目，或者另外写些什么，就能更有效地帮助学生，加快学生的进步。经常动动笔，用比喻的说法说，就是"下水"。这无非希望老师深知作文的甘苦，无论取材布局，遣词造句，知其然又知其所以然，而且非常熟练，具有敏感，几乎不假思索，而自然能左右逢源。这样的时候，随时给学生引导一下，指点几句，全是最有益的启发，最切用的经验。学生只要用心领会，努力实践，作一回文就有一回进步。老师出身于学生。当学生的时候，谁不曾练习作文？当了老师之后，或者工作上需要，或者个人有兴趣，经常动动笔的也有。但是多数老师就只教学生作文，而自己不作文了。只教而不作，能派用场的不就是学生时代得来的一点儿甘苦吗？老话说，三日不弹，手生荆棘。这点儿甘苦

---

① 选自《叶圣陶语文教育论集》，教育科学出版社1980年版。

写作教学

永久保得住吗？固然，讲语法修辞的书，讲篇章结构的书，都可以拿来参考，帮助教学。但是真要对学生练习作文起作用，给学生切合实际的引导和指点，还在乎老师消化那些书而不是转述那些书，还在乎老师在作文的实践中深知作文的甘苦。因此，经常动动笔是大有好处的，"教师下水"确然是个切要的要求。试拿改文做例子来说。给学生改文，最有效的办法是当面改。当面改可以提起笔来就改，也可以跟学生共同念文稿，遇到需要改的地方就顿住，向学生提出些问题，如"这儿怎么样""这儿说清楚了没有"之类，让学生自己去考虑。两种办法比较起来，后一种对学生更有好处。学生经这么一点醒，本来忽略了的地方他注意了，他动脑筋了。动过脑筋之后，可能的情形有二。一是他悟出来了，原稿写得不对，说该怎么样才对。这多好啊，这个不对那个对由他自己悟出，印象当然最深刻。二是他动过脑筋还是不明白，不知道老师为什么要在这儿向他提问题。这时候他感到异常困惑，在这异常困惑的时候听老师的改正，也将会终身忘不了。前面说，让学生自己去考虑的办法对学生更有好处，理由就在此。现在要说的是老师要念下去就有数，哪儿该给学生点醒，哪儿该提什么样的问题给学生点醒最为有效，这并不是轻易办得了的。要不是对作文非常熟练，具有敏感，势将无能为力。怎么达到非常熟练，具有敏感的境界呢？唯有经常动笔，勤写多作而已。

重视提高学生写作能力的问题[①]

张志公

怎样提高学生的写作能力，是目前社会各方面普遍关心的一个问题。中

---

① 选自《张志公语文教育论集》，人民教育出版社1994年版。

学毕业的学生连一封普通的信都写不通，一张简单的便条都写不明白，经常听见有人对这种现象表示焦虑。社会上这样关心中学生的写作能力是有充分理由的，中学毕业生大部分要就业，需要经常动手写点东西。能不能写得文从字顺，清楚明白，直接影响到他们的工作。希望中学教育能够作到使所有的毕业生基本上达到文理通顺，这个要求是正当的。

怎样做才能有效地提高学生的写作能力呢？对于这样一个相当复杂的问题，显然不可能由任何一个人三言两语地提出一条简单的答案。这里想就关系到培养学生写作能力的几个方面提出几个问题来向同志们请教，希望引起大家研究讨论，共同得出一些切实可行的办法来。

一

首先需要明确一个问题：怎么叫写作能力高，怎么叫写作能力低。具体些说，对于一个中学毕业生的一篇一般性的文章（不是文艺创作）应该怎样要求，写得怎么样算是好，怎么样算是不好。

好是没有止境的。我想，一篇好文章应该合乎这样四点要求：（一）有内容，有主题，清清楚楚地看得出作者说了些什么，为什么要说这些话。从内容和主题表现出来的思想感情是否是正确的，健康的。（二）有条理，就是说，文章的内容是经过组织安排的，材料是经过选择的。先说什么，后说什么，哪里多说，哪里少说，看得出有计划，有目的；这一部分和那一部分，有联系，有照应。说一件事，原原本本，脉络分明；说个道理，有原因，有结果，有根据，有论断。（三）用词大致妥帖，造句一般通顺，标点用得正确。（四）字迹清楚，清晰醒目；如果写的是处理事务的所谓"应用文"，格式合乎一般的习惯。学生能够写出这样的文章来，大致就可以说具备了合格的写作能力；写出来的文章达不到这样的标准，就是写作能力偏低；如果离这个标准很远，那就是写作能力太低。

学生要具备些什么条件才能在写作方面达到这样的标准呢？

要写出来的文章有正确的内容，有明确的主题，一个根本的条件是具备一定的思想水平——明白事理、辨别是非的能力，和必要的知识——社会生活的知识和文化科学的知识。要写一件事情而自己对这件事情知道得很少，

写作教学

或者是辨别不出它的是非曲直，写出来的文章就不可能有充实的内容，正确的思想，健康的感情，明确的主题。

要写出来的文章有条理，一个根本的条件是具备一定的逻辑思维能力。事物本身有它的条理，我们必须具备分析综合等逻辑思维的能力，才能在自己的头脑里正确地把事物的条理反映出来，然后根据自己写作的目的选择，组织，安排，表现为文章的条理。自己对事物的认识稀里胡涂，也就是平常说的思路不清，而希望写出有条有理的文章来，那是根本不可能的。

要写出来的文章用词妥帖，造句通顺，标点正确，显然要求具备一定的语言能力——占有足够的词汇，掌握基本的语法规律，能够运用一般的修辞技巧。

形式上的要求比较容易，只要勤写、常练，严肃认真，不苟且，不偷懒，就能养成良好的习惯。

具备必要的思想水平和知识基础，具备一定的逻辑思维能力和语言能力——这是使写作能力达到合格标准的基本条件。要提高学生的写作能力，就得从这几个方面入手。为此，语文课的教学负有重要的责任，而有关的课程，各种教育手段的协同努力，也是十分重要的。下面打算就这些问题谈一点个人的浅见。

二

中学的各门学科中，在培养学生写作能力方面，语文科自然负有特别重大的责任。

几年来，我们中学的语文教学有不少的改进，在提高学生的思想觉悟和语言水平方面有很大的成绩，但是，缺点还是有的。

对于语言教育重视不够，这是我们语文教学的主要缺点之一。语文科里边的阅读教学，无论是用前几年的语文课本那样的综合性的教材，或者是用现在的纯粹文学作品的教材，或者再作进一步修订的其他形式的教材，也无论是像前几年那样不单设汉语课，或者是像现在这样单设一门汉语课，都必须担负两方面的任务：思想教育的任务和语言教育的任务。

向学生进行语言教育，最主要的工作有三个方面：（一）指导学生对具体的、有典范性的语言教材进行观察、分析、欣赏、模仿、创造性的学习；（二）教给学生有关语言规律的科学知识；（三）指导学生实际运用语言——说话和写作。这三方面的工作可以综合地进行，也可以分开来进行（当然也还要互相配合）。不论分开还是综合，第（一）方面的工作是根本的，因为，如果第（一）方面的工作作得不够，语言知识将成为架空的抽象概念，运用语言也必然缺少根基。第（一）方面的工作，显然要在阅读课里进行。

阅读教学中重视语言教学，不但能够有效地提高学生的写作能力，同时也能更好地完成思想教育的任务。很明显，学生对作品的语言分析得越清楚，体味得越细致，对作品的思想内容才理解得越准确，受到的感染教育也才越深刻。

我们的阅读教学在这方面必须大大地加强。我们不能用过多的时间离开作品本身来讲解作家的生平、时代背景、文学理论、作品的意义等等。作问答，或者要求学生作口头的或书面的叙述或评论，我们不能只注意学生的答案在事实或见解方面是否正确，同时也要注意学生的语言是否通顺。考虑阅读课的语言教学，注意面不能太窄。不能只注意词语的解释，更重要的是采取积极的办法把作品的词汇变成学生自己的能够熟练运用的词汇。必须注意作品语言的语法分析，因为有些比较复杂的句子，不作语法分析就难于使学生透彻理解，或者虽然能够大致理解而自己不能正确地写出那样的句子。必须具体地分析作品的语言艺术，并且教给学生学习运用那些修辞方法。作品的结构、组织、条理、层次、内在的逻辑性等等，应该使学生充分地理解，并且能够在自己的写作中注意到这些方面。阅读教学中能够做好上述的这些工作，再加上适当的作文练习和必要的语言科学知识的教学，我想，学生的写作能力一定会迅速地提高。

作文教学也是需要改进的。主要的原则应该是密切地结合阅读教学，因为只有把语言的运用（写作）建筑在语言的吸收（阅读）的基础上，才能收到最大的效果。命题作文是可用的，但不能只有这一种方式。要考虑作文方式的多样性。这个多样性同样也要在密切结合阅读教学中去实现。必须让学生多开口，勤动手，这，也得密切结合阅读教学。

研究作文教学的方法是一项迫切需要进行的工作。虽然像上面说的，作

写作教学

文教学必须结合阅读教学来进行,但是怎样结合法呢?怎样指导学生练习作文效果才最好呢?必须总结我们以往的经验,吸收传统的、外来的有效经验,进一步创造新的、更好的方法。

无论是把语文作为一门功课或者是分为文学(或阅读)和汉语两门功课,教给学生一些有关语言规律的科学知识都是完全必要的。系统的科学知识可以提高学生在阅读课(以及其他功课)中学习语言的效率,可以提高学生正确运用语言的自觉性。有没有这种自觉性对于学生在校以至终生语文能力的发展都是十分重要的。当然,这种科学知识必须是简明扼要、合乎学生的接受能力的,必须是密切结合学生的语言实际的,必须是用丰富多样的练习作业来提出和巩固的。

研究汉语教学问题,也是一项迫切需要进行的工作。对于中学学生,哪些语法知识是必要的?哪些知识,用什么方式教学,是符合学生的接受能力的?什么样的练习作业效果最好?这些问题,我们以往研究得很少,可是要使汉语教学收到应有的效果,这些问题必须很好地解决。

总起来说,要提高学生的写作能力,语文课应该从三个方面入手:阅读教学中的语言教学,语言知识的教学和作文教学。这三个方面是密切相关的,不能有所偏废。在目前,特别需要着重提出的是第一个方面。因为,正像前边说过的,结合阅读教学进行语言教学,这是提高学生写作能力的带有根本性的工作。可是有些同志不这样看,在阅读教学中放松甚至完全忽视了语言教学,而指望语言知识的教学(汉语教学)能够单独把提高学生写作能力的任务担当起来;当发现汉语教学不能单独担任这个任务的时候,又认为汉语教学无用,忽视了它,转而单独求之于作文教学。我们认为:掌握丰富的语言材料(通过阅读教学)是写作的根本;材料必须用科学知识去驾驭,才能发挥最大的效用,所以要学习语言规律(通过汉语教学);有了材料,而且能够科学地驾驭它,还必须有计划有步骤地勤写多练,所以要练习作文(通过作文教学)。要有效地提高学生的写作能力,必须明确这三方面的相互关系,这在今天说来是特别重要的。

三

对于学生写作能力的发展,除去学校语文科的教学内容和教学方法具有最重大的影响之外，还有影响很大而往往被人忽视的两方面，这里需要谈一谈。

一个是各科教学的影响，一个是环境的影响，或者说社会影响。

各科教学对于学生写作能力的发展，有非常重大的影响。各科教学都向学生进行思想教育，同时充实学生的科学知识，培养学生的认识能力和思维能力，丰富学生的词汇，发展学生的语言；这些正是提高学生写作能力的根本大计。举例来说，我们不能设想学习数学跟写作无关。作算题，证命题，这些经常不断的练习，培养了学生分析事物、论证问题的能力，而这种能力正是写作中极端需要的。任何一门功课，学生都时常要用口头的或书面的方式回答问题。这其实都是最生动的作文练习。学生回答问题的时候，要有正确的内容，同时他也会考虑怎样安排材料，怎样叙述事实，描写事物，论证道理，发表意见。在这中间他就很自然地考虑到用些什么词，用些什么句子。这种锻炼，实际上对于发展语言能力起了很大的作用。

不能不承认，目前在别的学科的教学中，学生运用语言的情况可以说是普遍地被忽视的。学生在课堂上回答问题的时候，用词不当，语句不通，说的话断断续续不能连贯，甚至语无伦次，这种情形并不少见，然而教师很少指出来，更不要说去纠正指导了。学生的书面作业，很少因为文理不通得到不好的分数，至于不点或乱点标点、错字漏字、字迹潦草，更是视为小节，不闻不问。教师不注意自己的语言——包括口头的讲述，板书，学生作业上的评语等等，也是并不少见的情形。这些对学生当然会有很不好的影响。

系统地、集中地进行语言教育，这当然是语文科的任务。但是不能认为别的学科的教师如果也注意到学生的语言问题就是越俎代庖。语言是学习一切知识的工具，学生语言能力的高低，直接影响到他学习各门功课的效果。任何一门学科的教师在他的教学中适当地注意到学生的语言情况，不仅帮助语言教学，并且是于本门学科的教学非常有用的。

社会影响是另一个值得重视的问题。学生们每天都生活在"语文环境"之中。学校的各式各样的布告，通知（教导处的、图书馆的、食堂的、运动场的等等），学生们很喜欢念的小说、报章杂志，电影院、戏院的说明（说明书、字幕），电车、公共汽车上的牌告，广播词等等，都在无形之中向学生进行着语言教育。这些地方使用语言的情况怎样，对学生不能没有影响。当然，学校的语文教育应该使学生既有学习范例的能力，又有辨识和拒绝不良影响的能力。但是，如果社会方面多提供一些语言运用得好的范例，减少一些错误混乱的现象，对于青年学生不是更好吗？

"重视祖国语言的纯洁和健康"的号召，曾经引起社会上的普遍重视，几年来，书籍报刊以及社会上各个方面在运用语言上都有了不少的改进和提高。但是，改进还不够，而且近一两年来这方面的重视多少又有些松懈，某些文艺工作者、机关团体的文书工作者，学习语文的热情似乎又低落一些了。

当我们以非常关切的心情注意到中学生写作能力不够高这个重要问题的时候，我们不能不希望学校里各科教学中都适当地注意到发展学生的语言能力这个问题，也希望社会上各个有关方面重温一下1951年6月6日的《人民日报》的社论和1956年2月6日国务院关于推广普通话的指示，把促进语言规范化的任务很好地担当起来。

四

为了提高青年学生的写作能力，还有几个方面的工作要做。

首先，我们很希望作家同志们多为青年学生写些适合于精读的作品。供给学生课内或者课外阅读的作品，特别是选作教材的，不仅思想内容必须健康，富于教育意义，语言也必须纯洁，可以作为学习的楷模。如果作品里方言太多，不合乎现代汉语普通话的规范，那对于学生的语言教育是有不好影响的。从长篇作品里节选一段给学生阅读，这是一个办法，但不是最好的办法。学生需要多读一些短小精悍的作品。

青年学生们渴望文学家和语言学家为他们写一些通俗浅显的、切合实用的，讲解文学知识、写作知识、语言知识（包括语音、词汇、语法各方面）的书籍。现在还没有适合于中学生阅读的语文刊物。《中学生》里边登载一点语文知识，但是太少了。要使学生掌握一些与提高写作能力有关的知识，光靠课堂里的工作是不够的。还要为学生们准备丰富多样的课外读物，使他们能够自己在课外进修，帮助他们在生活中不断地受到锻炼。

很需要替青年学生们编出几种切合实用的词典——普通词典、同义词典、成语词典等等。学会使用工具书，这是中学生的一项重要工作。一个不会使用词典的学生,他的阅读能力和写作能力的提高要受到很大的限制。现在我们有几种新编的小字典,可以用,但是很不够。希望有关的部门把这项工作做起来;在新的词典还没有编印出来之前,教师们应该先教给学生好好地利用现有的字典。

必须指出,适于作为范文精读的作品,通俗的介绍文学知识、写作知识、语言知识的书籍,各种切合实用的词典,这些也是目前广大的工人农民和在职干部迫切需要的。希望编写出版这类读物的工作得到足够的重视。

1958 年 1 月

谈作文教学的几个问题[①]

张志公

培养什么样的写作能力

讨论中学的作文教学,首先要明确中学语文教学应当培养学生具备什么样的写作能力。

中学毕业生有相当大的一部分要走上工作岗位,去参加工业、农业、文化教育等社会主义建设事业。他们在工作和生活中时常需要动手写点什么,比如写个工作报告,经验介绍,以及读书心得,信札日记等。他们天天要用笔作为工作和生活的工具。那么,中学的语文教学就应当培养学生具备日后在工作和生活中动笔的能力。中学毕业生还有一部分要升入高等学校去学习专门的科学技术。在学习中,他们更是常常要动笔——写写读书日记,写写

---

① 选自《张志公语文教育论集》,人民教育出版社 1994 年版。

实验报告，写写论文等等。那么，中学的语文教学就应当培养学生具备进一步学习专门知识的时候所需要的一般写作能力。

总起来说，中学语文教学所要培养的，是一个青年在工作、学习和生活中必须具备的一般的写作能力，也就是内容正确、文从字顺、条理清楚、明晰确切，能够如实地表达自己的有用的知识见闻、健康的思想感情的能力，而不是专门从事写作的文学家的文艺创作能力，虽然也不应当排斥少数中学毕业生日后从事文艺创作活动的可能性，并且应当注意发现具有这方面才能的学生，给予必要的指导。

解决什么问题

要培养上述那样的写作能力，需要解决几个什么问题呢？我们知道，无论写什么文章，要写得好，先决的条件是具有正确的思想认识，丰富的生活经验、知识见闻，相当的思维能力。在学校里向学生进行思想政治教育，劳动教育，道德品质教育，各科知识教育，思维的训练，都与培养学生的写作能力有关。决不能把一个人的写作能力，从思想修养、经验学识之中孤立出来；那么，也就决不能把作文教学从各方面的教育之中孤立出来。不过，思想修养、经验学识、思维训练等等并不能代替写作能力，各方面的教育也不能代替作文教学。作文教学必须在与各方面的教育密切结合的前提之下，解决与写作能力直接有关的若干特定的问题。在这些问题之中，我认为有三个是最关紧要的。

首先是态度和习惯问题。在写作这件事情上，不少中学生有两种不好的态度和习惯。一是怕作文，至少是不爱作文；一是写文章马虎草率，不严肃，不细心。

为什么会有这样的态度和习惯呢？应当向教学工作中探查原因。"作文太难，不知道写什么，也不知道怎样写。"这是很多中学生常常说的话。这个话值得重视。我觉得命题作文这个办法之中大有值得研究的问题，批改作文的办法也很值得推敲。老师出的题目叫学生没话说，或者不知从何说起，憋了半天，好容易憋出一篇来，又让老师画了大堆的红杠子，批了些"不简洁""不生动""中心不突出"之类的评语，这一次是这样，下一次还是这样，总摸不到什么门道。这样下去，学生对作文哪能不怕！我以为，在作文这件事情上，教师万万不能做"难服侍的婆婆"，也不能老做"医生"，而是要做"园丁"。他不光注意到剪莠除草，更注意到按时施肥浇水，帮助幼苗迅速地发育成长。只有这样，学生对作文才会不怕，才会喜爱。"作文永远得不了一百分，也不至于不及格。"这是中学生常说的另一句话。我觉得这句话也很值得分析。这句话反映出，在作文这件事情上，我们缺少明确的尺度，要求也不严格。如果有明确的尺度，并且严格地运用它，那就可以有一百分，也一定有不及格。"一百分"并不意味着尽善尽美了，到头了，只是意味着，写到这个样子，已经符合这个阶段所定尺度的最高一头的要求。"不及格"也不意味着一无是处，只是意味着，这样还达不到这个阶段所定尺度的最低一头的要求。有了明确的尺度，而且严格地运用它，学生才会严肃认真地对待作文，改变马虎潦草的态度和习惯。

第二是思路问题。今天的青少年，思想原是非常活跃的。我们这些中年老年的人回想一下自己小时候的情况，就更会感到今天的孩子们是多么生气蓬勃，敏捷机智，比自己小时候真不知高明几倍。可是，说来奇怪，一到作文的时候，不少中学生好像头脑变得迟钝起来，文思很枯涩，也不大有条理了。于是写出来的文章往往是干干巴巴的那么几句，铺陈不开，发挥不畅，甚至于前言不搭后语，连个通顺条贯都做不到。什么道理呢？我想，还得到作文教学工作中去寻找原因。最重要的一点是，必须打破"做"文章的观念，学生的思路才能开展起来。必须在命题、批改、指导等各项具体工作中采取适当的办法，使学生习惯于如实地、自然地"写"出自己的所见，所闻，所思，所感，而不是对着一个无所见，无所闻，或者虽有见闻而无所思，无所感的题目，挖空心思地硬"做"，也不是把自己的所见，所闻，所思，所感，硬"装"进什么"突出中心"，"前后对比"，"倒叙""插叙"种种框子里去。只有当学生习惯于如实地、自然地写的时候，他的思路才能打开，才能得到锻炼。只有让学生的思路得到充分的开拓，变得越来越加活泼而缜密，他的写作能力才会更好更快地发展起来。

有个初中学生写《暑假里的一天》，文章的开头说：这一天天气很好，他一大早就起来，先到户外做了早操，然后回到屋里，拿起一本《唐诗三百首》

写作教学

来，正读到杜甫的绝句"两个黄鹂鸣翠柳"的时候，两个小朋友跑来找他了。我几乎可以断定，这位同学是在做文章，因为《唐诗三百首》里根本没有杜甫这首绝句。不要以为这样随便说说是件容易的事。完全可以设想，他"做"这个开头是相当费劲的。费这种劲，并不起开拓思路的作用，正相反，倒有束缚思路的开展的作用。中学生作文，没有多少艺术虚构的问题，因为中学的作文课不是艺术创作实习，即使说，也应当锻炼锻炼学生的想像能力，那也得有个分寸——无论如何，写暑假里自己某一天的生活，这里边没有虚构的余地。我们今天的学生，绝大多数的品质都是好的，并不习惯于说谎。那么，为什么他在作文的时候喜欢虚构呢？很值得我们从作文命题和指导方面深入思考一下。

有一本作文本上有这样的批语："描写不生动。"又有一本作文本上有这样鼓励学生的批语："这篇文章，对比的手法用得好。"我不知道，这两个学生下次作文的时候会不会为了怎样写得生动点或者再用一用对比手法而伤脑筋，甚而竟至也去虚构点对比或者别的什么材料。

我以为，鼓励学生说实实在在的话，不鼓励说空话，说现成话，更不允许说假话，不在于内容方面提出过高的要求，比如强调必须"中心突出""说得全面"等等，不在于技巧方面多所挑剔或者多所约束。有计划地做一些构思练习，比如，出个题目，要全班学生思考片刻之后，指定几个说说各自打算怎样写法。这样，可能于开拓学生的思路有些好处。

应当重视学生作文的内容，以及从那些内容之中反映出的思想认识上的问题。好的，应当鼓励；有错误的，应当帮助，教育。应当，也有可能通过作文练习来加深学生在某些方面的思想认识。在作文教学中，这些都不容忽视。我们不能满足于学生在不论什么文章的结尾，总是加上那么几句跟内容不见得有联系的"冠冕堂皇"的话。我们更不能在有意无意之间替学生的作文制造出框子。如果那样，对于提高学生的思想，开拓学生的思路，培养学生的写作能力，是没有好处的；对于确切了解学生的思想实际，从而有效地进行教育，也将是不利的。

第三个是基本功问题。字、句、篇章的训练，是写作的基本功。作文教学必须解决这个问题。这一点，大家近来都比较重视了（虽然也许有的还做得不够或者不恰当），这里不再多说。

把上边说的意思总起来，是不是可以这样看：提高学生的写作能力，要抓紧两个方面，一是基本功方面，一是"功夫在诗外"所说的那种诗外的功夫，包括思想水平，活泼而缜密的思路，正确的学习态度、良好的习惯，等等。这两个方面是根本的，至于写作的方法技巧等等，当然也需要训练，然而相对地讲，那是比较次要的，枝节的。现在大家都很重视培养学生的写作能力，这是必要的。可是我有一个感觉：有的教师似乎在枝枝节节的方面用力过多（比如大讲什么顺叙、倒叙、插叙，形容、比喻、夸张，衬托和对比，开头和结尾，等等），而对根本的方面考虑得很少，或者，请恕我用个不恭的说法，有些舍本逐末。舍本逐末的结果至少会是事倍功半，甚至于更坏。

要解决态度和习惯问题，思路问题，基本功问题，不能专靠作文课。培养学生的写作能力，是语文教学中各项工作共同担负的一项任务，而阅读教学是这各项工作的中心。没有良好的生活习惯和适当的饮食营养，单靠体育锻炼并不能保证身体健康、强壮，虽然体育锻炼是很重要的；同样，没有良好的阅读教学作基础，单靠作文课并不能达到提高学生写作能力的目的，虽然作文教学决不容忽视。

主要应当注意什么

中学的作文教学主要是指导学生解决写什么的问题呢，还是解决怎么写的问题？中学的作文教学主要解决学生应当写什么内容、什么范围之内的事情等问题呢，还是主要解决学生在有了需要写的事物之后怎样整理思路，怎样用语言文字把自己的思想表达出来这个问题？就是说，主要解决认识事物的问题，还是解决反映事物的问题？当然，这二者密切相连，不能截然分开，这里是说"主要"，就是说，教学重点应当放在哪一方面。

要回答这个问题，应当先看一看工作和生活中实际写作的情况。

完成了一项工作任务，想写个总结。有没有"写什么"的问题？显然没有。要写的就是完成任务的经过，取得的成绩，有些什么经验教训等等；这些，都是事实，无需等到提笔写总结的时候临时设想。当然需要善于分析，善于概括，才能把成绩肯定下来，才能提出经验教训。那是思想问题，对事

写作教学

物的认识问题。如果不会写总结，或者写得不好，原因不出两端：或者是思想不对头，思路不清楚，对于作过的事情理不出头绪，作不出评价，或者是语文的基本功不够，遣词造句都没有把握，也就是不知道"怎么写"。总之，不存在"写什么"的问题。生活里有件什么事情需要写封信给别人，这时候有没有"写什么"的问题？显然也没有。既然要写信，当然是有事情需要写，决不会把信纸铺在桌子上才去想"写什么呢"。也有时候，只是由于跟家人或者朋友很久不通信，有些想念，于是要写封信问候一声，报报平安，并没有什么特殊的事情要写。那么，把这个意思写出来就对了，这就是应当写的那个"什么"，无需乎到写信的时候编造个什么事情来写。

这就是说，一个青年离开学校走上工作岗位之后，当他提起笔来要写东西的时候，经常遭遇的不是"写什么"的问题。如果没有什么事情，没有什么意思要写，他干脆就不会提起笔来，因为到那时候，再也没有语文老师要他交作文了，无事可写，何必去搜索枯肠呢？他经常会遇到的问题倒是有了要写的事情而不知道"怎么写"。升入高等学校的学生也一样。作了一次实验，要写份报告。这时候并没有"写什么"的问题。实验报告写不好，也是由于不知道"怎么写"。

如果中学生在毕业后写作的实际确是这样，那么，中学的作文教学就应当着重指导学生解决"怎么写"这个问题，至少要为他们解决这个问题打好必要的、结实的基础。

讨论作文教学，需要先明确这一点。因为我感到，我们的作文教学在指导"写什么"这方面花的力气比较多，而在指导"怎么写"这方面花的力气太少。——这主要表现在命题上，其次也表现在批改上，下边都会谈到。学生将来不常遇到的问题，我们拼命去搞；学生将来会有困难的地方，我们偏不多管。这种现象，不知是否可以认为反映出作文教学有某些脱离实际的问题存在。

需要补充两点意思。第一，这里所谓"怎么写"，并不完全指写作技巧之类的问题，而首先是指思路问题和语文的基本功问题。不知道"怎么写"，就是已经有了要写的意思，而不能把这意思很好地安排组织起来，不能很确切地用语言文字把它表达出来。第二，为了锻炼学生的观察能力和想象能力，适当地在"写什么"这个方面加以指导，还是必要的，而且"写什么"和"怎么写"也有密切的联系。问题在于，必须根据中学作文教学的任务，针对青年在工作和生活中的写作实际，把作文教学所要解决的主要问题搞清楚，不能主次不分，重点不明。

关于命题

出一个题目，叫学生照题目的意思写成一篇文章，这叫"命题作文"。命题作文在我国有长久的历史，现在仍然是作文教学中一个重要的，乃至主要的方式。

传统的命题作文，如果运用得当，对于锻炼学生的构思和想像能力有一些作用。但是，这种方式包含着相当严重的毛病。第一，老师所命之题，学生不一定有话说，那就得没话找话，硬"做"文章。姑无论八股文时代那种从四书五经里随便抓一句话甚至一两个字作为题目的办法，就说二三十年前流行的一些题目吧，很多都是这一类的。1935年左右，清华大学招生考试出过《梦游清华园》的题目。要是学生从来没有想像过清华园里是什么样子，坐在考场里临时去"作梦"，那可够受的。不仅如此，有时候出的题目还很不好懂，得揣摩一番才能摸到"题旨"，这叫作"审题"。如果审题审错了，审偏了，写出文章来就会"走题"。这是写文章呢，还是打哑谜？第二，即使出的题目还平实，不怎么难为人，仍旧有问题，那就是：要求学生无对象、无目的地写文章。比如，《论为学之道》，像这样的题目，一个高中学生不至于完全没话说。可是，为什么要写这篇文章？写给谁看？解决什么问题？命题的人不管这些。韩愈写过《师说》和《进学解》，他是有为而发的；教科书里有时候也选彭端淑的一篇《为学》，那是写给他的孩子们看的，原题就是《为学一首示子侄》。此刻要学生来谈为学之道，是以谁为对象？以什么为目的？这些都不管。于是学生只好用"夫人生天地之间"开场，把自己所懂得的有关为学的道理扯一扯，敷衍成篇。

以上两个问题合起来，可以这么说：传统的命题作文的办法，如果运用得不当，里边就有很坏的东西——使写作神秘化，让学生视写作为畏途；另一方面，又把写作庸俗化，形成学生一种无对象、无目的，为写作而写作，视写作为文字游戏的态度。这跟封建社会的教育思想和培养目标是连在一起的，而跟我们的语言观点和语言教育观点恰相对立。我们认为语言文字是一种工具，写文章不是一件难事，然而是一件严肃的事。我们反对无病呻吟，反对为写作而写作。我们所要培养的能力是正确地运用语言文字，作为生活和学习的工具，为社会主义建设事业服务的工具。近十年来，命题作文的办法有了很大的改进，突出地表现在注意联系学生的生活实际和思想实际，绝少有人再出那种云里来雾里去的题目了。只是在另一个问题上注意得还不够，那就是写作的对象和目的问题。

比如，北京的老师时常出"北海"之类的题目，这当然可以。不过，为什么要写北海？写给谁看？还是不大管。我认为，不管不好。写北海可以有各种写法，要看写作的对象和目的来定。自己游了北海，游得很愉快，想写篇日记，是一个写法；游北海有所见，有所感，想写篇文章在《少年报》《青年报》，或者学校的墙报发表，另是一个写法；跟友好的国家的小朋友通信，向他介绍一下北海的景物，又是一个写法。如果我们出"北海"这个题目的时候，这样明确一下写作的对象和目的，我相信，这次作文将不是枯燥的，而是有趣的；不是困难的，而是容易的；不是憋着学生想话说，而是确确实实地在锻炼他的思路。我曾经发现，尽管北海是个熟地方，而学生还是对着《北海》这个题目发愣。本来嘛，既无对象，又无目的，叫他从何处说起？换言之，他不知道该"写什么"。其结果，学生只好硬憋出一些话来说说，并不能在"怎么写"的方面受到有益的锻炼。

近年把以来，有些教师感到过去常出的题目有点一般化，容易引导学生说些照例的话，于是多多少少又出现了一种苗头，想把题目出得"文艺性"一点。有的教师出了"路""窗"之类的题目，并且得到另外一些教师的赞赏。我觉得，这很值得警惕。"文艺性"的，能够锻炼学生某种想像能力的题目，偶尔出一次，未始不可。然而，要是老出这种题目，那是有问题的。"审题"的说法，近来也常被提起。如果说，我们现在讲的"审题"，意思正是要学生先明确写这篇文章的对象和目的的，那我赞成。如果"审题"的意思是要学生把题目看清楚了再写，不要粗心大意，驴唇不对马嘴地瞎说，我也赞成。如果"审题"的意思跟从前差不多，还是指题目出得"深"，甚至出得"玄"，出得"绝",得让学生去揣摩老师出这个题目的用意,那我是不赞成的。为什么不把题目出得一看就明白,还得让学生去"审"呢?练习作文,最好是让学生心中先有个"什么"要写,然后着重去考虑"怎么写法",着重注意把语言写通,不要让他去搜索枯肠。试想,我们的学生毕业之后,哪里还会有什么题目让他去"审"?他在工作和生活中要写东西的时候,不是写别人出给他的题目,而是写他自己知道的事情或者自己的思想感情,等写好以后,由自己给文章安上个题目。那么,为什么要花很大力气去教给他一套终生用不着的"审题"的本领,而不用这份精力教给他终生要用的"怎么写"的本领呢?

那么,到底应当怎样命题?第一,无对象、无目的的那种作文题目,可以出,但是不宜于多;有对象、有目的的写作,应当作为训练的重点。前者就是只出个"北海""我的邻居""为什么早起"之类的题目,不确定写给谁、为什么写,也就是一般所说的命题作文。这种办法可以用,因为能够进行有关记叙、描写、议论和布局、谋篇的一般训练;不宜于多用,因为这种作文比较难,往往使学生不知道从哪儿说起,而作得多了,容易养成为作文而作文、敷衍虚构、矫揉造作甚至形式主义的写作态度和习惯。后者不是仅仅写出几个字作题目,而是根据一种实际情况,明确一种具体目的,让学生去写文章。下边举几个例子。

1. 有一个没到过北京的亲戚最近要来北京,并且要到学校来看你。写一段文章,告诉他下了火车之后怎样找到你的学校。注意把学校所在的街道和学校门口的情形写清楚,使他根据你的说明很容易地找到地方。

2. 写一篇文章向学校的墙报投稿,介绍西郊动物园(或者你最近去过的其他公园)近来有些什么新的景色,劝同学们在星期日去游览。

3. 弟弟(或者妹妹,或者邻居家的孩子)爱淘气,不用功。写一个你所认识的刻苦努力、品质和学习都好的同学,作为榜样,劝你弟弟向他学习。

4. 写你某一天的生活和学习的情况,向外国的少年报刊投稿,让外国的少年们知道我们社会主义中国中学生的学习生活。

5. 你喜欢读小说吗?有人很不赞成读小说,理由是:读小说只是知道些故事,对思想和学习没有什么帮助;读小说容易入迷,以至影响学习,甚至妨碍健康。你同意吗?如果你同意,写篇文章支持他;如果你不同意,反驳他。

写作教学

出这类的题目，天地是非常广阔的。写人，写物，记景，记事，说理，辩论，小而至于日常生活的琐事，大而至于国际和国内的大事，凡属学生接触到的，能理解的，都有题目可出，并且是有趣味的和有意义的。这样的题目，不难作，因为对象和目的明确，有话说；有趣味，因为确确实实地触及学生的生活和思想；有好处，因为能使学生感觉到周围的事物样样都值得观察，值得思考，久而久之，会培养成良好的观察和思考的习惯，使思路趋向于活泼而缜密；有意义，因为这是在确实地训练学生把语言文字和写作当作生活、学习和工作的工具来掌握，运用。适当地采用这种方式，可以破除学生怕作文的心理和为作文而作文，硬"做"文章的习惯。

其次，需要正确地处理模仿和创造的关系。模仿，是学习的必经之路。不仅初入学的孩子爱模仿，中学生，大学生，以至早已离开学校的成年人，都在有意无意之间模仿自己认为好的事物。创造，也是一个必然的活动。两个人比着同一个葫芦画瓢，照着同一只猫画虎，画出来决不会完全一样，每个人画的都有自己的个性在内。并且，创造是目的，模仿正是为了创造。模仿既是必然的，就应当有意识地指导学生正确地模仿，而不要让模仿活动自流，因为自流就要产生流弊。模仿既然只是个学习过程，不是目的，就不能以教学生会模仿为满足，而要不断地从模仿之中跳出来，把学到的好东西化为自己的，在自己的创造活动中去活用。教过鲁迅先生的《一件小事》，教师往往也给学生出个"一件小事"的作文题；教过朱自清先生的《春》，有的教师就出了个"夏"。这样命题未始不可，但是要有选择，有节制，不能太多。更重要的是，要有指导，最好跟前边说的对象和目的问题联系起来考虑，不能流于纯粹形式上的抄袭。

关于批改和评分

要不要"精批细改"，这是个有争论的问题。我认为，应当精批细改。不过，必须加个说明："精""细"云云，不是从数量上说的，而是从质量上说的。——解决问题、对学生确有帮助的批改就是"精批细改"，不在于教师在学生作文本上写的字数多少。草率马虎，信手拈来，随便抓几个错字改一改，随便批上一句不痛不痒的评语，诸如"通顺""中心意思很好"之类，这自然不是精批细改；为批改而批改，吹毛求疵，繁琐支离，红字连篇，学生看都看不明白，这样的批改，教师苦则苦矣，"细"则未必，"精"尤其谈不到。只有针对作文里重要的优点、缺点、错误，切中肯綮，要言不繁，富有启发性，能收举一反三的功效的批改，才是精细批改。

批什么？我想，三类东西需要批。第一，作文里有突出的优点，必须让学生意识到，自觉地去巩固和进一步发扬的，或者有严重的缺点（包括思想认识上的问题），必须让学生认识清楚，自觉地去纠正的，要批。第二，全文在结构组织方面的重要毛病，例如前后不连贯，结构混乱，自相矛盾等等，要批。这种问题是重要的，不能放过；然而不能由教师越俎代庖，替学生重作，只能批出来，要他自己去考虑。第三，重要的修改，而学生可能意会不出修改的道理的，要用旁批说明。如果这三种情况都没有，我看就可以不批。为批而批，硬"做"文章，于教师是件苦事，批出来的必然不痛不痒，于学生毫无益处。这种事情，何必去作？

改什么？当然是把错的改对，把不好的改好。这里有两个问题值得注意。第一，确是错的才改，确是很不好的才改。可此可彼的，宁可不改。古人说，"辞达而已矣"。定尺度，不要不切实际地高，运用既定尺度，则应当严格，严肃，一丝不苟。有关基本功方面的，宜于从严，错字连篇、文理不通、语无伦次的现象，不能容许；有关方法技巧方面的，宜于从宽。教师尤其不能凭主观好恶办事。有的教师喜欢简洁朴素，见到作文里多用了个形容词就给删去，"因为""所以"之类的虚词，尽量不留，略微长些的句子，总要想法改短。也有的教师恰恰相反，总觉得学生作文"干巴""幼稚"，总想替他添补些东西，搞得"丰富"些，"美"些。这些，我看都是吃力不讨好的作法。第二，拿起一篇作文，得先通读一遍，对它有个看法，然后动手改。如果这篇作文里基本的语言错误还很多，那就可以着重从正误方面来改，好坏问题先不多管，但求通顺而已；如果本来已经相当通顺，那就可以在一些紧要处去多推敲一下，把一些说得平常的话改得好一些，有力一些。如果不太麻烦，把正误方面的修改和好坏方面的修改，或者说把"改正"和"润饰"区别开，让学生也能知道，比如用墨笔改正，用红笔润饰，我想会有好处。一个学生如果看见自己的作文本上黑字很多，他会注意一下，"原来我的作文里还有许多不通的地方!"如果他看见有一些红字,他会有兴趣来比一比,看看老师改的比自己的原话好在哪里。为了使修改有明显的重点,能针对学生的主要问题,对学生多有些帮助,我觉得最好先批后改。先批,使自己明确地抓住了这篇作文的特点,下笔修改就会心中有数,这比眉毛胡子一把抓地改了一通之后再想批语的办法要好些。

修改的详略不一定篇篇一样。问题比较少的作文可以通篇细改;问题比较多的可以通篇粗改,局部细改,就是说,某一两段逐字逐句地修改,别的段落就只大致通顺一下,不细改;问题太多的甚至可以只改一段,其余各段都不改,至多用旁批指一指重要的问题。局部细改,学生可以把这一段的修改情形仔细看看,揣摩揣摩;问题多而通篇细改,势必红字(或黑字)满纸,而面目全非,学生想揣摩揣摩也无从下手,就只好往抽屉里一塞了事。

应当养成学生自己修改作文的习惯。两种作文特别适宜于发还自改,改后再交。一种是写得潦草马虎,不太用心的作文:卷面很乱,有许多不当有的错别字,不当有的病句和不合事理的话。这种作文不能接受,可以批一下,用符号指出那些不应有的错误,发还自改。一种是写得好的作文:文字清通,没有什么错误,并且有一定的意境,只是发挥得不畅,或者还有某些缺点。这种作文可以用批语建议一些改进的办法,发还自改,这样倒可以使学生得到更大的启发,受到更多的锻炼,因而提高进步得更快。对于基础好、喜欢作文的学生,这比替他修改更能满足他的需要。有些作文,可以三番两次地发还自改。间或可以这样办:学生交了作文,先搁起来,搁上一两个月再发还学生自己去检查,修改。学生自己发现了一两月前作文里有某些错误和缺点,自己修改了,而老师肯定了他的修改的时候,学生将会清楚地看到自己的进步,增强学习的信心,并且巩固了学习的收获。

这里可以连带考虑一下评分问题。给作文评分是件难事。我了解,教师为了给每篇作文画个公允的分数,花费的时间是很不少的。学生呢?拿到作文本把分数一看就完事。得了个好分数,满意了;得了个坏分数,叹口气而已,反正事已如此,无可奈何了。总之,教师花在评分上的时间不能取得多少积极的功效。不仅如此。如果一个学生连着得好分数,当然也可能提高了积极性,更高地要求自己,但是产生骄傲自满情绪,至少产生放心之感的可能性，也是不小的。如果一个学生连着得坏分数，当然也可能激起发愤努力，迎头赶上的思想，可是打击了信心，或者产生了不在乎的情绪，这种可能性也是有的。因此，有些学生的作文可以不每次评分。发还自改的作文，可以等到改回来再评；不用功的学生，甚至评他一两次坏分数之后再也不评，一直留到学期末尾总评。没得分，学生就认为没完事，没过关，他还得加油。

当面批改是个好办法。现在班大，学生多，经常这样作有困难。每个学生每学期轮上一次，应该办得到。就这么一回，尤其是在反复自己修改两次之后，效果会是很大的。

把学生写得好的和写得不好的一两篇作文拿到堂上作示范批改，能对全班学生有启发作用，间或用一用这个办法，也会收到良好的效果。

在批改作文的问题上，特别用得上"因势利导"这个原则，无论是批，是改，都不能离开学生的实际，又不能没有个明确的方向和准则。针对实际，就是"因势"；合乎正确的方向和准则，才能"利导"。真正作到因势利导，教师能少作许多无谓的工作，节省不少的时间精力，而于学生则大有裨益。

"以身作则"是批改作文中另一个重要原则。教师写的字工整，一笔一画，一个标点都不苟且，决不写不通的句子，不说似是而非的或者虚应故事的话，这对学生有极大的示范作用。反之，如果教师自己在这些地方马虎随便，而要求学生严肃认真，那怎么能办得到呢！

上边说的一些办法，未必都好，有的甚至不对头。还过得去的，请参考；不对的，请指正，至少不去理它。千万不要不加选择地"全盘接受，照搬照用"。我之所以敢于把一些很不成熟的看法提出来，只是基于这么一种想法：要改进作文教学，第一要好好研究些问题，第二在方式方法方面多动脑筋，多想办法——总之，不能一味地抱着一些老框框办事。传统的作法中有好经验，例如精批细改和当面批改等，要吸取；有的有毛病，例如命题作文的某些方面，要分辨；更需要根据教学目的，针对实际情况，多创造些新的经验。这个想法，倒是愿意提供同志们多加考虑。说到最根本处，要提高学生的写作能力，还得从阅读教学入手，从基本训练入手。阅读教学搞得好，基本训练搞得好，学生一定会具有较好的表达能力，作文教学的根本问题就可以迎刃而解了。

1962年

语文考试

专供应试用的书籍[1]

叶圣陶

如果稍稍留心一点报纸上的出版广告，就会觉得专供学生应试用的书近来出得实在不少，什么"表解"，什么"问答"，什么"必读"，名称各式各样，我们这里也不想列举。在出版家是所谓"在商言商"，社会上需要那一类货色，他们就制造那一类货色。所以，这个现象表示一般社会对于学科的认识达到何等的程度，是应当被注意的。

在中小学校里，学科的划分只为着教学的便利起见，教学的时候利用语言和文字作工具，也无非为着便利，其总目标却在发展学生的知能；所谓知能包括思想和行动，也就是整个的生活。一个学生在学校里受教育，他的成绩好或者不好，要看他的知能发展到什么程度，要看他能否随时利用了学得的东西去应付实际生活方可断言。如果只是对于某一学科记忆得熟，问到他，他总回答得出，而在生活方面却并没有多大影响，这样的学生，他的成绩是否算得好，那就难说了。所以，贤明的教育家不看重什么考试，他与学生日常接触，学生的一举一动都是他据以下评判的资料啊。唯有不甚明白这个道理的人才特别看重考试，他心里梗梗着这样的念头："不考试，凭什么来下评判呢？"这种人似乎并不少，于是考试的价值被提高到它所原有的以上，而学生受教育就差不多专为应考试的缘故了。

为着便利起见而划分的各种学科化为各科的"表解"、"问答"……等等，

---

[1] 选自《叶圣陶教育文集》第2卷，人民教育出版社1994年版。原刊于《中学生》杂志第46号（1934年6月1日）。

那就离开生活更远，因为这些东西太机械化、太形式化了。然而这些东西居然为特别看重考试的现社会所需要，致使出版家不厌其多地制造出来，这不就表明一般社会对于学科的认识正是这样机械化、形式吗？"文起八代之衰者为谁？""韩愈。"对。"鼓浪屿和什么地方相对？""厦门。"不错。于是主试者满意，应试者也欣然。但是，如果问一问青年的可贵的精力和光阴消磨在这等玩意儿上边是否值得，只怕谁都要爽然若失了吧。

"临时抱佛脚"[①]

叶圣陶

本年春假期中，编者曾经到南京去过一趟，在来回的车厢中，看见有六七个男女青年在看《中学会考问题解答》《大学入学考试题目汇编》之类的书籍。他们都似乎很厌倦，很烦躁，时时搔搔头皮，抬起头来闭一阵眼睛，但是一会儿，又支撑着看下去了。不知道在这来回两趟列车中，因为不坐在编者近旁，没有给编者看见的看这种书籍的青年共有多少；又不知道坐在家里坐在学校里，看这种书籍的青年共有多少。猜想起来，大概不少吧。

对于在学校中所修习的功课，有人说样样都重要：因为这些功课，好像生理学家卫生专家所定的一张食单中的许多食品，必须完全吃下去，青年才会成为知识上能力上都很健康的人。另外一些人却说这还不够：因为我们生在一个非常时期里，所要训练的所要懂得的不比平时，要比平时更多，而学校中的功课仅是平时的食品，显见得不很济事。前后两派人的说法不同，

[①] 选自《叶圣陶教育文集》第2卷，人民教育出版社1994年版。原刊于《中学生》杂志第76期（1937年6月1日）。

但有一点意见是共通的：所修习的功课必须像吃东西一样，在嘴里嚼得极细，在胃里磨得极烂，在肠里吸收得极充分。总之一句话，要让东西消化掉，化为自身的血肉。

所修习的功课如果能够完全消化，应付考试是不用临时预备的。我们可以来个比喻：一个提得起五十斤重量的人，他在无论何时无论何地总提得起五十斤，除非他病了或是衰老了；他有这力量是平时练成的，临到提东西的时候他不需要什么预备。现在一部分青年却需要临时预备，在揣摩以前的考试题目之外，再要看书局里请人编出来的《解答》，不是表达他们平时对于所修习的功课还不能够完全消化吗？我们以为这比较起毕不成业或是考不上大学来，在青年本身更是严重的问题：因为不能够把所修习的功课完全消化，在知识上能力上就多少有点不健康，这不健康会影响到青年整个的生活。

我们也知道现在中学毕业会考以及大学入学考试，有一些主试者往往出些超出应试者的程度的题目，使应试者不得不"临时抱佛脚"，以期在群集的竞赛中不致落选。这是最没有道理的事情，应该用舆论的力量和教育行政当局的制裁使它改善。在没有改善之前，青年为"志在必胜"起见，临时抱一抱佛脚，自是人情之常，未可厚非。但是，如果意不在此，而只为程度还没有达到水准，所以不得不匆匆忙忙临时预备，这就很可虑了。一个青年应当知道：所修习的功课犹如食物，必须随时把它消化，让它化为自身的血肉。一个青年更应当知道：考试只是一种测验的方法，并不是修习的目的；他必须为自身受用而修习，不该为对付考试而修习。

语文考试

读罗陈两位先生的文章[1]

叶圣陶

阅读能力的问题

本志[2]第二卷第一期刊载罗根泽先生一篇文章，题目是《抢救国文》，篇中从三十一年度高考国文试卷的成绩不好，论到国文该从中学阶段抢救。罗先生所举成绩不好的例子共有七个，是从七本试卷中摘录出来的，不尽是全篇。就例子看，这七个应试者犯了同样的毛病，就是看不懂题目。题目是《试以近代文明发展之事实，引证〈荀子〉"从天而颂之，孰与制天命而用之"之说》。现在先不谈这个题目出得有没有道理，单就理解题目来说。题目说以甲引证乙，就知道出题者的意思以乙为主，要应试者对于乙有所疏解或发挥，然后引甲来证成其说。这儿的乙是《荀子》的话。大学毕业生（具有应高考资格的人）不一定读过《荀子》，读过《荀子》不一定读过含有"从天而颂之，孰与制天命而用之"这句话的《天论》，读过《天论》不一定都记得，也许忘记得干干净净了，也是情理中事。然而就字面求理解，大学毕业生似乎不应该办不到，他们照理应有"了解一般文言文之能力"与"读解古书之能力"的（这儿引号中的是初高中国文课程标准目标项下的话）。题目上的"从"字"颂"字"制"字"用"字都是寻常用法，与现代文言没有什么差

---

[1] 选自《叶圣陶教育文集》第3卷，人民教育出版社1994年版。原载1943年11月15日《国文杂志》（桂林）第2卷第5期。

[2] "本志"，指《国文杂志》（桂林）。下文中的"三十一年"，即1942年；"高考"，指当时的高等文官考试。

异;"天"字不指天空,只要想天空怎么能"从",天空怎么会有所"命",就可以知道。还有,"甲孰与乙"是个差比句式,表示说话人的意思乙胜于甲,这种句式在古书中是常见的,所谓"一般文言文"中也有用到的,如果应试者能够知道这些个,就是没有读过《天论》或者读过而忘记得干干净净了,也会理解《荀子》这句话;再把以甲引证是什么意思弄清楚,那就完全懂得题目了。

可是就罗先生所举的例子看,七个应试者对于《荀子》的话几乎全不能就字面求理解,"从"字"颂"字这些个寻常用法都不明白,"天"字多数认作天空,"甲孰与乙"的差比句式竟没有一个人理会到;对于整个题目以甲引证乙的意思也完全没有注意。

这是阅读能力的问题。咱们且不把这个题目认作作文题目,只把它认作阅读文言的测验题目。这七个应试者都看不懂,也就是表现了阅读能力不够。这个题目一共只有三十个字,凭公道说,实在不是艰深的文言,这还看不懂,对于较长较艰深的文言当然更无法阅读。在现在这个时代,写作定要用文言,自然只是一部分人的成见与偏见;但是阅读文言的能力,至少在受过普通教育与大学教育的人必须养成,这是大家一致,无待辩难的认识。不论学什么科目的学生,在他学习与从业的期间,或多或少,总得与文言乃至所谓古书打交道;如果无法阅读,远大的方面且不说,他个人方面就是大大的吃亏。可惜罗先生所看高考试卷仅约四百本,不是全份;又没有就他所看四百本之中作个统计,像所举七例那样看不懂题目的,所占百分数究竟有多少。如果所占百分数相当多,那就表示大学毕业生阅读文言的能力还不够标准,倒确是个严重的问题。教国文的教师知道当前有这么个问题,只要他们有教育热诚与尽职观念的话,自当在平时的指导上多加注意。而正受教育与受毕教育的青年知道当前有这么个问题,也得回问自己,"我的阅读文言的能力够不够标准?"不够标准,看不懂像这儿所举的题目,也不过考不上高考,作不成官儿罢了,没有什么了不得;无奈不够标准也就看不懂文言乃至所谓古书,这就闭塞了一条获得经验处理生活的重要途径(我不说唯一途径),是无论如何要不得的,必须把他改变过来才成。

语文考试

题　目

　　八月十六日某报的副刊批评本志第二卷第一期，提及罗先生的文章，中间有这样的话："要是一定要救的话，我看还是先把那些出题目的先生们救一救的好。"这话看似过火，细想起来却有道理。试想出这个题目的人，他预期应试者作出什么样的文章才认为"合格"？他以为应试者必然读过《荀子》的《天论》，对于"从天而颂之，孰与制天命而用之"非但能够疏解，而且有所发挥；在疏解一阵发挥一阵之后，这才说到近代文明的发展，控制自然呀，利用自然呀，都是近代人的业绩；可是咱们的荀子在很古的时代早已见到了，于是赞叹一阵，懿欤休哉！这样作来，一方面是鉴古，一方面又知今，对于"固有文化"既不乏"深切了解"，对于"民族精神"也能够"发扬光大"，出题目的人大概要慷慨地批上八十分了。可是，荀子虽然说过"从天而颂之，孰与制天命而用之"的话，他到底没有创造近代文明；荀子想的只是个笼统的观念，近代文明却是一件一件具体的事实。现在把荀子的话与近代文明联在一块儿，实在不免牵搭之嫌。你要写得"合格"就不能不这样牵搭，因为题目把你限制住了。还有，出题目的人预期应试者"懿欤休哉"地赞叹一阵，这中间隐伏着一段阿Q精神。阿Q精神为什么要不得？就因为他自卑而又自夸，唯其自卑，不得不自夸，用自夸来掩饰自卑，掩饰一下之后，仿佛把心理上自卑的愧恨抹去了，这就无妨"依然故我"地活下去；其弊病在不长进，不要好。咱们要能促进近代文明的发展，在近代文明的发展中有或多或少的功劳，才是长进，才是要好；仅仅说近代文明发展的原理，咱们的荀子老早说过了，因而脸上现出荣耀的神色，这就不免是阿Q的同志。出题目的人却预期应试者个个是阿Q的同志。应试者是否个个是阿Q的同志，咱们没有看过试卷，无从知道；可是出题目的人显然是的，因为他对应试者作过这样的预期。牵搭，阿Q精神，出题目的人的意识上至少有着这两项缺陷。可见某报副刊所说"救一救"的话不算过火。其实，他人是无法救的，要救还须自救。觉悟这两项是缺陷，力求弥补，就是自救了。

　　现在来谈谈关于题目的话。咱们有话要说，执笔作文，咱们都有自己的题目。譬如写一封信，与朋友讨论当前的战局，题目就是《与友人论战局书》；考察某一家工厂，写一份报告，题目就是《考察某工厂报告书》；作一篇论文，研究近几年来物价上涨的情况，题目就是《近几年来物价上涨的研究》；作一篇小说，叙写一个男主人公或女主人公初恋的经过，题目就是《初恋》。诸如此类，都是先有一些要说的材料，后有一个标明的题目。这是自然的，顺当的。咱们决不会先定下一个题目，然后去找寻要说的材料。如果这样，就是勉强要说话，勉强的话又何必说呢？可是，国文课内有写作练习的项目，由教师出题目；各种考试要测验应试者的写作能力，由主试者出题目。练习者与应试者见了题目，就得找寻一些材料来说，也就是勉强要说话，这显然是不自然不顺当的事。要弥补这个缺陷，全靠出题目的人不凭主观，能够设身处地，就练习者与应试者着想。出题目的人如能揣度练习者与应试者在某一范围内应该有话可说，说出来也并不勉强，就从这个范围内出个题目，那么，练习者与应试者执笔作文，就同自己本来要说话没有什么两样。要说督促练习，唯有出这样的题目才真是督促练习，因为这可以鼓起写作的欲望，使练习者体会到有话可说才是有文可写。要说测验写作能力，唯有出这样的题目才真能测验写作能力，因为把要说的话写得好或不好，才真是写作能力的好或不好。这儿说的只是寻常不过的话，并无深文大义，头脑清楚一点的人都会明白。无奈事实上，多数的出题目的人偏不明白。

在小学的阶段，出题目的情形似乎还好。一到中学的阶段就不然了，尤其是高中的阶段，必须练习论说文了，教师还附带声明，圆通一点的说"最好作文言"，板方一点的说"非文言不看"。出些什么题目呢？《学而时习之说》《学然后知不足说》《多难兴邦说》《人必自侮而后人侮之论》，诸如此类。学而时习之，才会熟练，才见切实，这一类的道理也极简单易晓，未必中学生就懂不得；可是在懂得这一点点之外，还要横说竖说说出一番话来，写成一篇文章，就不是个个中学生所能办到的。那些能够办到的，由于体验得深广，当然值得赞许；那些不能办到的，由于他们的体验仅仅限于"学而时习之"一句话，也不能算不够格。然而题目既已出了，就是不能办到的也得搜索枯肠，勉强说一些话来完卷。这简直是在练习瞎说，还成什么写作练习？写作练习的本意原在使练习者不要放过那些要说的值得说的材料，要把那些材料一一写成文章，而且要写得恰好；可是写作练习的题目却教练习者练习

语文考试

瞎说。这岂不是南辕北辙？并且什么事情都一样，练习次数多了，行为上总不免受影响；练习瞎说成了习惯，待到自己真个有话要说了，说不定也会牵三搭四来一阵瞎说。这岂不是写作练习反而妨害了写作能力，还不如不要练习来得好些？再说，咱们平时会不会蓄着一段意思，想就《学而时习之说》一类的题目作一篇文章？恐怕除了读书得间，体验特深的极少数人而外，谁也不会这么想的，就是出题目的人也未必会这么想。总之，这样的写作动机极不普遍。然而在国文教室与试场里，这类题目却极常见。人家问，为什么出这类题目？教师说，各种考试都出这类题目，就不能不练习这类题目。主试人说，向来考试都出这类题目，现在当然也出这类题目。在简单的答话里，缘由显然了。练习者一篇一篇地写作那并无写作动机的文章，为的是应付考试。一个人一辈子能经历几回考试呢？在日常生活中，需要写一封信，写一份报告书，写一篇论文，写一篇小说的机会必然多得多；为练习者终身受用计，这类文章的写作正该着意练习。可是，出题目的人认定"考试第一"，对于这些也就顾不得了。

平时练习这类题目，练习的目标专为应付考试，这是八股时代的传统。八股是一种考试专用的文体。写信不用八股，记事传人不用八股，著书立说不用八股，唯有应试才用八股。这正与咱们自己不会想作一篇《学而时习之说》或者《试以近代文明发展之事实……》，唯有在国文教室与试场里才会遇见这类题目，情形相似。八股据说是代圣人立言，其实是不要你说自己认为要说的值得说的话，你能够揣摩题目的意旨以及出题目的人的意旨，按着腔拍，咿唔一阵，就算你的本领；如果遇到无可奈何的题目，你能够无中生有，瞎三话四，却又丁丁当当的颇有声调，那更见出你的才情。现在作《学而时习之说》，无非要你把已经由题目限定的意思横说竖说唠叨一番，在要你揣摩不要你说自己的话这一点上，岂不正与八股相同？八股在清朝光绪手里就废止了，八股的传统却保留在国文教室与试场里直到如今，这是可怪而不足怪的事。我国人以前不学数学、生物、物理、化学等类的科目，这些科目自然不致也不会承受八股的传统。我国人以前要学的科目唯有读书，读书读到了家的，成为博学通儒，那只是最少数，而作八股，应考试，却几乎是读书人普遍的目的。现在的读国文不就是以前的读书吗？一般人有意识地或无意识地这么想。于是国文一科把八股的传统承受下来了。

罗先生的文章中,提出请求三事:

(一)请求教育当局减少中学国文教员负担。

(二)请求中学国文教员选讲适合学生程度的文章。

(三)请求中学学生以相当时间读、作国文。

本志第二卷第三期陈卓如先生的《从〈抢救国文〉说到国文教学》中表示一点希望:

> 我只希望现在从事国文教学的人,"躬自厚而薄责于人"。对于学生程度之劣,只有反省忏悔,努力寻求教学上的缺陷与学生的困难,加以纠正。

为增进国文教学的效果,维护学生的实益起见,罗陈两先生说的都是很好的意思。但是我在这儿想补充一些,在写作教学上,必须绝对摆脱八股的传统。摆脱了八股的传统,按照罗先生的说法"学生以相当时间读、作国文"才会逐渐得到进益,否则只是练习瞎说,非徒无益而又害之。摆脱了八股的传统,按照陈先生的说法"努力寻求教学上的缺陷",才算真个得到着落,否则只是细枝小节,"纠正"了也未必有多大效果。八股的传统摆脱了,出出来的题目必然改观;那必然是练习者与应试者"应该有话可说"的题目,虽然由教师与主试者出出来,却同练习者与应试者自己本来要说这么一番话一样。我还要重说一遍,唯有出这样的题目,在平时才真是督促练习,在考试时才真能测验写作能力。

摆脱八股的传统容易吗?我想大不容易。我在这儿认真地说,自以为见得不错,也许有些先生们看了,认为胡说八道,他们或者想现在哪儿有什么八股的传统,或者想八股的传统也并不坏啊。要希望人同此心,心同此理,大家认为八股的传统非绝对摆脱不可,我实在不能预言该要多少年。在八股的传统还没有摆脱的时候,练习者与应试者只有吃亏,这是无可免的悲剧。可是,自己明白落在悲剧中间,总比糊糊涂涂混下去好些;明白了之后,自己加上努力,未尝不可以打破悲剧的圈套。单就写作一事来说,青年们幸而

语文考试

313

不遇到承受八股传统的题目，自然最好；如果遇到了这类题目，就该知道这是怎么一回事，尤其该知道自己要练习写作，得走另外的路子，从而认真练习起来。走路有人引导，固然是好；在得不到引导的时候，自个儿也要走去：这是自学的说法。至于写不好《学而时习之说》，不过得不到及格的分数，写不好《试以近代文明发展之事实……》，不过考不上高考，作不成官，在我看来，都无关紧要。只要在需要写信的时候写得成一封明白畅达的信，在需要作报告书的时候写得成一份清楚确实的报告书，在意见完成的时候写得成一篇有条有理的论文，在灵感到来的时候写得成一篇像模像样的小说，诸如此类，都是写作练习的实效，自学的成功。这种实效与成功，将终身受用不尽。

阅读的材料与方法

罗先生文中所举七例，其中两个是：

　　文明者，文化发展之谓。而文化发展之由，莫不有其所自。其所自出者何？曰道而已耳。夫道之为物，视而不见，听而不闻，仅存于人群意识之中。此所谓天视自我民视，天听自我民听者是。凡天下事物背于此意识者谓之逆，合于此意识者谓之顺，顺则文化发达而繁衍，逆则文化萎退而灭亡。古之神权文明封建文明之所以见坠于今日，物质文明民主文明之所以勃兴于此时者，一逆一顺也。然天道靡常，唯圣贤能察而颂之，从而制之。荀子曰，"从天而颂之，孰与制天命而用之"，其是之谓欤。

　　举凡升天航海代步传情怡心养性启智迪慧，莫不借科学以克服自然繁荣奇异之各种障碍，以促进人类身心优异之发展。

罗先生评这两例为"糊涂"。陈先生说"这二段文章从'国文'观点来看，实在文通字顺。前一个例子最后几句因作者不了解荀子论'天'的意思与'天道'相混，说得有点冬烘，但文字是通的。但是今日之大学生头脑冬烘，侈谈天道，试问是谁之过？第二个例子，我和罗先生的意见正相反，觉不但文字通顺，而且文气紧凑而充沛"。我平常想，所谓文字通顺包含两个条件：一是合于语文法，二是合于论理。语文法不是古文笔法，也不是新文学法，只是我国人口头笔头习惯通行的说法；论理不一定要研习某家名学某种逻辑，只要不违背常情常理，说出来能使一般人理解就成。不知道罗陈两位先生是否同意我这个想头。如果我这个想头不错，那么，罗先生所说"糊涂"就是不合于我所说的第二个条件。陈先生说这两个例子通顺，其实只合于我所说的第一个条件（但前一个例子的"见坠"显然是错误的），而不合于我所说的第二个条件，还是不通顺。陈先生也说前一个例子"有点冬烘"，"冬烘"与"糊涂"与"不合论理"实是近似的说法。至于陈先生说第二个例子"不但文字通顺，而且文气紧凑而充沛"，那恐怕只是故意说说的了。

从前一个例子自易想到读物选材的问题与阅读方法的问题。罗先生"请求中学国文教员选讲适合学生程度的文章"。陈先生说"今日之大学生头脑冬烘，侈谈天道，试问是谁之过"这句话多少含着责备读物选材不得其当的意思。不得其当就是不适合，哪怕读物本身有很高的价值，对于学生并没有用处；非但没有用处，而且很有害处。试看前一个例子，这个作者很读了些经子，但是说出话来一片糊涂，一派冬烘。虽然这个题目承受着八股的传统，本来也写不成什么好文章，但是作者如果没有读过经子，没有杂七夹八记上一大串，仅凭自己的想头勉强诌一篇，也许不至于这样糊涂与冬烘。这并不是可笑的事，实在是可惨的事。作者显然受了经子的害处。单在试卷上表现糊涂与冬烘，还不要紧；只怕习惯成自然，在日常生活上随时表现糊涂与冬烘，那更惨不胜言了。我曾经听见一个大学一年级学生说，中国如果实行孔子之道，日本小鬼不打自退（他并非说俏皮话，是一本正经说的）。这又是个受害的例子。陈先生说"思想糊涂应该由各科共同负责"，见出教育家的襟怀，我绝对同感。但是国文教材有示范与供给材料的作用，对于学生的思想似应多负一点责任。料知学生将会"天"啊"道"的乱来一阵，对于"天"啊"道"的读物就该郑重将事，或者是消极的不选，或者是看定了学生可以理解而不至于乱来一阵的才选。这只是举个例子。总之，就"是不是切要？""会不会消化？""要不要发生坏影响？"这些个问题考虑一过，选下来的教材总会适合些，得当些。可是担任选材的先生们似乎不大肯考虑这些个问题，在先前，是无意识地继承着向来读书的办法，到近来，"国学根柢"啊"固有文化"啊那一套成了流行性感冒，更有意识地想把经史子集一股脑儿往学生头脑里装。他们的想法又很简单，学生的头脑好比一个空箱子，只消装进去，箱子里就有了那些经史子集了。结果是学生因为不感切要，不能消化，长不成什么"根柢"，领不到什么"文化"；而零零星星的一知半解，以及妄知谬解，不但表现在写作里，同时也表现在日常的思想行动里，却是显然的坏影响。在有心人看来，这正是大可忧虑的事。

学校里课程的设置，通常根据三种价值：一种是实用价值，一种是训练价值，还有一种是文化价值。古书具有文化价值，让学生读些古书，了解"固有文化"，实在不是没有道理。但是重要之点在乎真个做到"了解"，囫囵吞枣与"了解"却是两回事。装进空箱子就算了事，那是把囫囵吞枣认作"了解"，自然发生流弊。我常常想，就教师一方面说，古书非不可教，但是必须清彻通达的人才可以教。单把给学生介绍古书来作例子，要能像编撰《经典常谈》的朱自清先生，介绍起来才不至于引学生走入迷途。就学生一方面说，古书非不可读，但是必须是清彻通达的人才可以读。唯有这样的人读了古书，才会受到文化的涵濡而不会受到古书的坏影响。一个人要达到清彻通达的境界，当然与整个生活都有关系；可是就读书言读书，必须阅读方法到家，才可以真个了解，才可以清彻通达。如果不讲方法或者没有方法，宁可退一步想，教师还是不教古书的好，学生还是不读古书的好。——这自然是为学生的利益着想。

去年高考的语文试题[1]

叶圣陶

去年全国高等学校举行统一招生考试的时候,我刚动过手术,躺在病床有人来看我,把语文试题给我大略说了一遍。我听了很高兴,认为这份试题出得比较好,尤其是作文一项,出的题打破了历来的传统。过去的入学考试,作文一项总是出个题目,让考生作一篇文章。这一回选了一篇一千七百多字的论文,让考生仔细阅读之后缩写成五六百字,要求缩写以后仍然是一篇完整的论文,还要求突出原文的中心思想,全面地、准确地反映原文的主要论点。要求提得具体、明确,考生就有所遵循,不至于对着考卷发愣,胡诌一篇了事。

入学考试要考语文,目的是什么呢?目的是测验考生的阅读能力和写作能力,也就是理解语文的能力和运用语文的能力,看他们够得上够不上大学所要求的水平。这一回的作文题兼顾这两方面,因此我认为值得称赞。这当然不是唯一的方式,只要认真想,别的比较好的方式一定还有。尤其值得称赞的,这一回的作文题打破了命题作文的老传统,是思想上的大突破,大解放。用命题作文(还有命题作诗,且不说它)的方式举行考试,真可以说源远流长了。封建时代的考试全都是命题作文。读书人"十载寒窗"下苦功夫,无非为了应付考试,企图通过命题作文这个关得到录取。因此,他们平时要作种种揣摩。揣摩当时文章的风尚。揣摩当前的考试官员喜爱哪一派哪一路

---

[1] 选自《叶圣陶语文教育论集》,教育科学出版社 2015 年版。原载《中学语文教学》1979 年第 2 期。

的文章。揣摩此时此际此考试官员可能出什么样的题目。一方面揣摩,一方面实习。挑选若干份先前被录取的人的考卷,把它读得烂熟,这是实习。自己写若干篇文章,请老师或名家琢磨修改,然后把它读得烂熟,这也是实习。这样实习做什么?目的在临到考试的时候碰碰运气。如果考试的题目凑巧,可以套用读熟的文章交卷,岂不便当?如果考试的题目正好是自己作过的题目,那真是天大的喜事,只要把先前作的又经过老师或名家修改的文章抄上去就成,这当儿短不了在心里喊一声"这回可押中了宝了!"

科举制度废掉了,开办了新式学校,用命题作文的方式举行考试的办法却继承了下来。在高考的语文(过去叫国文)试题中,命题作文所占评分的比率比较大,因而从前那种揣摩和实习的办法也延续下来了。

去年年初,想去投考高等学校的学生就开始作准备。准备当然是必要的。检查一下各科的学习成绩,有不熟练的,复习一下,有不明白的,补习一下,且不问考上考不上,对自己总有实在的好处。可惜我知道,为语文考试作准备的时候,有些考生并不是这样做的。他们收集了前年各省高考的语文试题,看命题作文项下出了些什么样的题目,用来揣摩这一回可能出什么样的题目。他们还收集些前年得分较多的试卷,用来揣摩该怎么样写才能得到较多的分数。经过揣摩,还有人拟了一二十个题目,每个题目写一篇,请人修改,记在心里,还有请别人代写的,都是想去碰碰运气。这种心理和封建时代读书人的想法没有多大区别。像这样作准备,就不是什么复习和补习,而是近乎弄虚作假,投机取巧,跟品德有关的事项了。我非常不愿意这么说,可是事实正是这样。至于碰上运气的考卷不表示考生的真水平,那是用不着说的。

但是,作这样准备的考生决不该受到责备。语文试题中既有命题作文这项,所占评分的比率又比较大,就必然会产生这样的后果。

去年高考不再命题作文,不是出个题目让考生发挥一通,可能把千百年来不良的老传统从此杜绝了,所以我认为值得大大称赞。

1979 年 3 月 16 日作

学习不光为了高考[1]

叶圣陶

十月十六日早上听新闻广播,说《光明日报》头一版登载一则报道,大意是秋季开学不久,有些中学的高二班就别的都不管,专门为明年的高考作准备了。我听到这件事心里很不舒服。难道学生进中学就是为了考大学?难道国家办中学就是为了给大学供应投考者?现在大学办得还不够多,招收的名额还不够多,这是受物质条件的限制,几年乃至十几年内还不可能有很大的扩展。目前高中毕业生能进大学的不到百分之四。大学入学考试择优录取,这是应该的,也是必需的。如果学生进中学就是为了考大学,极小一部分考进大学去了,极大多数没考上的不都成了废品吗?难怪他们中间有些人悲观失望,认为白受了十年教育,自己没有什么前途了。这样看这样想的不仅是没考上的学生,家长中间也不少,教师中间也不少,可能教育行政人员中间也有这样看这样想的。在这样多方面的影响下,没考上的学生怎么能不感到压力呢?所以中学为什么要办,中学生为什么要学,教师为什么要教,大家还得认真考虑,对这几个"为什么"找到明确的答案才行。要是认为一切都为了高考,或者认为最高目标就是高考,那是无论如何说不通的。

中学毕业生不能全部进大学,绝大部分要去干生产劳动,干服务性行业,或者干别的什么工作。干各种工作跟进大学一样,都是社会的必需,都是实现四个现代化的必需。所以要对中学毕业生说明白,应该一颗红心,多种准备。这个话说了好些年了,同学们可能听得厌烦了,但是还得说;不但说,

---

[1] 选自《叶圣陶教育文集》第2卷,人民教育出版社1994年版。

还得有具体措施，而且，重要在于具体的措施。等到高考发了榜，问题迫在眉睫，才在口头作些说服教育，效果是不会怎么大的。要经常告诉学生，学习不光是为了高考，也为了将来能做好各项别的工作。光在口头说未必见效，还得采取各种方法，使学生学会干各项工作所必需的基础知识和基本技能，尤其重要的，要使他们在学习中学会自己发现问题和求得解决的能力。如果能切切实实这样做，他们毕了业，升学就是合格的大学生，干别的工作也是合格的人材。要达到这样的目的，中学的体制恐怕要作相应的改革。怎样改革，要大家来设想，大家来实验。

1979 年 11 月 25 日作

考 试[①]

叶圣陶

学校里为什么要考试？

自然为了要知道学生学习的成绩怎么样。学生学了一段时期，东西理解得透不透，练习得熟不熟，教师要在心中有个数，所以要考试。

这样回答当然不错。可是教师天天跟学生在一起，课堂里时常向他们提问题，让他们作练习，课外除了给他们安排适当又适量的作业，还在共同生活中经常跟他们接触，因此，他们对于所学的东西理解得透不透，练习得熟不熟，教师心中应该早就有数，不待考试而知。那么为什么还要考试呢？

那只能这样回答：在教了较长一段时期之后，要更明确地知道学生学得

[①] 选自《叶圣陶教育文集》第 2 卷，人民教育出版社 1994 年版。原刊于 1980 年 1 月《文汇报》"教育园地"栏目。

怎么样，所以要考试。假如这样的回答可以满意，那么有个期终考试，或者加个期中考试，就够了，再不用有别的考试了。

考试光是考查学生学得怎么样吗？是不是还有一个目的，教师对于自己的优点和缺点，成功和失败，也要通过考试使自己心中有个数呢？

我想，这等于说考试不仅是考学生，同时也是教师考自己了，恐怕未必人人想得到吧。但是我又料想，总有一部分教师一向这么想的。他们从经验中知道设想跟实践往往不一致，估计和准备往往会疏忽，因而经常边教边省察，见到成效固然可喜可慰，见到错失就赶紧用心钻研，谋求改进，以期更好地为学生服务。这样认真负责的教师一定会把考试看作同时也是考自己的。

考试过后，教师知道学生学得怎么样了，谁谁谁"优""良""中""可""劣"或者谁谁谁各得多少分数评出来了，事情是不是就此完了呢？

事情并没有完，还有非干不可的。对于"中"以下的或者六十分以下的学生，总得多动些脑筋，多花些工夫，使他们下一届考试的成绩不再在"以下"之列呀。学校固然没有标榜"本校培养出来的一定是优等学生"，但是就教育事业的全局而言，或者就学生个人的发展而言，学校都得保证学生的成绩不在"以下"之列。

假如拿工厂里的成品检查来比学校里的考试，似乎有点儿不伦不类，但是可以借此说明问题。考试跟成品检查不一样。成品检查查出了次品，只要设法处理这些次品，并注意往后不再出次品就成了。考试考出了次品可不能同样办理，必得把次品本身转化为非次品才行，决不能说个"往后不再"了事。那怎么办呢？如果是期终考试查出来的，可以在下一个学期对他特别注意；如果是毕业考试查出来的，就比较为难，可是总得想些补救办法才对得起他呀。无论特别注意或者想些补救办法，总得深入研究，耐心诱导，让他们凭自己的能动性取得进步，如果仿效饲养北京鸭的方法，那是决不会见效的。

以上只就通常的考试而言。考试还有种种新花样，摸底考试，模拟考试，分片会考，全区会考，可能还有我不知道的其他名目。这些考试目的何在，要考查什么，我完全不清楚，只好不谈了。

1980 年 1 月 24 日作

语文考试

再谈考试[1]

叶圣陶

前一则随笔谈考试。今天想想，还有可以谈的，再写一则。

考试跟平日课堂发问和课内课外练习既是同类的事，按理自该同样看待。在平日，教师要问就问，要让作练习就让作练习，学生则据所知所想回答，按题目认认真真地作练习，彼此的活动都像流水那样，活泼，平静，没拘束，不紧张。那么考试也应该这样，彼此都不把它放在心头，挂在口头，当作特殊事项看待。

再说，按照在前一则随笔里所说，考试是学校和教师的需要，并非学生的需要。学校和教师要知道学生学得怎么样和教师教得怎么样，发现学得不怎么好的学生还要想方设法使他转好，所以要考试。而在学生呢，按大道理小道理说，学习的目的可以列出好些个，可是谁也不会提出"为考试而学习"的怪口号。因此，如果说应该把考试放在心头，那也只是学校领导和教师的事。放在心头已经够了，挂在口头却大可不必，非但大可不必，而且会起很不好的作用。

我这么想，自以为并非杞人忧天，我是依据并不太多的见闻才这么想的。"要考试了，大家赶紧准备啊!"说法各有不同，总之是这么个意思，时常从老师的口头传进学生的耳朵。开家长会的时候，老师总要报告全班学生的成绩，得多少分的各占百分之几，同时总要恳请家长共同督促，使得分不多的

---

[1] 选自《叶圣陶教育文集》第 2 卷，人民教育出版社 1994 年版。原刊于《文汇报》1980 年 1 月。

努一把力，往后得到较多的分数。于是考试和分数不仅放在学生心头，同时也放在家长心头了。不要说"为考试而学习"是个怪口号，只怕已经有不少的学生和家长真的相信学习的目的就在于考得好，得到多量的分数了。再加上名目繁多的考试，更使人加强这种信念。这么多的考试关，非一个一个通过它不可啊！努力吧，为考试为分数而使劲学习吧！这种情形，就教育的道理着想，是不能令人乐观的。

考得好，分数多，固然是学习得好的证明，可是决不该把考试认作学习的目的。如果把考试认作学习的目的，会有怎样的后果呢？我想，那就会在学生心头形成压迫之感，好像欠了还不清的债，总不得轻松舒坦，这是一。（我希望心理学者研究并测验，这种压迫之感对学生的学习是否有损害？如果有，有多大？）其次，可能使学生把所学的东西看作敲门砖。假如真看作敲门砖，那么不管门敲得开敲不开，手里的砖总是要丢掉的。第三，可能有极少数的学生存着顺利过关的想头，采取些不正当的手段来应付考试。那更是有关品德的问题了。

所以我老在心头祝愿，学校和老师期望学生全都学习得好，这种期望是非常值得铭感的，但是千万不可拿考试和分数来作鼓励学习的手段。鼓励学习，无须外求，就在指导学习之中使学生受到鼓励，可能最有实效。循循善诱，教学相长，学生如坐春风，如入胜境，自然乐于学习，勤于学习。思考问题，试作实验，老师只给简要的提示，学生须作艰辛的努力才得解决；当解决的时候，学生的欢快好比爬上了峨眉的金顶，正是继续努力的推动力。我料想，这样的佳况在好些学校里已经实现；而在不远的将来，由于全体教育工作者的勤勉，将会普遍实现。

那时候当然还是要考试，还是要计算分数，但是大家绝不把考试和分数挂在口头了。学生将会把考试看得稀松平常，今天考也好，明天考也好，不藐视也不重视，只是个我行我素。为什么能够如此？因为他们越是认真学习，越能明白学习的目的究竟是什么。

1980年1月27日作

语文考试

不应单纯追求升学率[①]

叶圣陶

在全国重点中学工作会议上，教育部张承先副部长提出的五条纠正单纯追求升学率的措施，我完全赞同。这五条措施非常及时，对关心中学教育的人来说，如大旱之望云霓。

纠正措施第一条：坚决不搞高考分数排队，不给学校下达高考指标；第二条：坚决把学生从频繁的考试中解放出来，学校只实行期中期末两次考试，从省、市到县区都不得统考统测。两个"坚决"，好！希望各级教育部门和各个中学都能贯彻执行。不要教育部说了"坚决"，下面却仍其旧贯，来些变相的花样。近年来考试的名目多得很，什么摸底考试，模拟考试，我也记不清这许多，总之，考，考，考。为什么要考试？就期中期末考试来说，我以为最重要的是教师从考试的结果，可以知道自己教的成绩怎么样：教得不错，有长处，要继续发展；教得有问题，有缺点，要想办法改进。至于学生，要让学生知道自己并非为考试而来学习的，看待考试，应该跟平时举手答老师的提问一样平常，既不藐视，也不特别重视，逢考就考，不必特别作准备；不考的时候，照样认认真真地学。总不要使学生对考试有过关似的感觉。这样的情形，希望能在所有的学校里尽快实现。

第三条说："严格按照教学计划、教学大纲的规定进行教学，不得搞突击，过早结束课程……"这一条非常重要。去年《光明日报》发表过一篇通讯，对许多学校的高二班在秋季开学不久就停止课程，专搞复习，表示忧虑。

[①] 选自《叶圣陶教育文集》第2卷，人民教育出版社1994年版。

我看了这篇通讯,心里非常难受。有的学校甚至把高考不考的课程取消了。有一位生物教师怅怅地对我说:"我的课程被高考挤掉了。"高中只有两年,已经嫌少,再用半年以至一年来搞复习,学习时间不是更少了吗?当然应该学到第二学年终了为止。老师真正认真教,学生真正认真学,就用不着变更平时的教学秩序,过早地搞什么复习。还有,几年来年年发布高考复习提纲,过去由于各地教材不同,发布复习提纲有它的必要,今后是不是可以不用复习提纲了。现在有些学校和出版社发行考题解答之类的书,销路很好,可以赚钱。这个事情非常不好,对学生的学习没有好处。解放前我编《中学生》杂志的时候,几乎年年撰文表示反对。在旧中国,书店这样做是为了牟利。现在,我们的学校和出版社绝对不应该这样做。

第四条也是很切中要害的。学校要对全体学生负责,不能只抓毕业班,忽视非毕业班;在毕业班,不能只抓少数"尖子",放弃大多数学生。如果忽视非毕业班,放弃大多数的非"尖子",这就毫无道理,简直没有一点儿教育的气味了。第四条说不能忽视和放弃,是绝对正确的。

第五条说,要保证学生每天有九小时的睡眠时间。据我所知,在今天以前,高中学生九小时的睡眠是得不到保证的。我的邻居有收音机不开,有电视机不看,因为孩子要考大学,功课做到半夜十二点才灭灯,就算明天六点半起床,最多也只睡六小时半。这恐怕不是个别的吧?现在有些小学生身体不好,有些中学生大学生身体不行。说不好不行,举不出统计数字,似乎空口无凭。但是,身体不好的哪怕只有百分之一,不是也必须重视吗?

纠正单纯追求升学率的五条措施,已经刊登在报纸上了,文件一定就会发下去的。不知道担负教育行政工作的,当教师的,做家长的,能不能都认真对待,共同贯彻。只有全社会都重视起来,单纯追求升学率才能得到彻底纠正。

1980 年 8 月 11 日

语文教学要注重实际应用

——谈今年高考作文试题[①]

张志公

今年的高考作文题好，主要好在一个"实"字上，就是切合实用。语文课，从教学到考试，几个世纪以来都不注重实际应用。按说，应该让学生多学一些日后工作中经常使用的东西。读，写都应当这样考虑。可是以往的语文教学，从这方面考虑得很少。今年的高考试题，在这一点上有明显的改进。

今年的语文试题，主要包括阅读和作文两部分。要求学生阅读的，包括白话文和文言文，都是实用性、知识性的文章。这类文章是大多数人将来在工作中都会接触到的。考查的是学生的实际阅读能力，选取的又是比较实用的材料，这就体现了实用的观点。特别使人赞赏的，是这次的作文试题，打破了传统的命题作文的框框，克服了自从八股文以来命题作文的积弊。命题作文不能一概否定，也有命得好的，但一般说来，要求学生写的，往往是缺乏明确的目的和明确的对象的"文章"，是为作文而作文，为考试而作文。这样教，这样考，锻炼不出实际需要的写作能力。过去的八股文，是专搞"假大空"的。没有什么话要说，而又非说不可，只好言不由衷，说假话；没有实实在在的内容，只好空空洞洞，说空话；为了投合阅卷人之所好，迎合某种风气的所需，更不免说大话。今年的高考作文试题，对象清楚——写信给《光明日报》编辑部，目的明确——呼吁解决环境污染问题，每个考生都能有

[①] 选自《张志公语文教育论集》，人民教育出版社1994年版。本文是赵丕杰访问著者而写的一篇访问记，发表于《光明日报》1985年8月28日。

话可说，有实实在在的内容可写。这就避免了过去命题作文容易犯的那个大毛病，有利于锻炼和考查学生的语言表达能力。这种出题的方法，不仅考试时可以采用，平时更应该多作一些这样的训练。

说高考是指挥棒，是带有贬意的。其实许多事情是需要指挥棒的。譬如一个乐队，演奏得成功与否，与指挥手中的指挥棒有很大的关系。关键是要看它是不是指挥得好，指到哪里去。八股文就是一根极坏的指挥棒，把一些人指到追逐功名利禄，彻底脱离实际的道路上去。高考试题的指挥棒作用，是客观事实。我们只能希望它指挥得好一些，对教学能产生积极作用。今年的作文题大有可能把作文教学指向比较好的方向，引导教师和学生都来注重实际应用。语文教学要朝什么方向走？重要的一条就是要注意实际应用。教育要面向现代化，面向世界，面向未来。语文教学，包括作文训练，也应该以此作为指导思想。面向未来，首先要面向本世纪末和下世纪初这个未来。到那时，今天坐在教室里的中小学生，要走上社会主义现代化建设的第一线，成为各条战线的骨干力量。因此我们的教学，就要面向他们将来工作的需要。大多数学生将来需要什么能力，从现在起就要培养什么能力。必须考虑绝大多数人的需要。而注意实际应用，力图用准确、平实、经济的语言，传达最大的信息量，收到最佳的表达效果，正是绝大多数人的需要。

有人说今年的作文题"难"。难得好，难得对！认为有对象、有目的，有实际内容的文章难写，这本身就说明了语文教学存在的一个大问题。"假大空"的文章是天下最容易写的文章，可以下笔万言，毫不费力。然而害人害己，要它何用！

有人说，这样的作文题缺少文学性，考不出学生的文学水平来。这种担心是不必要的。首先，写实际应用的文章，是绝大多数人的需要，无论你将来从事什么工作，属于哪行哪业，包括文学家，都是需要的。因此在中学阶段就应当以培养这种能力为重。应用性文章和文学之间毫无矛盾。王安石是写应用文的高手，他的《上仁宗皇帝书》和脍炙人口的《答司马谏议书》，都是应用文，而且是谈政治的；这丝毫没有影响他的散文自成一家，诗歌自成一派。文学的真正对头是八股文。只会写八股文的人，既写不出王安石那样的诗和散文，也写不出《答司马谏议书》那样的应用文。

说这样的作文题好,并不意味着这是唯一的好题目,再没有其他好的命题方式,只是说,注意实际应用这个路子好,抵制"假大空"和"无病呻吟"这个精神好,也不要处处、次次都出这样的题。并且,也不意味着它好到家了。不完善,大家可以想办法使它完善起来,对于带有可取的新意的东西最好不要抓到一点毛病便横加指责,以至全盘否定。要爱护新事物!

语文教师

教师的修养[1]

叶圣陶

教育固然有一点缓不济急之嫌，然而总是我们程途中的一盏灯，能够照着我们的四周使之光亮起来，又能照见我们的目的地，使我们加增前进的勇气。我们有了它，虽然觉现在站得不大稳定，但并不感觉空虚，因为丰美的秩序和境界出现在我们的想象中了。如其没有它呢？那就不堪设想了，当前这样昏暗，前途这样渺茫，我们即使不甘颓废，又何从振作起精神来呢？

教育不仅是有多少学校，不仅是有多少人谈谈而已，这件事情是要去做的，做了还要看实际的效果。一个国家的教育程度如何，不是少数学校所能代表的，以偏概全，无论何事都不适用。至少要大多数学校达到某种程度，才可说某国的教育大概达到某种程度。这是粗浅不过的常识，不必我来多说。

说到实际的效果，就得想起宗旨。若问宗旨，谁不会说要造就健全的人？而实施起来，不得不由算学教师教算学，由美术教师教美术，……这是根本于一的意思，以为把算学美术等等东西萃于学生之一身，这学生就是个健全的人了。不过有一层，学生没有一种特别的本领，使自己只从算学教师那里学算学，而不起一毫别的关系，如思想的影响和性情的感染之类。如其算学是学会了，与算学教师的别的关系又是属于积极方面的，别的功课又都是这样，这个学生的能够成为健全的人是无疑的了。但是假如别的关系不幸而是属于消极方面的，那就不能把已经学会算学来抵账，即此一端，这个学生就

---

[1] 选自《叶圣陶教育文集》第2卷，人民教育出版社1994年版。原载于1923年8月19日《努力周报》第66期，有删节。

难以成为健全的人了。所以算学教师的第一个条件固然在于能教算学，而将影响及学生感染及学生的所谓人品，务求其属于积极方面，这不能说是次要，至少要与能教算学同占第一条件的位置。美术教师等等当然同此一例。

说到评价，就得去听一般的舆论。对于我国教育的评价，且不说自己人所说的，曾有外国的教育家称赞我们，说我国的小学教育很有进步，只是中等教育差一点。大家听了这一句，颇觉得有点快慰，因为我们的小学教育进步了。这句话又引起了一些人的奋勉之心，向来不大有人提起的中学教育的种种问题，他们都着意去研究。于是"中等教育大有勃兴之象"这个意念，又时时在大家的脑际闪现了。但是我们踱进一个学校，或者遇见一个教师或学生，往往觉得怅惘起来，那种满足的快慰与预期的欣喜都像春梦一样模糊了，因为所接触的实况，全然不是这么一回事。具体一点说，就是与前面所说的第一个条件合不大上；即就算学教师而言，能教算学与否既成为问题，足以关涉及学生的人品又未必属于积极方面，这就根本的不成立了。所以外国教育家所说的小学教育很有进步和大家心头念着的中等教育大有勃兴之象，这两句话，至少要前面加一点限制，如"某地某校的什么教育"才是，否则就不免犯以偏概全的弊病。

最近听见了一些事情，使我们更觉得怅惘，似乎前途是一个空虚之深渊，而我们的心将投入这个深渊。在一个培训乡村教师的暑假学校里，颇闹了一些教人笑不出来的笑话。一、学校贴出通告来，说为了预防霍乱，将请医生来为学员注射，不取费，愿意的可来签名。一位学员看了，去问学校的办事员说："要听这一课防疫注射要不要另外纳费？"二、一位学员买了一条奖券。开彩过后，他到铺子柜台前看了黑牌上写着的白粉字，回来欣喜地向学校的管理员说："不知该得多少钱，刚才去看过，第一个号码对，末一个号码也对，中是一定中了。"三、一位学员问校医说："遗与浊有无分别？"校医说："当然有分别。你近来出去玩过么？"那学员起初不肯说，经校医严正劝告，才说："不在这里，两个星期前，在本乡玩过的。"校医算了算，两个星期前，他已来学校报到了。

我不愿意使读者感到什么诙谐的趣味，所以朴质地记下这些事情，不敢加点描绘。我要读者保持严肃的心态，想一想这些事情的背面。像这些教师，即使真个勤于职务,教某科的研究某科,任某事的忠于某事,也难免会产生坏的结果。他们不是自觉地要教坏学生,其实他们也没有这种存心,然而他们这种反常的心理和混沌的思想,却无时无刻不给与学生以坏的影响和感染。学生所求于他们的是受教育,从他们那里得到的却是坏的影响和感染,那么即使学会了零碎的算学美术等等,又有什么益处!何况某科的肯研究与否,某事的能尽忠与否,绝对不能与心理和思想脱离关系。心理反常了,思想混沌了,就只有懒惰,只有模糊,决不会有什么研究和尽忠的气息了。

我想现在如其真心要向这些教师说法,不必讲什么设计教育法、道尔顿制和教育测验等等,并不是说这些东西没有用处,这些东西的确是可贵的宝贝。但是它们好比是营养丰富的食品,而现在的一部分教师如上面所说的,正患着胃病,急待医治呢,胃病还没有治好,任何营养丰富的食品,只有个不消化而已。

我以为向这些教师说法,最要紧的是使他们的日常生活上轨道。所谓上轨道,指最平常的而言,就是一言一行,都没有消极的影响,一饮一啄,都要有正当的意义罢了。这虽是最正常的,也是最根本的。如果能做到这样,再加上教法的研究,原理的了解,固然是教育所需求的教师;即使退一步,没有深切的研究和透彻的了解,只要能做到这样,也不失为中庸的教师,因为他们没有残害学生的思想和情感。

教师应当讲究修养的话早已有人说过了,我这里说的也无非是这个意思。但是近来,这些话似乎不大听见了。我想有两个原因:大家觉得太不新鲜,不高兴去重述这陈旧的老话,是其一;开口的人大多是主张进步和提高的,合于他们的好尚的话也就不少,更无暇去说这些平凡的话,是其二。其实一种值得提倡的话,在还没有被大家领受以前,不论经历了多少时代,总有重行陈述的价值,无所谓不太新鲜。至于进步和提高,确是我们所希望的,但是扔下倒退的人陷在坑底的人不管,也就难以收到统计上的效果。所以我诚恳地陈说,当教师的人应当讲究修养。一般主持教育界论坛的人,应当时时想起教师修养是件必要提倡的事。我觉得我这些意思并非杞忧,如果大家把教师修养的问题丢在脑后,教育的前途实在有很大的危险。请大家不要只看都市,也去看看农村,不要只看交通方便的地方,也去看看偏僻的内地,不

语文教师

要只看教育事业的外表，也去看看它的就里，就会与我表同情了。我由于知能的薄弱，不能作详细的调查和精密的报告。但是我怀着这个意思已经好久了，时时想说又时时作罢，以为这样浅薄的感想不能引起人们的注意。这一回又经过了很深的怅惘，殊觉不能自已，所以不管什么，就这样写了出来。

至于使教师真能讲究修养的有效方法，我也说不出来。我只觉得最低的要求是"一言一行，都没有消极的倾向，一饮一啄，都要有正当的意义"。我想要走上这轨道，本当由各人自己去想办法的。而主持教育论坛的人根据自己的学识和经验，当然能够提出一些好的主意来供大家参考。我的目的只在促起大家的注意，所以虽然说不出什么有效的方法，也就不顾了。

末了我不得不责备教育行政人员。依理论讲，你们该知道教育应是什么性质，教师应是什么样人。你们为什么不在收发公文照例视察等等事务以外，看看教师们是否个个胜任教育的事务？你们如其肯看看，我这样的人所能感受到的想法，你们一定很敏锐地感受到了。于是你们可以想出聪明的办法来，使他们渐就改善。或者没有改善的希望了，那么随即撤换也是你们的权力所能做的，而且是极正当的。要知道牺牲几个人的饭碗究竟是小事，"救救孩子"才是至要的重务。但是你们全不想到这些，只顾在那里或则瞎忙，或则混饭，我就对你们大为失望了。

一线的光明尚在师范学校。我愿师范学校好自珍重，容纳我这里所说的一些意思。师范学校能于学生修养上特别注意，说得低一点，也可以造就水平线以上的教师。而事实证明不止于此，现在有点成就的青年教育家，大部分是从好的师范学校里出来的。所以我虽是怅惘，却还存着一些乐观，只希望师范学校多多流出清水来，把旧时的浊水冲去，于是我们就有一池清水了。

1923年8月6日作

如果我当教师[①]

叶圣陶

现在不当教师。如果我当教师的话,在"教师节"的今日,我想把以下的话告诉自己,策励自己,这无非"以后种种譬如今日生"的意思。以前种种是过去了,追赶不回来了;惭愧是徒然,悔恨也无补于事;让它过去吧,像一个不愉快的噩梦一个样。

我如果当小学教师,决不将投到学校里来的儿童认作讨厌的小家伙,惹人心烦的小魔王;无论聪明的、愚蠢的,干净的,肮脏的,我都要称他们为"小朋友"。那不是假意殷勤,仅仅浮在嘴唇边,油腔滑调地喊一声;而是出于衷诚,真心认他们做朋友,真心要他们做朋友的亲切表示。小朋友的成长和进步是我的欢快;小朋友的羸弱和拙钝是我的忧虑。有了欢快,我将永远保持它;有了忧虑,我将设法消除它。对朋友的忠诚,本该如此;不然,我就够不上做他们的朋友,我只好辞职。

我将特别注意,养成小朋友的好习惯。我想"教育"这个词儿,往精深的方面说,一些专家可以写成巨大的著作,可是就粗浅方面说,"养成好习惯"一句话也就说明了它的含义。无论怎样好的行为,如果只表演一两回,而不能终身以之,那是扮戏;无论怎样有价值的知识,如果只挂在口头说说,而不能彻底消化,举一反三,那是语言的游戏;都必须化为习惯,才可以一辈子受用。养成小朋友的好习惯,我将从最细微最切近的事物入手;但硬是

[①] 选自《叶圣陶教育文集》第 2 卷,人民教育出版社 1994 年版。原载于《教育通讯》第 4 卷第 32、33 期。

要养成，决不马虎了事。譬如门窗的开关，我要教他们轻轻地，"砰"的一声固然要不得，足以扰动人家的心思的"咿呀"声也不宜发出；直到他们随时随地开关门窗总是轻轻地，才认为一种好习惯养成了。又如菜蔬的种植，我要教他们经心着意地做，根入土要多少深，两本之间的距离要多少宽，灌溉该怎样调节，害虫该怎样防治，这些都得由知识化为实践；直到他们随时随地种植植物，总是这样经心着意，才认为又养成了一种好习惯。

这样的好习惯不仅对于某事物本身是好习惯，更可以推到其他事物方面去。对于开门关窗那样细微的事，尚且不愿意扰动人家的心思，还肯作奸犯科，干那些扰动社会安宁的事吗？对于种植蔬菜那样切近的事，既因工夫到家，收到成效，对于其他切近生活的事，抽象的如自然原理的认识，具体的如社会现象的剖析，还肯节省工夫，贪图省事，让它马虎过去吗？

我当然要教小朋友识字读书，可是我不把教识字教读书认作终极的目的。我要从这方面养成小朋友语言的好习惯。有一派心理学者说，思想是不出声的语言；所以语言的好习惯也就是思想的好习惯。一个词儿，不但使他们知道怎么念，怎么写，更要使他们知道它的含义和限度，该怎样使用它才得当。一句句子，不但使他们知道怎么说，怎么讲，更要使他们知道它的语气和情调，该用在什么场合才合适。一篇故事，不但使他们明白说的什么，更要借此发展他们的意识。一首诗歌，不但使他们明白咏的什么，更要借此培养他们的情绪。教识字教读书只是手段，养成他们语言的好习惯，也就是思想的好习惯，才是终极的目的。

我决不教小朋友像和尚念经一样，把各科课文齐声合唱。这样唱的时候，完全失掉语言之自然，只成为发声部分的机械运动，与理解和感受很少关系。既然与理解和感受很少关系，那么，随口唱熟一些文句又有什么意义？

现当抗战时期，课本的供给很成问题，也许临到开学买不到一本课本，可是我决不说："没有课本，怎么能开学呢！"我相信课本是一种工具或凭借，但不是唯一的工具或凭借。许多功课都是不一定要利用课本的，也可以说，文字的课本以外还有非文字的课本。非文字的课本罗列在我们周围，随时可以取来利用，利用得适当，比较利用文字的课本更为有效，因为其间省略了一条文字的桥梁。公民，社会，自然，劳作，这些功课的非文字的课本，真是取之不尽，用之不竭；书铺子里没有课本卖，又有什么要紧？只有国语，是非有课本不可的；然而我有黑板和粉笔，小朋友还买得到纸和笔，也就没有什么关系。

小朋友顽皮的时候，或者做功课显得很愚笨的时候，我决不举起手来，在他们的身体上打一下。打了一下，那痛的感觉至多几分钟就消失了；就是打重了，使他们身体上起了红肿，隔一两天也就没有痕迹；这似乎没有多大关系。然而这一下不只是打了他们的身体，同时也打了他们的自尊心；身体上的痛或红肿，固然不久就会消失，而自尊心所受的损伤，却是永远不会磨灭的。我有什么权利损伤他们的自尊心呢？并且，当我打他们的时候，我的面目一定显得很难看，我的举动一定显得很粗暴，如果有一面镜子在前面，也许自己看了也会嫌得可厌。这样想的时候，我的手再也举不起来了。他们的顽皮和愚笨，总有一个或多个的缘由；我根据我的经验，从观察和剖析找出原由，加以对症的治疗，那还会有一个顽皮的愚笨的小朋友在我周围吗？这样想的时候，我即使感情冲动到怒不可遏的程度，也就立刻转到心平气和，再不想用打一下的手段来出气了。

我还要做小朋友家属的朋友，对他们的亲切和忠诚和对小朋友一般无二。小朋友在家庭里的时间，比在学校里来得多；我要养成他们的好习惯，必须与他们的家属取得一致才行。我要他们往东，家属却要他们往西，我教他们这样，家属却教他们不要这样，他们便将徘徊歧途，而我的心力也就白费。做家属的亲切忠诚的朋友，我想并不难；拿出真心来，从行为、语言、态度上表现我要小朋友好，也就是要他们的子女弟妹好。谁不爱自己的子女弟妹？谁还肯故意与我不一致？

我如果当中学教师，决不将我的行业叫作"教书"，犹如我决不将学生入学校的事情叫作"读书"一个样。书中积蓄着古人和今人的经验，固然是学生所需要的；但是就学生方面说，重要的在于消化那些经验成为自身的经验，说成"读书"，便把这个意思抹杀了，好像入学校只须做一些书本上的功夫。因此，说成"教书"，也便把我当教师的意义抹杀了，好像我与从前书房里的老先生并没有什么分别。我与从前书房里的老先生其实是大有分别的：他们只须教学生把书读通，能够去应考试，取功名，此外没有他们的事儿；而我

语文教师

呢,却要使学生能做人,能做事,成为健全的公民。这里我不敢用一个"教"字。因为用了"教"字,便表示我有这么一套本领,双手授与学生的意思;而我的做人做事的本领,能够说已经完整无缺了吗?我能够肯定地说我就是一个标准的健全的公民吗?我比学生,不过年纪长一点儿,经验多一点儿罢了。他们要得到他们所需要的经验,我就凭年纪长一点儿、经验多一点儿的份儿,指示给他们一些方法,提供给他们一些实例,以免他们在迷茫之中摸索,或是走了许多冤枉道路才达到目的——不过如此而已。所以,若有人问我干什么,我的回答将是"帮助学生得到做人做事的经验";我决不说"教书"。

我不想把"忠""孝""仁""爱"等等抽象德目向学生的头脑里死灌。我认为这种办法毫无用处,与教授"蛋白质""脂肪"等名词不会使身体得到营养一个样。忠于国家忠于朋友忠于自己的人,他只是顺着习惯之自然,存于内心,发于外面,无不恰如分寸;他决不想到德目中有个"忠"字,才这样存心,这样表现。为了使学生存心和表现切合着某种德目,而且切合得纯任自然,毫不勉强,我的办法是在一件一件事情上,使学生养成好习惯。譬如举行扫除或筹备什么会之类,我自己奋力参加,同时使学生也要奋力参加;当社会上发生了什么问题的时候,我自己看作切身的事,竭知尽力的图谋最好的解决。在诸如此类的事情上,养成学生的好习惯,综合起来,他们便实做了"忠"字。为什么我要和他们一样的做呢?第一,我听从良心的第一个命令,本应当"忠";第二,这样做才算是指示方法,提供实例,对于学生尽了帮助他们的责任。

我认为自己是与学生同样的人,我所过的是与学生同样的生活;凡希望学生去实践的,我自己一定实践;凡劝诫学生不要做的,我自己一定不做。譬如,我希望学生整洁、勤快,我一定把自己的仪容、服装、办公室、寝室弄得十分整洁,我处理各种公事私事一定做得十分勤快;我希望学生出言必信,待人以诚,我每说一句话一定算一句话,我对学生和同事一定掬诚相示,毫不掩饰;我劝诫学生不要抽烟卷,我一定不抽烟卷,我决不说"你们抽不得,到了我们的年纪才不妨抽"的话;我劝诫学生不要破坏秩序,我一定不破坏秩序,决不做那营私结派磨擦倾轧的勾当。为什么要如此?无非实做两句老话，叫作"有诸己而后求诸人，无诸己而后非诸人"。必须"有诸己""无诸己"，表示出愿望来，吐露出话语来，才有真气，才有力量，人家也易于受感动。如果不能"有诸己""无诸己"，表示和吐露的时候，自己先赧赧然了，哪里有什么真气？哪里还有力量？人家看穿了你的矛盾，至多报答你一个会心的微笑罢了，哪里会受你的感动？无论学校里行不行导师制，无论我当不当导师，我都准备如此，因为我的名义是教师，凡负教师的名义的人，谁都有帮助学生的责任。

我无论担任哪一门功课，自然要认清那门功课的目标，如国文科在训练思维，养成语言文字的好习惯，理化科在懂得自然，进而操纵自然之类；同时我不忘记各种功课有个总目标，那就是"教育"——造成健全的公民。每一门功课犹如车轮上的一根"辐"，许多的辐必须集中在"教育"的"轴"上，才能成为把国家民族推向前进的整个"轮子"。这个观念虽然近乎抽象，可是很关重要。有了这个观念，我才不会贪图省事，把功课教得太松太浅，或者过分要好，把功课教得太紧太深。

我无论担任哪一门功课，决不专作讲解的工作，从跑进教室始，直到下课铃响，只是念一句讲一句。我想，就是国文课，也得让学生自己试读试讲，求知文章的意义，揣摩文章的法则；因为他们一辈子要读书看报，必须单枪匹马，无所依傍才行，国文教师决不能一辈子伴着他们，给他们讲解书报。国文教师的工作只是待他们自己尝试之后，领导他们共同讨论：他们如有错误，给他们纠正；他们如有遗漏，给他们补充；他们不能分析或综合，替他们分析或综合。这样，他们才像学步的幼孩一样，渐渐地能够自己走路，不需要人搀扶；国文课尚且如此，其他功课可想而知。教师捧着理化课本或史地课本，学生对着理化课本或史地课本，一边是念一句讲一句，一边是看一句听一句；这种情景，如果他细想一想的话，多么滑稽又多么残酷啊！怎么说滑稽？因为这样之后，任何功课都变为国文课了，而且是教学不得其法的国文课。怎么说残酷？因为学生除了听讲以外再没有别的工作，这样听讲要连续四五个钟头，实在是一种难受的刑罚，我说刑罚决非夸张，试想我们在什么会场里听人演讲，演讲者的话如果无多意义，很少趣味，如果延长到两三个钟头，我们也要移动椅子，拖擦鞋底，作希望离座的表示；在听得厌倦

语文教师

了而还是不能不听的时候,最自然的倾向是外貌表示在那里听,而心里并不在听;这当儿也许游心外骛,一心以为有鸿鹄将至,也许什么都不想,像老僧入了禅定。教学生一味听讲,实际上无异于要他们游心外骛或者什么都不想,无异于摧残他们的心理活动的机能,岂不是残酷?

我不怕多费学生的心力,我要他们试读,试讲,试作探讨,试作实习,做许多的工作,比仅仅听讲多得多,我要教他们处于主动的地位。他们没有尝试过的事物,我决不滔滔汩汩地一口气讲给他们听,他们尝试过了,我才讲,可是我并不逐句逐句地讲书,我只给他们纠正,给他们补充,替他们分析和综合。

我如果当大学教师,还是不将我的行业叫作"教书"。依理说,大学生该比中学生更能够自己看书了;我或者自己编了讲义发给他们,或者采用商务印书馆的《大学丛书》或别的书给他们作课本,他们都可以逐章逐节地看下去不待我教。如果我跑进教室去,按照讲义上课本上所说的复述一遍,直到下课铃响又跑出来,那在我是徒费口舌,在他们是徒费时间,太无聊了;我不想干那样无聊的勾当。我开一门课程,对于那门课程的整个系统或研究方法,至少要有一点儿是我自己的东西,依通常的说法就是所谓"心得",我才敢于跑进教室去,向学生口讲手画。我不但把我的一点儿给与他们,还要诱导他们帮助他们各自得到他们的一点儿;唯有如此,文化的总和才会越积越多,文化的质地才会今胜于古,明日超过今日。这就不是"教书"了。若有人问这叫什么,我的回答将是:"帮助学生为学。"

据说以前的拳教师教授徒弟,往往藏过一手,不肯尽其所有地拿出来;其意在保持自己的优势,徒弟无论如何高明,总之比我少一手。我不想效学那种拳教师,决不藏过我的一手。我的探讨走的什么途径,我的研究用的什么方法,我将把途径和方法在学生面前尽量公开。那途径即使是我自己开辟的,那方法即使是我独自发现的,我所以能够开辟和发现,也由于种种的"势",因缘凑合,刚刚给我捉住了:我又有什么可以矜夸的?我又怎么能自以为独得之秘?我如果看见了冷僻的书或是收集了难得的材料,我决不讳莫如深,绝不提起,只是偷偷地写我的学术论文。别的人,包括学生在内,倘若得到了那些书或材料,写出学术论文来,不将和我一样的好,或许比我的更好吗？将书或材料认为私有的东西，饶幸于自己的"有"，欣幸于别人的"没有"，这实在是一种卑劣心理；我的心理，自问还不至这么卑劣。

我不想用禁遏的办法，板起脸来对学生说，什么思想不许接触，什么书籍不许阅读。不许接触，偏要接触，不许阅读，偏要阅读，这是人之常情，尤其在青年。禁遏终于不能禁遏，何必多此一举？并且，大学里的功夫既是"为学"，既是"研究"，作为研究对象的材料是越多越好；如果排斥其中的一部分，岂不是舍广博而趋狭小？在化学实验室里，不排斥含有毒性的元素；明知它含有毒性，一样的要教学生加以分析，得到真切的认识。什么思想什么书籍如果认为要不得的话，岂不也可以与含有毒性的元素一样看待，还是要加以研究？学生在研究之中锻炼他们的辨别力和判断力，从而得到结论，凡真是要不得的，他们必将会直指为要不得。这就不禁遏而自禁遏了，其效果比一味禁遏来得切实。

我要作学生的朋友，我要学生作我的朋友。凡是在我班上的学生，我至少要知道他们的性情和习惯，同时也要使他们知道我的性情和习惯。这与我的课程，假定是宋词研究或工程设计，似乎没有关系，可是谁能断言确实没有关系？我不仅在教室内与学生见面，当休闲的时候也要与他们接触，称心而谈，绝无矜饰，像会见一位知心的老朋友一个样。他们如果到我家里来，我决不冷然地问："你们来作什么？"他们如果有什么疑问，问得深一点儿的时候，我决不摇头说："你们要懂得这个还早呢！"问得浅一点儿的时候，我决不带笑说："这还要问吗？我正要考你们呢！"他们听了"你们来作什么"的问话，自己想想说不出来作什么，以后就再也不来了。他们见到问得深也不好，问得浅也不好，不知道怎样问才不深不浅，刚刚合适，以后就再也不问了。这种拒人千里的语言态度，对于不相识的人也不应该有，何况对于最相亲的朋友？

我还是不忘记"教育"那个总目标；无论我教什么课程，如宋词研究或工程设计，决不说除此之外再没有我的事儿了，我不妨纵情任意，或去嫖妓，去赌博，或做其他不正当的事。我要勉为健全的公民，本来不该做这些事；我要勉为合格的大学教授，尤其不该做这些事。一个教宋词研究或工程设计的教师，他的行为如果不正当的话，其给与学生的影响虽是无形的，却是深

语文教师

刻的；我不能不估计它的深刻程度。我无法教学生一定要敬重我，因为敬重不敬重在学生方面而不在我的方面；可是我总得在课程方面同时在行为方面，尽力取得他们的敬重，因为我是他们的教师。取得他们的敬重，并不为满足我的虚荣心，只因为如此才证明我对课程同时对那个总的目标负了责。

无论当小学、中学或大学的教师，我要时时记着，在我面前的学生都是准备参加建国事业的人。建国事业有大有小，但是样样都是必需的；在必需这个条件上，大事业小事业彼此平等。而要建国成功，必须参加各种事业的人个个够格，真个能够干他的事业。因此，当一班学生毕业的时候，我要逐个逐个地审量一下：甲够格吗？乙够格吗？丙够格吗？……如果答案全是肯定的，我才对自己感到满意：因为我帮助学生总算没有错儿，我对于建国事业也贡献了我的心力。

我决不"外慕徙业"，可是我也希望精神和物质的环境能使我安于其业。安排这样的环境，虽不能说全不是我所能为力，但大部分属于社会国家方面；因此我就不说了。

1941年8月3日作

中学国文教师[①]

叶圣陶

国文课程标准对于实施方法规定得很详细。所谓实施方法，就是教师教学生学习国文的方法。现在的国文教师，能够依照实施方法教学的固然很多，可是不很顾到实施方法的也不是没有。这里谈几种教师，请读者就自己的经

---

① 选自《叶圣陶语文教育论集》，教育科学出版社1980年版。

验想想，是不是遇到过这样的教师。

有些国文教师以为教学国文就是把文章一句一句讲明，而讲明就是把纸面的文句翻译成口头的语言。从这种认识出发，就觉得文言是最可讲的教材。文言的字汇与语言不全相同，文言的语调与语言很有差异，这些都得讲明，学生才会明白。于是根据从前所受的教养，又翻检了《辞源》与《康熙字典》一类的工具书，到教室里去当个翻译。把一篇文章翻译完毕，任务也就完毕了。至于语体文，在他们看来，与口头的语言差不多，即使他们并非国语区域里的人，也觉得语体文很少有需要翻检《辞源》与《康熙字典》的地方，那还有什么可讲呢？于是遇到教本里来一篇语体文的时候，就说："这一篇是语体文，没有什么讲头，你们自己看看好了。把这一篇翻过去，讲下一篇文言。"为称说便利起见，咱们称这种教师为第一种教师。

有些国文教师喜欢发挥，可是发挥不一定集中在所讲的那篇文章。如讲《孟子·许行章》，或者说孟子把社会中人分作劳心劳力两类，"劳心者治人，劳力者治于人"，这是天经地义，千古不易的原则。谁敢反对这个原则，就是非圣无法，大逆不道。以下蔓延开来，慨叹现在人心不古，乱说什么劳工神圣，还可以有一大套。或者说孟子作这样主张，使我国社会走入不平等的途径，以后的君主专制，平民吃苦，都受他这番话的影响。所以孟子，实在是我国社会的大罪人。以下蔓延开来，说孟子是儒家，儒家既是社会的大罪人，儒家的学术思想还要得吗？这样也可以有一大套。又如某篇文章提到北平，就说北平地方，从前曾经到过。刮起大风来，真是飞沙走石，难受难当。可是北平的房子太舒服了，裱糊得没有一丝儿缝，寒天生起炉子，住在里面，如江南三四月间那样暖和。北平的果子多，苹果、梨、杏子、桃子，你可以吃一个够。北平的花多，海棠、丁香、芍药、牡丹，你可以看一个饱。诸如此类，滔滔不绝。又如选文的作者是梁启超，就说梁启超的演说，从前曾经听过。他的头顶秃了，亮亮地发光，上唇有一撮灰白的短须，他的说话带着广东音，不容易听清楚，只看他那气昂昂的神态，知道他是抱着一腔热诚来演说的。他的儿子梁思成，现在是我国建筑学专家。他的女儿梁令娴，是个很有文才的女子。诸如此类，也滔滔不绝。学生听这样的发挥，常常觉得很有滋味，正在张开嘴静听，忽然下课铃响起来了，不免嫌摇铃的校工有点杀

语文教师

风景。——这是第二种教师。

有些国文教师忧世的心情很切，把学生的一切道德训练都担在自己肩膀上。而道德训练的方法，他们认为只须熟读若干篇文章，学生把若干篇文章熟读了，也就具有一切道德了。从这种认识出发，他们的讲解自然偏重在文章的内容方面。如讲一篇传记，所记的人物是廉洁的，就发挥廉洁对于立身处世怎样重要。讲一首诗歌，是表现安贫乐道的情绪的，就发挥贪慕富贵怎样卑鄙不足道。他们的热诚是很可敬佩的，见学生不肯用心读文章，就皱着眉头说："你们这样不求长进，将来怎么能做个堂堂的人？"见学生偶尔回答得出一句中肯的话，就欣然含笑说："你说得很有道理，很有道理。"仿佛那学生当前就是道德的完人了。——这是第三种教师。

有些国文教师喜欢称赞选文，未讲以前，先来一阵称赞，讲过以后，又是一阵称赞，而所用的称赞语无非一些形容词或形容语，如"好""美""流利""明彻""典丽裔皇""雅洁高古""运思入妙""出人意表""情文相生""气完神足"之类。为什么"好"？因为它是"好"。你读了之后，不觉得它"好"吗？为什么"美"？因为它是"美"。你读了之后，不觉得它"美"吗？这是他们的逻辑。学生听了这种称赞，有时也约略可以体会出这些形容词或形容语与选文之间的关系，有时却只落得个莫名其妙。虽然莫名其妙，而笔记簿上总有可记的材料了，听说是"好"就记下"好"字，听说是"美"就记下"美"字。——这是第四种教师。

有些国文教师喜欢出议论题教学生作，如关于抗战的《抗战必胜说》《就敌我之各种情势论我国抗战之前途》《武汉撤退以后》《南宁之失陷无关抗战全局说》，关于历史的《论汉高项羽之成败》《汉唐为我国历史上最光荣之时代说》，关于一般修养的《宁静致远说》《勤以补拙说》《君子不忧不惧说》《礼义廉耻国之四维论》。以上所举三类题目，其实都不容易作。要论抗战前途，必须对于敌我双方有多方面的透彻的认识，这种认识，就是高中学生也还差得远，遇到这类题目，除了从报纸杂志上摘取一点意见来，别无办法。第二类题目，在大学历史系里就是两篇很要费点功夫的论文，史学家也可以著成两本专书，到中学生手里，只能根据历史教本里的一两句话，随意地扩而充之了。第三类题目，原是从生活经验社会经验得来的结论，生活经验社会经验还没有到丰富而且深切的地步，也只能根据教师的讲说与书本的议论，重说一遍罢了。归结起来，以上这些议论题并不要学生说自己想到的见到的话，只是教学生把听来的看来的话复述一遍。出题者的意思大概正是如此，他们从复述得对不对，有没有条理上，来看学生运思作文有没有功夫。为什么要出这种题目？有的没有表示，有的却说："高中招考要出这种题目，初中就不能不练习这种题目。"或者说："大学招考要出这种题目，高中就不能不练习这种题目。"这分明说学生辛辛苦苦练习作文，最大的目标在应付将来的入学考试，正同从前十年窗下，最大的目标在应考时候做得成几篇适合考官胃口的文章一模一样。——这是第五种教师。

有些国文教师看学生所写的文章，只觉得它不通，勾掉愈多，愈感觉满意。这种观念发展到极点，于是整段勾掉的也有，全篇不要的也有。勾掉之后，按照自己的意思在行间写上一些文字，就把练习本发还学生。为什么原文要不得？为什么一定要照改本那样说才对？都没有说明，待学生自己去揣摩。学生接到这样的改本，见自己的文字差不多都包在向下一勾向上一勾之中，大概是不大肯去揣摩的，望了一望，就塞进抽斗里去了。然而下一回的习作交上来，教师还是那一套，向下一勾，向上一勾，按照自己的意思在行间写上一些文字。——这是第六种教师。

有些国文教师看学生所写的文章，不问那个地方该用句号或该用逗号，都打一个圈，表示眼光并没有在任何地方跳过。圈下去圈下去圈到完毕，事情也完毕了。或者还加一个批语在后头，如"清顺""畅达""意不完足""语有疵病"之类。学生接到发还的这种练习本，大概也只是望了一望，就塞进抽斗里去，因为与交上去的时候并无两样，不过在语句旁边多了一些圈，或者在篇末多了一个批语而已。——这是第七种教师。

够了，咱们不能说这里已经想得周全，再想一想，也许还有第八第九种教师，但是不须多举了。咱们把教师说成七种，是为了分别的便利；事实上一个教师兼属某几种，却是常见的。现在要老实说，以上所举的七种教师，都是不很顾到实施方法的。

第一种教师只知道把纸面的文句翻译成口头的语言，这在讲解文言的时候，固然是一种必要的工作，然而也不是唯一的工作。因为按照初中课程标

语文教师

准"实施方法概要"项下的第二目"教法要点",课前是要使学生预习的,翻检工具书,试解生字难句,都是学生预习时候的工作。教师只须纠正他们的错误,补充他们的缺漏,不该赚麻烦,由自己一手包办。讲说的时候,"对于选文应抽绎其作法要项指示学生,使其领悟文章之内容、体裁、作法及其背景,并注意引起其自学之动机"。讲说过后,又"应指导学生分析、综合、比较之研究,务使透彻了解,或提出问题,令学生课外自行研究"。对于这两项工作,第一种教师也没有做。所以单就文言教材说,他们的教法也只做了若干工作中的一项。至于语体文,说它没有什么讲头,简直一点工作都不做了。咱们看课程标准里所定的方法,课前要使学生预习,课内要"引起其自学之动机",指导学生作种种的研究,课后又要"令学生自行研究"(高中课程标准里所举的方法,意义大致相同),可见上课是教师与学生的共同工作,而共同工作的方式该如寻常集会那样的讨论,教师仿佛集会的主席。第一种教师把共同工作误认作单独工作,又把单独工作的范围限得很窄,于是学生只有静听翻译文言的份儿了。(第二、三、四三种教师同样把共同工作认作单独工作,现在在这里提一句,以下不再说了。)第二种教师把讲说推广到相当限度以外去,虽然能够引起学生的兴趣,但是蔓延得愈广,对于选文本身忽略得愈多。并且,从选文中摘出几个词几句句子来大加发挥,是不能使学生了解整篇的各方面的。第三种教师显然把国文科认作公民科了。即使是公民科,教学的收效也不在学生熟读公民教本,而在学生能够按照公民教本所讲的来实践。说国文科绝对不含道德训练的意义,固然不通,但是说国文科的意义就在道德训练,那也忘记了国文立科的本旨了。第四种教师对选文一律称赞,也有理由。如果不值得称赞,为什么要选它读它呢?然而专用形容词形容语来称赞一件东西表白自己的印象的作用多,指导人家去体会的作用少。要人家真实体会,也从心里头说出一个"好"字一个"美"字来,必须精细剖析,指明"好"在哪里,"美"在何处才行。不然,人家听你说"好"也说"好",听你说"美"也说"美",那是鹦鹉了,还说得上体会吗?第五种教师教学生把听来的看来的话复述一遍,诚然也是一种练习的方法,可不是切要的方法。学生为什么要练习作文呢?一方面为要练习语言文字的运用,另一方面也为生活上有记载知闻与表白情意的必要,时时练习,时时把知闻记载下来,情意表白出来，这才当成了习惯，才可以终身受用。根据这一层，作文题最好适合学生的经验与思想，让他们拿出自己的东西来，不宜使他们高攀，作一些非中学生能够下手的题目。不能下手而硬要下手，自然只得复述听来的看来的话了。复述惯了，拿出自己的东西来的途径便渐渐阻塞，这已经得不偿失；如果复述又不清不楚或者前后脱节，或者违反原意，简直把头脑搅糊涂了，这更是重大的损害。对于这一点，第五种教师似乎没有顾虑到。至于认为练习作文在应付将来的入学考试，可以说完全没有明了练习作文的本旨。现在高中与大学的入学考试，国文题目往往有不很适合投考学生的经验与思想的，是事实。然而这是高中与大学方面的不对，他们应当改善。为了他们的不对，却花费了初中高中练习作文的全部工夫去迁就他们，这成什么话呢？第六第七两种教师对于学生的习作的看法是相反的，然而他们有个共通之点，就是没有评判的标准。学生作文，无论好坏，总有他们的思路。认清他们的思路，看这样说法合不合理，是一个标准。看这样说法能不能使人明白，又是一个标准。合不合理是逻辑的问题，能不能使人明白是文法的问题，所以评判的标准，简单说来，就是逻辑与文法。不合逻辑不合文法的地方才给修改，其余都得留着，因为作文是学生拿出自己的东西来，只要合于逻辑与文法，你没有理由不许他们这样说，定要他们那样说。整段整篇地勾掉，再按照自己的意思在行间写上一些文字，这办法是不很妥当的。从另一方面说，一般人作文也常常会不合逻辑不合文法，报纸杂志的文章，作者的国文程度该比中学生高一点，细心的读者还常常可以发现这两方面的毛病，难道中学生的习作会完全没有毛病？可见打圈打到底的办法也不很妥当。至于发还改本，不给说明，待学生自己去揣摩，这会做到教师学生各用各的心思，可是始终不接头。学生猜不透教师的心思，那么，把作文本缴上去，不也多此一举吗？

  这几种教师不很顾到实施方法，也不能说他们对于学生全无帮助，只能说帮助不会很多就是了。他们所以如此，大概由于对国文教学的认识差一点。可是国文教学并不是一件深奥难知的事情，只要不存成见，不忘实际，从学生为什么要学习国文这一层仔细想想，就是不看什么课程标准，也自然会想出种种的实施方法来的。读者如果遇到这样的国文教师，正不必失望，很可以从积极方面希望：他们的认识该会有转变的一天吧。现在对于国文教学的讨论渐渐多起来了。谁不愿意择善而从？他们的转变在事实上是可能的。

教师必须以身作则[1]

叶圣陶

小学生守则二十条，全是简短的话，口气是小学生自己对自己说。实施小学生守则，就是要小学生拿这些话勉励自己，管住自己，在语言、举止、态度各方面养成好习惯。这些好习惯是小学生学习和劳动的时候所必需的，是社会主义社会的人不可缺少的，所以非养成不可。

要使小学生真从心里说出这些话，真有勉励自己管住自己的愿望和意志，只给他们讲一讲守则，叫他们念一念守则，当然不济事。教师必须随时随地给他们说明或者暗示，什么是好的，为什么好，什么是坏的，为什么坏，让他们经过自己的体会，终于喜欢那好的，厌恶那坏的。这当儿，他们才觉得守则的话正是他们要说的话，才觉得非拿这些话勉励自己管住自己不可。觉得守则的话正是他们要说的话，这就有了自觉性。觉得非拿这些话勉励自己管住自己不可，这就有了积极性。必须在小学生的自觉性和积极性的基础上，守则的精神才能贯彻在他们校内校外的生活里。

教师教学生靠语言，讲一堂课，谈一番话，语言是不可少的工具。可是要知道，决不能光靠语言。教师讲了一大堆有道理的话，可是他的实际生活并不那样，他的话就不会对学生起多大作用。或者讲了什么是不好的，可是他的实际生活里就有那种不好的成分，那就会给学生很坏的影响，他们至少

---

[1] 选自《叶圣陶教育文集》第2卷，人民教育出版社1994年版。

要想，原来话是可以随便说的，说的话跟实际生活是可以正相反背的。唯有教师的话跟他的实际生活完全一致，不但像通常说的"说得到做得到"，而且要做得到才说，情形就大不相同。那时候学生非常信服，愿意照着教师的话积极地实行，因为面前的教师就是光辉的榜样，他们觉得跟着教师走是顶大的快乐。我国古来有所谓"身教"，就是说教师教学生不能光靠语言，还得以身作则，真正的教育作用在语言跟实际生活的一致上。这样看来，教师必须以身作则，小学生守则才能有效地实施。

举个例子来说。譬如进出屋子要开门关门，这是寻常的事，可是门怎么样开怎么样关，就有应该注意的地方。要是砰的一声推开，又砰的一声关上，那就在短时间内发出两回讨厌的声音，给屋内屋外的人两回刺激。人家在那儿做事用心思，听见砰的一声多少要受些妨碍，就是不在那里做什么，也会感觉怪不舒服的。所以咱们要教小学生从小养成习惯，轻轻地开门，轻轻地关门，能不发一点儿声音最好。门有各式各样，要做到开关任何式样的门都很轻，甚至不发一点儿声音才好。养成了这么个习惯好像没有大关系，可是在开门关门这件事上，这才真正做到了小学第十六条里说的"不妨碍别人的工作、学习和睡觉"。推广开来想，在开门关门这件事上能够不妨碍别人，不就是在其他事情上也能够不妨碍别人的基础吗？把轻轻开门轻轻关门的心放到一切事情上，同样地养成习惯，不就什么举动都不至于妨碍别人了吗？这样看来，轻轻开门轻轻关门实在不是一件小事。可是，咱们不留心也罢，要是留心一下，没有轻轻开门轻轻关门的习惯的人事实上并不少。他们开门关门的时候好像正跟门生气，碰见弹簧门就非常珍惜自己的手劲，再不肯抓住门的拉手，耳朵是惯了，砰砰的声音听而不闻，因而绝不会想到在一进一出的当儿给了人家多少麻烦。我这个话决非随便乱说，读者不妨留心自己的周围，准可以发见那样的人。要是教师刚好是那样的人，那就至少在开门关门这件事上不能使学生养成好习惯，不能叫学生不妨碍别人。理由很清楚，就在他不能以身作则。学生会想，教师也是那么砰的一声进砰的一声出的，自己为什么不能砰的一声进砰的一声出呢？尽管教师说得口枯舌干，不妨碍别人有多大道理，还是收不到一点儿效果。要是教师能够以身作则，情形就完全不同了。教师的每一回进出都是给学生示范，使他们觉得唯有那么轻轻地来补修，成不成？""当然成。可是无论学什么，光凭书本上说的总还嫌不够，最好有直观的凭证，实践的历练。譬如教育学的书本上说，硬灌式的教学方法不好，启发式的教学方法好，你要认识得真切，可以在教你的学生的时候作检验。检验一阵之后，你就更进一步，笃信启发式确乎好，必须终身以之。在这样情形之下，你的学生在受到实益的同时还帮助了你，他们不是也可以算得上你的先生吗？"师大、师院、师专毕业的人看到这儿可能要开口了："教育学、心理学之类，我们学过了。好些地方的学校，我们参观过了。学校管理，课堂教学，我们也练过一段时期了。难道还不够吗？""你们做过的都极有益处，要说够，却还可以考虑。你们参观过好些学校，那些学校的所有情况只恐未必跟你们现在任职的学校完全相同吧。你们练过学校管理，课堂教学，只恐未必能完全照搬到现在任职的学校里来吧。何况如今是一切都要开创新局面的时期，是建设两个高度文明的时期，是全国各族人民齐心协力务必建成中国式的社会主义的时期，谁也不能说学过了就够了，谁都必须随时随刻力求长进，永不停止。所以你们虽然是师范出身，还得继续地学，跟不曾学过师范的一样。"

1983 年 11 月 28 日作

提高中学语文教学的关键[①]

吕叔湘

问：您认为提高中学语文教学的关键是什么？如何解决这个问题？

关于中学语文教学，我的意见很简单：说千道万，教师水平是关键。记得多年以前，叶圣老说过（大意如此）：在好教师手里，编得不好的教材也能

[①] 选自《吕叔湘全集》第 11 卷，辽宁教育出版社 2002 年版。

发挥作用；反之，教师不行，多好的教材也教不出好结果。我完全同意。教材如此，教法也是如此。越是先进的教学法，对于教师的要求越高，机械地搬用不会有好结果。至于如何提高教师的水平，包括教师个人的水平以及整个教师队伍的构成，那就主要不是学术研究的问题，而是行政措施的问题了。

提高语文教学效率根本在语文师资[①]

吕叔湘

各位老师：

这次会议要进一步研究如何提高语文教学的效率问题。这是个很重要的问题，我赞成。希望大家开好这次会议。

关于如何提高语文教学效率的问题，这是一篇大文章，涉及很多问题，就让老师们去作吧。我只想说一点意见。要想提高语文教学效率，根本问题是语文师资问题。教师的水平高，才能教出好学生；教师的水平不高，学生中也会有少数或个别的由于自己用功有了成就，但是多数学生需要有好的老师来提携，来指导，所以归根结底还是师资问题，名师出高徒！

要想当一个好老师，就应当努力学习，不断提高业务和思想水平，尤其要在基础方面下功夫。有些人基础差些，而自己又不知道如何努力，这就不大好。这些年来，大家有不少进步，但有的同志起点低，一下子提高不大可能，得慢慢来，心急也没有用，水到渠成嘛。不过只要大家努力，总会有好的收获。

[①] 选自《吕叔湘全集》第11卷，辽宁教育出版社2002年版。本文是作者1995年在全国中学语文教学研究会第六届年会上的书面讲话。

语文教师

最后，希望大家加强研究，不断实践，在实践中总结经验，然后上升到理论，回过来再指导实践，这样语文教学的质量和效率就有可能不断得到提高。

谢谢大家。

语文研究

探讨中学语文教学研究问题要重视调查[①]

——祝贺中学语文教学研究会成立

叶圣陶

中学语文教学研究会举行成立大会，我很抱歉，不能去参加。请允许我遥致祝愿，祝会议成功，愿这次会议成为今后深入研究语文教学问题和认真改革语文教学工作的良好的开端。

这个会叫作研究会，顾名思义，就是要对语文教学做些研究。研究很必要。多少年来，语文教学的效果不怎么好，很重要的一个原因就在于没有认真做些研究。要研究，首先就得调查。我希望咱们多做些实况调查，不要提出一些抽象空泛的题目，找些人来泛泛地议论一通。议论议论固然也需要，但是更重要的是了解实际；并且，不论听起来多么好的议论，都得放到实践中去检验，才能判断这种议论是不是切合实际，确有实效。"实践是检验真理的唯一标准"，这个原则同样适用于语文教学。

要了解学生，看看他们实际的语文能力怎么样。他们说话是不是清楚明白，有条有理；能不能透彻理解跟他们的文化程度相当的书籍报刊（不光是文科方面的，还有理科方面的）；能不能写日常应用的文字，做到文从字顺，没有大毛病；会不会使用适合他们程度的工具书，自己解决读书和作文的时候遇到的问题，等等。能力高的，要了解他是怎么学的，能力是怎么高起来的；能力差的，要了解他在听、说、读、写的时候有些什么毛病，有些什么困难，这些毛病和困难是怎么来的。

---

① 选自《叶圣陶教育文集》第3卷，人民教育出版社1994年版。

语文研究

要了解教师，看看他们实际的工作情况怎么样。他们是怎样训练学生听话说话的，怎样训练学生读书作文的；他们这些办法对学生起了什么作用，有些什么效果——好的，坏的，不好不坏的。还要看看他们自己的语文能力（说话、写字、读书、作文的能力）怎么样；他们的这些能力在教学当中发挥了什么作用，对学生有些什么影响。

这些调查要做得切实。好，不好，都要举出实例；凡是能够得出数据，做出统计的，要有翔实可靠的统计数字。这样的调查成果才能对进一步研究提供可靠的依据。

汉语和汉字有自己的特点。这种语言和文字，从教和学的角度看，有比别的语言文字容易的地方，也有比别的语言文字难的地方。究竟什么地方容易，什么地方难，这些难点现在正用什么办法去对付，这也是应当调查的项目。还有一个特殊的问题——文言文问题。究竟五年之中要教多少篇，教哪些篇，怎么教才管用，才能收到预期的效果；不教行不行，是不是会影响学生掌握现代语言的能力。这些也是需要调查，需要研究的项目。

特别需要调查和研究的是语文训练的项目和步骤。为了培养学生具备应有的听、说、读、写的能力，究竟应当训练哪些项目，这些项目应当怎样安排组织，才合乎循序渐进的道理，可以收到最好的效果。对这个问题，咱们至今还是心里没有数。——至于教材选多少篇，选哪些篇，这些文篇怎么编排，我看未必是关键问题，也未必说得出多少道理来。选些文篇让学生读，无非是进行那些训练的凭借而已。不读这几十篇几百篇，换读另外的几十篇几百篇，也未尝不可。当然不是说选和编完全不必讲究。不过，要想从这里头找出非此不可的道理来，恐怕不容易。咱们一向在选和编的方面讨论得多，在训练的项目和步骤方面研究得少，这种情形需要改变。

做上边说的这些调查和研究，要打破一些习惯势力造成的框框。这个话说说容易，实行起来可不怎么容易。几百年科举制度的影响是很深的。有些不见得好甚至很不好的做法，咱们习以为常，不觉得里边有什么问题。譬如写的训练，一说作文，咱们往往不期然而然地会让学生写《春雨》《秋霁》之类的散文，或者《为实现四化而努力学习》之类的议论文，倘若真能摆脱旧时的影响，就会想到，不管学生平日注意过春天下雨或者秋天雨过天晴的景色没有，不管学生平日想过怎样为实现四化努力学习没有，硬让他们临时编一些话来写，或者把平日在书上报上看见过的话拼凑起来写一遍，这究竟是培养学生的什么本领呢？还会想到，在现实生活里，在参加农业、工业、科学技术各项工作里，人们有什么必需，有多少闲工夫写这些东西呢？一个现代青年，为什么要会写，他要写些什么，他需要具备什么样的写作能力，这个问题得从实际出发，冷静地认真地去调查和研究。顺着旧时习惯势力形成的思路去考虑，是想不明白的。这只是一个例子，类乎此的问题可能还有不少。

调查和研究只能解剖几只麻雀，不能一下子全面铺开。根据调查和研究所得，要找出些具体的改进办法，拿来做实验。办法不妨有好几种，但是每种办法都得有根有据，不是想当然。实验一个学期，一个学年，再调查，再研究，看结果怎么样，有什么成效，还有什么缺陷，再改，再实验。以两三年为期，找出一套两套或三套确实行之有效的办法来，真正扭转语文教学"少慢差费"的状况。这件事当然不能性急，不能指望明天早晨就一切改观，但是也决不能慢吞吞，讨论来讨论去就是不见动静。语文课成效好坏，跟学习一切功课，干一切工作，密切相关，也就是跟实现四个现代化密切相关。四个现代化要求高速度，高效率，慢吞吞是不行的。

这次开会，如果有几份调查报告或者研究成果提出来，大家必然欢迎。如果有几个可以试试的改革方案提出来，那更值得欢迎。假如都没有，那么，至少应当商量出一些切切实实的调查办法和研究项目来，大家回去之后，有组织有计划地做起来，在不太长的时间里分别拿出点成品来交流，来商讨。

研究会每年不过开一两次会。除了开会，平时最好有些互相访问、观摩、交流、探讨的活动。访问和观摩要干些切实的事，商量些切要的问题，不要光是听课。要是听课，也得着重在学生，看怎样的教法使学生得到了实益。听课决不是去欣赏老师怎样"表演"。假如为了有人来听课先搞"彩排"，那对学生、教师和听课者三方面都没有好处，也可以说是有害处。至于交流经验和探讨问题，最好办些会刊、通讯、简报什么的。办这类刊物，目的在于互相启发，大家都能吸取别人的意见和做法，使自己不断提高。认准这个目的去办，语文教学工作会一年比一年好，刊物的水平也就一年比一年高。假如只是反反复复发表些大同小异的"课文分析",请恕我直说,有些老师会认为很好,可以省事,而另外一些老师却觉得看了毫无所得,终于不想看了。

上边说的这些意思,供诸位同志参考,不一定都对,只不过表示我对成立这个研究会的赞同和希望而已。出于对改进语文教学的迫切愿望,有些话也许说得重了些,敬恳诸位同志原谅。

祝诸位同志身体健康,心情愉快。

1979年12月25日作

对于中学语文教学研究的意见[1]
——在中学语文教学研究会第三届年会开幕式上的讲话

叶圣陶

诸位同志:

我是这个研究会的会员,参加会议还是第一次,来向同志们表示敬意。

我总算当过语文教师,开始教小学,后来教中学。时间是从1912年到20年代上半期。那时候教的是文言课本,文言课本教起来很容易。为什么呢?我是江苏苏州人,在本乡教书,学生都说苏州话。课本里的课文是文言文。苏州话跟文言文的区别很大,学生看不懂文言文,做教师就很容易了,只要把书本上的文言句子一句一句讲下来,这个字、这个词是什么意思,在我们苏州话里该怎么说,整个句子在苏州话里又该怎么说,这就行了。这就是教师,教师就干这个。到1922年,各省的教育会在一起商量,订出了一个"课

---

[1] 选自刘国正、陈哲文主编《语文教学在前进——全国中学语文教学研究会第三次年会论文集》,人民教育出版社1984年版。这是作者在中学语文教学研究会第三届年会(1983,北京)开幕式上的讲话。

叶圣陶吕叔湘张志公语文教育名篇精选

程标准",把小学的语文课叫做"国语",中学的语文课叫做"国文"。"国语"的课文是白话文;"国文"的课文逐步从白话文过渡到文言文,初一白话文多一些,文言文少一些,逐步逐步白话文少下去,文言文多起来。高中又是另外一套,高一学各体文,高二学文学史,高三学诸子百家。"课程标准"这样定法,意思是文言文太难,所以让小学生读白话文,到了初中逐步转到文言文,总之到中学毕业,各朝各代的古文,诸子百家的书,都要让学生读一点。这是1922年定的,解放前一直是这个办法。那时候,教师最不喜欢白话文,说白话文"没教头"。很多教师干脆不教,叫学生自己看看就算了。"有教头"的是文言文。为什么?两个字的一个词,可以讲它十分钟,一篇五六百字的文章,可以讲它三课时,很容易应付。所以,当时的教师喜欢教文言文,对白话文实在害怕:"为什么课本里要有白话文?""白话文有什么讲头?"——我这是讲古话了,相当古,几十年了。

可是,诸位同志,这种情形现在还没有完全改变。教师总爱挑一点"有讲头"的来讲。"有讲头"的是啥东西呢?文言文!你不懂呀!无论学生是什么地方的人,是西南云南的,还是东北黑龙江的,总之你不懂,我懂,我来讲给你听,你听我的。你听了我的,懂了;你给我讲讲看,讲出来不错,一百分。这样做,教师很方便。可是,丢开了课本,学生自己去读文言,例如读了韩愈的《师说》,懂了(其实,《师说》里很有些地方并不容易懂),学生自己去看韩愈的别的文章,能看懂吗?仍旧看不懂。这样的学法对学生有好处吗?我看不大有好处。每一篇东西都是听老师讲了才懂,那怎么行呢?你不能一辈子把老师带在背后,你要看什么了,"哎,老师,你给我讲一讲",这是办不到的。我说这些话,好像是回顾以前的情况,但是,现在并没有完全改变。

然而,现在是什么时代呢?八十年代!现在需要什么呢?要建设中国式的社会主义,要建设高度的社会主义物质文明和精神文明。语文课再这样教下去行不行,不行!要改,非改革不可!这是我的头一条意见。

怎么改法?恐怕十个同志有十个意见,一百个同志有一百个意见。所以要开会,要中学语文教学研究会来研究研究!诸位知道,我年纪相当大了,过了八十九了。年纪越大的人,心越急。去年中国共产党开第十二次代表大

语文研究

361

会，闭幕词是李先念同志讲的，末了说了三个"根本好转"：国民经济情况的根本好转，党风的根本好转，社会风气的根本好转。我听了很高兴，我希望活到九十四岁，能够亲眼看到这三个"根本好转"！（鼓掌）我看我们中学语文教学研究会也不能今年研究，明年研究，研究它二十年。太慢了！能不能快一点儿？语文教学到底是干什么的？要研究。大家要一致点；完全一致大概办不到，总要大体上一致。这是我的又一点意见。

还有一点意见。从前语文教学只有两件事，一个叫读，一个叫写。实际上读还不大注重，只注重写，注重怎么样让学生写出好文章。我常想，读和写到底哪一样重要？我看都重要，要并重。可是在实际教学中大家往往只注重写，这是传统的影响。从前，写文章是为了考试，不预备参加考试的人用不着写通文章。一个人能写写家信，写写账，就过得去了。现在要写的东西多了，什么说明书、报告书、请示汇报、调查报告、工作总结，名目繁多。现在写这些东西和从前为考试而写也不同了，你非得把想写的东西搞清楚不可，搞清楚了才可以写。写不是像从前那样的写，读也不是像从前那样的读，不仅要用眼睛读，还得会用耳朵听。例如你去听报告，报告人讲了两个小时，难道句句是精要的东西吗？不见得。你就要善于听，听明白这两小时的报告里最精要的到底是什么意思。你要会听，回到本机关才可以向同志向领导汇报：今天我听了某某同志的讲话，他说了几点，第一点是什么，第二点是什么，我现在汇报给你们听。假使不善于听，把一些不相干的东西都汇报了出来，精要的东西却忘了，没有抓住，没有说出来，那你的汇报等于零，你的工作没有做好。总之，现在听很重要。我们一方面要让学生善于说，一方面要使他善于听。读和写呢？读就是用眼睛来听，写就是用笔来说；反过来，听就是读，用耳朵来读；说就是写，用嘴巴来写。所以现在的语文教学，要把听、说、读、写这四个字连起来。我不知道，认为这四个字应该连起来的老师有多少。是认为要连起来的人多呢，还是认为不必连起来的人多？我很希望来这里开会的同志研究研究，调查调查。在现在的时代，听、说、读、写非连起来不可了！这算第三点。

一定要我说话，我就说这么三点意思吧。

1983 年 11 月 28 日

《叶圣陶语文教育论集》序[①]

吕叔湘

叶圣陶先生从1912年起从事语文方面的教学、编辑、出版工作，前后60多年，对于这半个多世纪里我国语文教育工作中的利弊得失知道得深切详明，写下了大量文章，收在这个集子里的就有100多篇。凡是关心当前语文教育问题的人都应该读一读这本集子。按说这本集子里边的文章大部分是解放以前写的，为什么现在还没有过时呢？这是因为现在有很多问题表面上是新问题，骨子里还是老问题，所以这些文章绝大部分仍然富有现实意义。

这本集子里的文章，涉及的面很宽，性质也多种多样，有商讨语文教育的理论原则的，也有只谈论一篇文章或者评议一两个词语的。通观圣陶先生的语文教育思想，最重要的有两点。其一是关于语文学科的性质：语文是工具，是人生日用不可缺少的工具。其二是关于语文教学的任务：教语文是帮助学生养成使用语文的良好习惯。过去语文教学的成绩不好，主要是由于对这两点认识不清。

语言文字本来只是一种工具，日常生活中少不了它，学习以及交流各科知识也少不了它。这样一个简单的事实，为什么很多教语文的人和学语文的人会认识不清呢？是因为有传统的看法作梗。"学校里的一些科目，都是旧式教育所没有的，唯有国文一科，所做的工作包括阅读和写作两项，正是旧式教育的全部。一般人就以为国文教学只需继承从前的传统好了，无须乎另起炉灶。这种认识极不正确，从此出发，就一切都错。旧式教育是守着古典主

---

① 选自《叶圣陶语文教育论集》，教育科学出版社1980年版。

语文研究

义的：读古人的书籍，意在把书中内容装进头脑里去，不问它对于现实生活适合不适合，有用处没有用处；学古人的文章，意在把那一套程式和腔调模仿到家，不问它对于抒发心情相配不相配，有效果没有效果。旧式教育又是守着利禄主义的：读书作文的目标在取得功名，起码要能得'食廪'，飞黄腾达起来做官做府，当然更好；至于发展个人生活上必要的知能，使个人终身受用不尽，同时使社会间接蒙受有利的影响，这一套，旧式教育根本就不管。因此，旧式教育可以养成记诵很广博的'活书橱'，可以养成学舌很巧妙的'人形鹦鹉'，可以养成或大或小的官吏以及靠教读为生的'儒学生员'；可是不能养成善于运用国文这一种工具来应付生活的普通公民。"（87—88页）

圣陶先生在这里扼要地指出旧式语文教学的三大弊病，并且在好些处别的地方加以申说。第一是在阅读教学上不适当地强调所读的内容而把语文本身的规律放在次要的地位。"国文是各种学科中的一个学科，各种学科又像轮辐一样辏合于一个教育的轴心，所以国文教学除了技术的训练而外，更需含有教育的意义。说到教育的意义，就牵涉到内容问题了。……笃信固有道德的，爱把圣贤之书教学生诵读，关切我国现状的，爱把抗战文章作为补充教材，都是重视内容也就是重视教育意义的例子。这是应当的，无可非议的。不过重视内容，假如超过了相当的限度，以为国文教学的目标只在灌输固有道德，激发抗战意识，等等，而竟忘了语文教学特有的任务，那就很有可议之处了。道德必须求其能够见诸践履，意识必须求其能够化为行动。要达到这样地步，仅仅读一些书籍与文篇是不够的。必须有关各种学科都注重这方面，学科以外训练也注重这方面，然后有实效可言。国文诚然是这方面的有关学科，却不是独当其任的唯一学科。所以，国文教学，选材能够不忽略教育意义，也就足够了，把精神训练的一切责任担在自己肩膀上，实在是不必的。"（56—57页）

第二种弊病是在作文教学上要求模仿一套程式。"不幸我国的写作教学继承着科举时代的传统，兴办学校数十年，还摆脱不了八股的精神。"（437页）所谓八股的精神就是第一，不要说自己的话，要"代圣人立言"，第二，要按照一定的间架和腔调去写。圣陶先生很形象地加以形容说："你能够揣摩题目的意旨以及出题目的人的意旨，按着腔拍，咿唔一阵，就算你的本领；如果遇到无可奈何的题目，你能够无中生有，瞎三话四，却又丁丁当当的颇有声调，那更见出你的才情。"（40页）他并且用自己小时候的经验做例子，"我八九岁的时候在书房里'开笔，教师出的题目是'登高自卑说'；他提示道：'这应当说到为学方面去。'我依他吩咐，写了80多字，末了说：'登高尚尔，而况于学乎？'就在'尔'字'乎'字旁边博得了两个双圈。登高自卑本没有什么说的，偏要你说；单说登高自卑不行，一定要说到为学方面去才合式：这就是八股的精神。"（438页）

第三种弊病就是读书作文不是为了增长知识，发表思想，抒发感情，而是为了应付考试。"从前读书人学作文，最主要的目标在考试，总要作得能使考官中意，从而取得功名。现在也有考试，期中考试，期末考试，还有升学考试。但是，我以为现在学生不宜存有为考试而学作文的想头。只要平时学得扎实，作得认真，临到考试总不会差到哪里。推广开来说，人生一辈子总在面临考试，单就作文而言，刚才说的写封信打个报告之类其实也是考试，不过通常叫做'考验'不叫做'考试'罢了。学生学作文就是要练成一种熟练技能，一辈子能禁得起这种最广泛的意义的'考试'即'考验'，而不是为了一时的学期考试和升学考试。"（154页）

过去的第二点错误认识是把语文课看成知识课，看成跟历史、地理或者物理、化学一样，是传授一门知识的课，因而要以讲为主。在读文言文的时代，自然逐字逐句大有可讲，到了读白话文课本，就"从逐句讲解发展到讲主题思想，讲时代背景，讲段落大意，讲词法句法篇法，等等，大概有30来年了。可是也可以说有一点没有变，就是离不了教师的'讲'，而且要求讲'深'，讲'透'，那才好。"（149页）"我想，这里头或许有个前提在，就是认为一讲一听之间事情就完成了，像交付一件东西那么便当，我交给你了，你收到了，东西就在你手里。语文教学乃至其他功课的教学，果真是这么一回事吗？"（151页）

这种以教师讲解为主的教学法，其流弊，第一是学生"很轻松，听不听可以随便。但是，想到那后果，可能是很不好的"。其次，"学生会不会习惯了教师都给讲，变得永远离不开教师了呢？永远不离开教师是办不到的，毕业了，干什么工作去了，决不能带一位教师在身边，看书看报的时候请教师要自己写好文章。初中语文教师有 83 万，高中语文教师 19 万，共 102 万；小学语文教师的人数起码要翻一番。中小学语文教师加起来共有 300 万。如果我们写作研究会的会员帮助中小学语文教师提高写作能力，一个人就要负责一千人。任务艰巨得很。国家大，人口多，要做好任何一件事都不容易，如推广普通话，多少年了，还没有能达到普及的程度。我们要提高全民族的写作水平，任务很艰巨，必须扎扎实实搞好写作研究，这是个长时期的任务，要有思想准备。

在张志公语言和语文教育思想研讨会上的发言[①]

吕叔湘

去年（1991 年），广东教育出版社出版了五卷本的《张志公文集》。第一卷是《汉语语法》，一开头就收进了志公同志最早的那本语法著作《汉语语法常识》。他自己在这本书的末尾新写了篇跋。跋的主要内容是叙述《汉语语法常识》产生的前前后后，少不了说些谦虚的话。最后，他跳出"常识"，把自己的全部著作从写作动机和写作态度方面作了一个概括。他概括出了两点。一点是，几十年来，无论写了些什么，写了多少，写到什么水平，无一不是为了适应工作需要而写的。再一点是，不论写的东西有多少分量，写的时候心情是诚恳的，说的是自己的话，没有写过自己不明白而随声附和的东西，没有写过违心凑热闹、赶浪头的东西。

就我跟志公多年交往中的了解，他自己概括的两点是事实。从五十年代

---

① 选自《吕叔湘全集》第 13 卷，辽宁教育出版社 2002 年版。本文是作者 1992 年在张志公语言和语文教育思想研讨会上的发言。

起，他工作单位没多少变化，担任工作的样数可不少。他总是服从需要，要他干什么就干什么。干什么就钻什么，研究什么，写什么。他编过语文刊物，一连9年，出了108期。他编过汉语教材，英语教材，俄语教材；他经常在一些学校和学习班上讲课，经常应邀给一些报刊写稿，经常被一些作者要求给他们的著作写序，经常被邀请参加一些学术会议，要提交论文，准备讲稿或提纲。如此等等。他做这些事都是认认真真的，绝少是马虎应付的。他的许多文章就是这样为了岗位工作的需要或者外加的差使而写的。他自己也感到头绪太多，有些吃不消，可是只要找上他，他总不好意思拒绝，用北京话说就是"磨不开"。他自己说："这样，时间精力太分散，不容易集中专一而流于杂。不过，在这种情况下，他还能对某些问题进行相当深入的研究，提出对人有所启发的见解，这是很难得的。

　　志公自己概括的第二点，似乎是有所为而发，不过话说得含蓄，细心的读者是不难领会的。

　　以上说的这两点，看上去好像不是学术问题，然而搞学术工作就免不了要遇到这些问题。这些问题不处理好，所谓学术研究很可能变成孤芳自赏或者随风转舵。志公处理得相当成功，这中间是颇有些甘苦的。

　　研讨会主持者知道我和志公的关系，要我谈点意见。我觉得不应该推辞，就从他自己概括的两点谈了如上一些感想，供大家参考。至于一些具体的学术问题，理论问题，观点问题，就请大家来共同研讨吧。

　　祝研讨会圆满成功。

科学态度和科学研究[1]

张志公

教学工作是一门科学,又是一种艺术。这里谈谈科学这一面。我曾经提出语文教学应当科学化的问题。对此,有些同志有点怀疑。有的认为,语文教学有不少老经验,发挥发挥就可以了,从前不讲什么科学化,不也照样教语文、学语文吗?有的认为,语文教学科学化是需要的,不过很难,简直无从下手。总之,这些同志对语文教学科学化的必要性或者可能性有疑问。

语文教学科学化是必要的。搞任何工作,都要讲究科学性。有了科学性才能够提高效率,加快速度。现在要实现四个现代化,更要注意效率、速度的问题,语文教学也不例外,何况由于历史的和其他种种原因,语文教学中确实存在着很不科学或者不够科学的做法,存在着因此而造成的不应有的浪费。总结前人的经验是必要的,但是仅仅靠这个就不够了。我们一定要把语文教学的改革纳入科学的轨道,要在总结前人经验的基础上迈出新的步子。

语文教学科学化的可能性也是无须怀疑的。任何事物都有它自身的规律,难道唯独语文教学是例外吗?不会的。语文教学也有它自己的规律,而且这种规律是可以被我们认识、掌握的。有些国家早已在研究并试图掌握他们本国语文教学的规律,有的甚至在研究教学汉语的规律,难道我们自己倒可以对语文教学的科学化视为"蜀道",只能"以手抚膺坐长叹"么?

要探索语文教学的规律,逐步做到教学比较地科学化一些,先决的是要有科学的态度。关于科学的态度,我曾谈过实事求是的问题,这里,我想再

---

[1] 选自《张志公语文教育论集》,人民教育出版社 1994 年版。

加上两点，连起来说就是从实际出发，实事求是，讲求实效。从实际出发，它的对立面就是从概念出发；实事求是，它的对立面就是不注意探索客观事物的规律，不尊重客观规律；讲求实效的对立面就是搞形式主义，走过场，做一些劳而少功，劳而无功或华而不实的事情。咱们的语文教学在这些方面不是没有问题的。比如，语文教学的性质、目的任务问题，50年代末、60年代初就讨论了一气，现在又讨论起来了。——语文课是"工具课"？是"思想性很强的基础工具课"？思想政治教育与语文训练二者并重吗？如果不是并重，那么，又以哪个为主？等等，等等，众说纷纭。再比如，语文课的"语"是语言，"文"是什么呢？有的说是文字，有的说是文学，有的说是文章，辩论得很热闹。我对这种讨论兴趣不大，觉得偏于概念的性质多了点。我并不一般地否认讨论概念的必要性；我也不否认把某些概念弄清楚对于教学工作有益处；我更不否认，现在大家之所以关心这类问题，是出于高度的积极性。不过，我觉得，当我们对有些概念讨论到一定程度，暂时不能更前进一步、更深入一步的时候，不妨把它放一放，这也许并不会影响实际工作。例如，不管对"语文"二字怎样解释，你反正得把这本语文课本教好。课文里的字，总得让学生认识吧？一篇篇的文章，总得让学生读懂，有些还得读熟吧？有些文学作品，总得让学生能够适当领略吧？好些课文讲了重要的道理，有助于提高思想认识，总得让学生明白吧？一本一本的语文课本教下来，总得让学生听、说、读、写的能力一步一步地不断提高吧？我倾向于在这些实实在在的事情上多多下工夫，试试看，怎么教法效果最好，效率最高，多找出些办法来，多趟出些路子来。

上边说的是关于语文课的讨论。具体一些说，一篇课文该怎么教法？对那个所谓"《红领巾》教学"的"五大块"（作者生平、时代背景、段落大意、主题思想、写作方法）该怎么对待？恐怕不宜绝对化。不能不管哪一篇，不管在哪个年级，都是这么五大块；也不能不管三七二十一，统统取消，一块也不要。还是要从实际出发，实事求是，讲求实效。拿作者生平、时代背景来说，如果离开了这些基本的态度去抽象地谈论作者生平、时代背景应当讲还是不应当讲，那恐怕得不出什么结论，倘若竟然得出了结论，那结论恐怕是靠不住的，或多或少带有些片面性的。比如，初中第一册就有鲁迅的作品，那么，要不要在这个时候介绍鲁迅生平呢？12岁的孩子，中国近代现代革命史他不知道，鲁迅还有什么作品也不知道，你就给他大讲一通，介绍鲁迅的思想如何由进化论变为阶级论，他会问："什么叫进化论？"鲁迅的作品，初中第二册、第三册直至高中各册大概都会有的。这位伟大的作家是不是在初中第一册一接触就要介绍？什么时候介绍更合适一些？或者分怎样的几次介绍更好一些？这就得实事求是地加以考虑。再比如，初中第一册选了李白的《望天门山》。介绍不介绍李白？介绍多少？刚刚才念了李白的这么一首诗，你说他是个浪漫主义诗人，怎么个浪漫法？学生能理解么？还有一首是王之涣的《登鹳雀楼》。王之涣这样一位诗人，在中学介绍不介绍？介绍多少？这些问题都得琢磨琢磨。这一册还有一课是高士其《给青少年的一封信》。讲这一课，高士其是何许人，恐怕倒要介绍一下，介绍介绍他怎样为科学而斗争，怎样为科学普及而斗争，这对引起学生的学习兴趣，对学生理解课文，接受思想教育，都有很大的好处。处理这类问题，都得从实际出发，实事求是，讲求实效，否则，抽象地讲，高士其跟李白来比，该介绍谁呢？很难说。

　　再比如说时代背景。初中第五册相连的有两篇课文，算是一个单元，一篇是介绍祖冲之，另一篇是介绍哥白尼。这两篇的时代背景怎么讲？依我看，后一篇需要适当介绍介绍时代背景，前一篇就不一定要介绍。祖冲之创制大明历跟他那个时代的历史背景有多大的关系呢？哥白尼可不然。如果不讲点时代背景，孩子们会说：地动说，这有什么？地球围着太阳转，这我还不知道吗？所以，要给他们讲点时代背景，使他们了解中世纪是个什么样的时代，文艺复兴又是怎么回事，哥白尼这个地动说怎么好几百年拿不出来，为什么有的人宣传哥白尼的学说就被烧死了，讲一讲这些，对鼓励青少年为科学真理而奋斗很有作用。我甚至设想，如果请学校里教世界史的老师替你讲一个钟头，也不为过分。这样一讲，学生再来念这篇文章，积极性就会比较高，效果可能很不相同。

　　作者生平、时代背景讲还是不讲，都要从实际出发，实事求是，讲求实效。你介绍了效果好就介绍，介绍了没有什么效果就不必介绍。讲时代背景、作者生平是如此，语文教学的其他问题也是如此。如果学生觉得他需要的、有兴趣的东西咱们讲了，上一堂课有所得，那么，他缺了课就会找老师或同学补上；如果他觉得上语文课听不听都一样，那他下次缺了课就不补了，这不是合乎情理的吗？

本来，做什么工作都要从实际出发，实事求是，讲求实效，都要有这种科学态度。为什么在谈论语文教学时我想特别强调一下这一条呢？因为我觉得，我们在这个方面是有点问题的，或者说很有些问题。如果说语文教学效率的确不高，那么，其中一个很重要的原因就是我们缺乏这种科学的态度。

有了基本的科学态度，教学工作就会比较地合乎科学，至少不至于太违背科学，虽然还不能说教学已经科学化了。

在这样的基础上前进一步，我们就能对语文教学的实际进行认真、细致的观察、了解和分析，也就是进行科学研究，从而使我们的教学工作更加切合实际，具有条理性、规律性，逐步地科学化起来。

语文教学的"实际"，包含的内容很广泛。首先是社会实际，即我们当前的社会对语文教学的要求；我国语文本身的实际，它的历史和现状；学生的实际，他们的语文能力、思维能力、接受能力的发展过程和各个学习阶段达到的水平，他们掌握各种知识的情况，他们学习语文的态度和要求，他们能拿出多少精力去学习语文，等等（上面所举的有关作者生平、时代背景的几个例子，大多是从学生的这些实际来考虑的）；教师的实际，他们的业务情况，他们有什么困难，有什么愿望；目前我们教育工作、教学工作的实际情况，等等。这些个"实际"都需要我们去研究，而多年来，从咱们开始有这门功课，也就是废科举办新学设"国文"课以来，我们没有来得及对这门课进行比较系统的、深入的科学研究。

这里，我想着重谈谈对儿童、青少年的语言能力、思维能力成长发展过程的研究问题。

任何问题没有数目字是很难说得上科学研究的。咱们语文学科只有一个数目字，就是那个3500常用字，可靠不可靠还有待研究，因为社会在发展变化，某些字的使用频率也会跟着有所变化，并且咱们实行简化汉字，取消了一些字，合并了一些字。今天，常用汉字究竟有多少？各个年级的学生能认多少？都需要研究。至于词，现代汉语常用词汇是多少？没有这个数字。两周岁的幼儿大概能掌握多少词？城市、农村、平原、山区各约多少？各是哪些个？如果有良好的家庭教育，他们又能掌握多少词？城市、农村、平原、山区又各是多少？各是哪些个？这中间的幅度有多大？三、四、五、六周岁的幼儿，小学、中学各年级的学生，各能掌握大约多少？哪些个？如果有良好的教育训练，这些数字的幅度又各是多大？都说不出来。再比如句式。现代汉语的基本句式有哪些？常用的复杂句式有哪些？两周岁的幼儿能掌握哪些句式？三、四、五、六周岁的孩子们呢？小学各年级的孩子们呢？中学各年级的青少年呢？

再说思维能力。两周岁的幼儿会用哪些思维形式？三、四、五、六周岁的呢？我观察我那个两岁半的小孙女，她的思维已经相当复杂，她会用归纳推理，会用演绎推理，也会用类比推理。当然，她时常会用错，因为她的知识和生活范围都非常狭窄。我们要研究二、三、四、五、六周岁的孩子归类、比较的能力能发展到什么程度，分析、综合的能力能达到什么程度，抽象、概括的能力能达到什么程度，他们形成概念、学会判断、进行推理的能力是怎样发展起来的，小学各个年级能达到什么程度，中学各年级能达到什么程度，分别容易出现什么问题，等等。

在听说读写的能力上，要研究他们听一段话能抓住要点的能力是怎么一个发展道路，在什么时候能够达到什么水平；有准备连贯性说话的能力和无准备连贯性说话的能力的发展过程是怎样的；读的能力（包括理解、记忆的能力以至读的速度）的增长有哪些过程。我们现在说课本的分量多少，总是指篇数，不是指字数。我认为，应当讲字数。一个学期，究竟应该、可能读多少字，我们心中无数。在写的能力方面，一个人写的能力的增长究竟是怎么一个过程？在什么阶段，他有书面表达的要求？这种要求是怎样产生出来的？在什么阶段他有什么样的写的能力？到什么阶段会出现什么问题？这些都需要研究。当然，这同他思维能力的逐步增长和知识领域的逐步扩大，同他生活经验的逐渐丰富都有关系，不是孤立的语言问题。

现在，大家都为每两周两大撂作文本而感到苦恼。这些甘苦我是了解的，我们要研究怎样把老师从批改作文的沉重负担中解放出来。但是，关于写的训练，不光是那些怎么批、怎么改的问题，更重要的是抓住规律，使我们的训练更加科学化。比如，消灭错别字。从学生学写字以后就开始有错别字，于是我们就消灭之，从小学消灭起，一直消灭到初中、高中，乃至大学。错别字简直比蚊子还要顽强。蚊子，我们还能知道它在什么季节生在什么地方，可以采取一些办法，让它少生点，不是光靠熏。而在许多情况下，错别字就只靠"熏"，似乎没有别的办法使它少生。当然，不少有经验的语文教师是注意在识字教学中预防错别字的产生的，这方面的工作做了不少。但是总的说来，还是处于不自觉的状况。北京一个中学曾对全校学生举行了测验，结果错字总共不到 600。如果把这 600 个再进一步分析一下错的有多少，别的有多少；错，因何而错，别，因何而别；哪些字容易写错，哪些字容易写别；哪一种错字、别字最顽强，从低年级到高年级老出现，假如这么分析一下，找出个规律来，假如不止这一所学校，有若干学校都做这种调查、分析，找出一些规律，这就等于找出了蚊子在什么季节、什么地方孳生，那么我们在适当的时候到这些地方撒点药，就用不着再熏了，至少少生一些，熏起来容易一些。

再比如病句，也是从小学改到大学，没个完。连出版物上的病句也是一抓一把。如果我们对病句产生的规律也如同研究错别字一样如此这般地进行一番研究，把这些问题搞得比较清楚，那么，我们有关句子的语言训练就可以比较地科学，效率就会比较地高一些，病句的"发病率"就会低一些。

我提了一大堆问题（语文教学中有待研究的远不止这些问题），无非是想说明，我们语文教学有许多问题需要做些切实的、深入的研究，而我们在这方面的研究可以说还没有真正开始，还是一片空白。如果我们经过认真的系统的研究，掌握了一些主要问题的一般性规律，比如说，某个年龄，孩子的某种能力发展到什么程度，如果经过适当的教育，这种能力又能提高到什么程度，这中间的幅度有多大，掌握了它一般性的规律，又掌握了一些特殊情况，那么，我们的教学就有了针对性，就有了科学性；为什么在这个年级要教这些东西，在下个年级要教那些东西，就能言之成理，持之有故。这样，我们的教材编写，我们的语文教学就可以纳入科学的轨道，就可以使学生的语文能力发展得更快更好，就可以在较大程度上排除盲目性，增强自觉性，从根本上提高教学效率。这是关系到全国两亿多人的成长问题，关系到快出人才、多出人才的问题。我们的工作不是可有可无的，而是大有可为的。

语文研究

科学研究如此重要，那么谁最具备研究的条件呢？在座的老师们。你们有大量的观察对象：每位老师今年教 120 个学生，明年又换 120，这就是 240，5 年多少？600。这些观察的对象是在你的教育之下成长发展，你可以了如指掌地知道他们语言能力、思维能力的各个方面。这是多么可贵的科研材料！当然，高等院校的中文系也应当研究这些问题，不研究就叫做不务正业。有关的科研部门更要研究这些问题。不过，我们老师们不能光等待。我们要既做伸手派，找他们要东西，又做动手派，自己研究问题，并且向他们提供东西。当然，从时间和空间看，从研究的对象看，老师们活动的范围是有限的，也许研究的结果有它的局限性。但是，更广泛的、更带有普遍意义的成果是从这些一个又一个的个别研究成果中产生出来的。我们每个人都可以在这个研究中做一些有益的、有价值的工作。我想，这点老师们大概会同意的。要说效率不高，这不是我们这一代人制造出来的，久已有之，但是我们有责任、有信心来解决它。

效率必须提高，速度必须加快，然而，取巧的办法是没有的，吃老本的省力办法也是不行的，只能用老老实实的科学态度，做扎扎实实的科学研究工作。大幅度改进语文教学的出路就在这里。

1979 年 3 月

有关语文教学研究的几个问题[①]

张志公

近两年多以来，特别是 1978 年 3 月吕叔湘先生提出语文教学存在问题以

---

① 选自张志公《张志公语文教育论集》，人民教育出版社 1994 年版。

来，对于语文教学，社会各方面，当然首先是语文教育工作者非常重视。从那以后，就语文教学各方面的问题展开了广泛热烈的讨论，几乎可以说，讨论涉及语文教学的每个方面，从教学的目的任务到教材、教法等等，都进行了相当充分的讨论。在某些问题上有不同的意见，大都进行了交流、探讨以至于辩论。经过这一次广泛深入的讨论，已经收到很多的成果。有些问题比较地明确了；有些问题虽然还不够明确，但问题之所在比较地清楚了。不少地方、不少学校、不少教师进行了各种试验，进行了调查研究，这对于语文教学的改进起了很好的作用。

现在，进一步讨论研究改进语文教学，似乎应该在过去这一段取得成绩的基础上前进一步，提高一步。怎么前进，怎么提高，我没有很成熟的意见，只想到几个问题，提出来跟大家商量，向大家请教。

第一，关于过去、现在和未来。

要前进，不能不回顾一下过去，吸取过去的经验教训，以便更好地继续往前走。我所说的过去，既指近的过去，也就是建国后的 30 年；也指比较远的过去，那就是从清末废科举、办学校到解放前的这一段；也指更远的过去，那就是两千年的封建社会。

我认为，回顾过去，非常重要的一点是进行实事求是的分析。认为过去的一切都好，无疵可指，可以拿来照用；或者认为过去的一切都非常坏，一无是处，这两种态度都是不适当的。咱们过去也有过这类的教训，吃过这样做的亏，大家都明白，不需要我多说。但是，现在是不是对过去的回顾已经足够地实事求是了呢，分析研究做得足够深入了呢？恐怕还不是。

比如，说到近的过去，建国后的 30 年。是不是 30 年来，我们的语文教学一点成绩都没有，一点可吸取的经验都没有，今天讲提高效率，讲科学化，是"白手起家""平地起楼台"呢？我认为不是的。30 年有不少的成就，积累了很多经验。倘若没有"四人帮"的干扰破坏，我们的成就还要大得多，经验还要多得多。

姑且举几个例子说一说。像小学的识字问题，这是 2000 年来一直试图解决而没有解决好的问题。因为汉字不是拼音文字，字数多，要一个一个地学，笔画复杂，造字法不太容易掌握，所以小孩子在开始学习阶段困难很大，汉字成了进一步学习语文的障碍。前人在这个问题上采取了一些办法，积累了一些经验，但始终没有根本解决问题。30年来，在这个问题上我们至少已有说得出的三种经验。一种是所谓集中识字法，就是说在小学开始阶段，让小学生在比较短的时间里多认些字，以便进一步开展说话、阅读、写作训练。现在的集中识字法和历史上的"三、百、千"那种集中识字法是很有区别的。它运用了历史上的经验，又根据汉字的某些规律、学习的某些规律，使集中识字比较地科学了一些，不是像"三、百、千"那样不够科学地硬集中。另一种经验叫做分散识字法，这与清末办学校以后的那种分散识字也有所不同，表现在所谓分散是有计划、有步骤的，而不是全然放任自流，碰见什么算什么的那种分散识字。第三种经验叫集中与分散相结合，或者叫做小集中，试图把集中识字和分散识字两方面的长处结合起来。识字问题不是个小问题，取得的这些经验是非常重要的，这是30年来的一项不可忽视的成就。虽然这些经验还不够完善，有待进一步试验研究。关于这个问题，我个人还有另外一种设想，在不少场合谈过，也有不少同志表示同意，或者加以呼应；然而这毕竟还是一种设想，没有在任何一个地方进行实地试验，不能说是一种经验，这里不再说它了。

又比如，我们现在一致认识到，在语文教学中忽视语言教育那一类的做法是不行的，完全不理会语文教学所应该、所能够承担的其他任务也是不符合实际，不完全妥善的，虽然究竟怎么样把语言教育同其他方面的教育很好地结合起来还有待于探讨研究，但至少我们有了这个共同的认识。建立起这样一个认识不是很简单的事，应该看作是30年来在这个问题上经过了不少曲折反复之后取得的很可贵的经验。

再比如，我们在语文教学中进行过大幅度改革的试验——汉语、文学分科。尽管做法本身有缺点，同时由于试行的时间很短，今天难于作出全面的总结，然而它在某些方面对我们今天的教学还在起着作用，不少人把那次分科的做法作为研究今后改革语文教学、教材的参考。这也不能不说是30年中学语文教学的一件大事。

再往大处说一点，虽然不完全是语文教学问题，但与语文教学关系密切，就是推广普通话的工作。许多有远见的语文工作者、教育工作者从"五四"

前后就发起了所谓国语运动,但是搞了30来年,取得的成效不大。而我们从50年代提出了推广普通话,很快就取得了显著的成绩。自然,由于当中有一段放松了这件事,特别是被"四人帮"干扰破坏了一通,现在的情况还是不能令人满意的,然而普通话在全国被接受为全民的共同语,在社会上流行相当广泛,在语文教学中成为教学的内容、要求之一,在社会生活中起了很大作用,这是历史上没有过的事。在这一点上,几乎可以说,我们走在现代世界先进国家的前边。不少国家一直到60年代才由于现代科学技术的发展开始重视所谓标准语问题,而我们这样一个人口众多、方言十分复杂的国家从50年代就开始了这项工作,并且取得了成就。

还有,我们国家的各兄弟民族既学习本民族语言文字,又学习口头的和书面的汉语普通话,这更是历史上前所未有的大事。这对于全国各民族的大团结,对于我们的社会主义革命和社会主义建设事业起的作用是十分巨大的。在这个问题上,"四人帮"造成的破坏非常严重。然而,即使如此,像今天全国各民族的语文教学这样超过历史上任何时期的发展,各民族语言这样广泛地交流,呈现出一片民族团结的景象,仍旧应当说是30年来一个重大成就。这项工作的基础是有了的,去年成立了全国性的民族院校汉语教学研究会,现在许多民族地区在加强本民族的语文教学和汉语语文教学方面,进行了研究以至于采取了措施,有的地区出版了刊物,这项工作正在蓬勃开展起来。

要举例还可以举一些。就从这几点上,我们应该看到,30年来,语文教学工作在党的领导下,在全国语文工作者和语文教育工作者共同努力下,有些时期是在艰苦的环境中坚持奋斗下,取得了非常巨大的成就,不看到这一点是不对的。

另一方面,30年来,在语文教学工作中,也确实有些值得记取的教训。例如,在比较多的时候,我们对于语文教学中的思想政治教育问题,无论在理论上还是具体做法上都是不够恰当的。我始终认为,语文教学可能并且也应该重视思想教育。问题在于:什么叫思想教育,语文教学中应该和可以进行哪些思想教育,这种教育应当怎样进行,怎样和语文教学所必须完成的绝不能推脱的责任——培养和提高学生的语文能力,正确地结合起来。这些问题必须处理好,而在过去的30年之中,相当多的时候没有处理好。

语文研究

再比如，语文教学工作，和其他各科教学工作一样，有涉及政治问题和政策问题的部分，而更多的是学术性问题。过去在不少时间里，没有把政治问题、政策问题和学术问题正确地区分开，往往把属于学术性问题的一些想法和做法当成了政治问题来对待；有时候影响了语文教学的试验工作，也有时候甚至伤害了人，挫伤了不少人的积极性。

又比如，语文教学工作，也像其他各科教学工作一样，需要进行不断的研究、试验和改进。可是，语文教学工作中为数并不很多的带有试验性的做法，几乎都是只进行了极短的时间，在没有取得经验，还得不出结论的情况下就被废止了。这使我们今天总结过去的经验和教训时遇到了困难。

如果再说到远一些或者更远的过去，我们的前人做过不少工作，取得过不少可贵的经验，但是由于那是旧时代，那些经验无疑具有或大或小的局限性。正确地分析那些经验和教训，取其可取，弃其当弃，需要进行深入研究。前若干年曾经有过、近两年似乎又来了一股风——仿佛过去的一切做法、包括像死记硬背等等，统统是好的，今天拿来照用就可以解决问题。这种态度同历史的虚无主义，也就是否定历史上的一切经验，同样是不可取的。这一点，下面还要谈到，这里先简单提一下。

要研究进一步的改进，当然不能仅仅回顾过去，很重要的是要立足于现在，——立足于现在的实际，包括我们经济发展的实际，科学技术发展的实际，教材水平的实际，教师水平的实际，学生水平的实际，等等。脱离了这些实际，或者对这些实际的认识很模糊，就不可能找出切实有效的改进办法。离开历史的发展，脱离当前的实际，提出一些这样那样的设想，这种设想的用意也许很好，道理也许说得过去，然而往往会成为或者接近于美好的"空想"。要充分掌握实际，必须进行认真的调查研究。

做教育工作的，立足于现在还不够。很重要的一点是不能不着眼于未来。教育工作不像种庄稼，可以春种秋收，当年见效。教育工作是为未来培养人才的。而今天已经进入了电子时代的世界，发展变化之快，超过了历史上任何一个时期。在远古时代，几万年几千年不过进步那么一点，以后，几百年至少几十年才进步那么一点。现在可是大大不同了。我们有一句古老的成语，叫做"日新月异"。这个成语本来带有修辞上的所谓夸张手法的意味。今天，如果说它还有某些夸张成分的话，至少这个成分已经降低得很多很多了。没多少年以前，我们能够想像得出比如彩色电视机吗？我们能够想像得出人能够和机器对话吗？一只保险柜，不用钥匙，只要我对它说"开开"，它就开开了；我说"关上"，它就关上了。但是，它只听我的，你说它就不听。我在这里讲话，几千里以外，不仅可以听见，而且可以排出版来，印出来，几年以前我们能够想像吗？这些，由于我们目前科学技术落后，也许听起来还有些像科学幻想小说，然而这已不是小说，是现实了。我们做教育工作，不能不想到今天还坐在我们教室里的学生，至少说要3年5年之后，或者10年8年之后，甚至十几二十年之后，才到社会上去起作用。他们将要面临一个什么样的社会，什么样的世界，什么样的科学技术情况呢？那时，对于我们，在语文方面会提出什么要求呢？具备什么样的语文能力才能应付那时的生活和工作需要呢？当然，存在决定意识，生活在今天的现实中，不可能准确地想像遥远的未来。然而3年5年、10年8年之后的情况，我们还不是不能想像的。如果连想都不去想，那将是很可悲的，将会对不起下一代。做教育工作的，不论是订计划，还是编教材，还是搞教学工作，脑子里不能没有个"未来"。如果眼睛只看见当前，只看见我们的周围——短暂的时间、狭小的天地，那是远远不够的。

我的粗浅的认识是，要进一步改进语文教学，应该正确地回顾过去，立足于现在，着眼于未来。

第二，关于知识和技能。

语文课要培养语文技能，即听说读写的技能，并不仅仅是教学生知道一些关于语文的知识。知识不等于技能。这个理解我认为是正确的。大家都明白，我不多说了。

那么，技能和知识有没有关系呢？回答是肯定的。具备某种知识，只要我们对这些知识的多少、深浅以及提供这些知识的时机等等处理得当，对于培养技能并且加快培养技能是大有益处的。

再进一步说，知识与技能之间的关系不是那么简单的。有些知识一旦知道了，就可以立刻或者很快转化为技能，运用起来；有些知识就没有那么快，需要和其他有关的知识互相作用起来（比如数可以分成有理数、无理数，动植物可以分成若干部、门、纲、目、科、属、种，词可以分成动词、名词等若干类；在同一次分类中要用同一个标准；这一类和那一类之间往往既有明确的区别又有某些交错的情况；每一次分类之后，还可以再往下分，从而形成若干不同等级的类等等。这些有关分类的知识，在学习者的头脑里互相作用，每一项知识就会变得更清晰，更活，更有用）,并且与有关的实践互相作用起来，经过相当一段时间才能逐步转化为技能，从不熟练到比较熟练，到很熟练；有些知识甚至于在相当长的时间之内，见不出与技能发生什么直接联系，知识就是知识。然而这种知识是必要的，具备不具备这种知识对人的头脑影响很大。我在别处曾经举过一个例子，这里不妨再重复一遍。当年哥白尼指出，地球围绕太阳转，不是太阳围绕地球转，这在当时不仅仅是一种知识吗？它能和什么技能联系起来呢？然而，为了这种知识的建立，当时坚持真理的科学家牺牲过生命；当时的教会为扼杀这种知识不惜烧死人。这个事实本身就告诉我们知识的重要性，否则，何需乎为了这么一种知识进行那么残酷的斗争呢？一个人有没有、相信不相信这种知识，表明这个人头脑中科学的因素和迷信的因素在数量上和力量上的对比。就两个人来说，有没有、相信不相信这种知识，表明这两个人的脑袋相差了几个世纪。能说这样的知识是无用的吗？因此，过分简单地要求学到一些知识必须立即化为技能，否则这些知识就是不需要的，这种理解是有片面性的。现在，据我所知，否定语文知识，片面强调技能，把知识和技能分割开来甚至对立起来之风好像又盛行起来了。时至今日，仍旧有不少人请出曹雪芹来，说曹雪芹没有学过语法、修辞、逻辑，能写出不仅内容上而且语言上也那么好的小说，从而否定语言知识的必要性。

这实在已经不再有说服力了。因为，照这样推论下去，根据我们古代工匠建造起来那么精美的建筑物，再加上大学土建系毕业生也未必能设计出赵州桥或虎丘塔这些事实，可以得出结论说，应当取消现代的建筑学；根据李时珍写出了《本草纲目》，而医学院药学系毕业生未必能写出一部中国药典这些事实，可以得出结论说，应当取消今天医学院的药学系，应当取消药物学。大家能接受这样的逻辑推理吗？忽视我们的祖先凭着他们在艰苦实践中积累起来的经验所取得的惊人成就，认为我们处处不如人，人家样样都比我们强，这是数典忘祖，自暴自弃。然而吃我们祖先的这些老本，请他们出来否定现代科学的必要性，显然也是不对的。轻视甚至否定语文知识的作用是片面的。造成这种认识的原因，也许是由于我们的语言科学还幼稚，不完备，没能解决实际运用中的问题，因而引起了一种近于"因噎废食"的想法；也许是积习很深，一时扭转不过来；也许是未经深思。倘若不是这几种情况，那么，这反映了一种怎样的思想状态，是应当认真思考一下的。

在哪一个教学阶段应该教哪些知识，这些知识应该怎样教法，这种种问题我们研究得很不够，还说不清楚。应该看到，这是语文教学不能更快改进，不能现代化、科学化的一个原因。我们要努力地做到这一点，把知识和技能的关系处理好，这是研究改进语文教学的重要课题之一。

第三，关于理论和实践。

理论要与实践相结合。脱离实践的理论，或者没有理论指导的盲目的实践，都是不可取的。回顾过去，我们为理论而理论，脱离实践，这样的情况有过，我们应该引为殷鉴，决不能重复。然而，忽视理论，特别是在语文教学之中，认为学语文、教语文没有什么理论可言，说就是了，读就是了，写就是了，这种时候恐怕是更多一些。大家知道，近一二十年或者二三十年以来，在世界上不少国家里，已经出了几种影响很大，并且实践也证明有相当效果的教学论。大家知道，所谓"应用语言学"，在世界许多国家是新起的、深受重视的一门"边缘科学"，而应用语言学的一个重要内容就是语言教育之学。相当系统的、有些新内容的教学论和应用语言学，在咱们这里，几乎还是一个空白。甚至连布鲁纳、皮亚杰、赞可夫等几个人的名字，咱们大多数人也才知道了不久，而人家的研究、实验已经进行了相当长的时间了。直到今天，如果谈几条语文教学的带理论性、原则性的经验或者做法，我们能够举出几条呢？还是得请我们的祖先来："书读百遍（或千遍），其义自见"，"读书破万卷，下笔如有神"，"为文有三多"，"熟读精思"，"拳不离手，曲不离口"，"多读多写"，等等。除了我们祖先留下的这几条之外，我们自己拿得出多少新的理论呢？这些条都是前人留给我们的可贵的经验，实践也曾经证明，这些确实是有效的。但是，到今天还仅仅拿出这几条，来对付四个现代化对咱们教学工作提出的要求，够吗？我们现在的小学生、中学生，有那么多时间把一篇文章读百遍、千遍吗？我们的学生读书也要"破万卷"，但是，仅仅是唐宋八大家，仅仅是唐诗、宋词、元曲吗？不是，他们要读的书多了，要做的事情多了。"僧推月下门""僧敲月下门"；骑在驴背上，想起一句诗，赶紧记下投进口袋里，诸如此类，作为轶事来讲，鼓励学生们勤于思考，都是很好的材料。但是就凭这些来从事今天的语文教学，使它以快速的步伐赶上四个现代化建设的迫切要求，行吗？远远不够了。我们的任务应该是：对于现状取得充分的了解，对于过去作出恰当的分析研究，对于别人的经验、做法进行客观的、实事求是的分析判断，经过讨论、研究、试验，形成我们自己的，适合我们国家，适合我们中国的学生学习自己的语文的整套的或者不止一套两套的理论，用实践来检验这些理论，找出对我国最适用、最有效的途径来。

第四，关于智力发展与学习成绩。

过去曾经有过这样的说法："分、分、分，学生的命根。"那是当做笑话来说的，是讽刺性的。不幸，在今天，实际情况比那个笑话有过之而无不及。实际上，分数不仅在某种情况下并不足以反映学生的学习成绩，更重要的是，分数在不少情形下，不足以反映一个学生的智力水平。我举唱歌、唱戏做例子。两个人分别独唱一支歌，一般人听起来，觉得甲唱得好，乙不如甲。可是内行的人有时却认为乙大有培养前途，而甲不过如此而已，前途有限。唱戏也是这样。什么缘故呢？就是乙虽然在这次唱的时候表现不够好，或者反映出他所受的训练还不够，但是他有这方面的素质，有这方面的能力，他的前进潜力很大。而甲仅仅是模拟别人的唱法，刻板地唱出来，他不能利用自己的智力来发展他唱的能力。我们现在总是满足于学生能够对付我出的题目，能够背诵我教给他的知识，如果他没有做到，他就"不及格"。我丝毫没有否定测验、考试的作用的意思，也决不完全否定分数一定程度地反映学生的学习成绩和智力。但是如果只注意到分数，从教学工作来说，恐怕是很不够的。在语文教学中，这个问题相当突出，两个学生同样写了别字，扣同样多的分，其实，这个别字和另一个别字反映的实质并不完全相同。两个学生同样念错一个字，反映的实质也不完全一样。一个学生知道带草字头的字都与花草有关，带木字旁的字都与树木有关，带禾字旁的字都与农业或农作物有关。他根据这种知识来推断一些字的字义，有时会推错了；而另一个学生根本不会运用这种知识去推断新接触的字，或者只是由于没记住老师怎么教的而写错、念错了。这两个孩子的智力没有区别吗？只要根据他们写了或者念了同样的错字，就扣同样多的分数吗？我们常常说作文不好评分。为什么不好评分呢？原因是阅卷者的好恶不同，标准要求不同。但是这个标准里边没有包含从学生作文中看他的智力这个因素，也就是看他的头脑这个因素。假如把这个因素加进去，并且作为一个重要因素，而把个人好恶这个因素尽量降低，作文的评分实际上不应该那么难。我在一个地方举过一个例子：孔融小的时候去看他的一个长辈，在座的还有另外一个老头。谈了几句之后，他去拜访的那个长辈夸奖他善于对答，讲话很有条理。另外一个老头说："小时了了，大未必佳。"孔融立刻回答了一句："想公小时，必定了了。"这当然只是一个传说故事，还可能夹杂着吹嘘孔融聪明的意思。咱们不从别的角度考虑，只就智力这一点看，孔融小时候头脑是敏捷的，他会用"以子之矛，攻子之盾"的逻辑辩论方法。他的智力是高的。如果写这个故事的人是为孔融吹嘘，这个人懂得点什么叫作智力。我们很需要从这一类故事中得到一些启发：要训练孩子什么，鼓励孩子什么，要求孩子什么。假如说，一个人思想品质如何，知识能力如何，他的家庭、社会、生活经历等等各方面对此产生影响的因素很多，因而一生的变化也很多，那么，就智力发展这一点来说，儿童时期、小学教育时期所起的作用，那可就大得多了。如果从小用刻板的、僵死的方式把小孩的头脑填得满满的，只要求他死记、死背一些东西，不让他那种虽然幼稚，但是富有生机的思维能力、想像能力去充分发展，使他的心智从小受到戕害，正如把一只小鸟关在笼子里，不让它飞，只喂它良好的食物一样，这样一段时间下来，它的肌肉要萎缩，机能要退化，再把它放出笼子去，它飞不动了。对少年、青年怎么教，怎么要求，怎么测验，怎么考试，是一门大学问。只为了考好分，能升级，能升学，而不重视培养、发展他们的智力，这是短视的做法，是对教育的前途、对下一代的成长极端不利的。语文教学中需要认真研究这个问题。

　　上面说的四点是互相有联系的，总的一个意思是：在我们今天已有的可喜的基础上，研究语文教学的改进问题需要深入一步，提高一步。反反复复谈了多次的那些老问题，什么"文道关系""精讲多练"等等，不是说不需要继续考虑，继续讨论，而是说，只在那个水平上，你说你的，我说我的，转来转去，在一些字面上下功夫，不够了。我所提的几点，仅仅是我自己听了许多同志的讲话，看了许多老师的教学，并在许多老师的经验交流的启发之下想到的。我只是作为问题提出来。如果的确还是几个值得考虑的问题，答案要靠大家提出来。提这样几个问题，一则供进一步研究语文教学问题时参考，再则向关心语文教学的同志们请教。

1980年3月

我和传统语文教育研究[①]

张志公

一、对传统语文教育的研究是怎样开始的

我本来是学外语的，先是学外国文学，随后转向外国语言和语言学，从40年代后期转而研究汉语，主要是汉语语法修辞。我对传统语文教育的研究感到兴趣，差不多是和我从事汉语文教学工作同时开始的。

1954年我正式参与了汉语文教学工作。首先是从教材工作开始的。既搞教材，就不可能不接触课程、教学、教法这几个方面的问题，所以总称之为汉语文教学工作（加个"汉"字，区别于"外语"）。从那以后，至今整整30年，和汉语文教学工作一直保持着密切联系。

从一接触汉语文教学工作，我就感到研究传统语文教育的必要性。

清末废科举兴新学，各大小书院改为学堂，参照外国的办法实行分科教

---

① 选自《张志公语文教育论集》，人民教育出版社1994年版。

学。当时,像博物、物理、化学、算学这些课程,都可以直接搬用外国的教材,甚至连历史、地理也可以部分搬用。只有一科没法照搬,连部分搬用都不可能,这就是语文,当时称"国文"。于是,很自然的做法就是基本上率由旧章。内容、教法,一切照旧,只不过形式上分成几册,每年或每学期一册,每册分成若干课,如此而已。虽然从 1903 年的《奏定中学堂章程》和 1916 年的《教育部公布国民学校令施行细则》中可以看到,语文教育领域多少吹进了一些现代社会的空气,但是,面对这个上千年的古老的教育传统,这么点新鲜空气显得太微弱了。嗣后,又经不少有识之士的奋斗,语文课教材的内容有了比较大的变化。比如,白话文进入语文教材就不是一件小事。但是,总的来看,传统的影响是很大的,在语文教学中随处都可以看到它的影子。长期封建社会中形成的传统,肯定会有封建主义的坏东西,但是也决不可能一点可取的经验都没有。一个关心今天的语言教育的人,不应当对这个深深影响着今天语言教育的体系——传统语文教育漠然置之,不加研究。

这样的认识和考虑,可以说是我从事传统语文教育研究的主要原因。

此外,还有一个更直接的促使我加快这种研究的原因。

前边说 1954 年我正式参与了语文教学工作。那指的是,中央决定要在全国试行汉语、文学分科教学,组织力量着手准备编写教材。开始吕叔湘先生和我同被委托,随后于第二年(1955 年)我被调到人民教育出版社担任汉语编辑室主任,在吕叔湘先生指导下主编汉语教科书(吕先生同时被借调到出版社兼任副总编辑)。1955 年秋季,在少数学校对新编的汉语和文学两种教材进行试教。一年后,举行全国语文教学会议,总结了经验,于 1956 年秋季在全国中学实行了分科教学。到 1958 年,这个实验中断了。之后,恢复了语文课,而这时的语文教材和教学,比分科实验前的更为粗糙,效果也更差。这样就促使我思考这样一个问题:究竟什么样的语文教学适合我国的具体情况。这时,我愈益感到,语文是个民族性很强的学科。它不仅受一个民族语言文字特点的制约,而且还受这个民族文化传统以及心理特点的影响。为了摸索出适合我国国情的语文教学的路子,我觉得迫切需要对我们长期的传统语文教育进行认真的研究。

就在这种形势之下,从 50 年代末到 60 年代初,我花费了一些力气比较系统地研究了一下传统语文教育。研究传统语文教育，资料是一个困难问题。研究性的材料有一点，不多；而历代藏书者和书商对蒙书都不重视，所以保存下来的很少，并且很难搜求。恰巧在这个问题上，我有一点便利。有一段时间我曾有志于研究汉语史，为此，需要搜罗几个方面的资料。蒙书是其中之一，因为历代蒙书的编法很能反映汉语的某些特点。这样我曾在十来年的时间里，陆陆续续搜罗到一批过去的童蒙读本，这给我研究传统语文教育的工作带来了便利条件。

这次研究的成果反映在1962年由上海教育出版社出版的那本小书《传统语文教育初探——附蒙学书目稿》里。

二、传统语文教育的经验

对传统语文教育，多年来听到的批评性意见居多。我那次研究，虽然主观上要求作到客观，不过向传统找经验的倾向实际上是多一些的。经过对各个时代各种蒙书及有关资料的爬梳整理，我发现，传统语文教育有些做法的确有值得我们借鉴的东西。

1. 集中识字。传统语文教育非常重视字的教学，采取的办法是集中识字。儿童入学后，用一年左右的时间集中认识两千多字。宋以后的集中识字课本逐渐形成"三，百，千"那么一套，即《三字经》《百家姓》《千字文》（三本合起来正好是两千多常用字）。只要求学生会认、会读、能背诵。至于每个字怎样讲，要求很低，怎样用可以说完全不要求。在集中认识这两千多字的过程中或之后，再配合着念点诗，念点韵语知识读物，如《蒙求》《鉴略》之类，念点小故事，如《日记故事》，主要是再多识点字，同时增加点趣味，提供点常识。

这样做，从历史上看，有它的道理。汉字是一种独特的文字体系。就整个的体系而论，它的长短得失是个很复杂的问题，这里不谈。不过有一点是没有疑义的，就是在开始识字的最初阶段相当困难（识多了以后倒也有它容易的方面），如果要求认一个就掌握一个，做到会认、会读、会讲、会用、会写，那样进度就会很慢。可是不认识相当数量的字，无法读书。而语文教育以至整个的教育又需要学生尽早接触读物，以便通过书面丰富他们的语言，增长他们的知识，提高他们的思想。这里就出现了一个矛盾——需要快一点读书，可是字不够用，读不成。集中识字，即在一个较短时间内尽快让学生认识一定量的字，是解决这个矛盾的一个可行的办法。再者，"三，百，千"音节整齐，押韵，也不太艰涩，便于学童记诵。这的确不失为一个好的经验。正因为如此，集中识字，使用"三，百，千"做教材，这个办法通行了上千年（《千字文》产生于南北朝时期，不过和《三字经》《百家姓》配合成套，得从南宋算起）。

2. 识字、写字分别进行，互不掣肘。儿童初入蒙馆，在识字课以外另设有写字课。识字、写字分别进行。"三，百，千"中的字并不要求学生会写，写字课另有自己的一套系统。初学写字，写的是"上大人，孔乙己，化三千，七十士……"，那些字包含基本笔画，而又简单，少的两三笔，多的五六笔，很合于写字入门的要求，比一上来就写"人之初，性本善"或"赵钱孙李"容易得多，合理得多。

识字与写字互不影响，也就互不掣肘。会写一个字比识同一个字要难。因为写字属于动作技能，还要牵涉到肌肉、骨骼及相应的神经系统的运动。假如一定要求儿童识一个字要做到几会（会认、会读、会讲、会写、会用），实际上就会使写字拉识字的后腿。我们聪明的古人看到了这一点，让二者分头进行，这对我们今天考虑初入小学的儿童的语文教育很有意义。

此外，当时的写字训练有一定的序列。字是由简到繁，由易到难；方法是由有依傍（即描红、影写、临摹）到无依傍。字的大小是先写中楷，后写小楷。这种方法比我们现在一上来就让孩子把不论好写还是不好写的字装进一个很小的小格子里要高明得多。

3. 句的训练——属对。属对是同句读之学密切相关的一种基础课程。人们通常认为，对对子是学做近体诗的一种准备，这实际上是把它的作用看小了。练习属对，方法是所对字数由少而多。先一字对，然后二字对，三字对以至多字对。如先是"天"对"地"，"雨"对"风"，而后是"风止"对"雨停"，再后是"水清石见"对"云散月明"。这是练什么？是在练字（词）的组合，练组词，练造句。同时，由于组合时有声韵、词性、类别的限制，所以又是在进行音韵、语法、逻辑的综合训练。如："风止"是名＋动，就必须用另一个名＋动比如"雨停"来对。除了词性和组合关系的条件之外，还有声调的条件：平声对仄声，仄声对平声。"风止"是平仄，"雨停"是仄平，所以能够相对。还不止此，"鸟鸣"也是名＋动，也是仄平，却不能和"风起"相对，至少这不是个好对子，因为"风"与"鸟"，"起"与"鸣"是些不相关的概念。由此看来，属对实质上是相当全面、相当严格的句子训练，是学生由识字到作文中间必经的一环。所以清人崔学古把它叫做"通文理捷径"。如果认为传统语文教育中识了字就要练写文章，训练表达能力没有什么"序"，那是一种误会；认为古人不讲究语法、逻辑，也是一种误会。

4. 作文训练。封建社会很重视写文章。传统语文教育到了元明以后，作文训练就以训练做八股文为主了。这是历来受到批评最严厉的一点。总的说，八股文无疑是应当反对的东西。内容上，它是"假""大""空"的鼻祖；写法上，它是程式化的典型；在当时起的作用，对后世产生的影响，都很坏。不过，从训练方法上看，多多少少有没有一点可资借鉴之处呢？

从宋朝开始就有人把一篇文章分析为由几个部分组成的，叫做"起、承、转、合"，随后又有人分析成五个部分，叫作"冒、原、讲、证、结"。训练作文就让学生依着这个模式去练。练习一般是分步骤进行的，先练习写第一个部分，练熟了，再练习写第二个部分，然后第三、第四，最后练习写全篇。

以后，从这四部分或五部分发展成为八股文。八股文是议论文，对议论文而言，总不外提出问题，论述问题，得出结论。八股文的式，是否部分的反映了议论文结构上的这一特点呢？模式是某些方面规律性的一种概括，它是有用的。模式与程式化不同。把模式搞成僵死的东西，就成了程式化，那当然是要反对的。就写文章而言，我们通常说，"大体则有，定体则无"。这个"大体"就是一种模式。我们今天应当有能力取模式之长，废程式化之病，把文章"大体"比前人更科学地概括出来，用更合理的方法引导学生较快地入门，免除他们摸索之苦。

一整套语文教育的做法在我们这个辽阔的国土上通行上千年，其中总会有一些有价值的东西供我们批判地继承。比如，他们的一些方法适合汉语汉文的特点，而且有的方面的训练也注意了有序列的进行，并非如我们想的一概那么盲目。这些都给我们以启发。我自己就从对传统语文教育的初步研究中得益不少。（1978年后，我提出的语文教育科学化的主张以及小学生借助汉语拼音从语言训练入手,把阅读、识字、写字稍有先后的分头进行,互不牵制的看法,就与对传统经验的探索不无渊源关系。)

《传统语文教育初探》那本小书出版后,受到出乎意料的欢迎。这表明,语文教学思想向传统探求经验的,大有人在。那次研究归结出的几条传统经验,集中识字这一条起了一定的实际作用。有的地方原已试行集中识字,我的研究成果发表后给予实验以历史根据。有的地方则是在我的书文发表后开始实行的,并且参照书里的介绍编出了新的《三字经》《四字文》《儿童学诗》等等几种教材。

三、传统语文教育的积弊

1978、1979年之后,拨乱反正,各项工作逐步走上正轨。这时,在教育界,语文教学质量不高,成了一个非常突出的、全社会都很关心的问题。语文教学界的同志纷纷起而研究改进之道。语文教学为什么这么难办呢?其症结何在呢?为了寻求这个问题的答案,我重新想起了传统语文教育的悠久历史和巨大影响,使我第二次投入对传统作法的研究。这一次我对传统语文教育的研究,实质上是对它的再认识。

如果说,过去我对传统语文教育的研究比较注意总结其中的经验,那么,这一次则比较注意它对今天语文教学的消极影响。这样做也有一个思想文化的背景。这些年,我们从十年动乱中的许多问题上看见了封建主义的阴影,对封建主义有了一些新认识,真是"百足之虫,死而不僵"。语文教学中的封建主义遗迹同样不少。在这种对于历史传统进行再认识的情况下,从1976年以后,我逐渐多接触了一些国外的应用语言学和新的教学论一类的东西,使思路有所开扩。更重要的一点是,现代化建设成为我们的工作重点,我们的头脑无可避免地会随着这个大的形势来活动。简言之,在我们国家进行社会主义现代化建设的要求之下,语文教学的低效率问题必须解决。为此,必须对它的历史和现状进行再研究,再认识。

近年来,通过对传统语文教育的再认识,有些问题逐渐看得更清楚了。比如,传统语文教学的特点是整个教学为科举考试服务。几乎可以这么说,就培养目标而论,它是封建社会官吏制度的附庸。它面向选吏,而不是面向社会实际需要。读经——写八股文——科考,这是它的基本路子。所谓"学成文武艺，货与帝王家"，就是这么回事。于是，在语文教学的具体做法上，千百年来一直是两大重点。首先是花很大的工夫去对付字，解决字的问题是第一大关。——识了字好去读古文，读经。其次是再花很大的工夫去对付文章，念文章，背文章，摹拟着前人写文章，最终练成熟练的写八股文的能力，这是第二大关。——学会了作八股好去应科考，作官。所谓语文教育，实际上就是对付这两个东西：字、文章（八股）。有一出京戏叫《二进宫》，主要人物之一杨波有一句唱词很生动地描绘了封建教育的本色，他唱："十载寒窗，七篇文章，落得个兵部侍郎。"妙极了。60年代初我写过一篇谈语文教学的文章，里边提出了"过三关"：字关，句关，篇章关。那篇文章先是登在报纸上，接着好些有关刊物纷纷转载，很产生了一些影响。说穿了，那正是受到传统影响的产物。

全力对付字和八股文的结果是什么？第一，完全脱离了实际语言——只管书面，不管口头，并且管的是与实际语言相距很远的文言。第二，完全脱离了实际应用——八股文是彻底没有用处的东西。

那么，今天，传统语文教育脱离实际语言、脱离社会需要的问题解决了没有呢？没有。

首先，忽视口语的问题一直存在。我们现在常常讲，语文能力包括听说读写四方面的能力，要培养学生这四种能力。而实际上，我们所重视的仍是"读写"，仍是书面语言。学校的教学是围绕着读写来进行，不少口号也都是围绕着读写而产生。自然，书面语言是区别文明人和野蛮人的标志，它在人类社会生活中的巨大作用无庸赘言，重视它是应该的。但是假如重视到不适当的程度，以至完全忽视口头语言，那就不仅是失于片面了。忽视口头语言必然会回过头来削弱书面语言能力，其结果是两败俱伤，全面降低了语言能力。

自从两汉以后，书面语言与口头语言产生了距离，在教育中忽视口语的问题就存在了，而且越发展越严重。在长期的封建社会中，生产水平低下，交通不发达，社会经济的基本结构是自给自足的自然经济，社会交往、产品交换都不发达，所以，忽视口语训练的弊害还显示不出来。但是到了今天，大规模的机器生产改变了人们几千年来的生活方式，人们从事生产、交换、科学文化活动要协同行动，而且现代交通发达，交往频繁，通信技术高度发展，千万里之外可以通话，用说话来处理紧急的、重要的工作，口头语言在社会生活中越来越重要。过去，"口讷讷不能言"曾经被认为是一种美德；现在，这将成为适应现代生活的一种障碍。在当代我们要发展智能机器人，并且将不是用程序语言而是用自然语言发出指令。口头语言能力低下，将无法适应这种已经存在并将日益迅速发展的新形势。假如在这种社会需要之下，我们的语文教学仍然一味钻在读写的象牙之塔中，不去管口头语言的问题，这不能不说是传统语文教育留给今天的一种严重的弊病。

此外，由于社会生活的发展，我们的学生毕业后不仅不再需要写八股文，连写那些无目的、无对象的什么什么"论"，什么什么"记"之类的需要也不多了。他们应当会写实验报告、病历、调查报告、研究论文、总结、产品说明，等等，等等，可是我们的作文教学并不注意教学生练习这些。曾经有一段时间，爱让学生写《霁》《路》《窗外》《晨》这类非诗非文，既够不上文学习作，又不切合实用的文章。近几年情况有所改变，但并没有从根本上解决问题。结果，社会上到处反映：中学毕业生连封信都写不成，医学院毕业生写不好病历，工科大学毕业生写不好实验报告，文科大学毕业生写不好公文，写不好调查报告。我们的作文教学不理会现实需要的情况还不严重吗？

例子还不止这些。可以看出，传统语文教育脱离社会需要的积弊直到今天还在影响着我们的语文教学。

可是，我们对此常常难以觉察。为什么？"不识庐山真面目，只缘身在此山中。"我们接受的是这份历史遗产，祖祖辈辈生活在这种习惯势力之中，于是习焉而不察。这是可以理解的。

其实，许多有识之士早就看到了这种痼疾，多次批评过这种弊病。比如，叶圣陶先生在这方面就发表了很多深刻的见解。值得深思的是，叶老在 40 年代提出的许多切中肯綮的批评，直到现在我们读起来还觉得切中时弊，很有针对性。这就说明，他在几十年前批评的东西今天依然存在，说明传统语文教育的积弊之深，势力的顽固；也说明了我们对付它的软弱无力或者还处在朦胧之中，认识不到。

以上可以说是我第二次研究传统语文教育的一些新认识。它是对前一次

语文研究

研究的重要补充。当然，我并不因这次的补充就全盘否定传统经验。经验还是经验。道理就无需多说了。

四、怎么办

现在，迅速革除上边说的那种积弊已经是刻不容缓了。我认为需要抓紧以下几点：

1. 开展对传统语文教育的深入研究，实事求是的、全面的评价其长短得失，并把理论工作者的研究和普及宣传工作结合起来，使广大语文教师像过去知道"举一应能反三""教学可以相长"那样，清楚地了解传统长在哪里，短在哪里。进行必要的语文教育理论的普及宣传。

2. 主管部门要发挥行政系统的力量，把理论研究的成果运用到教学大纲、教材系统中去。不要坐等理论十分成熟了，十分完善了才进行这一工作，不要以"不够成熟、没有把握"作为陈陈相因、不敢改革、不敢实验的理由。教育的周期长，教育进展落后于社会需要的现象更应注意尽早避免。时间拖不得。只要看准了，就办。要尽快组织各方面力量，构成一个专门的班子，考虑改革我们的教学大纲、教材体系，力求新的大纲、教材能反映现代科学的成果和社会生活的需要。

3. 光就语文教育论语文教育不行。教育既然是个社会现象，解决它的问题，就不能关起门来只在教育的圈子里进行。首先，要有相应的评价系统。比如，社会上的招聘、各级学校的考试、高考办法都要改革。要立足于考察学生实际的语文能力，有条件的地方要进行口试。——不要以为这个工作量大得惊人。高考制度改革后，这问题并不像想像的那么困难。这个评价系统非常重要。它会迅速改变人们的价值观。而价值观的改变是人们指导思想改变的标志。

五、方法论问题

现在回到传统语文教育研究这个问题上来。在研究的方法上，我以为，首先要有开阔的视野。不能把眼光死死地盯在被研究的事物本身上。要有些全局观点，或者说要把语文教学放在一定的社会背景中去考察，再或者，用个时髦点的说法，要有点"宏观"的眼光。评价传统语文教育的得失长短，光知道它本身的情况不够。要知道这种情况据以产生的社会政治、经济原因。

同时，要了解我们当今的情况——当然不止是语文教育的情况，要了解当今社会生活的情况，了解它对语文教育提出了哪些新的要求。此外，还要了解国外语文教育发展的情况。比如，日本的语文教育就注意面向社会需要。他们的教学大纲对说话能力有明确的要求；他们向全国推荐的光村图书公司的语文教材以及其他出版社出版的教材中，都有写作教材，里面除了让学生学会观察、思考、总结自己想法的练习而外，还让学生练习各种实际需要的文体，如讨论记录、笔记、书信、日记、实验报告、调查报告、研究报告等等。知道些左邻右舍的情况很重要，它有助于考虑我们自己的问题。

此外，研究的方法要科学化。很遗憾，由于客观条件的限制，我自己的研究是偏于分析性的，没能做必要的科学实验，取得翔实可靠的事实论据和最富说服力的数据。这是一个很大的缺陷。今后，我愿和有志于此道的同志一起，在传统语文教育研究方法的科学化方面作出努力，以期进一步提高研究的水平。

附 录

一、叶圣陶主要语文论著索引

《大学国文〔现代文之部〕》，新华书店（上海联合出版社）1949

《大学国文〔文言之部〕》，新华书店（上海联合出版社）1950

《叶圣陶语文教育论集》（上、下），教育科学出版社 1980

《叶圣陶序跋集》，生活·读书·新知三联书店 1983

《国文百八课》（6 册，与夏丏尊合编），人民教育出版社 1983

《开明国文讲义》（3 册，与夏丏尊、宋云彬、陈望道合编），人民教育出版社 1986

《叶圣陶论语文教育》，河南教育出版社 1986

《叶圣陶集》（第 1—25 卷），江苏教育出版社 1987—1994

《叶圣陶答教师的 100 封信》，开明出版社 1989

《叶圣陶教育文集》（5 卷），人民教育出版社 1994

《叶圣陶中小学作文评改举例》，开明出版社 1994

《叶圣陶吕叔湘张志公语文教育论文选》，开明出版社 1995

《叶圣陶出版文集》，中国书籍出版社 1996

《叶圣陶集》（26 卷），江苏教育出版社 2004

《重读叶圣陶·走进新课标：教是为了不需要教》，湖北教育出版社 2004

《语文随笔》，中华书局 2007

《怎样写作》，中华书局 2007

《文话七十二讲》（与夏丏尊合著），中华书局 2007

《文章讲话》（与夏丏尊合著），中华书局 2007

《叶圣陶教你学作文》，北方妇女儿童出版社 2012

《叶圣陶教育名篇选》，人民教育出版社 2014

《什么是我们的母语：民国三大家论语文教育》（与夏丏尊、朱自清合著），华东师范大学出版社 2014

《叶圣陶语文教育论集》，教育科学出版社 2015

《叶圣陶教你学语文》（与夏丏尊合著），新世界出版社 2016

《七十二堂写作课》（与夏丏尊合著），开明出版社 2017

二、吕叔湘主要语文论著索引

《中国文法要略》（上、中、下卷），商务印书馆 1942—1944

《文言虚字》，开明书店 1944

《笔记文选读》，文光书店 1944

《中国人学英语》，商务印书馆 1947

《开明新编高级中学国文读本》（与叶圣陶、朱自清合编），开明书店 1948

《开明文言读本》（3 册，与朱自清、叶圣陶合编），开明书店 1948

《开明文言读本导言》，开明书店 1950

《中国字》，开明书店 1950

《吕叔湘教授言语学论文集》（油印本），日本东京帝国书院 1951

《习作评改》（与周振甫合著），开明书店 1951

《语法修辞讲话》（与朱德熙合著），开明书店 1952

《汉语语法论文集》，科学出版社 1955

《文言虚词例解》（与徐仲华合著），北京出版社 1965

《开明文言读本》（与叶圣陶合编），上海教育出版社 1978

《汉语语法分析问题》，商务印书馆 1979

《现代汉语八百词》（主编），商务印书馆 1980

《语文常谈》，生活·读书·新知三联书店与香港三联书店 1980

《汉语语法论文集》（增订本），商务印书馆 1984

《语文杂记》，上海教育出版社 1984

《近代汉语指代词》，学林出版社 1985

《马氏文通读本》（与王海棻合作编著），上海教育出版社 1986

《吕叔湘论语文教学》，山东教育出版社 1987

《语文近著》，上海教育出版社 1987

《标点古书评议》，商务印书馆 1988

《文言读本续编》（与张中行合编），上海教育出版社 1988

《吕叔湘自选集》，上海教育出版社 1989

《未晚斋语文漫谈》，语文出版社 1992

《吕叔湘全集》（19卷），辽宁教育出版社 2002

《吕叔湘文集》（6卷），商务印书馆 2004

《重读吕叔湘·走进新课标：什么是语文》，湖北教育出版社 2004

《语文漫话》，北京出版社 2020

三、张志公主要语文论著索引

《怎样学习俄语》，开明书店 1952

《汉语语法常识》，中国青年出版社 1953

《修辞概要》，中国青年出版社 1953

《中国语文研究参考资料选辑》（编著），中华书局 1955

《中国文法基础》，日本江南书院 1955

《语法和语法教学》（主编），人民教育出版社 1956

《汉语知识》（主编），人民教育出版社 1959

《汉语语法常识》（修订版），上海教育出版社 1959

《语法学习讲话》，上海教育出版社 1962

《传统语文教育初探》，上海教育出版社 1962

《漫谈语文教学》，福建人民出版社 1963

《语文教学论集》，福建教育出版社 1981

《现代汉语》（上、中、下，主编），人民教育出版社 1982

《张志公论语文教学改革》，江苏教育出版社 1987

《张志公文集》（5卷），广东教育出版社 1991

《传统语文教育教材论——暨蒙学书目和书影》，上海教育出版社 1992

《张志公语文教育论集》，人民教育出版社 1994

《汉语辞章学论集》，人民教育出版社 1996

《张志公汉语语法教学论著选》,人民教育出版社1997
《张志公论语文·集外集》,北京大学出版社1998
《张志公自选集》(上、下),北京大学出版社1998
《重读张志公·走进新课标:语文教育现代化》,湖北教育出版社2004
《传统语文教育教材论——暨蒙学书目和书影》,中华书局2013